家族办公室：理论与实践

唐兆凡　姚辑　著

中国财经出版传媒集团
中国财政经济出版社

图书在版编目（CIP）数据

家族办公室：理论与实践 ／唐兆凡，姚辑著． ――北京：中国财政经济出版社，2020.11（2025.1重印）

ISBN 978-7-5223-0105-1

Ⅰ．①家… Ⅱ．①唐…②姚… Ⅲ．①家庭-私营企业-企业管理-研究 Ⅳ．①F276.5

中国版本图书馆CIP数据核字（2020）第191117号

责任编辑：孙　琛　　　　　　　责任校对：徐艳丽
封面设计：锦麒麟文化

家族办公室：理论与实践
JIAZU BANGONGSHI：LILUN YU SHIJIAN

中国财政经济出版社 出版

URL：http：//www.cfeph.cn
E-mail：cfeph@cfeph.cn

（版权所有　翻印必究）

社址：北京市海淀区阜成路甲28号　邮政编码：100142
营销中心电话：010-88191522
天猫网店：中国财政经济出版社旗舰店
网址：https：//zgczjjcbs.tmall.com
北京虎彩文化传播有限公司印刷　各地新华书店经销
成品尺寸：185mm×260mm　16开　23印张　461 000字
2020年11月第1版　2025年1月北京第2次印刷
定价：88.00元
ISBN 978-7-5223-0105-1
（图书出现印装问题，本社负责调换，电话：010-88190548）
本社质量投诉电话：010-88190744
打击盗版举报热线：010-88191661　QQ：2242791300

序　言

　　家族办公室是专门为超高净值家族提供全方位的财富管理及相关服务的私人金融机构。具有现代意义的家族办公室自19世纪开始发展，至2007/08年金融危机在全球范围进入了一个高速发展的阶段，如今已经发展成为金融领域的一个重要产业。

　　当前世界范围内，财富代际转移规模迅速扩大，成为创立家族办公室的重要动力。家族办公室的设立和模式以家族成员的需求为导向，服务的家族不同，家族办公室的职能和定位也会有所差异，这涉及根深蒂固的家族文化，价值观及世代相传的传统。家族办公室除了进行金融投资和财富管理之外，还可以承担更多的职能，比如辨明个人、家族及其拥有的实体之间错综复杂的关系和风险，帮助了解家族财富所处的环境，再比如家族慈善资金的规划、家族社交活动的管理、家族社会资本的保值增值等等。总之，家族办公室可以对家族的金融资本、人力资本、智力资本、社会资本、精神资本等进行全方面的管理。

　　家族办公室在中国目前基本尚处于空白状态、发展空间大。改革开放以来，中国经济迅速增长，先富起来的人数快速增加，产生了一大批民营企业家家族，到如今不少老一代企业家相继退出，年轻一代陆续接班，根据全国工商联对各省级工商联1300余位企业家副主席调研统计显示，已有600余位准备或者已经交接班，占比达46%，企业交接班高峰已经到来。这些家族的产生和代际传承孕育了对家族办公室的服务需求。中国有富不过三代之说，是因为二代以后有物质财富，但智力支持不足，财富不能保值增值。家族办公室把家族物质财富同社会智力财富相结合，可能是解决富不过三代的有效途径之一。当然，家族办公室产生于欧美，在不同法律环境、不同人文思想和社会制度的中国怎么能发展好、走对路，服务好家族企业、服务好社会，还有很多问题需要探索、解决。

理论是行动的先导,在中国家族办公室起步发展之际,《家族办公室的理论和实践》这本书出版恰逢其时,既可以在理论上推动家族办公室的研究,又可以在实践中指导家族办公室从业者的业务。本书的两位作者都在美国或欧洲获得博士和研究生学位并工作多年,具有深厚的理论功底和实践经验。当然,作为一本探索性、介绍性的著作,本书在理论上还有可探讨之处,希望作者在此基础上再接再厉,为中国的家族办公室事业做出更大贡献。

谢经荣

全国工商联副主席　中国人民大学博士生导师

2020 年 7 月 31 日

目　　录

第 1 章　家族办公室导论 …………………………………………………………… 1
　　1.1　家族办公室的起源 ………………………………………………………… 1
　　1.2　家族办公室的定义、目的和功能 ………………………………………… 6
　　1.3　家族办公室的功能 ………………………………………………………… 8
　　1.4　家族办公室的分类 ………………………………………………………… 11
　　1.5　地缘政治和家族办公室 …………………………………………………… 14
　　1.6　家族办公室和家族信托 …………………………………………………… 15
　　1.7　投资偏好和投资策略 ……………………………………………………… 16

第 2 章　家族办公室运营模式的历史变迁及地域差异 …………………………… 19
　　2.1　美国对冲基金向家族办公室的转型 ……………………………………… 19
　　2.2　家族办公室的运营成本及传统运营模式 ………………………………… 22
　　2.3　家族办公室的成本 ………………………………………………………… 26
　　2.4　家族办公室的投资委员会 ………………………………………………… 28
　　2.5　家族办公室的团队规模 …………………………………………………… 28
　　2.6　家族办公室区域发展及运营模式的差异 ………………………………… 29

第 3 章　家族办公室的设立及治理结构 …………………………………………… 35
　　3.1　家族企业和家族办公室 …………………………………………………… 36
　　3.2　设立家族办公室的理由及顾虑 …………………………………………… 38
　　3.3　家族办公室的设立 ………………………………………………………… 40
　　3.4　家族及家族办公室的治理 ………………………………………………… 45

第 4 章　家族办公室监管、合规及主要法律义务 ………………………………… 52
　　4.1　美国对家族办公室的监管与合规管理简介 ……………………………… 52
　　4.2　《1940 年投资顾问法》关于投资顾问的身份认定 ……………………… 54

4.3　家族办公室的例外 ··· 58
4.4　《1940年投资顾问法》关于投资顾问的注册豁免 ······················· 65
4.5　美国各州对投资顾问的监管 ·· 66
4.6　投资顾问的合规 ··· 67
4.7　美国SEC的检查 ··· 76
4.8　美国SEC《顾问法》项下的监管与执法行动 ······························ 78
4.9　家族办公室对其客户的义务 ·· 81
4.10　家族办公室的监管和合规总结 ··· 86

第5章　家族办公室的资产配置及投资管理——总论篇 ························ 88
5.1　家族办公室的投资及财富管理模式的优势 ································· 89
5.2　家族办公室的投资及财富管理的治理结构 ································· 91
5.3　投资政策陈述（Investment Policy Statement） ······················ 96
5.4　家族办公室的资产配置及管理简介 ··· 101
5.5　资产配置的理论 ··· 102
5.6　资产工具分类、发展与资产配置的方法 ··································· 104
5.7　目标导向的资产配置 ··· 105
5.8　家族办公室资产配置的模式分类 ·· 106
5.9　家族办公室资产配置的现状分析 ·· 109

第6章　家族办公室的资产配置及管理分论之一：公开市场股权篇 ········ 112
6.1　公开市场股权在家族办公室中的资产配置实践 ························· 112
6.2　股票投资的分析方法及主要理论简介 ······································ 114
6.3　主动型和被动型管理 ··· 116
6.4　家族办公室对于公开市场股权的投资过程及投资管理 ················ 119
6.5　股权投资工具 ·· 131
6.6　全球的家族办公室对香港公开市场股权的投资 ························· 134
6.7　全球的家族办公室对中国A股的投资 ······································ 136

第7章　家族办公室的资产配置及管理分论之二：私募股权篇 ············· 139
7.1　家族办公室对私募股权配置的实践 ··· 139
7.2　家族办公室对私募股权的投资管理——以投资政策陈述为中心的分析 ····· 141
7.3　具体资产类别的选择及主动型和被动型管理——投资政策陈述的附件 ····· 143
7.4　最近10年家族办公室对私募股权投资的新趋势 ························· 144

7.5　私募股权投资工具的理论和实践 …………………………………………… 146
　　7.6　私募股权投资工具简介 ………………………………………………………… 150
　　7.7　私募股权基金经理的选择 ……………………………………………………… 160

第 8 章　家族办公室的资产配置及管理分论之三：房地产篇 ………………… 161
　　8.1　家族办公室的房地产投资概述 ………………………………………………… 161
　　8.2　家族办公室对房地产投资的投资过程及投资管理 …………………………… 163
　　8.3　家族办公室房地产资产管理及其过程的特殊性 ……………………………… 175
　　8.4　家族办公室对房地产投资的资产管理的新趋势及新问题 …………………… 175
　　8.5　家庭办公室房地产投资的资产管理流程 ……………………………………… 176

第 9 章　家族办公室的资产配置及管理分论之四：对冲基金篇 ………………… 178
　　9.1　家族办公室对对冲基金投资概况 ……………………………………………… 178
　　9.2　对冲基金的发展史 ……………………………………………………………… 180
　　9.3　对冲基金的策略 ………………………………………………………………… 184
　　9.4　对冲基金的本质特征 …………………………………………………………… 193
　　9.5　全球家族办公室对对冲基金的资产配置及策略采用 ………………………… 195
　　9.6　家族办公室对冲基金的投资过程及投资管理 ………………………………… 197

第 10 章　家族办公室的资产配置及管理分论之五：固定收益篇 ……………… 203
　　10.1　把加息放在大背景下——解决加息担忧 …………………………………… 204
　　10.2　固定收益在家族办公室资产组合中的配置 ………………………………… 205
　　10.3　国际市场固定收益产品的基本知识 ………………………………………… 207
　　10.4　国际债券市场概述 …………………………………………………………… 210
　　10.5　家族办公室固定收益投资的管理 …………………………………………… 222

第 11 章　家族办公室的资产配置及管理分论之六：艺术品和大宗商品篇 …… 225
　　11.1　家族办公室的小众类别的资产配置——艺术品篇 ………………………… 225
　　11.2　家族办公室的小众类别的资产配置——大宗商品篇 ……………………… 230

第 12 章　家族办公室的资产配置及管理分论之七：ESG 与影响力投资篇 …… 240
　　12.1　影响力投资简介 ……………………………………………………………… 240
　　12.2　ESG 投资简介 ………………………………………………………………… 242
　　12.3　家族办公室在 ESG 投资领域的资产配置 …………………………………… 242

12.4　家族办公室对影响力投资的资产配置 ………………………………… 245
12.5　ESG 投资的最新进展 …………………………………………………… 247
12.6　ESG 投资的投资回报 …………………………………………………… 251
12.7　ESG 投资的国际监管 …………………………………………………… 252
12.8　关于 ESG——影响力投资的步骤 ……………………………………… 253
12.9　关于影响力投资的案例分析 …………………………………………… 254
12.10　家族办公室 ESG——影响力投资的未来 …………………………… 255

第 13 章　家族办公室的资产配置——总结篇 ………………………………… 256
13.1　家族办公室的投资政策陈述——概述 ………………………………… 256
13.2　家族办公室的投资政策陈述专论之一——宏观增长策略 …………… 260
13.3　家族办公室的投资政策陈述专论之二——投资管理模式的类型：
　　　主动 Vs 被动 & 内部 Vs 外包 ………………………………………… 261
13.4　家族办公室的投资政策陈述专论之三——投资管理中杠杆的使用及约束
　　　 ………………………………………………………………………… 264
13.5　家族办公室的投资政策陈述专论之四——具体细分领域投资决策的过程
　　　 ………………………………………………………………………… 265

第 14 章　家族办公室在中国 …………………………………………………… 269
14.1　中国超高净值家族的发展及地域分布 ………………………………… 270
14.2　中国超高净值家族的职业分布与发展趋势 …………………………… 272
14.3　家族办公室在中国的发展机遇和挑战 ………………………………… 274
14.4　中国家族办公室的运营模式 …………………………………………… 279
14.5　投资管理 ………………………………………………………………… 281
14.6　资产配置 ………………………………………………………………… 282
14.7　资产配置与国际化 ……………………………………………………… 283

第 15 章　家族办公室的慈善管理 ……………………………………………… 285
15.1　家族办公室对慈善事业的捐赠现状 …………………………………… 286
15.2　家族办公室在慈善事业中的视角及机遇 ……………………………… 288
15.3　家族对传统慈善事业的内部治理 ……………………………………… 289
15.4　家族办公室在慈善事业中的比较优势 ………………………………… 292

第16章　家族办公室与家族的跨代传承 ··· 297
- 16.1　家族跨代传承概述 ··· 297
- 16.2　家族跨代传承的规划 ··· 298
- 16.3　家族办公室在家族跨代传承中的功能 ··· 301
- 16.4　家族办公室在家族跨代传承中的实践 ··· 302
- 16.5　家族办公室的多代资产配置策略与家族传承 ··· 304
- 16.6　家族办公室的家族财富代际转移的工具和技术 ··· 305
- 16.7　信托及其家族财富代际转移中的使用 ··· 307

第17章　家族办公室的风险管理 ··· 319
- 17.1　家族办公室风险管理的实践 ··· 319
- 17.2　家族办公室内部的风险管理及治理结构 ··· 321
- 17.3　保险在家族办公室风险管理中的运用 ··· 327
- 17.4　家族办公室在网络安全方面的风险管理 ··· 331

第18章　家族办公室的未来：趋势、挑战和机遇 ··· 336
- 18.1　概述 ··· 336
- 18.2　美国家族办公室的全球化：主动还是被动的选择？ ··· 337
- 18.3　财富的全球分布与家族办公室的全球化 ··· 340
- 18.4　家族办公室挑战、应对及机遇 ··· 345
- 18.5　家族办公室在全球的高速发展 ··· 347
- 18.5　高科技将会改变家族办公室的生态 ··· 348

参考文献 ··· 352

第 1 章
家族办公室导论

欧美的家族办公室业界一直流传着一句话：一旦你看到一家家族办公室，你就会看到"那家"家族办公室（Once you've seen one family office, you've seen one family office）。这暗指家族在其家族办公室结构及治理上的独特印记。虽然家族办公室之间存在着深刻的差异，但仔细分析还是能发现一系列反映家族目标和价值观的以财富管理为中心的共用模型。这些共性反映出超高净值家族在应对财富管理的复杂性上的重视程度。

21 世纪以来，家族办公室进入了历史上发展最快的阶段。2019 年，全球财富同比增长了 3%，达到 360.6 万亿美元，但这些财富在不同地区之间分布并不均衡。高科技行业加速发展，独角兽企业纷纷产生，世界最富有人士的前十名有一半以上经常被科技新贵占据。这些因素都加大了家族办公室服务的市场需求。另外，2008 年金融危机以来，各国中央银行大规模地实行宽松货币政策，使全球财富迅速累积。相对于私人银行和对冲基金，家族办公室在金融危机期间受到的负面影响较小。于是，对私人银行信任的缺乏，以及美国和欧洲围绕财富管理行业越来越多的监管规定（比如美国的多德—弗兰克法案 Dodd – Frank Act of 2010），使得对家族办公室的需求急剧增长，随之而来的是家族办公室在全球的数量大增。目前，全球的家族办公室管理的总资产已超过了日本的 GDP。根据 Campden Research 2019 年的数据显示，全球现有约 7300 个单一家族办公室，它们管理的资产规模高达 5.9 万亿美元，其背后的家庭财富高达 9.4 万亿美元。2015 年的一份报告显示，世界上光单一家族办公室就至少 10000 家，而且至少有一半是在最近 15 年设立的。而 Family Office Exhange 认为仅在美国就有至少 10000 家单一家族办公室。现在，家族办公室已被广泛地认为是增长最快的财富管理模式，也是增长最快的财富管理机构之一。

1.1 家族办公室的起源

现代意义上的家族办公室（Family Office）是由 19 世纪超高净值的欧美家族建立，专为超高净值的家族及个人（以下统称为家族）提供全方位的财富管理及其他相关服务的私人机构。从产生之时起，家族办公室就一直披着神秘的面纱。因为对它们而言，媒体的关注往往会带来推销员的软磨硬泡、令人头痛的法律及合规问题，以及商业秘密被盗取等风险。于是，从产生时起，世界上绝大部分家族办公室基本是在一个小圈子里存在。美国 2010 年的《多德—弗兰克法案》在一定程度上改变了这一状况，该法案废除了美国《1940 年投资顾问法》（Investment Advisor Act of 1940，本章以下简称《顾问法》）所设置的私人顾问豁免，使几乎全部联合家族办公室和部分单一家族办公室必须向美国证券交易委员会（SEC）注册、申报和披露关于资产配置等事项，在一定程度上使家族办公室被慢慢地揭开了神秘的面纱。随之很多其他发达国家也效仿了美国的这一做法。

家族办公室的产生有着不同的理论。富裕家族和一般家族一直有着不同的需求，向更远的历史求索，公元前 1600 年中国的商朝曾采用过代际传承等财富管理策略，不过这些远非现代意义上的家族办公室。在欧洲，家族办公室的起源可以追溯到古罗马时期的大"Domus"（家族主管）以及中世纪时期的大"Domo"（总管家）。公元 6 世纪起，法兰西王国的王室管家会负责王室的财富管理，一些欧洲其他王国的王室乃至贵族阶层也慢慢模仿起了这种财富管理模式。后来，因为老派的英国宫廷更加讲究礼仪、细节以及虚荣作祟，他们将管家的职业理念和职责范围按照宫廷礼仪进行了严格的规范。于是英式管家也成为家政服务的经典，英式管家因此享誉世界。但当时管家服务的领域远超财富管理的范畴。最初，只有世袭贵族和有爵位的名门才能享有，后来一般的超高净值家族渐渐也有了管家的服务。公元 12 世纪，信托这一工具在"十字军东征"时代的英国出现后，家族财富管理就有了更多工具。1838 年，美国的金融及艺术品收藏家族 J. P. 摩根家族成立了 House of Morgan 来管理其家族的财产，被认为是历史上有记载的第一个现代意义上的家族办公室，但更多的人认为世界上第一个现代意义上的家族办公室是由美国的约翰·D·洛克菲勒（John D. Rockefeller Sr.）于 1882 年建立的。

1.1.1 家族办公室的发展及其历史背景

19 世纪末 20 世纪初，洛克菲勒家族是全美最为知名的超级富豪家族，创建了美国最早的家族办公室。约翰·D·洛克菲勒（John D. Rockefeller，以下简称老洛克菲勒）靠创办标准石油信托公司，大获成功之后积聚了巨额财富。1900 年，标准石油公司统治国内炼油市场，控制着美国 80% 的炼油产能。经过多年的诉讼，美国最高法院裁定标准石油公司构成垄断，必须予以拆分。随后，标准石油公司拆分成六家石油企业，老洛克菲勒本人成为这六家企业最大的单一股东，其中一些企业分别为埃克森、美孚、阿莫科和雪佛龙的前身。1913 年，洛克菲勒在上述企业的股权估值达到 9 亿美元。标准石油公司于 1882 年拆分之前，老洛克菲勒就在当今的洛克菲勒大厦 30 层其中一个房间内创立了洛克菲勒家族办公室。至 2002 年，洛克菲勒家族办公室不断发展壮大，已占据大楼的三个楼层，约有

145名员工为洛克菲勒家族及预计200位非本家族的客户服务。

2003年,洛克菲勒家族办公室管理的资产估值达到80亿美元,2004年达到110亿美元。洛克菲勒家族办公室的创始人老洛克菲勒被公认为当代最伟大的慈善家之一,一生向各个慈善机构捐赠总共约5.3亿美元,他不仅乐善好施,也认识到集中管理家族的财富对于直系亲属及后代的意义。尽管老洛克菲勒育有三个女儿和一个儿子,却将绝大多数财富(共计2.74亿美元,其中2.5亿美元为石油股份)留给儿子小约翰·D·洛克菲勒(John D. Rockefeller Jr.,以下简称小洛克菲勒),只为三个女儿留下2400万美元的财产。这种将财富留给家族最年长男性的做法在20世纪早期属于惯例,其目的在于通过家族财富延续家族血缘和姓氏。小洛克菲勒传承了父亲的财富转移初衷和计划,在1934年罗斯福总统提议增加遗产税之前成功保护了大部分家族财富。通过精心设计的遗产和赠与计划,小洛克菲勒为妻子和六个子女成立了一批代际信托计划,每项价值2000万美元。洛克菲勒家族以这种方式使家族的巨额财富代代相传。1987年,洛克菲勒家族全部财富超过17亿美元,比1974年增加10亿多美元(1987年的金额并未包括拥有家族房地产与广播业务资产的控股公司)。通过洛克菲勒父子聚集和管理财富的独特天赋及其将财富转移至后代的战略规划,洛克菲勒家族为代际财富转移树立了典范。此外,梅隆、斯克里普斯、菲普斯、莱尔德、诺顿、皮特卡恩和杜邦等传奇式富豪家族的财富也为美国众多以大型私人投资公司或信托公司形式存在的家族公司及其关联的家族办公室奠定了基石。其中一些家族的财富成就了今天我们熟知的私人投资公司,例如:美国信托公司(U.S. Trust),信任信托公司(Fiduciary Trust),葛兰米德信托公司(Glenmede Trust),莱尔德—诺顿—泰伊(Laird Norton Tyee),惠蒂尔信托公司(Whittier Trust Company),北方信托公司(Northern Trust),威名顿信托公司(Wilmington Trust),大西洋信托佩尔拉德曼(Atlantic Trust Pell Rudman),贝西默信托公司(Bessemer Trust)和皮特卡恩家族办公室(Pitcairn Family Office)等。上述超级富豪家族通过聚集和集中管理财富的方式,为帮助后代保护和增长家族财富提供了巨大优势和机会。家族办公室的这一策略手段至今仍是富豪家族所享有的重要优势之一。

我们来探讨一下贝西默信托的历史,了解菲普斯家族的家族办公室是如何发展成一个大型信托公司的。亨利·菲普斯(Henry Phipps)是安德鲁·卡耐基(Andrew Carnegie)的合伙人,于1907年创立贝西默信托公司,使之成为一个家族办公室。J.P. 摩根(J. P. Morgan)收购卡耐基钢铁公司后,菲普斯将自己获得的5000万美元收益交由家族办公室投资。在家族办公室的管理下,最初的5000万美元投资增长至10亿美元左右,并于2004年分给了菲普斯的100位后人。20世纪70年代早期,贝西默信托共有200位员工,肩负单一家族办公室的使命,坚持开源节流,每年的支出为所管理资产的2%左右。1975年,菲普斯家族成员聘请新的管理人员,接纳其他富豪及其家族,转型为一个联合家族办公室。截至2003年,贝西默信托管理的资产高达401亿美元,比2002年增长了14.2%。

菲普斯家族认识到，只有转变财富管理模式才能确保家族财富不断增长和发展。早在1975年就引入家族以外客户的经营理念可谓超前，但这个正确的决定获得了丰硕的回报——贝西默信托成为北美最大的财富顾问企业之一。截至2013年，贝西默管理的资产高达575亿美元，为2000多位客户提供顾问服务。

皮特卡恩家族创立的家族办公室同样是一个成功的范本。约翰·皮特卡恩（John Pitcairn）（1841～1916年）是一位苏格兰移民，于1883年与人合伙创办了匹兹堡平板玻璃公司（Pittsburgh Plate Glass Company），即现在的PPG工业公司。到20世纪，该公司大获成功，生产的平板玻璃占美国总产量的65%。约翰·皮特卡恩去世后，三个儿子成立了皮特卡恩公司，这是一个家族控股的单一家族办公室，负责管理家族的金融和遗产规划事务，同时拥有PPG的控制权。皮特卡恩的三个儿子雷蒙德、西奥多和哈罗德共有九位子女，至1951年，约翰·皮特卡恩已有61名后人。PPG"阔绰"的分红计划见证了公司的巨大成功，"1938年至1985年之间，PPG公司至少向控股公司发放了3.2亿美元的分红"。1973年，皮特卡恩公司庆祝其承担家族办公室使命50周年，此时，其所管理的资产已超过2亿美元，累计分红超过7.5亿美元。20世纪80年代末，皮特卡恩家族决定出售包括PPG股份在内的几乎所有资产，清算家族的控股公司。1987年，家族将家族办公室重组为一家私人信托公司，即皮特卡恩信托公司，设在宾夕法尼亚州蒙哥马利县詹金盾镇，从此翻开了联合家族办公室发展的崭新一页。虽然每位家族成员都有权选择撤出自己在家族办公室的资产，但是没有人这么做。皮特卡恩家族放弃单一家族办公室并向联合家族办公室转型的这一做法，类似于贝西默信托和洛克菲勒家族办公室等其他大型家族办公室。2003年，皮特卡恩信托公司所管理的资产规模达到20亿美元，比2002年增长了14.3%。皮特卡恩家族办公室之所以获得成功，部分原因在于家族的精心设计和悉心经营，打造出坚实的治理结构，适应家族成员规模不断扩大的需要。皮特卡恩家族成立了由家族成员组成的顾问委员会，此外，他们还制定了各种代际交流活动，比如，家族会议和假期，以培育家族文化，巩固家族纽带。家族所有成员可自由选择是否参与家族及家族办公室的各项事务，而实际上他们通常都会选择参与其中，这样一来，家族凝聚力得到了增强。不仅如此，家族活动计划和治理措施也为家族成员提供了明确的指导和期望，以便其在家族体系中茁壮成长。同时，家族成员之间坦诚交流，充分明确各成员的角色和职责，帮助增进家族的和睦。

1.1.2 新世纪家族办公室的爆发式增长

2008年金融危机冲击了一些大型银行和对冲基金，迫使它们将部分注意力转向家族办公室业务。一些对冲基金（如Scottwood Capital）已决定将外部资本返还给家族办公室，理由是信贷市场存在风险，传统领域的回报率在下降，另外对对冲基金行业监管的加强也是重要甚至是主要原因。如2011年7月，索罗斯基金管理公司（Soros Fund Management）

的创始人乔治·索罗斯（George Soros）决定不再对外部投资者开放他的对冲基金，并将其改造成一个家族办公室。SEC的新规定要求管理资产超过1.5亿美元并且管理外部投资者资金的对冲基金在SEC注册，而SEC的规定是《多德—弗兰克法案》要求的一部分，该法案对对冲基金业的监管更为严格，而《多德—弗兰克法案》又规定了家族办公室例外，这促使一些对冲基金考虑转变为单一的家族办公室，以避免在美国SEC注册。据彭博社报道，仅仅2015年，在美国就有979只对冲基金转型为家族办公室，其中不乏全球最知名的基金旗下的对冲基金：Seneca Capital, Lucidus Capital, BlueCrest, BlackRock, Bain Capital 和 Fortress Investment Group等。

金融危机还降低了人们对对冲基金和大型银行的信任和信心，导致一些超高净值人士从这些财富管理公司转向单一或联合家族办公室。家族办公室提供了更高程度的控制权，并在投资建议方面不存在利益冲突。在金融危机期间，家族办公室的表现远好于对冲基金和大型银行。由于全球高净值人士财富的增长，根据瑞士银行（UBS）的数据，2019年以美元计的百万富翁占全球财富持有者的前1%，拥有全球财富44%的比例。尽管2019年全球百万富翁的数量仅略有增加，但他们的财富增长速度明显超过了2018年的百万富翁人口增长速度。2019年全球百万富翁的总人数接近4700万，而2000年的这个数字仅为1390万。全球亿万富翁人数在2018年达到历史最高水平的2208人之后，在2019年小幅下降至2153人。超高净值人群金融需求的范围和复杂性都在不断扩大。这些金融服务中有许多要么无法从私人银行获得，要么没有足够的定制来满足他们的特定需求。家族办公室拥有投资、税务、慈善、财富转移和继承方面的专家，能够提供方便的一站式解决方案。因此，超高净值家族对家族办公室服务的需求基本达到历史最高值（家族资产大于个人资产）。根据2019瑞士银行联合Campden Research发布年度全球家族办公室报告（以下简称瑞银报告），68%参与调查的家族办公室在2000年后成立，如图1-1所示：

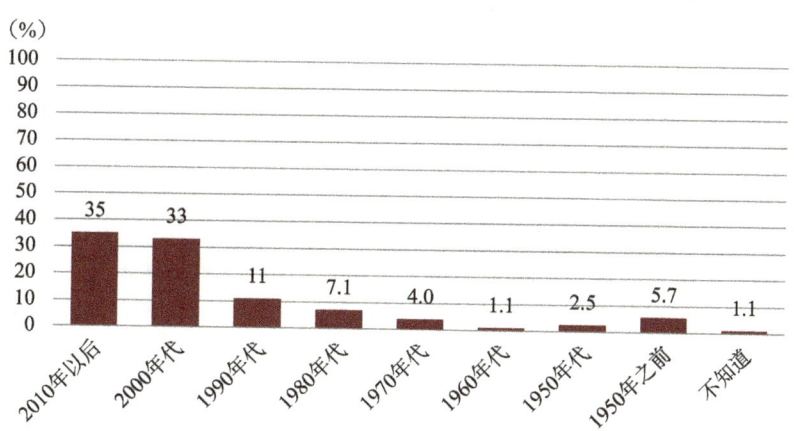

图1-1　家族办公室成立时间

资料来源：The UBS / Campden Wealth Global Family Office Survey 2019。

1.2 家族办公室的定义、目的和功能

一般来说,家族办公室是用来为超高净值家族的全体成员集中管理和代际传承其家族财富的机构。家族办公室的目标在于管理和监督超高净值人士及其家族在投资管理、家族治理、税务、风险管理、合规、教育、沟通和理财教育、遗产规划和财富转移等方面的事务。最正规的家族办公室应以合理结构为家族提供四个维度的支持,并帮助家族企业兴旺发达,即:

- 商业传统——家族财富之源,有时更是家族企业之基石。
- 金融资本——保护财富安全、维系财富管理之道。
- 家族文化——家族的历史起源与发展方向。
- 慈善传统——家族以合理方式持续回报社会之本。

1.2.1 家族办公室的目的

家族办公室往往随着家族事务变得越来越复杂,是从一个运营中的家族企业或投资基金慢慢发展起来的。当然有的家族办公室的建立是因为家族在短时间内获得了巨大的流动性,例如,IPO、公司并购或者继承等。家族办公室结构会随着家族成员的需求而不断变化。家族办公室的目的往往会根据服务的家族不同而有所差异,这涉及根深蒂固的家族文化及价值观和世代相传的传统;除了财富管理之外,家族办公室还常常作为一种沟通几代人并为后代留下遗产的手段。图1-2是达沃斯论坛的组织机构世界经济论坛联合国际投行摩根大通关于家族办公室目的的调查报告(达沃斯-JPM调查报告)的结果:

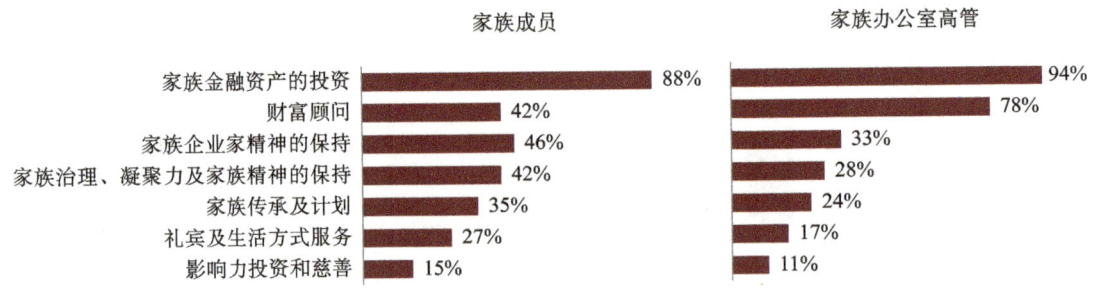

图1-2 家族成员和家族办公室高管关于家族办公室主要目的的调查

资料来源:The World Economic Forum and J. P. Morgan, The Single Family Investment Office Today: A primer on structuring an investment office to achieve family objectives and societal value, 2016。

许多家族办公室的合伙人把家族办公室称为中央实体，负责监督其家族的所有活动。家族办公室、家族基金会和家族企业之间存在着很强的相互依赖性。例如，56%的家族有专门为基金会工作的专职雇员。慈善事业随着家族的传承而增长，三代或三代以上的人更热衷于慈善事业，如图1-3所示。

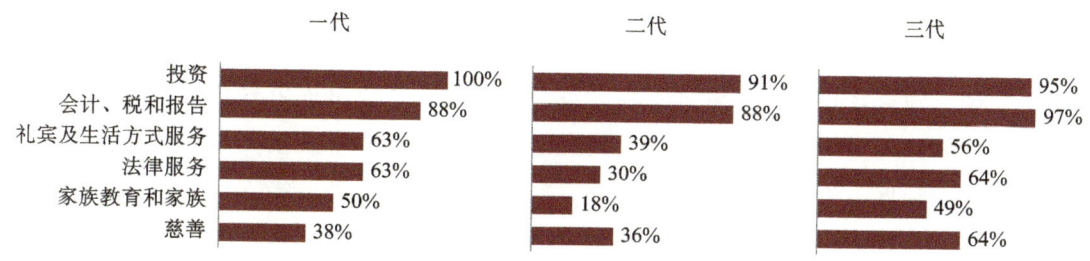

图1-3 为一代或多代家族提供的家族办公室服务

资料来源：The World Economic Forum and J. P. Morgan, The Single Family Investment Office Today: A primer on structuring an investment office to achieve family objectives and societal value, 2016。

家族办公室的另一项关键任务是辨明个人、个人的资产及其拥有的实体之间错综复杂的风险。此外，家族办公室还承担着帮助个人了解其家族财富环境的独特职能，这一个兴趣点正逐渐受到小杰伊·休斯（Jay Hughes Jr.）、查理·克里尔（Charlie Collier）、丹尼斯·贾菲（Dennis Jaffe）和萨姆·莱恩（SamLane）等一流财富专家的重视。杰伊·休斯认为，一个"家族财富的组成部分主要是人力资本（即家族所有成员）和智力资本（即家族所有成员掌握的知识），其次是金融资本"。家族财富一般由四个部分构成：人力资本、智力资本、社会资本及金融资本。其中，人力资本是指所有家族成员本身及其承担的义务；智力资本是指家族成员学习、沟通及共同决策的方式；社会资本表示家族成员与整个社会交流的方式；而金融资本则代表整个家族的财产。

尽管对家族财富的定义略有差异，但财富不仅限于物质层面，实质上，家族财富还包括其他更广的层面，涉及个体（人力和智力），以及社区和社会相关。在全球范围内，转移给下一代家族成员的资产规模正在迅速扩大，因此，还包括代际财富转移影响到对财富概念的认知。历史悠久的家族财富，成为激发家族创立家族办公室的需求和兴趣的重要动力。

1.2.2 家族办公室的定义

家族办公室是为超高净值家族提供定制化的财富管理及其相关服务的机构，其法律形式、商业模式及治理结构的组合千差万别，因此对它们的定义也有所差异。根据美国家族办公室协会（Family Office Association）的定义，家族办公室是"专为超高净值的家庭提供全方位财富管理和家族服务，以使其资产得到长期发展，符合家族的预期，并使其资产能够顺利地进行跨代传承和保值增值的机构。"在资产管理行业中，专业人士一般认为家族办公室是一个专门为超高净值的个人或家族提供金融、资产代际传承、税务、会计以及处理超高净值的个人或家族的私人事务的组织或机构。

从2014年起，家族办公室被定义为超富家族量身定做的私人理财机构。家族办公室的员工人数由1个人到过百人不等，视家族办公室提供的服务种类和数目而定。家族办公室设立的目的也较为广泛，从处理主要家族资产和核心持股量、税务和会计、物业和房地产管理，到更复杂的财富管理结构，且一般会为家族成员提供教育、专业和高尚生活服务。家族办公室的管理一般包括所持房地产、直接或非直接投资的家族资产、税务筹化和房地产管理、治理和传承等。此外，家族办公室可以进一步支持家族成员的教育和发展、促进家族治理、协调沟通及解决家族企业内部的问题。

1.3 家族办公室的功能

一家典型家族办公室的功能如下：
- 提供家族财富的管理架构，建立更严谨的控制系统，进行投资及投资管理，监督家族财富的战略及风险控制；
- 将税务、会计和财富管理的汇报和执行合并并统一处理；
- 为投资决策提供清晰、有效的治理框架和家族遗产和承继功能（包含慈善基金和计划）；
- 与服务供应商协调，实现规模效应（特别是在联合家族办公室）并拥有项目和产品筛选的优先权利；
- 确保家族成员的保密性和隐私，以免他们背上财富的包袱。

因此，家族办公室提供的服务包括但不限于：投资、慈善捐款、预算、保险、节税、家族治理、礼宾、安保、教育和跨代传承等。

1.3.1 家族办公室的主要功能

一般来说，家族办公室的主要功能是投资及投资管理。投资活动与家族办公室是密不可分的，70%以上的家庭办公室都将管理家庭金融资产作为首要目标。家族办公室是家族财富管理的核心。根据达沃斯-JP调查报告，家族办公室有四种主要的投资管理模式：外包模式、投资经理的经理模式、直接投资模式，以及直接的主动交易模式。基本投资活动包括：

- 资产配置——根据家族办公室的风险/回报目标、流动性需求和其他约束条件，确定资产类别（如股票、固定收益、另类投资）的适当投资组合；
- 投资经理的选择——挑选潜在的投资经理并开展聘用尽职调查，监督和终止传统投资和另类投资的第三方投资经理；
- 资产/证券选择——买卖各类证券、实物资产和其他资产。

如前所述，家族办公室是为超高净值家族提供定制化的财富管理及其相关服务的机构，因此其投资模式也差别很大。目前，有超过一半的家族办公室使用一种以上的投资模式来实现其目标。许多家族办公室的财富主要集中在正在运营的家族企业内，并没有积极尝试多样化投资；由于家族办公室可能并不掌管所有家族资产，其衡量回报表现的基准指标极具挑战性。

因为家族办公室所有行动的最终目标是实现超高净值家族的财富得以保值增值，延续其家族的辉煌及永续，所以家族办公室在进行投资及投资管理时，也非常注重风险控制，获得稳定可期的收益来实现家族永续的目的，而不是仅仅是对现有的资产做保值增值。与其他以投资为主的机构类似，家族办公室的投资回报也有所起伏。例如，家族办公室在2015年的投资表现令人堪忧，其投资组合平均回报只有0.3%，2016年反弹上升至7%左右，2017年的表现令人印象深刻，其投资组合平均回报创纪录的15.5%，而到了2018年，又回落到5.4%。其中，股票投资一般占平均投资组合规模的25%以上，是占比最高的资产类别，私募股权投资也相继在家族办公室投资组合中占据较高的比例，但对冲基金和房地产投资呈停滞态势。在追求收益的过程中，家族办公室开始转向流动性较低、风险较高的投资（说明家族办公室在2016年起风险偏好开始加大）。上市公司股票、私募股权和房地产一般是世界各家族办公室平均投资比例的前三位，如图1-4所示：

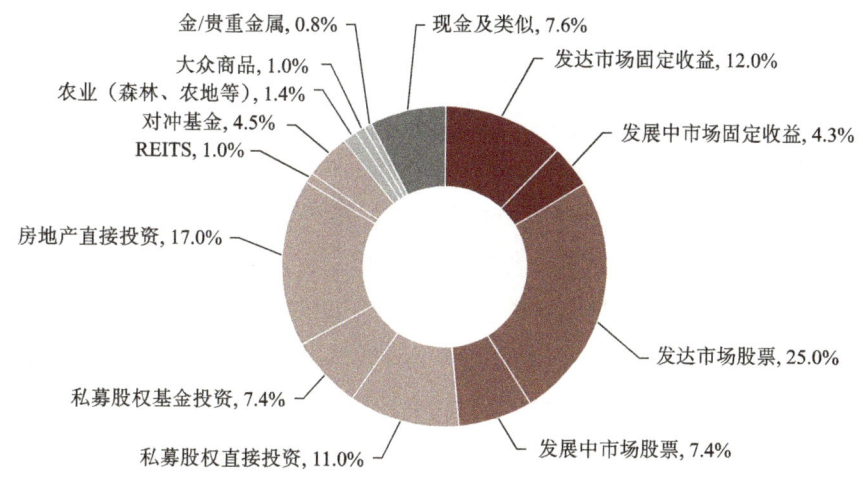

图1-4 2019年全球家族办公室战略性资产配置比例

资料来源：The UBS/Campden Wealth Global Family Office Survey 2019。

1.3.2 家族办公室的其他功能

家族财富当然可以作为资本存在，一般被称为金融资本，但家族的金融资本往往是和其他资本相互依存的。从家族传承的角度，金融资本很难单独传承下去，必须和其他资本一起传承下去才能保证家族辉煌永续。因此在家族传承领域，其他形式的资本的重要性也丝毫不逊色。除了金融资本，还有人力资本、智力资本、社会资本和精神资本。没有后四项，金融资本的传承就没有深刻意义，这就是"富不过三代"的原因。

超高净值家族的第一代人几乎无一例外地通过坚持不懈地努力积累了自己的家族财富。他们往往会完成包括一系列赠与、保险、信托和多代资产配置相结合的财富转移规划和计划，这些规划就如何将财富留给后代建立了指导纲领。但财富带给他们后代的影响并不总是正面的。他们留下的财富把后代变成了纨绔子弟，无疑不是家族传承的意义所在。除了家族财富，第一代也希望将积极工作的精神等家族价值观在他们的家族中传承下去，所以他们在寻求建立包括家族传承在内的家族治理体系。

建立家族治理体系，家族必须首先建立一套独特的原则——价值观、愿景和使命。这些原则构成了家族的精神基础而且必须被家族认同与支持，因为它们会影响到家族的政策和做法。由于家族共同的原则中包括了每个家族成员的愿望，所以，此原则对于家庭成员都很有吸引力。家族成员的个人愿景如果与家族共同的原则不一致，就必须被抛在一边，而且家庭成员也应尊重彼此的差异。帮助第一代建立家族治理方案的原则，并且把这些价值观、愿景和使命，连同家族的财富一起传承给超高净值家族的后代，是家族办公室独一无二的优势和功能。所以，家族办公室是为建立家族良好治理结构的不可替代的部分。

尽管家族办公室的主要功能毫无疑义是家族资产的投资及管理，但把家族办公室完全归类于金融领域是不全面的。除了金融资本，家族办公室还肩负着管理家族智力资本、人力资本、社会资本和精神资本的任务。对于家族的创始第一代，家族办公室一般只需为其私人财产进行管理和升值。而对于非创始人的第二、第三及更多代，家族离心力将随着人员的增多而加大，家族办公室这时就会肩负得更多，包括家族人力资本的管理、家族企业的管理、家族精神的传承、家族内部矛盾的调节等各种挑战。于是，家族办公室从整体上进行家族财富的集中化管理，将分布于多家银行、证券、保险、信托的家族金融资产汇集到一张家族财务报表中，对其实行投资绩效考核，从而实现家族资产的优化配置；另外，家族财务的风险管理、税务筹划、信贷管理、外汇管理等日常需求也是家族办公室处理的内容。

大多数家族办公室的主要功能是管理金融资本，但家族办公室还承担着守护家族人力和智力资本的职能，不但包括家族宪法、家族大会等重要的家族治理工作和家族旅行与仪式（婚丧嫁娶等）的组织筹办，还包括档案管理、礼宾服务、管家服务、安保服务和年轻一代的教育和培养等家族日常事务。同时，家族办公室还要强化家族的人力资本，对下一代家族成员的大学教育进行系统规划，并结合战略目标、家族结构、产业特征、地域布局等因素进行具有前瞻性的传承设计。除此以外，家族办公室还要负责包括家族慈善资金的规划和慈善活动的管理、家族社交活动及家族声誉等社会资本的保值增值，以及重要的关系网络需要家族在家族办公室的帮助下进行持续的浇灌和系统的管理。

需要指出的是，家族办公室服务和一般的金融机构服务模式也是不同的。其中两大本质区别是：①利益角度不同：金融机构的私人银行事实上在营运当中是以"金融机构的利益最大化"为考核指标。而与私人银行相比，家族办公室是凭借自己的金融专业技能，扮演家族"守门人"（Gate keeper）的角色，在资产市场上作为私人银行、投资银行以及对冲基金等机构的交易对手，实践其保护客户利益的营运宗旨。②管理模式差异：家族办公室以高资产人士顾问的模式，帮助客户选择银行、投资策略、保险乃至个人问题。

传统的资产管理机构有能力为超高净值家族提供投资建议，有的也可以提供与保险和财政规划之类的服务，但绝大多数资产管理机构并不擅长税收、慈善捐款或跨代传承等相关的服务。家族办公室则不同，它可以使所有与家族财富管理与家族传承相关的金融资本、人力资本、智力资本、社会资本和精神资本在同一个团队内解决，并提供一站式服务，让不同专业的专业人士一起研讨、计划并做出均衡的决定，为超高净值家族提供一个全面的解决方案。

1.4 家族办公室的分类

按照管理超高净值家族的数量，家族办公室可以分为单一家族办公室和联合家族办公室。单一家族办公室的英文为 Single Family Office，就是为单一超高净值家族提供服务的家族办公室。联合家族办公室的英文为 Multiple Family Office，是为多个超高净值家族服务的家族办公室。

目前，拥有超过1.5亿美元私人财富的家族是建立单一家族办公室架构的理想对象。虽然第一代企业家设立家族办公室的情况也相当普遍，但家族办公室往往支撑着家庭和后代数目均较为复杂的家族。这是家族办公室结构的主要特性，也是家族办公室在设计和执行投资战略和家族治理计划时必须考虑的因素。虽然每个家族均有着类似的需要，但从家族办公室的角度而言，每个家族均有着特殊的考虑因素。这些考虑因素不局限于一般的代际需求差异。

从家族办公室与企业之间的法律隶属关系来看，单一家族办公室可以分为内置型办公室（属于家族企业内部部门）、外置型办公室（独立于家族企业一个机构，与其没有法律上隶属关系）和控股型办公室（控股家族企业及其他相关企业）。

按照家族办公室的服务提供方式（与家族办公室的人员配备模式相对应），我们可以将单一家族办公室分为三种类型：精简型（对应 Core model）、混合型（对应 Established model）和全能型（对应 Institutional model）。单一家族办公室主要采用三种人员配备模型：核心型（Core model），初具规模型（Established model）和机构型（Institutional model）。上述两种分类基本是一一对应的，每一种都与单一家族办公室的关键目标及其提供的服务密切相关。虽然这种分类通常与家族办公室管理资产的额度和服务的家庭数量有关，但主要区别是员工的数量（和服务的类型对应），如图 1-5 所示。

	精简型（36%）	初具规模型（27%）	机构型（37%）
员工人数	1-5人	6-10人	10人以上
概况	· 内部团队提供给家族一定的服务，同时外包大量服务 · 员工承担多重角色，有广泛职责 · 内部专业人员和外部服务提供商配合	· 内部团队提供给家族所有服务，同时外包一些服务 · 员工承担明确角色和职责	· 内部团队提供给家族所有服务，同时外包少量服务 · 员工承担明确角色和职责
家族办公室员工和家族企业业务的重叠	高：家族办公室员工的业务和家族企业业务有大量重叠	低：家族办公室员工的业务和家族企业业务有少量重叠	无：家族办公室员工的业务和家族企业业务没有重叠
典型服务	投资、会计、税务、报告	投资、会计、税务、报告、礼宾、慈善	投资、会计、税务、报告、法律、礼宾、慈善
投资治理	很少有正式的投资委员会	大部分由正式投资委员会来决策，同时家族介入投资决策	由正式投资委员会来决策，同时家族进行监督
投资模式	外包/经理和经理	外包/经理和经理，直接投资（最常见）	外包/经理和经理，直接投资（最常见）

图 1-5　家族办公室运营模式

资料来源：The World Economic Forum and J. P. Morgan, The Single Family Investment Office Today: A primer on structuring an investment office to achieve family objectives and societal value, 2016。

精简型单一家族办公室主要承担家族记账、税务以及行政管理等事务，直接雇员很少，甚至仅由企业内深受家族信任的高管及员工兼职承担；实质的投资及咨询职能主要通过外包的形式，由外部私人银行、基金公司（VC/PE/对冲基金）、家族咨询公司等承担。混合型单一家族办公室自行承担设立家族战略性职能，这一类家族办公室聘用全职员工，承担核心的法律、税务、整体资产配置以及某些特定的资产类别投资，在某些关键性职能的人员配置上，可能会使用具有相关专业经验且忠诚的家族成员。而全能型单一家族办公室的全部职能都由全职雇员承担，包括投资、风险管理、法律、税务、家族治理、家族教育、传承规划、慈善管理、艺术品收藏、安保管理、娱乐旅行、全球物业管理、管家服务等。全能型家族办公室管理的资产规模一般都超过10亿美元。

联合家族办公室是为多个家族服务的家族办公室，主要有三类来源：第一类是由单一家族办公室接纳其他家族客户转变而来，第二类则是私人银行为了更好地服务大客户而设立，第三类是由专业人士创办。值得注意的是，联合家族办公室并不意味着规模一定会比单一家族办公室（SFO）要大，事实上，许多联合家族办公室都是行业中的巨型公司。例如，戴尔电脑创始人迈克尔·戴尔的单一家族办公室 MSD Capital，管理资产的规模超过100亿美元，雇用大约80名全职员工，比很多联合家族办公室的规模还要大。再如，索罗斯于2012年将其他投资者的基金全部退回，把享有盛名的对冲基金单一家族办公室变更为单一家族办公室，管理着约250亿美元的家族资产。

私人多家家族办公室——在扩大服务领域至联合家族办公室之前，最初都是由一个创始家族设立，后来由相关家族拥有，并为其利益服务。

商业多家家族办公室——通常为多个财富不到1.5亿美元的家族共同服务，不同于私人联合家族办公室，通常不是家族直接拥有，而是由商业第三方拥有，而且通常以营利为目标。

此外，一些富有家族自己不单独设立单一家族办公室，而是选择加入联合家族办公室，这样可以享受到两大好处：①降低参与门槛；②规模经济。但这也意味着家族将丧失部分隐私，亦不能享受完全定制化服务和绝对控制权。就彼此间并不存在血缘关系但有着共同关系或目标的多家富裕家族可选择通过成立一个联合家族办公室以集合和运用资源，而非成立多个单一家族办公室管理家族财富。因此，传统上联合家族办公室如要成功和长久运作，其各家族须具有共同的利益和风险承受能力，以及可比水平的财富。根据以往数据来看，能维持中长期运作的联合家族办公室平均管理着超过35亿美元的累计资产。

到底什么是"真正"的家族办公室，经常存在争议。有的业内人士认为只有单一家族办公室才是真正的家族办公室，联合家族办公室只是披着家族办公室外衣的财富管理机构。另外一些业内人士认为唯有2.5亿美元以上才能建立一个单一家族办公室，尽管一些成功的单一家族办公室只管理了5千万美元。其实，决定家族办公室的存在与否的是其所提供服务的性质，而非仅仅在于所管理的资产规模。而在安永会计师事务所2017年和瑞士信贷联合发布的安永家族办公室指南《EY Family Office Guide》中认为，家族办公室管理的资产一般在2亿美元以上，家族办公室分为单一家族办公室，联合家族办公室和镶嵌型家族办公室（embedded family offices），镶嵌型家族办公室是指和家族企业密切相连，乃至于镶嵌于家族企业内部的家族办公室。

由于单一家族办公室具有典型的家族办公室的特征和生态,所以在本书以后的章节(在没有特别指出的情况下),都是指家族办公室。

1.5 地缘政治和家族办公室

地缘政治也会影响着家族办公室的发展。一方面,地缘政治会对家族办公室有一个宏观意义上的具有普遍性的影响。根据瑞银2019年的报告,84%的受访家族办公室认为,困扰西方世界的民粹主义浪潮到2020年不会消退,另外91%的受访者认为2020年美中关系将产生对世界重大经济影响。与此同时,63%的家族办公室认为,英国退欧对英国作为一个长期投资目的地不会有积极影响。两种相互关联的趋势正在塑造当今的全球政治:首先,民粹主义政府正在减少经济一体化(去全球化),加强保护主义。其次,世界正在经历一个全球再平衡时期。中国现在是世界第二大经济体,公开与美国竞争全球地缘政治影响力,以及经济和技术优势。夹在美国和中国之间的欧盟(European Union)面临着更大的压力,因为它面临着更高的移民压力和持续的财政和银行业风险。

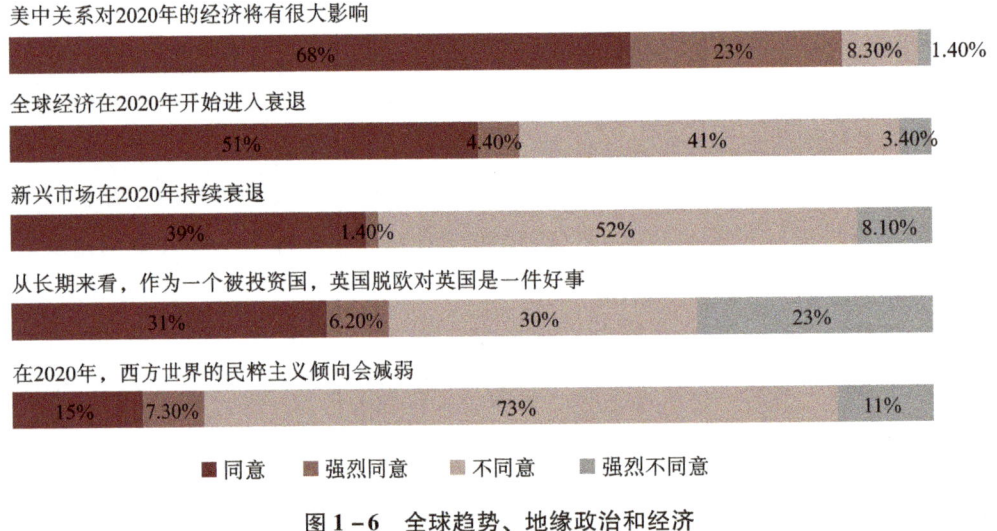

图 1-6 全球趋势、地缘政治和经济

资料来源:The UBS/Campden Wealth Global Family Office Survey 2019。

另一方面,地缘政治也会对家族办公室的发展有微观意义上的影响。例如,俄罗斯富豪在美国设立的家族办公室会更加看重美国的房地产投资,会在纽约和迈阿密投资豪宅。与中国的富豪更看重子女教育相比,搬迁到美国的俄罗斯富豪常常会带一些如保镖之类的随从。美国法律对个人权利的保护是俄罗斯富豪最看重的因素之一。俄罗斯富豪也看重英国的法治传统,他们在投资时会考量适用的法律。比如,2013年希腊金融危机时,希腊地方政府按照希腊法律剥夺了投资人99%的利益。但是,如果过于强调风险控制也会被误导,投资是需要考量收益和风险的平衡。现在的俄罗斯富豪更像是20世纪80年代美国的投资人,投资集中在房地产、餐饮、宾馆等产业。

1.6 家族办公室和家族信托

在普通法体系的国家或地区,财产有两种不同形式的所有权:法律所有权(legal ownership)和受益所有权(beneficiary ownership),在有些情况下,这两种所有权会被分别拥有。法律所有权是一个特指法律档案中指明的所有人的概念。在信托制度中的受托人,往往是资产的法律所有人,有权占有、使用并处置该资产。因此,从表面上看,受托人就是该资产的完全所有人,尽管该受托人在进行占有、使用并处置该资产时,应该完全为了受益所有人的利益。收益所有人是相对应的概念,他或他们拥有的该资产的收益权,而不是资产本身。在信托的制度设计中,当该信托分配利益或本金时,受益人应该拥有所有分配的权益,但却没有占有、使用并处置该信托的权利。管理人或受托人(trustee)在符合信托责任的前提下,可以从法律上拥有该家族办公室并依法做出对资产管理和处置的决定,但家族成员仍然拥有该家族办公室的收益所有权,因此家族办公室管理的资产及其利润的处置必须是为了家族成员的利益和福利。在有些情况下,可以设立一个家族成员有投票权的信托,从而让家族成员在涉及一些家族事务时保留投票权。

家族办公室面临着一个无法忽略的现实:在美国实行资产多代配置策略的家族,到第三代,其家族资产90%左右都是以信托的方式来持有。信托尽管把资产使用权、收益权乃至处分权转移给了受托人,但受托人必须按照信托文件规定的方式来管理受托资产,而家族办公室往往就是受托人。这个现实对财富创造者来说有巨大的影响力,因为这会影响他们未来将如何选择财富保值增值的方式和方法。把家族资产委托给家族办公室的信托文件几乎无一例外地规定了家族办公室的投资方式:能够让家族精神、家族文化、家族愿景、家族使命等传承下去的投资及分配方式。

信托法一般被认为是12世纪在"十字军东征"时期在英国国王辖区内首次发展起来的。信托的起源不是作为一个单独的法律领域发展而来,而是英美法系国家作为一个混合体,而逐渐形成的一种法律制度的设计。衡平法院的规则是由一套相对宽松而合理的判决形成的规则,以避免英国普通法发展得过于缓慢。衡平法院对包括信托、土地、遗产管理和监护在内的所有衡平法事项都有管辖权。英国普通法源于古罗马法,认为财产是一个不可分割的实体,拥有合法所有权的人拥有所有的权利和特权。因此,一个人只能把土地的所有权益都转让给另一个人,而不能保留和土地相关的任何权益。然而,当一个土地所有人离开英国参加"十字军东征"时,他不得不会把土地所有权暂时转让给另一个人,由另一个人来管理这块土地,并支付和接受君主或其他贵族的封地税。他们一般会约定，该土地所有权将在"十字军"战士归来时返还。然而，当"十字军"战士在返回时，经常遇到拒绝返还土地所有权的情况。心怀不满的"十字军"战士当然会向国王请愿，国王会将此事提交给他的大法官（也可以翻译为司法大臣或掌玺大臣）。大法官可以根据他的良知来决定这些案件，决定什么是"公平"或"公正"的。通常，大法官会认为，如果指定的土地所有权持有人（第三人）食言，否认"十字军"的诉求，这是违反良知的。因此，他会做出对十字军战士有利的判决。随着时间的推移，大法官法庭（衡平法院）不断认可"十字军"战士的诉求。因此，普通法所有人将为"十字军"战士的利益而持有和管理该土地，并将被迫在十字军战士提出要求时将其归还给原所有人。十字军战士是"受益人"，而指定的土地所有权持有人（第三人）是"受托人"。于是，先是创造"了土地使用（use of land）"这个词来表述这种法律关系，并随着时间的推移发展成为我们现在所知道的"信托"这个词。

美国在1917年将遗产税税率从10%上调至25%，并于1924年开征遗赠税。1929年"大萧条"后，美国联邦政府在财政上也开源节流，加大遗产税的税率和降低免税额。例如，1932年，美国遗产税税率从20%升至45%，免征额从10万美元降至5万美元；1934年，美国遗产税的最高税率升至60%，随后更是升至70%，免征额降至4万美元。为了规避遗产税和遗赠税，在家族办公室的建议下，家族信托被大量采用。例如，为了避开高昂的遗产税，在家族办公室的建议下，1934年小洛克菲勒设置了两个信托基金（妻子和子女；孙辈）。这些信托基金的设立结构中，其家族办公室直接担任管理人或顾问的工作，一般拥有处置信托资产的权利。随后为降低管理成本，洛克菲勒家庭办公室逐渐由单一型转向联合型，为多家富豪家族共同管理资产。

1.7 投资偏好和投资策略

家族办公室的投资种类一般可分为：

传统投资，包括共同基金（Mutual Funds），多头单独账户管理（Long-only separate management accounts），交易所指数基金（ETFs），债券或固定收益基金或可变年金（bond or fixed income funds, or variable annuities）等；

另类投资，包括对冲基金（Hedge funds），管理期权（managed futures），私募基金（private equity），风险基金（venture capitals）等；

基础设施投资和大宗商品投资等。

家族办公室的投资策略也非一成不变。目前均有近一半的家族办公室采用了平衡的投资策略，有1/5的家族办公室采用了保守的投资策略，有1/4的家族办公室采用了以增长为导向的投资策略。就投资产业偏好模式而言，一般分为三种：优势产业延续模式（The Operating Business Sandbox Model）；分散机构型模式（The Diversified Institutional Model）和混合模式（The Hybird Model）。本书后面将设专门的章节论述。

地域和文化因素也影响着家族办公室的投资。例如，尽管家族办公室的投资风格偏稳健，一般用分散投资的方式来均衡风险。但在21世纪初的欧美市场，对冲基金是近年来增幅最大的投资类别；同一时期在更加保守的亚太地区（尤其是中国），有相当一部分的家族更喜欢将资金投入看得到摸得着的实体与物业中。不过，自2008年金融危机之后，家族办公室在对冲基金领域的配置持续减少。比如，2017年家族办公室在对冲基金领域的配置从上一年的8%降至7.1%，主要是因为对冲基金的回报生成能力令人担忧，而在2018年和2019年，家族办公室在对冲基金领域的配置继续下降。

根据瑞银报告2016年调查显示，近70%的家族办公室预计在未来15年内会发生代际转换。然而，在2017年，只有不到一半的家族制订了接班计划。2018年报告显示，29%的家族办公室已经在家族办公室的高管或管理岗位上设立了下一代人，23%的家族办公室已经在董事会设立了下一代人。然而，只有不到一半的家族完成了长期的接班计划。2019年，超过一半（54%）的家族已经制订了继任计划，比2018年上升了11个百分点。如图1-7所示。

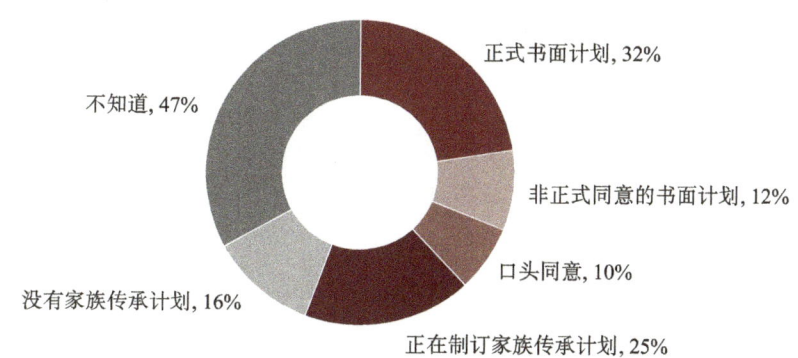

图1-7　家族传承计划状态

资料来源：The UBS/Campden Wealth Global Family Office Survey 2019。

这些家族跨代传承计划中只有32%是正式的书面文件，另外12%仅仅是非正式的同意的书面计划，另外10%只是是口头的计划，还没有形成书面文件。

在世界范围内，家族办公室产业的发展越来越快，单个家族办公室变得越来越大，其影响力也随之扩大。就整体而言，其透明度也在提高，特别是在美国及欧洲国家相继通过了透明法案之后。相对于其他机构，家族办公室具有以下优势：

（1）家族办公室对财富进行整体性的规划和管理，所以其决策更有合理性和协调性，使其每一笔投资都能够服务于其家族财富保值增值以及永续的最终目的；

（2）使家族资产、文化、价值和人脉关系的代际传承变得更有效率；

（3）提升了与有才能的机构投资人、基金经理及其他优质机构合作的机会；

（4）实现一个全方位的全资产负债表综合管理，同时降低了成本；

（5）加大了家族内部的凝聚力，控制住了家族成员的机会性行为，吸取了其他家族的优点，并实现了更优秀的家族文化和精神遗产。

第 2 章
家族办公室运营模式的历史变迁及地域差异

如前所述,现代意义上的家族办公室产生于美国。目前无论是从数量,还是从管理的资产总量上来看,美国依然是家族办公室最聚集最发达的国家。2008年金融危机之后的资本盛宴,使美国和其他国家的家族办公室都在加速发展。在北美及亚洲,新设了一大批家族办公室。与传统的家族办公室相比,这些家族办公室看起来更像是注册的投资顾问公司或投资公司。欧洲也新设立了一大批跨国的家族办公室:在伦敦、瑞士、海峡群岛及马恩岛之间配置其资产并设立分公司。瑞士最近新设的一批家族办公室,基本是2008年金融危机后由瑞士的前私人银行的从业人员设立的。由于监管环境的变化,金融危机之后美国的家族办公室有一些新的趋势,一批对冲基金正在转型为家族办公室。在全球的其他地区,家族办公室运营模式也有变化趋势,变得更加国际化和复杂化,以便于它们利用各国或地区的法律、税务及专业的比较优势,更好地为客户服务。"金砖四国"、东南亚、中东等国家和地区的家族办公室也各有各的特点。

2.1 美国对冲基金向家族办公室的转型

多德—弗兰克法案在美国生效后,有一批对冲基金转型为家族办公室,其中不乏一些最顶尖的对冲基金参与其中。下面以索罗斯为例介绍一下美国对冲基金是如何向家族办公室转型的。

2011年7月26日,美国各大财经媒体都报道了对冲基金领域最著名的人物之一,乔治·索罗斯(George Soros)将要关闭其对冲基金,从而转型为家族办公室的消息。报道称,以成功狙击英国央行而闻名于世的亿万富翁索罗斯将结束其40多年的对冲基金经理生涯,他旗下的索罗斯基金管理公司(Soros Fund Management LLC)将向外部投资者返还资金。索罗斯及其子在致投资者的信中表示,他们做出这一决定的原因在于根据最新的金融监管规定,索罗斯基金必须在2012年3月份以前向美国证券交易委员会(SEC)登记,否则就不能继续为外部投资者管理资产。两人在信中表示:"我们希望向那些在过去近40年时间里将其资本投资到索罗斯基金中的客户们表示感谢。我们相信,从长期来看,这一决定(指对冲基金转型为家族办公室)已经为你们带来了良好的回报。"两名内情人士透露,索罗斯将在年底以前向外部投资者返还所有的外部资金。该机构将致力于仅为索罗斯及其家族管理资产,索罗斯基金从此变成了索罗斯家族办公室。

2010年7月,奥巴马签署了多德—弗兰克法案使其成为美国法律。在时任美国总统奥巴马的推动下,美国国会通过了对金融机构加强监管的多德—弗兰克法案。很多业内人士认为在多德—弗兰克法案是美国有史以来对对冲基金最重要的立法。在该法案之前,Investment Advisor Act of 1940(《1940年投资顾问法》,以下简称《顾问法》)在其Section 203(b)3规定了私人投资顾问豁免(Private Advisor Exemption),基本上豁免了对冲基金的注册、申报和披露义务。2011年7月,索罗斯发表声明退出对冲基金领域转向家族办公室,而且索罗斯的做法绝不是个案。

多德—弗兰克法案废除了私人投资顾问豁免,这一事使得管理资产规模超过1.5亿美元以上的对冲基金、私募股权基金及联合家族办公室受到了极大影响。按照该法案,这些对冲基金、私募基金和联合家族办公室以后都需要注册成为美国SEC的注册投资顾问并接受其监管。

在多德—弗兰克法案生效之前,对冲基金和私募股权基金基本不受美国证监会的监管,只须遵照1933年证券法、1934年证券交易法、期货交易法等对其交易进行有限披露。多德—弗兰克法案通过后,在美国SEC注册成为注册投资顾问的对冲基金和私募股权基金须定期向证监会更新三个主要报表,ADV报表(Form ADV)、PF(Form PF)和D报表(Form D)报表等。Form ADV每年至少报一次,主要填报公司基本的组织和业务信息。Form PF规模小的注册投资顾问每年报一次,规模超过10亿美元的注册投资顾问每季报一次,主要填报公司投资组合的策略和仓位等统计信息,尤其注重填报公司的杠杆使用和衍生产品交易的情况。Form D则是在公司获得新的资本投入后在15天内填报。美国SEC通过这三个报表掌握对冲基金和私募股权基金的组织形态、业务特色、融资规模、资产规模、投资组合的基本情况、杠杆的使用情况以及衍生品的交易情况等,特别是Form PF是多德—弗兰克法案的新规定,用于对美国金融体系系统风险的监控。

除了申报义务,《顾问法》还要求注册为投资顾问的对冲基金必须设立首席合规官,并对首席合规官的资格和责任都做了非常严格的规定。多德—弗兰克法案生效之前,这部分本来也是《顾问法》在其Section 203(b)3规定的豁免的内容。多德—弗兰克法案生效之后,《顾问法》规定的整个Section 203(b)3豁免都不存在了。美国SEC还会在其全美各地设的分支机构对当地的注册投资顾问(包括对冲基金)进行检查。SEC主要进行三种类型的检查:常规检查、原因检查和风险目标性检查及扫查型检查。一般每年SEC的检查人员对投资顾问进行 1000—2000 次检查。大约 2/3 是常规的，1/3 是原因或风险导向的，约 5% 的案件会被提交给 SEC 的执法部门。最常见的是定期进行的常规检查，以涵盖广泛的问题和领域。SEC 工作人员将投资顾问分为高、中、低风险群体，并对每个群体的公司进行日常检查。一般流程是，证监会人员先打电话给注册投资顾问的首席合规官预约时间，一般给予首席合规官一周左右的时间做准备，并提供一个信息和文件要求清单，要求首席合规官按清单在证监会人员访问公司之前完成提交。之后，证监会检查人员访问公司 3—5 天，由公司提供一个专门的房间办公，对公司的主要管理人员进行面谈，检查公司的各种合规记录和文件存档，与首席合规官进行深入交流，了解公司合规政策和程序执行情况以及各种违规事件处理的情况，并针对重点检查项目了解合规制度执行的细节。公司访问结束后，检查人员会继续和首席合规官保持联系，要求首席合规官提供更多材料或对检查人员提出的问题做出解答。大概 3 个月左右，检查人员会向公司提交一份检查报告，报告中详细列出发现的问题，责成公司在一定的时间内改正或改进。如果发现重大违规或违法问题，则会对公司进行处罚。

因此，多德—弗兰克法案生效之后，美国对冲基金的合规成本和披露义务都大大提高。而对它们运作影响更大的恐怕还是对冲基金经理们再也不能像以前那样就他们的策略、持仓比例等对外保密，透明度大大提高。索罗斯之所以要把他的对冲基金转型为家族办公室，是因为多德—弗兰克法案规定了另外几种新的豁免，其中和家族办公室相关的是按照法案的 Section 202（a）（11）（G），规定了家族办公室豁免。对有些大型对冲基金而言，要想规避监管，唯一可行的方案是转型为家族办公室。关于家族办公室的监管，将在本书第 4 章中详细论述。

如前所述，从对冲基金转型为家族办公室，索罗斯绝非个案。和索罗斯几乎同时决定退出对冲基金行业转型为家族办公室的，还有 Chris Shumway 以及倡导主动投资的 Carl C. Icahn。根据彭博社的报道，仅仅在 2015 年，美国就有 979 只对冲基金转型为家族办公室，其中不乏全球最知名的基金旗下的对冲基金：Seneca Capital，Lucidus Capital，BlueCrest，BlackRock，Bain Capital 和 Fortress Investment Group。除了规避监管，家族办公室的运营模式还可以让资产管理人对所管理资产取得绝对的控制，不受外界投资人的影响，因此对很多对冲基金经理有很大吸引力。2011 年以来，对冲基金转型为家族办公室的趋势一直在延续。现在，在国际金融的对冲基金领域的刀光剑影中，除了以前的对冲基金大佬，还有很多家族办公室时隐时现。

除了主动转型为家族办公室的对冲基金之外，还有不少转型是作为美国 SEC 处罚的一部分（一般是辩诉交易的一部分），被迫从对冲基金转型为家族办公室的案例。比如，对冲基金大佬史蒂夫·科恩（Steven A. Cohen）旗下的 SAC（SAC Capital Advisors）公司曾经是美国最大最赚钱的对冲基金公司之一，科恩也有"对冲基金交易界的迈克尔·乔丹"之誉（科恩是美剧 Billions 男主角的原型）。到 2006 年时，SAC 资本的交易账户金额已占当时美国股市的 2%，SAC 资本和史蒂夫·科恩也因此成了华尔街的名片之一。纽约的一个美国联邦检察官办公室对科恩进行了 7 年的调查，随后科恩在 2013 年 11 月被指控涉及内幕交易。2014 年 11 月，科恩及 SAC Capital 和检察官达成辩诉交易，同意支付创纪录的 18 亿美元罚款，SAC Capital 归还了所有外部投资者的资金，并成立了家族办公室 Point72 Asset Management。2014 年的该家族办公室同样收益颇丰。最近两年，华尔街不时传来科恩要在对冲基金界重整雄风的消息。科恩的对冲基金转型为家族办公室似乎对科恩没有什么大的影响，2015 年 11 月，科恩仍拥有 120 亿美元资产，位列《福布斯》全球亿万富豪排行榜第 109 位。

即使在家族办公室内部，多德—弗兰克法案也有很大的影响。比如，超高净值家族们不大愿意注册成联合家族办公室，因为按照多德—弗兰克法案，这样的联合家族办公室多半也需要注册为投资顾问，履行前述的申报及披露等义务。为了规避多德—弗兰克法案的监管，他们也倾向于建立只有家族成员参与的单一家族办公室。关于家族办公室的监管，将在本书第 4 章详细论述。

2.2　家族办公室的运营成本及传统运营模式

上面我们论述了家族办公室的一些进展和趋势。不过，为了规避监管而设立的家族办公室属于"法律上的家族办公室"，和我们通常所说的传统的家族办公室还是有很大区别的。下面我们探讨一下传统意义上的家族办公室的运营模式。除非特别注明，本书中的家族办公室均指传统意义上的家族办公室。

尽管家族办公室会使其客户在当代享受超高质量的生活，并会安排好其后代的教育及财富传承，但家族办公室的成本也非常昂贵。比如，目前，家族办公室的平均服务总支出为 1000 万美元以上，其中经营成本保持相对稳定，占去超过一半的总支出，而外部投资管理人的绩效费用和行政费用约占去不到一半的总支出费用。由此可见，没有足够多的财富，是不可能享受家族办公室的服务的。

由于家族办公室服务是一项很昂贵的服务，因此按照规模和成本的不同，家族办公室有不同的运营模式。传统上，根据家族办公室的运营模式的不同，家族办公室可以分为服务外包型（Outsourced Model），通才式专家型（Expert Generalist Model），以及机构式服务提供型（Institutional Offering Model）。如第 1 章所述，单一家族办公室主要采用三种人员配备模型：核心型（Core model），初具规模型（Established model）和机构型（Institutional model）。上述两种分类是基本一一对应的，每一种都与单一家族办公室的关键目标及其提供的服务密切相关。虽然这种分类通常与家族办公室所管理资产的额度和所服务的家庭数量有关，但主要区别是员工的数量（和服务的类型对应）。如表 2-1 所示。

表 2-1　　　　　　　　　　　家族办公室运营模式

员工人数	精简型（36%）	初具规模型（27%）	机构型（37%）
	1-5人	6-10人	10人以上
概况	• 内部团队提供给家族一定的服务，同时外包大量服务 • 员工承担多重角色，有广泛职责 • 内部专业人员和外部服务提供商配合	• 内部团队提供给家族所有服务，同时外包一些服务 • 员工承担明确角色和职责	• 内部团队提供给家族所有服务，同时外包少量服务 • 员工承担明确角色和职责
家族办公室员工和家族企业业务的重叠	高：家族办公室员工的业务和家族企业业务有大量重叠	低：家族办公室员工的业务和家族企业业务有少量重叠	无：家族办公室员工的业务和家族企业业务没有重叠
典型服务	投资、会计、税务、报告	投资、会计、税务、报告、礼宾、慈善	投资、会计、税务、报告、法律、礼宾、慈善
投资治理	很少有正式的投资委员会	大部分由正式投资委员会来决策，同时家族介入投资决策	由正式投资委员会来决策，同时家族进行监督
投资模式	外包/经理和经理	外包/经理和经理，直接投资（最常见）	外包/经理和经理，直接投资（最常见）

资料来源：The World Economic Forum and J. P. Morgan, The Single Family Investment Office Today: A primer on structuring an investment office to achieve family objectives and societal value, 2016。

服务外包型（对应达沃斯－摩根大通，以下简称"精简型"）：在这种类似的家族办公室中，一个人做总负责，80%至90%的家族办公室服务外包给外部机构。这个负责人可能有能力去管理一个投资组合，选择基金管理人，或调查重要决定的税收后果，但他基本上是一个外部服务的管理人。他和另外很少几个全职员工承担着协调和平衡各个服务提供商的工作，确保信息在各方之间无障碍地传递。在一个服务外包型家族办公室中，顾问和投资管理服务通过与外部服务提供者之间的合同契约来管理，这种类型的家族办公室一般直接通过雇用员工提供一些簿记、税务和管理服务。这个模式的好处是费用低，但对全职员工（特别是那个负责人）要求很高。一般情况下这种类似的家族办公室提供的直接服务如下：

- 簿记
- 集中保管的监督
- 强化财务报告的传递
- 基金池账户的协调

外包为家族提供了灵活性，不但减少了家族支付长期员工工资的义务，并且可以接触到更多经验丰富的专业人员。同时值得注意的是，家族办公室通常是小型机构，单一家族办公室平均聘请11名全职员工和4名兼职员工。一些新成立的或处于适应期的家族办公室，会将一些例如工厂、税务或法律等服务外包给外部专家，从而取得成本效益。但随着时间的推移，如果所需的工作量逐渐增多，以致于需要聘用内部人员来消化工作量，这不但可以使其家族办公室对某些工作流程或定制化服务有更多的控制权，还可以减少第三方费用。在某些情况下，家族办公室被视为培养下一代人才的平台，在这种情况下，即使第三方可以以较低的成本或更高的质量执行某些服务，但还是会由雇员内部提供。家族办公室主要将其法律服务外包，其中绝大部分完全将其外包，小部分则通过内部和外部结合的方式。大部分家族办公室还会将私人银行服务外包，同样，IT和全球托管以及综合投资报告也是流行的外包服务。除了支付办公室日常开支和其他办公室服务费用（这些费用自然属于内部费用）之外，家族办公室最有可能在内部处理资产配置（其中绝大多数的家族办公室完全由内部提供此项服务，而少数则采取内部和外部结合的方式），并在内部为新的家族业务和其他项目提供支持。

通才式专家型（"初具规模型"）：这种模式要求家族办公室的主要负责人对家族办公室各种金融和非金融服务了如指掌。该主要负责人一般被称为通才式专家，指他们对家族办公室的每一种服务都深度了解，而且恰如其分地知道何时应该雇用一个员工，何时应该外包某种服务，但同时他们自己又在某些行业有非常深的造诣，能够提供非常有价值的服务。在这种模式下，通才式专家（一般有15年乃至20年以上经验）会负责总体运营同时提供非常专业的服务，而其余资历相对较浅一些的专业人士和外部机构则负责提供其他的服务和解决方案。通才式专家型模式应该是大部分家族办公室实际存在的模式（约70%的家族办公室采用该种模式），通才式专家一般担任家族办公室的首席执行官（CEO）。此类型的家族办公室也会雇用法律、税务、资产配置等方面的专家。所以，这个类型的家族办公室不仅能提供外包型家族办公室提供的服务，还能提供个人金融服务，例如税务合规、预算、现金管理或个人证券服务等。在这种情况下，大部分投资管理的功能都外包给第三方，但是一些例如资产配置等投资功能则会由内部提供。通才式专家型家族办公室提供的直接服务一般包含如下：

- 税务合规
- 预算和现金计划
- 个人账户的协调
- 个人证券
- 支付账单
- 资产配置

机构式服务提供型（"机构型"）：这种模式雇用4—7位通才型专家，分别在国际税收、信托、跨代传承、人寿保险、投资组合管理、风险管理等领域有着15年乃至20年以上的经验。这个类型的家族办公室是用来为那些希望对隐私、证券等达到很高控制程度的家族所服务的。所有的核心功能，包括家族治理、税务、法律、风险管理以及核心的投资管理都是被雇员内部提供,特别是投资管理活动,如对冲基金、风险投资、私募股权等。如此规模的成本,一般只有管理超过 30 亿美元以上的家族办公室才能承担。由于家族的目标和预算等起着关键的因素,因此,核心的家族办公室服务基本都由家族办公室内部来提供的:例如,投资政策、资产配置、投资经理的选择等。此外,此类型的家族办公室也会为财富的传承、安保、对家族后代的培养和慈善等提供服务。机构型家族办公室直接提供下面的服务:

- 投资政策的监督
- 投资管理者的选择
- 税后业绩的测量和分析
- 资产配置策略的再平衡
- 财富转移
- 大宗采购的执行
- 信托
- 慈善事业的管理和合规
- 慈善赠款的协调
- 慈善项目的分析和评价
- 家庭成员不同行为的整合

目前的家族办公室领域人才紧缺,一个家族办公室很难同时雇用到 4—7 位抢手的通才型专家,因此,机构型家族办公室大约只占家族办公室总数的 1%—2%,管理的资产一般超过 30 亿美元。

上面我们分析了家族办公室的三种运营模式。通过其内部提供核心的服务,而不依赖于外部提供商,是近十几年多数家族办公室的趋势。尽管如此,家族办公室通常会在内部提供的服务与外包服务之间找到平衡。例如,近几年,家族办公室倾向于在内部进行财务规划、资产配置、风险管理、投资经理的挑选和监督,以及财务会计和报告的编制;而他们最常外包的服务包括法律服务、私人银行、保险计划、全球托管和综合投资报告等。通过内部和外部资源平衡提供的服务包括税务规划、遗产规划和投资银行功能(即交易来源、尽职调查、资本结构设计等)。如表 2-2 所示。

每个家族办公室都需要权衡成本和能力,从而找到合适的平衡点,当家族决定扩大或缩小经营规模,或进行国际扩张时,这种平衡可能会随之发生变化。

表 2-2　　家族办公室的服务管理：内部提供、外包或兼而有之

	内部提供	外包	兼而有之	如果兼而有之，内部提供比例
一般顾问服务				
金融计划	62%	10%	28%	58%
税务计划	24%	33%	43%	48%
遗产计划	27%	24%	49%	46%
法律服务	42%	63%	33%	35%
保险计划	23%	49%	27%	39%
信托管理	42%	29%	28%	41%
投资相关服务				
资产配置	73%	11%	17%	57%
风险管理	64%	12%	24%	50%
投资经理选择/监督	66%	11%	23%	58%
私人银行	25%	63%	13%	50%
传统投资	55%	20%	25%	52%
另类投资	58%	14%	28%	52%
开发地产	58%	20%	22%	56%
投资银行功能（项目寻找、尽职调查、资本结构和退出)	39%	20%	41%	46%
财务报表/汇报	64%	13%	23%	67%
全球托管及合并投资报告	24%	52%	24%	59%
外汇管理	48%	45%	7.1%	45%
慈善	65%	15%	20%	49%
家族专业服务				
礼宾服务及安保	65%	16%	19%	54%
家族咨询/家族关系	60%	19%	21%	57%
家族治理及家族传承计划	63%	6.8%	31%	59%
奢侈品（贵重资产，艺术品，游艇等）	61%	15%	24%	47%
家族企业新生意及其他项目的支持	79%	6.3%	15%	60%
IT服务				
家族经常性开支管理	31%	52%	17%	37%
会计	82%	8.7%	10%	56%
其他办公室服务	62%	18%	20%	55%
	66%	10%	24%	51%

资料来源：The UBS/Campden Wealth Global Family Office Survey 2019。

2.3　家族办公室的成本

　　家族办公室的管理团队一般需要 10—20 年以上的行业经验（不同职位对经验的要求也有所不同，比如 CEO 一般要求 20 年以上的经验），这远远高于了其他金融行业对高管的要求，主要是由于家族办公室对高管的特殊要求决定的。如前所述，随着家族办公室产

业的快速发展，家族办公室高管在市场上也变得紧俏起来。随着家族办公室的模式越来越流行，家族办公室CEO的平均薪酬也逐步上涨。2017年，家族办公室CEO的平均薪酬为367000美元。2018年，CEO的基本薪酬增长了11%，而2019年增长了3.7%，这无疑与家族办公室的投资回报成正相关。COO（首席运营官）的平均薪酬由195000美元攀升至215000美元，上涨了约10%，CFO（首席财务官）的平均薪酬从199000美元提高到213000美元，涨幅为6.8%。在2018年和2019年，COO和CFO的薪酬上涨百分比与CEO基本相当。

根据瑞银报告显示，2019年全球家族办公室的平均成本为1180万美元，该报告还列出了全球家族办公内部运营和外部投资管理的平均成本。全球家族办公室在服务上的平均支出为其管理资产的1.17%（略高于2018年的1.13%）。其中，内部营运成本（即一般咨询、投资、家庭专业服务及家族办公室行政相关的服务等）为其管理资产的0.67%，对外投资管理的基础费用及绩效费用为其管理总资产的0.50%。

与2018年类似，北美和新兴市场的家族办公室平均运营成本最低。在北美，内部营运成本平均为为其管理总资产的0.57%，外部投资管理及行政费用平均为为其管理总资产的0.48%。在新兴市场，这一数字分别为0.57%和0.48%。

- 2019年，家族办公室在服务上的平均总花费为1180万美元。这包括了680万美元的运营成本和510万美元的外部投资管理和绩效费用。
- 2019年家族办公室在一般咨询服务上的平均费用为150万美元（占其管理总资产的0.14%）；投资相关活动的费用250万美元（占其管理总资产的0.25%）；家庭专业服务100万美元（占其管理总资产的0.10%），行政费用170万美元（占其管理总资产的0.17%）。

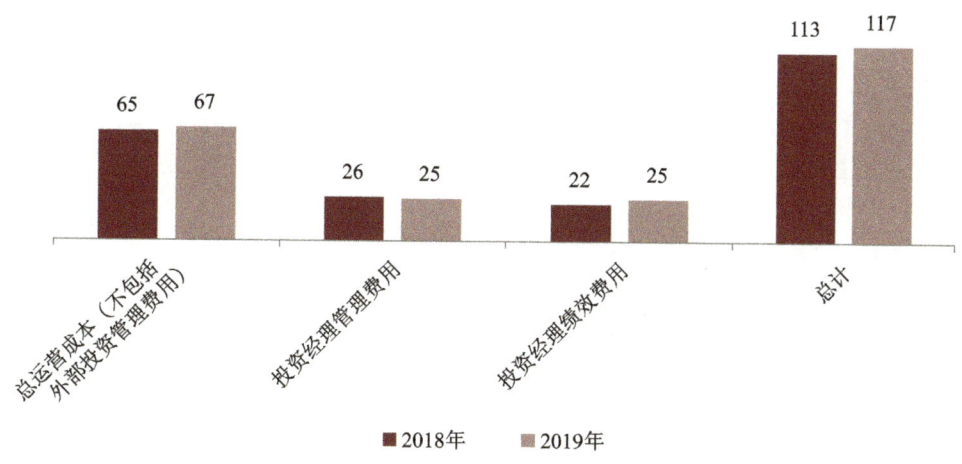

图2-1 2018年和2019年家族办公室以基点（SFO+MFO）计算的总体运营成本

资料来源：The UBS/Campden Wealth Global Family Office Survey 2019。

- 平均而言，家族办公室2019年在内部投资管理的相关服务的费用（250万美元）上的支出有所减少，而在家族专业服务（100万美元）和一般咨询服务（150万美元）上的支出较多。

2.4　家族办公室的投资委员会

大多数家族办公室都会有一个投资委员会，投资委员会是其运行中至关重要的一个环节。在投资管理中，投资委员会往往承担着决定性的作用。本书将在第5章详细论述家族办公室的投资委员会。

2.5　家族办公室的团队规模

家族办公室的经营规模通常较小，平均团队规模为12人左右。其中大约4人负责处理投资相关活动，2人负责提供一般顾问服务，2人负责提供家族专业服务，另外4人提供行政支持。联合家族办公室要比单一家族办公室雇员多一些，另外，虽然多数首席官职位由非家族成员担任，但首席执行官职位却有近一半（44.4%）是家族成员，以确保其业务管理符合家族的目标和价值观。其他非家族成员的首席官职位基本以专业人士为主。有大约1/4的家族办公室由家族成员担任首席投资官，首席财务官和首席运营官为家族成员的占比更少，只维持在10%左右。

各服务领域全职员工数（人）如表2-3所示：

表2-3　　　　　各服务领域全职员工数　　　　　单位：人

平均	全体（单一+联合家族办公室）	单一家族办公室	联合家族办公室
家族专业服务	2.3	2.3	2.2
行政管理服务	3.9	3.7	4.3
一般顾问服务	2.2	2.0	2.5
投资服务	3.7	3.2	4.8
合计	12.1	11.2	13.8

资料来源：瑞银／Campden Wealth《2017年全球家族办公室报告》。

2.6 家族办公室区域发展及运营模式的差异

自2008年金融危机以来，各国央行实行了大规模的货币宽松政策，使全球财富迅速累积，随之而来的是全球家族办公室的数量大增。如前所述，目前全球家族办公室的财富的确是富可敌国，管理的总资产已超了日本的GDP。根据Campden Research2019年的数据显示，全球现有7300个单一家族办公室，这一数量在过去两年中增加了38%，管理的资产规模高达5.9万亿美元，而其背后的家庭财富，则达到9.4万亿美元。另外，《经济学人》估计全球家族办公室的资产管理规模超过了全球对冲基金管理的资产规模，它们在资本市场和金融体系中发挥着日益重要的作用。

展望未来的新趋势，美国仍会是家族办公室最大的聚集地，但有迹象表明全球其他地区的家族办公室也开始快速发展。在美国之外也聚集了很多家族办公室：如果把超过2.5亿美元的管理资产作为家族办公室起点的话，欧洲的家族办公室和美国几乎一样多。工业革命几百年以来，欧洲本来就积累了很多"旧"的财富，而现在很多新的财富也向欧洲流动。特别是来自俄罗斯的财富都把其家族办公室设立在欧洲。

2008年至2009年金融危机后的大部分银行重组致使由原私人银行家设立的家族办公室大幅增加。最近，现有的家族办公室都改变了运作方式，在世界各地增加了更多的办公室，并以不同于传统结构的形式出现。随着家族本身变得越来越复杂，家族办公室也变得越来越国际化——拥有多个司法管辖区的趋势可能会持续下去。在欧洲，我们看到了许多跨国家族办公室的诞生，这样它们可以充分利用伦敦、瑞士、海峡群岛或马恩岛的专业人才。在北美和亚洲，家族办公室的数量也在激增，但它们更像是注册投资顾问（RIAs）或单纯的投资导向型机构，而不像传统的家族办公室。还有一些家族办公室通过与其他家族办公室合并来创造规模经济，使其客户受益。

当前的市场环境也对家族办公室的投资方式产生了影响。随着市场环境加剧动荡，投资者们增加了对收益率和可预测回报率的追求，家族办公室也随之更多关注私募基金和房地产等非传统资产类别。此外，家族办公室正在通过更多的重组，以提高运营效率，在保持低运营成本的同时，继续专注财富管理。成功的家族办公室都认识到了效率和互联性的重要性：一个成功的家族办公室会吸引一批家族客户和资产客户，它们的固定成本应该是合理的，同时它们也会成为超高净值家族的重要伙伴和管理家族全部财富的渠道，包括协助合并报表和资产配置等服务。

一个有趣的现象是，家族办公室的增长策略存在明显的地域差异。比如，在北美，大多数家族办公室采用了增长策略，而只有少数采取保守策略，这是因为北美的家族财产有很多已经转移到了新一代的手中，这些较年轻的一代更看重长期投资，也多一些风险偏好。然而，新兴市场的家族办公室更偏好平衡的投资策略，亚太地区的家族办公室也偏好平衡的投资策略。当然，因为家族办公室管理的资产规模不同，其增长策略也有所差异（图2-2分为三个档次：小于2.5亿美元，2.5亿美元至10亿美元，10亿美元以上）：

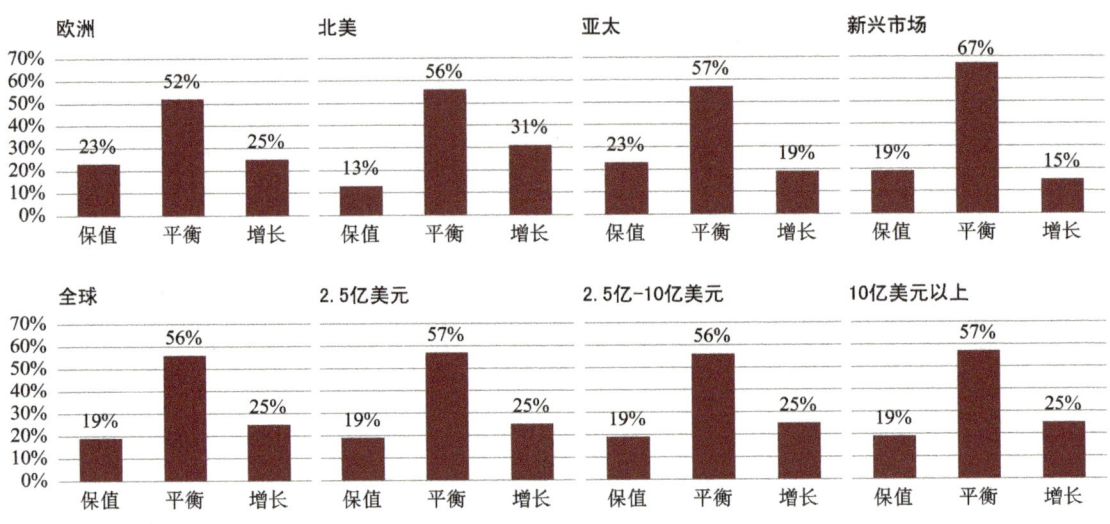

图2-2 按照区域及资产规模比较的投资策略

资料来源：The UBS/Campden Wealth Global Family Office Survey 2019。

另外，全球各地家族办公室在投资组织者策略之间也存在重大差异。北美和亚太地区的家族办公室往往致力于增长，而欧洲和新兴市场的家族办公室高管则更加倾向于选择平衡策略。北美和亚太地区主要以年轻企业家为主，也就是所谓的"财富新贵"，这些人更倾向于追求增长而不是保值。而新兴市场和欧洲由于政治和经济状况不稳定，遭受了诸如英国退欧公投等重大事件的冲击，更倾向于平衡策略。

2.6.1 美国

近代以来，美国重要的金融创新往往是一个世界性趋势的开始，世界上其他国家或效仿美国，或对其他国家产生很大影响。在美国，2008年以来的财富盛宴得以延续，道琼斯指数和S&P500指数屡创历史新高，美联储继续维持宽松的货币政策不变。因此，除了由于监管环境的改变（如多德—弗兰克法案的生效等）导致的对冲基金转型为家族办公室外，传统的家族办公室服务的需求也在增加。

除了超高净值家族数量的增加和财富的加速积累，美国家族办公室快速发展的另一个原因是因为在私人银行业界，超级富豪家族委托管理的投资回报往往表现不佳。超高净值家族对私人银行并不满意，因此他们决定获得更多控制权，并创建一个他们认为完全听从他们命令的结构。这一增长还受到超高净值人群数量在金融危机后激增的刺激，尤其是自2011年至2012年的经济好转以来，以及在未来的30年内他们将代际转移10万亿美元以上的资产,都将增加对家族办公室的需求。比如,以前家族办公室需要耗费大量的时间、精力和资源去寻找可以投资的对冲基金,现在他们只需要直接雇用最好的对冲基金经理来管理家族办公室的资产就可以了。而为家族办公室服务的投资经理以前需要耗费大量的时间、精力和资源去募集基金,而现在他们只需要集中精力在家族办公室的投资管理的任务上。由于家族办公室投资有时间跨度的自由,投资经理们也可以制定更好的策略,去投资对冲基金无法投资的资产。

从现有的趋势来看,家族办公室在美国的需求将继续增长。美国过去数十年私人商务的稳定增长将会对未来数十年中的私人商业财富转移或出售有着重大影响。大部分始于20世纪80年代和90年代早期的私人商业的所有者几乎都在65岁以上,就好像"婴儿潮"的人口膨胀会随着出生到退休而威胁到社会安全与稳定一样,随着私人商业所有者的退休,其人口膨胀也会给买方供给和商业过渡与交易的基础设施带来严重压力,甚至有可能是毁灭性打击。一些行业观察员已经称这一现象为"商业过渡浪潮"。

2.6.2 欧洲

欧洲是所谓"旧财富"的聚集地,其财富的积累可以追溯到"十字军东征"时期。许多美国的联合家族办公室最近已经宣布要扩展到欧洲的计划。欧洲也存在着与美国大致相同的机遇,企业家会在退休之前让渡他们的财富管理权,以便能提前享受生活。还有一些成功的企业家试图把产业做得多样化,而不是把全部的事业固守在同一家公司。

按照英国的相关法律,只管理单个家族财富的家族办公室就不需要向金融市场行为监管局(Financial Conduct Authority)注册。因此,与私人银行和对冲基金相比,家族办公室所受到的监管审查要少得多,而现在家族办公室所管理的资产规模已和对冲基金相当,成为全球金融产业中有最有影响力的参与者之一。这种监管环境也促进了家族办公室在英国的发展,据估计,英国的家族办公室可能已经达到了1800个,其管理的总资产超过1万亿美元或更高。

除了英国,瑞士也被认为是一个财富避风港。欧洲传统的家族,如罗斯柴尔德家族和百达(Pictets)家族,以及其他一些著名的金融和银行家族,都在瑞士积累了相当数量的财富。现在欧洲人仍然把瑞士视为财富的安全港(比如瑞士是中立国等),把外汇和黄金等储存在瑞士的银行里。瑞士也理所当然地成为很多家族办公室的聚集地。

2.6.3 亚洲和金砖四国

在欧洲和美国,家族办公室注重于家族财富的保值。而在亚洲,家族办公室却被看作是一个家族财富的增长引擎,由于最近30年亚洲经济的飞速发展,亚洲的家族办公室也发展迅猛。按照以购买力计算的人均国内生产总值,中国内地人均GDP较40年前猛增2400%。除中国外,许多其他亚洲国家和地区的财富也都在增加。新加坡、中国香港、中国台湾和韩国取得了长足进步，南亚和东南亚国家的排名也都有所上升。自 1980 年以来，越南的人均收入和韩国一样增长逾 600%。制造业在 GDP 中占比高、储蓄与投资多、生育率低可以作为解释亚州、金砖四国等经济增长迅速的三个因素。

在成熟的金融市场，其法律和税务结构往往都很先进，家族办公室可以发挥其独特而不可替代的作用。然而，新兴市场国家往往不具备成熟的金融市场，也不具备先进的法律和税务结构，所以尽管在新兴市场国家积累了巨额的财富，但家族办公室却和新兴市场所积累的财富不成比例。经过了多年高速增长后，亚洲的超级富豪们在资产管理上改变了心态，慢慢从财富增长的策略转向资产保值的策略。

在亚洲，中国香港和新加坡是两个资产管理中心。新加坡在专业度上似乎更有优势，但中国香港有其地缘政治的优势。另外，是否把家族办公室设立在本国还是选择美国或欧洲，对亚洲的超级富豪来讲也是个两难的选择。随着不同司法管辖区的税务部门对富裕家庭越来越关注，遵守税收合规的申报义务和其他跨境需关注的问题，也成为设立家族办公室时需注意考虑的因素之一。合规申报的要求在近十年大量增加，家族办公室也逐渐意识到需要加强这方面的工作，其合规申报要求和其他跨境交易考量的因素如下：

- 信托、投资控股公司、投资机构和家族办公室需要保留哪些财务记录
- 家族办公室和投资机构是否可享有税收优惠
- 信托、投资控股公司、投资机构和家族办公室是否需要进行纳税申报
- 账目是否需要依据国际会计准则来准备
- 是否需要合并账目
- 谁负责记账
- 是否存在转让定价的要求
- 是否需要向监管机构递交投资机构的年度申报
- 是否需要进行法定审计
- 是否需要披露任何家族财务信息

在亚洲，能够满足上面要求的地点并不多。如前所述，许多家族办公室和投资机构对税所管辖区的选择最多的是新加坡和中国香港。家族办公室一般都追求其税收管辖地的税务中立态度，即家族办公室不会为家族带来任何不当的税收流失。每节约 1 元的税金，用于慈善、社会事业、后代教育或资本保全的资金就会多 1 元，因此税务中立这一点非常重要。新加坡和中国香港都采用属地征税制，基本都满足这一要求。另外，新加坡政府还引入了不同的税收减免计划，以吸引外国家族在新加坡设立家族办公室以开展投资活动，从而形成了良好的税收环境，并进一步巩固了新加坡作为亚洲领先基金管理中心的地位。

除了对税收因素的考量，家族办公室在选择其司法管辖区时，主要考量的因素还包括：

- 对管辖区国家的熟悉程度及地理近邻性。

- 管辖区广受认可且具有妥善商业生态系统,如有人才及专业服务供应商的选择,有强大金融体系,具有广阔的投资范围以及众多银行选择等方面来支持家族办公室。
- 监管框架不会对家族办公室带来过多的合规申报负担和运营限制。
- 法律明确、强效且广受认可,政策与法规保持稳定及一致。
- 环境安全,无严重犯罪、社会动荡和政局不稳现象。
- 资本注入和撤出撤回的简易度。

家族办公室无疑已经成为亚洲的超级富豪们优先的选择,其中有不少家族已经建立了家族办公室。这些富豪把家族办公室作为他们为后代留下财富的最优的载体。10年前,亚洲的家族办公室或许不超过100个,现在已经有数百甚至上千个了。尽管亚洲的家族办公室和美国和欧洲不在一个数量级上,但亚洲已经是世界上第三大富豪聚集地,仅次于美国和欧洲了。亚洲的家族办公室数量很难统计,因为他们不会对外称"家族办公室",甚至不会在家族企业之外另外设立办公室,家族办公室只是家族企业的一部分,以内置型家族办公室的模式存在。

随着新兴市场,如巴西、俄罗斯、印度和中国(金砖四国)经济的发展,世界上亿万富翁的数量也有了明显的增加。金砖四国在全球经济中处于重要地位,这一点可以从摩根士丹利的金砖四国指数的历史比较中得出结论。金砖四国中的两个国家曾进入全球十大高净值人士个数增长最快的国家名单。2008年金融危机之前的10年,随着IPO和国家银行业的开放,俄罗斯市场的资本化也在不断提速,当时银行的开放也引导了财富创造。另外,巴西的大宗商品也为其创造了显著的财富。例如在2006年,巴西的高净值个体总数增长了10.1%。此外,印度在高净值人士数量上也出现了高速增长并一直延续了它的强势扩张。

另外,中国富豪们为了子女教育以及毕业后的发展,一般会在美国建一个子公司。一开始,中国学生家长们会在法律和财务上做好框架,直到有了商业上的必要需求,才会注入资金。在中国自然有很多商业机会,但有时为了资产的安全性,他们也会跨过太平洋在美国进行投资。保密性也是一个重要的考量,例如,俄罗斯的富豪们或多或少担心自己的财富在俄罗斯本国的合法性,于是会将资本源源不断地转入美国,而且往往选择保密性最好的资产运营方式—信托。俄罗斯富豪在美国设立的家族办公室更看重美国的房地产投资,典型的投资标的包括纽约和迈尔密的豪宅。

2.6.4 拉丁美洲、中东和非洲

2008年金融危机之前,在阿根廷、巴西、秘鲁和智利的带领下,拉丁美洲的高净值家族数量一直在增加。当时,拉丁美洲的高净值人士数量的增长速度远超全球平均水平,比如在2006年,这一数字从2005年的9.7%增长到了10.2%。但在金融危机之后拉丁美洲的经济陷入了低增长高通胀的深渊,由于担心本国货币、经济和政治的不稳定,近几年巴西、委内瑞拉、巴拿马和哥伦比亚等国的富豪们将资产迅速地转移到美国。

在拉美国家，超高净值家族往往也是政治家族，或者与政治家族有着千丝万缕的联系。这些家族的成员对家族非常忠诚，而且其家族成员的身份一般只能通过血缘或婚姻关系取得。超级富豪家族成员的身份就意谓着奢侈的生活，但同时也意味着风险，例如被绑架等。所以，拉美国家的家族办公室会设有一些非常特殊的服务。

中东国家受益于高油价和发达国家对石油的依赖，创造出了巨额的财富。海湾合作委员会（GCC）成员国（巴林岛、科威特、阿曼、卡塔尔、沙特阿拉伯和阿联酋）持续推动着该地区的财富创造。这片土地无疑是一个稳定的财富中心，但是家族办公室产业却一直难以发展起来。如前所述，和其他新兴市场国家类似，中东国家虽然积累了巨额的财富，却不具备成熟的金融市场及先进的法律和税务结构。前几年由于油价低迷，中东的很多富豪不得不把原来投资在发达国家的资本撤回国内，幸运的是最近两年油价有所反弹。而且，新的融资渠道也正在建立，2019年沙特阿拉伯的石油巨头阿美的IPO就是一个典型的例证。国际货币基金组织（IMF）最近在一份报告中称，如果阿联酋和海湾邻国已经满足了世界石油的峰值需求，他们需要更深入地紧急改革其经济、收入来源和支出方式，来保护他们在未来20年内的净金融财富，按照当前的改革步伐，如果不显著加快财政改革、提高非石油收入和经济中的非石油份额，海湾合作委员会（GCC）的六个石油生产国，到2034年将看到当地超过2万亿美元财富消失。

中东对于家族办公室服务的需求的是巨大的，大多数富豪家族的财富还在积累，不过大部分财富仍然留存在了其家族企业中。超级富豪家族虽然控制着公司，但控制人还是第一代，因此他们面临着财富传承的问题。家族办公室设立在本国还是设立在发达国家（如纽约、伦敦或瑞士）对他们是一个两难的选择，如果设立在发达国家，对于西方国家的文化和法律冲突会是一个很令人担心的问题。而如果把家族办公室设立在本土，中东国家的金融市场和法律及税务结构同样令人担心。

在非洲，石油出口、制造业、宾馆和餐馆业是产生超级富豪的摇篮。金融危机之前，非洲的实际GDP在2006年同比增长了5.1%。这一激增反过来导致了外国直接投资利率的上升，特别是在矿业和勘探领域。和在拉丁美洲一样，中国在非洲表现积极，对众多领域进行了大量投资，并对采矿业表现出了浓厚的兴趣。这些因素都支持了非洲国家高净值人士数量的增长。尽管非洲的财富正在积累，但其家族办公室作为一个产业还处于萌芽期。尼日利亚、南非和埃及三个国家的超级富豪的人数占了整个非洲的2/3，但这些超级富豪的家族办公室设立在伦敦的数量远远超过了在本国。

第3章
家族办公室的设立及治理结构

家族办公室业界流传着一个充满争议的规则——92 规则（Rule of 92），意思是一个超高净值家族的 92% 的财富会在三代之内消失。家族办公室的使命之一，就是致力于证明这条规则是错误的。如前所述，家族的金融资本是和其他资本相互依存而存在的，除了金融资本，还有智力资本、社会资本、人力资本和精神资本。缺少了后四项，金融资本孤立的传承就没有意义，这就是"92 规则"难以被突破的原因。业界常常用美国 19 世纪积累了巨额财富的超级富豪范德比尔特家族的案例来说明家族办公室的作用。1949 年以来，作为纽约最基本的家族办公室集团，范德比尔特的外孙威廉.A.M 已经成功地指导了范德比尔特财富的一个分支，使得财富在继续增加和繁荣。通过资金池和遵循一套健全的投资策略，威廉 A.M. 后裔中的三个人——凯利、罗森和麦克唐纳仍然掌管着集体的财富，而其他没有享受家族办公室服务的后裔们的财富则大大缩水。范德比尔特家族的其他后裔错过了什么？他们错过了大部分家族办公室都具备的三项服务：专业地掌控家庭财务和管理家族财富；获得有专家指导的投资和利用资产数量达到的规模经济；提供给家庭成员的定制服务，如税收管理、慈善设施和教育等。这些服务能够使家族财富得以保值、增值和传承。

如本书第 1 章所述，尽管家族办公室被财富管理业界认为是家族财富传承最有效的组织形式，但其主要目的并不是家族传承。实际上在全球范围内，家族企业是绝大多数经济体的基石。比如在美国，64% 的国内生产总值源于家族企业，而在加拿大，该比例是 45%。滕伯格集团（Terberg Group）是另一个家族企业和家族办公室成功结合的案例：从 1869 年于荷兰一家锻造坊成立，到如今已发展成为年营业额达 10 亿美元的特种车辆供应商，提供从码头拖车到汽车等各类改装及新造车辆。公司旗下拥有 28 家公司，覆盖 12 个国家，服务于全球范围内的客户。现在 Terberg Group 的董事长 George Terberg 是 Terberg 家族的第四代成员。如今，Terberg Group 的所有权结构已从 1869 年的单一股东扩大至 60 名持有公司股份的家族成员。家族成员只有达到 25 岁或以上才能成为公司股东。通过家族规约来维持大家共同的规范、价值观和标准是使所有利益相关方的观念保持一致的关键。家族规约对于家族而言非常重要。它规范了彼此之间如何相待，以及从家族所能获得的帮助。家族企业中可能会做出极为情绪化的决策。但是企业并不能靠情绪为生，决策最终还得基于理性。规约的架构能使家族极快速而决断地采取行动。决策的制定由董事会负责，如果某个问题影响较大，还需要监事会和股东方代表委员会（STAK）的批准。在做重大决策，比如进行一项大型并购或中止一家大型运营公司时，则需在股东大会上做出决定。Terberg Group 作为家族企业的存续，对于家族而言至关重要。而家族持股结构是公司的最佳组织形式，有助于公司的繁荣发展，因为家族成员的长远愿景可帮助公司有效避开短期的压力。作为家族企业，传统的融资方式可以使公司在市场出现动荡之时具有较强的承受能力。George Terberg 表示："我们的运营覆盖多个行业，并计划继续扩大荷兰国内和国际业务，以确保我们家族企业的未来稳固如初。"自主增长固然重要，但是家族企业的存续比增长更为重要，目前 Terberg Group 由家族第四代成员执掌，但第五代 40 名家族成员中已有两名活跃于公司内部。Terberg 表示"'第五代委员会'正在帮助第五代成员成长为忠诚坚定、积极热心、富有激情、品质卓越的家族成员。"第五代家族成员平均每年会访问 Terberg Group 旗下运营公司中的一家公司，并获得职业发展建议，但他们不能直接进入公司。Terberg 解释说："标准很高。想要进入公司的家族成员必须具备成为其中一家较大公司领导人员的潜力。他们必须拥有大学学位，或是其他更高专业教育机构的学位，同时还必须拥有至少五年在 Terberg Group 外部工作的经历。符合这些条件后，才可以申请一个岗位，这也是确保家族企业存续的更好办法。最终，我这一代会负责将公司妥善传承至下一代。"

3.1 家族企业和家族办公室

很多家族办公室是从超高净值家族的家族企业内部发展起来的。起初，超高净值家族的金融业务是由家族企业的雇员处理的。但随着家族财富的增加，家族的金融、财务、传承投资需求，以及家族成员的隐私需求和其他个性化的金融需求也越来越复杂。家族企业内部的家族办公室，其财富管理的职责往往与企业内部的职责重叠，其核心员工从会计董秘到 CFO，都免不了扮演着双重角色。

家族办公室存在于家族企业内部的好处是显而易见的。首先，该超高净值家族拥有长期而值得信任的雇员，这些雇员的责任感、忠诚度和专业能力都是经过了长期的考验。其次，家族企业的现金流与家族财富是紧密相连的，而家族企业的雇员对这些财务数据有更深刻的理解。存在于家族企业内部的家族办公室一般被称为内置型家族办公室。上文中的 Terberg Group 就属于内置型家族办公室。另外，韩国三星集团的秘书室也是内置型家族办公室的案例之一。三星集团是韩国最大的跨国企业集团，是由李氏家族世袭的家族企业，旗下各个三星产业均为家族产业，并由家族中的其他成员管理，集团领导人已传至李氏第三代。无家族办公室之名、行家族办公室之实的三星集团秘书室，主要功能在于辅助李氏家族管理庞大的三星集团，对集团的集权管理和家族治理发挥了至关重要的作用。作为内置式家族办公室的秘书室担任着李氏家族大管家的角色，不仅帮助家族凝聚权力，集中管理分布在世界各地的子公司，还协调着企业和家族之间的利益。其优点在于集中决策与高效执行，提升金融资本；不仅能守护家族声誉，还能周密策划传承，提升金融资本，社会资本人力资本和家族资本。但缺点是有家族内部的高度集权之嫌，扼杀了集团非家族成员高管及子公司的主动性和创造力，同时会存在公私不分明的现象，加剧家族与企业之间的利益冲突，三星集团的秘书室对整个集团的治理通过正式和非正式会议完成。正式会议包括结构调整委员会和组长会议等，结构调整委员会定期举行，由各个主要子公司的总经理组成。非正式会议有干部会议和次席会议，这仅仅是为了让部门之间更加融洽地交流和交换情报。

由于内置型家族办公室存在的上述弊端，很多超高净值家族虽然拥有非常成功的家族企业，但仍然有目的地设立一个独立的家族办公室以管理家族财富，与家族企业画清了界线。其目的还包括从家族企业中分离出财产以实现家族财富配置的多样化，税务筹划，或财产保值的需求等。他们将核心雇员从家族企业中调离，让这些雇员们专心从事家族办公室的工作。设立独立于家族企业的家族办公室有具体的动机，如设立独立的家族办公室当然也面临着挑战。首先，凝聚力不足的家族往往很难说服所有的家族成员从家族企业中分割资产以设立独立的家族办公室。其次，财富均值差异大的家族很难从家族企业中分离资产以设立家族办公室。然而，一个独立于家族企业的家族办公室也有显而易见的好处。例如，迈克尔·戴尔的家族办公室 MSD Capital 在戴尔公司的私有化中发挥的作用，就常在业界被用来说明独立于家族的家族办公室的好处。MSD Capital 是一家私人投资公司，于 1998 年成立，专门管理电脑巨头戴尔公司创始人迈克尔·戴尔及其家族的资产。MSD Capital 从事着广泛的投资活动，不但能够灵活地投资于各种各样的资产类别，而且在纽约、圣莫尼卡和西棕榈滩都设有办事处。MSD Capital 20 多年来对戴尔的家族资产进行集中管理和优化配置，其运作不仅熨平了由于戴尔公司业绩波动可能造成的戴尔家族财富涨跌，并将一部分利润贡献为家族基金会的经费，还帮助戴尔完成了私有化的资金与交易伙伴安排，成为家族背后忠实而强大的后盾。与其他家族办公室一样，MSD Capital 一直保持着一定的资本基础及流动资金，并以长期资产增值为首要目的，并为此寻找有能力的资产管理团队作为合作伙伴。MSD Capital 的投资范围广泛，其过去 20 多年间的投资充分分散在能源、餐饮、通讯、金融、建筑与汽车等不同的行业，平均每笔投资金额大约为 1 亿至 2.5 亿美元，同时也避免投资过于分散。而戴尔公司的私有化，是戴尔家族办公室最知名的案例，也常常被举例证明独立于家族的家族办公室的好处，必要时家族和家族办公室可以实现共赢，家族和家族办公室各自独立存在，避免了利益冲突，使得家族的财富更加安全。

3.2 设立家族办公室的理由及顾虑

3.2.1 设立家族办公室的理由

当一个家族面临突如其来的巨额财富时，设立家族办公室往往是一个很好的选择。除了前面已经叙述的理由外，还有一些很重要的因素。首先，管理突如其来的巨额财富需要有专业的团队，而这时候那些突然暴富的超高净值家族无疑不具备这样的专业团队。其次，享受人生也是设立家族办公室的动机。另外，有效率地管理家族财富、平稳的财富代际传承以及机制化地解决家族内部矛盾无疑也是设立家族办公室的主要理由。下面详细描述一下超高净值家族设立家族办公室的理由：

（1）家族财富潜在的高回报及家族财富管理的稳健性

这应该是大多数家族办公室创立的初衷。把家族财富归纳在一张资产负债表和损益表中，由一个专业的团队进行统一的财富管理，无疑有更大可能获得更高的回报和承担更小的风险；家族办公室还可以通过正式的制度化的投资决策程序，把握投资机会，降低投资风险，增进所有家族成员的利益和福利。

当然，对家族办公室而言，在家族财富的高额回报与家族财富管理的稳健性之间取得平衡是一个挑战。如前所述，家族办公室的投资策略也不是一成不变的。目前，约有一半的家族办公室采用了平衡的投资策略，2018年，45%的家族办公室采用了平衡的投资策略，32%家族办公室采用了保守的投资策略。其余的一半家族办公室中，采用保守投资策略和以增长为导向的投资策略平分秋色。

（2）隐私度、保密性及忠诚度的优势

对许多超高净值家族而言，家族财富的隐私度和保密性往往是最重要的，而家族办公室通常能够在管理家族财富的同时，还会注意保护其投资组合的隐私性和保密性。

家族办公室的另一个优势是忠诚度。由于家族办公室是为超高净值家族提供专属服务的，所以在例如投资顾问等服务上，其忠诚度与其他金融机构相比是有明显优势的。

（3）治理结构和管理架构的优越性

家族办公室能够提供更加优越的治理结构和更加合理的管理架构，以应对家族内部成员对家族财富透明度的要求，以及避免未来的家族内部冲突。同时，保密性几乎是家族办公室治理结构中自然存在的部分，因为财富管理及其他顾问服务都被家族办公室这一个机构在统一管理着。

(4) 平衡投资顾问和家族之间的关系和利益

一个家族办公室还可以更好地平衡投资顾问和超高净值家族之间的关系和利益。在非家族办公室的条件下，不同的投资顾问为不同的家族成员服务，利益冲突在所难免；同时，如果不同的投资顾问为不同的金融机构工作，还会产生各金融机构与家族各成员的利益冲突，而家族办公室就能有效地避免这一冲突。

(5) 财富隔离和成本的优势

家族办公室能够有效地分辨出家族财富与家族企业，并能够有效地隔离开这一点是至关重要的：因为在经营决策和投资决策时，这种隔离往往是超高净值家族能够做出正确决策的基础。把多个家族成员的财富集中到一起进行管理，一般会节省很多成本。例如一些管理，税务，保险等成本。通过合理的配置能够接触到顶级的策略顾问（如税务筹化师，投资顾问等）。

(6) 合规和风险控制

把家族财富归纳在一张资产负债表和损益表上，由一个专业的团队进行统一的财富管理，同时有更优越的治理结构和更合理的管理架构，无疑会减少合规的风险，以及减少风险控制的难度。

(7) 对财富管理之外的各种服务进行中心化管理

家族办公室可以协调财富管理之外的各种专业服务，如慈善、税务、家族治理、IT 和教育等，并对其统一协调管理，从而降低成本，增加效率。比如在慈善领域，家族办公室对监督发展、赠款、基金管理、报告以及通过慈善活动发现普通民众关注的问题等任务是关键的。

(8) 增加家族的凝聚力，同时实现家族财富的代际传承。

超高净值家族到了二代乃至三代以后，原家族企业往往就已不存在或早已转型了，所以家族企业已经不再是家族的焦点，而家族办公室可以扮演家族焦点的角色，增加家族的凝聚力；另外，如果以继承的方式传承家族财富，注定会面对漫长的法律程序、天价的律师费和昂贵的遗产税，而家族办公室可以通过信托等工具很好地解决这些问题。

3.2.2 设立家族办公室的顾虑

超高净值家族对设立家族办公室的疑虑首先是成本费用和其公平性的问题。家族办公室的服务当然是昂贵的，但不管因为什么理由，或者用什么方式建立的家族办公室，都必须支付家族办公室建立和维持的成本费用。最佳的费用结构应该是简单、合理且节税的。假如一种费用不能被简单地解释或者是计算的话，就会出现问题，公平性也会受到质疑。比如，一些家庭成员是资源的独占者，而另一些是资源的补贴者，这终将会导致矛盾。再比如年轻的成员在加入这个家族办公室后，没有被公平对待的话则会感到失望，这将会阻止更年轻的一代加入到这个办公室来，从而造成很严重的长期消极影响。实践中，对于一个家族来说最好的方法是,他们的成本结构能否实际地影响他们接受这些服务的价格,以及在和从外部购买这些服务的价格之间有比较优势。从另一个角度来看,家族办公室必须管理足够多的资产,才能抵消家族办公室昂贵的费用。

另外一个需要考虑的因素是金融市场,法律和税务的成熟度。在一些成熟的金融市场及其法律和税务结构先进的地区,家族办公室可以发挥其独特而不可替代的作用。不幸的是,新兴市场国家往往不具备成熟的金融市场或先进的法律和税务结构,所以在很多新兴市场国家,尽管积累了巨额的财富,但真正的家族办公室却寥寥无几。而且,新兴市场国家的财富往往控制在第一代即财富创造者的手中,所以建立家族办公室并不是迫在眉睫的事情。

3.3 家族办公室的设立

本章已经详细论述了设立家族办公室的理由,但真正去建立一个家族办公室依然是一件费时耗力的事情。一个典型的建立方式为,首先成立一个设立小组以制定设立计划并执行该计划,其核心成员应该是超高净值家族的领袖们(事关家族的辉煌和永续,家族领袖们责无旁贷)。设立小组也可以让该家族长期聘用的投资顾问等专业人士加入该小组。

接下来就需要做实质性的决定了,这时会建议先草拟一个商业计划书。由于家族办公室的独特性,非常正式的程序化的商业计划书也许是需要的,但是简单一些也未尝不可。在一开始就通过商业计划书做出非常细节的决定是不现实的,有时把细节留给未来反而更有效率。

无论是否成立家族办公室设立小组,设立家族办公室都需要对下面的问题做出决定:

(1) 谁是家族办公室的客户?

家族的所有成员都是家族办公室的客户吗?有没有相关的机构如家族信托?有没有和家族成员无关的客户?家族办公室的任务是尽力满足每一个客户的独特的需求,所以需要把所有该家族办公室的客户列在一个名单上。

(2) 家族办公室将要管理哪些资产?

把所有将要管理的资产列在一个名单上,如证券、私募基金及对冲基金里的权益,不动产、大宗商品、农场牧场、游艇、飞机、足球队等;

(3) 家族办公室的客户需求是什么?

对于已经拥有大量投资,或有流动资产需要投资的超高净值家族而言,需求会包括:投资管理策略、资产配置计划、尽职调查,以及投资报告等。家族办公室必须从整体上进行家族财富的集中化管理,把分布于多家银行、证券、保险、信托的家族金融资产汇集到一张家族财务报表中,并实行投资绩效考核,实现家族资产的优化配置,同时还需完成家族财务的风险管理、税务筹划、信贷管理、外汇管理等财富管理项目。

(4) 家族办公室如何支付其成本费用以维持其运营？

特别是为一个家族服务的家族办公室，必须考虑其成本费用的来源以及如何分配这些成本费用。较普遍的方法是以其管理资产的规模采用一定比例的管理费的方式，也有的采用管理资产的利润分成的方式，还有的家族办公室是根据不同顾问按照不同的小时费率收费，或者按服务项目收费等。家族办公室的服务是非常昂贵的。如前所述，家族办公室的平均服务总支出已超过 1000 万美元。无论是经营费用还是投资管理人费用，都在逐年递增，所以如何支付这些费用越来越被重视。

(5) 谁将拥有该家族办公室，以及如何拥有？

在普通法系的国家或地区，家族办公室有两种不同形式的所有权：法律所有权（legal ownership）和受益所有权（beneficiary ownership）。在某些情况下，这两种所有权会被分别拥有。比如，在一个适合多代传承的家族办公室，可以被一个或多个信托（trust）从法律上拥有，从而把这两种所有权分开。管理人或受托人（trustee）在符合信托责任的前提下，可以从法律上拥有该家族办公室并可以依法做出对资产管理和处置的决定，但家族成员仍然拥有该家族办公室的收益所有权，因此，家族办公室所管理的资产及其利润的的管理和处置必须是为了家族成员的利益和福利。

家族办公室的所有权有多种表现形式。下面列举了比较常见的形式：

- 超高净值家族的家族成员以自然人的方式直接拥有
- 超高净值家族的家族成员和非家族成员（如非家族成员的投资顾问等）以自然人的方式混合拥有
- 一个混合的信托（包括一个现存的遗产计划结构）
- 一个私有的信托（作为家族信托责任体系的部分）
- 一个标准的股份有限公司
- 一个非标准化的有限公司（在普通法系一般指有限责任公司）
- 一些在海外注册的有限责任的公司（假设跨国的法律结构最适合家族办公室）
- 一个家族成员有投票权的信托（让家族成员在涉及一些家族事务时保留投票权）

另外，家族办公室的归属问题无疑是对超高净值家族至关重要的问题之一，因此有些家族制定了类似家族宪章之类的文件，为家族办公室和家族之间的关系划下一条底线。

(6) 谁将要管理家族办公室，以及如何管理？

涉及家族办公室治理的法律文件中必须规定该家族办公室的管理以及如何维系家族办公室的日常运行。这里需要注意一个重要的法律问题：在美国，提供家族办公室服务的机构必须被家族成员或相关机构控制，否则就不能适用美国 SEC（证监会）规定的家族办公室豁免。美国 SEC 的家族办公室豁免条款免除了家族办公室按照《1940 年投资顾问法》（Invesetment Advisor Act of 1940）作为投资顾问机构而必须向美国 SEC 注册的义务。这个问题将在本书第4章详细叙述。

在设计家族办公室管理架构时，首先需要考虑两个问题：一是家族办公室采取哪一种法律形式；二是超高净值家族需要哪些服务以及谁将提供这些服务。如前所述，可以采取的组织形式包括有限责任合伙（LLP）、有限责任公司（LLC）、股份有限公司（C-CORP）以及信托。在决定家族办公室管理架构时，还需要考虑家族办公室提供的服务。比如大部分服务是外包的还是内部直接提供的，成本是固定的还是浮动的，以及税务上的考量。如果家族办公室在成立时就在不同的国家都有资产，便可以采用跨国公司的形式，从而利用不同经济体的税收制度上的差异来合理合法地配置资产。另外，该超高净值家族的愿景和目标，是否有一个优秀的家族办公室的 CEO，家族办公室的使命，能否采取扁平状的管理结构以减少官僚主义，在维持纪律性的前提下采用鼓励创新的管理风格及管理文化，家族办公室能吸引优秀人才加入，并使之心甘情愿地留下，是否能维持有效率、有韧性和能接受创新的家族办公室的文化，都是在设立家族办公室的管理架构时需要考虑的因素。

就以上的问题做出决定之后，下面的步骤就是执行了：成立家族办公室 LLP、LLC、C-CORP，或者是信托等 → 建立治理结构 → 按照法律文件运行该家族办公室 → 制定家族宪章或类似的法律文件来对家族办公室进行定期的评估，并加以改进。

3.3.1 信托及其在家族办公室中的运用

在美国有大量的家族财富被信托持有，对于大部分家族来说信托是他们资产的主要部分，通常由私人信托公司或者是商业信托公司来管理。尽管由商业信托公司监督的益处良多，但是很多家族还是选择私人信托公司而不是商业信托公司为受托人。这是因为，首先，超高净值家族普遍认为商业信托公司缺乏持续性，服务质量也很落后。但是不具备任何资格、没有特别许可，无法展示任何特别技能及经验的私人公司，也不能作为超高净值家族的信托受托人。一个折中的解决方案是这些富裕家庭求助于私人信托公司。这些信托公司形式上为单个信托或者是用相关信托集团来充当受托人的特别目的公司，他们也往往是一家联合家族办公室。

如前所述，在普通法系的国家或地区，财产有法律所有权和受益所有权两种不同形式的所有权。法律所有权是一个法律档案中指明的所有人的概念，在信托制度中的受托人，往往是资产的法律所有人，有占有、使用，并处置该资产的权力。因此，从表面上看，受托人就是该资产的完全所有人，尽管该受托人在进行占有、使用并处置该资产时，应该是完全为了受益所有人的利益。受益人则是相对应的概念，他拥有着该资产的收益权，而不是资产本身。在信托制度的设计中，该信托在分配利益或本金时，受益人应该拥有分配的权益，但他却没有占有、使用，并处置该信托的权利。在一个多代传承的家族办公室可以被一个信托（trust）从法律上拥有，但其家族成员则拥有受益所有权。管理人或受托人

（trustee）在符合信托责任的前提下，可以从法律上拥有该家族办公室并可以依法做出对资产管理和处置的决定，但家族成员仍然拥有该家族办公室的收益所有权，因此家族办公室所管理的资产及其利润的管理和处置必须是为了家族成员的利益和福利而进行的。有时为了让家族成员在涉及一些家族事务时有发言权，可以设立一个让家族成员有投票权的信托。

家族办公室无法忽视的一个现实是：在美国实行资产多代配置策略的家族中，自第三代起其家族资产90%左右都以信托的方式来持有。这个现实对财富创造者来说有巨大的影响力，这会影响他们未来如何选择财富保值增值的方式。因为信托尽管把资产使用权、收益权乃至处分权转移给了受托人，但受托人必须按照信托文件规定的方式来管理受托资产，而家族办公室往往就是受托人。把家族资产委托给家族办公室的信托文件几乎无一例外地规定了家族办公室的投资方式，即能够让家族精神、家族文化、家族愿景、家族使命等传承下去的投资及分配方式。

3.3.2　个性和共性——家族办公室的设立模式（A）

对于许多财富拥有者来说，建立家族办公室是一个复杂的决定，需要考虑所有细节，并反复衡量其动机。下面的案例介绍了一个单一家族办公室的创立过程，也反映了家族办公室设立过程中的共性：

问："你们最初是怎么设立家族办公室的？"

答："我和我的妻子还有她的家族成员一起，在2001年设立了家族办公室。我的财富来自于投资银行业务，而她的家族财富来自于在欧洲、俄罗斯和许多非洲国家经营的饮料罐装业务。在美国过了一段时间，我回到欧洲，决定设立一个家族办公室来管理我的财富。我去找我妻子的家人，对他们说：'你们有兴趣加入吗？我们把资金合起来，同心协力一起做一些有趣的事情。'"

问："是什么让你产生了设立家族办公室的念头？"

答："我的提议引起了他们的共鸣，因为当时是2001年，我妻子的家族正在经历一些代际变化。老一辈陆续退居二线，新一代接班人比我还要年轻15岁，他们想改变传统的财富管理风格。"

问："你们的家族办公室面临的最大挑战是什么？"

答："虽然这可能是一个陈词滥调，但你总是听到人们说，'所有家族办公室都是独一无二的'。这句话很有道理，你必须从下到上一点一点地搭建起来，以满足家族特有的需求。对于我而言，我们需要回顾一下已经有了哪些东西，然后考虑我们想要做哪些更改。"

"我们需要退出当时的银行合作关系，将银行服务成本缩减到只留下一般管理费用。因此，我们不得不从零开始构建整个投资流程。当然，有一些要素是现成的，例如后台、法律和税务部门。就像继承了一座老房子，你先拆除其中的一部分建筑，然后再进行新增和扩建,以便把结构补充完整并进一步完善。"

问:"如何开发投资流程?"

答:"建立投资平台是一个漫长而复杂的过程。我们虽然是一个单一家族办公室,但规模却很可观,有140个成员。这意味着在2001年开始创建的时候,办公室的架构及运营还在摸索中的过程。一开始我外包了大量的投资管理业务。2002年的时候,我们有超过50%的投资是由第三方人员负责管理的。虽然有一些很成功,但另一些却让我们感到失望。所以,我们重新思考了我们的基本运营模式,决定把更多的投资管理流程收归于内部。"

"我们缓慢而坚定地退出了与第三方的合作关系,并把资金收归公司内部——增加了员工人数。我们现在有内部人员专门负责管理欧洲股票、美国股票、新兴市场股票、对冲基金和固定收益。也就是说,现在我们的投资组合大部分在内部进行管理。"

"我们仍然与一些专门领域的投资机构保持着合作关系,例如在私募股权领域,我们与纽约州的一支高收益基金和中国的一支股票基金保持合作。对于这两个合作伙伴我们一向感到非常满意,所以我们想,何必多此一举将其收回呢?"

问:"对于那些正在考虑设立家族办公室的家族,你有什么建议?"

答:"如果我是从一张白纸开始的,那么我会让它的结构尽可能保持简单。此外,我希望投资组合中的策略更加多变。我认为现在很多家族办公室存在一种虚荣心,认为他们可以跑赢市场,但经验证据显示,这种情况是非常罕见的。"

3.3.3 个性和共性——家族办公室的设立模式(B)

进入21世纪以来,家族办公室进入了历史上发展最快的阶段。目前,全球家族办公室管理的总资产已超了日本的GDP,管理的资产规模高达5.9万亿美元,其背后的家庭财富高达9.4万亿美元。世界上光单一家族办公室就至少10000家,而且至少有一半是在最近15年设立的。现在,家族办公室被广泛地认为是增长最快的财富管理模式,也是增长最快的财富管理机构之一。每一个超高净值家族创立其家族办公室的策略手段都各不相同,都有独特的故事,但也具有共同的特征。

本章上文所讨论的Terberg Group和三星集团的内置型家族办公室,戴尔的单一家族办公室等,均是个性和共性的统一。1838年,美国的金融及艺术品收藏家族J. P. Morgan家族成立了House of Morgan来管理Morgan家族的财产,1882年当时的美国首富约翰·D·洛克菲勒(John D. Rockefeller Sr.)于1882年建立了存续至今的家族办公室,均是个性和共性的统一。现在,洛克菲勒家族办公室已经是一家典型的联合家族办公室。如前所述,洛克菲勒父子聚集和管理财富的独特天赋及其将财富转移至后代的战略规划,使洛克菲勒家族为当时的代际财富转移树立了典范。后来,梅隆、斯克里普斯、菲普斯、莱尔德、诺顿、皮特卡恩和杜邦等传奇式富豪家族的财富也为美国众多以大型私人投资公司或信托公司形式存在的家族公司及其关联的家族办公室奠定了基石。其中一些家族的财富变成了今天我们熟知的私人投资公司，例如：美国信托公司（U.S. Trust），Fiduciary信托公司（Fiduciary Trust），葛兰米德信托公司（Glenmede Trust），莱尔德－诺顿－泰伊（Laird Norton Tyee），惠蒂尔信托公司（Whittier Trust Company），北方信托公司（Northern Trust），威名顿信托公司（Wilmington Trust），大西洋信托佩尔拉德曼（Atlantic Trust Pell Rudman），贝西默信托公司（Bessemer Trust）和皮特卡恩家族办公室（Pitcairn Family Office）等。

正如本书开篇所言，欧美的家族办公室业界一直流传着一句话："一旦你看到一家家族办公室，你就会看到了"那家"家族办公室（Once you've seen one family office, you've seen *one* family office）。家族在其家族办公室结构及治理上有着独特印记，不过虽然家族办公室之间存在着深刻的差异，但仔细分析还是能发现一系列反映家族目标和价值观的以财富管理为中心的共用模型。

3.4　家族及家族办公室的治理

和家族治理一样，家族办公室的治理也一直披着一层神秘的面纱，其实它们不过是由一系列的规则和结构组成的机制，以使得各种决定被做出与执行。这里出现了许多生涩的名词，如家族宪章（Family Constitution）、家族理事会（Family Council）、家族大会（Family Conference）、家族董事会（Family Board of Directors）等，有的属于家族办公室的治理机构，有的则是家族本身的治理结构，但二者在很多情况下是交错的。

3.4.1　家族及家族办公室的治理简介

在一个单一家族办公室里，如果第一代（家族财富的创造者）还健在，而且具有正常的工作能力，他几乎肯定会成为家族办公室的董事长。但当家族财富传承到二代或之后（特别在多代共存的家族中），其治理结构将变得复杂。所以家族办公室的治理结构要具有一定的适应性和灵活性，在家族成员的组成变为复杂或经历大的变化时仍然能够正常运转。下面是一些常用的或家族办公室治理结构的组成部分：

- 家族办公室董事会（Family Board of Directors）：这样的组织往往存在于单一家族办公室和部分联合家族办公室的治理结构中，此董事会往往是超高净值家族参与或控制家族办公室的主要手段之一，董事会成员会对家族办公室的战略方向和策略等重大问题做出评估并通过投票做出决定。
- 家族办公室顾问委员会（Family Office Advisory Board）：这个机构主要由非家族成员组成（特别在2010年多德－弗兰克法案生效之后），成员一般是相关行业的精英（如知名企业的 CEO 等)。顾问委员会的成员没有投票权,因此他们通常被给予优厚的待遇来提供出珍贵的观点、建议和视角。家族办公室顾问委员会具有双重角色:既是家族办公室重要的智囊团,也是家族与家族办公室的沟通渠道之一。

- 家族理事会(Family Council):约有一半的家族办公室会设立家族理事会。家族理事会由家族部分成员组成,这些理事会成员通常代表家族内部不同的辈份、支系及后裔等组成部分。理事会定期举行会议讨论事关整个家族的重要事宜,比如家族成员在家族办公室的任职,女婿或儿媳的参与及待遇,对下一代关于财富管理、财富价值观、家族文化及家族愿景的教育与传承等。要想保证家族能富过三代,家族和家族办公室也必须与时俱进,所以一个有效率的家族理事会是必要的。

- 家族宪章(Family Consititution):家族宪章是一个家族治理的最基本的文件,在实践中有不同的名称,家族宪章规定了家族必须恪守的文化价值、法律价值、财富价值以及其他价值观和责任。家族宪章一般还会规定家族理事会产生的方式、家族大会(Family Conference)的召开程序、家族大会的表决程序,以及一些必须由家族大会决定的重要事项等。家族宪章可以由家族理事会拟定,由家族大会表决通过。

- 家族专门委员会(Family Committees):有些家族成员因为对家族有使命感而不满足于仅仅做一个受益所有人,他们成立了一些专门的委员会而独立于家族理事会和家族办公室董事会。这些专门委员一般聚焦于家族教育、文化以及慈善领域。如果他们的一些决定涉及了整个家族,他们需要得到家族大会或家族理事会的授权。

有效率的治理结构能够确保家族办公室按照家族的愿景、使命和价值去运作,并且传承下去。所以对于家族办公室治理的重要性是毋庸置疑的。下面是一些需要注意的事项:

(1) 在家族治理的基础性文件中要清楚阐明家族的愿景、使命、价值,以及家族办公室是如何实现这些家族的愿景、使命,价值的。家族办公室的基础工作应当是金融投资及财富管理,但投资和财富管理的目的并不仅仅是财富的保值增值,同样重要的是实现家族的愿景、使命,价值,以及把这些家族的愿景、使命,价值一直传承下去。

(2) 家族办公室的所有人(包括法律所有人和受益所有人)、董事会,以及管理层的权限、权利和责任需要非常清晰、明确、科学及权责相当,并且得到严格执行。

(3) 董事会应当由有一定规模的家族办公室的实际所有人来任命,如果有条件,应该成立顾问委员会来提供高质量的决策服务和顾问服务;

(4) 家族办公室的管理层必须能够自由地执行家族办公室的策略和其他任务,而不会受到家族办公室所有人或者家族本身的干扰。当然,家族和家族办公室所有人可以按照治理结构进行监督。

(5) 家族办公室的董事会和理事会需要定期举行会议并做好记要,后续存档并严格执行。

3.4.2 家族及家族办公室的治理实践

全球家族办公室正日益完善治理结构，以进一步专业化的经营，这是其日趋成熟的一个迹象。目前，绝大部分的家族办公室有着不同形式的投资政策陈述（Investment Policy Statement，包括投资指导方针和监测策略等）；有一半的家族办公室有使命陈述（Mission Statement）。当然，家族和家族办公室的首要任务也是有所区别的：超过一半的超高净值家族把改善其家族成员与家族办公室之间的沟通作为其未来 12—24 个月家族治理领域的首要任务，还有超过一半的家族办公室把风险管理（如投资、IT 等）作为家族办公室在其治理领域的首要任务。

家族办公室治理结构的成熟会随着时间的发展逐渐落实到位，随着各个方面越来越制度化，其治理结构也会变得更加复杂。家族办公室最初成立时，通常只提供有限的投资相关的服务。随着时间的推移，这些办公室扩大了他们的服务范围，包括其他对家族有益且必要性的服务，比如家族传承规划等。随着家族越来越关注多代资产配置及其长期规划和遗产建设，这些服务和元素往往会变得更加强大。超高净值家族有金融资本支柱、社会资本支柱、智力资本支柱和文化资本支柱。如果一个家族想要在更广泛的意义上长期保存其遗产，所有这些都需要培养。

- 家族办公室与投资相关的治理结构

绝大多数家族办公室都有与投资相关的治理结构。约 70% 的家族办公室有投资政策陈述（投资指导方针），以及提供监控投资的控制计划，超过一半的家族办公室提供投资过程指导方针，帮助其战略性资产配置的决策，还有超过 1/3 的家族办公室有使命陈述，有书面正式的家族传承计划，以及有管理其投资组合构建决策的操作手册。

- 家族办公室的治理实践及未来的任务

在未来的两年内，风险管理将会是家族办公室治理的优先事项之首。其次，制定有效的投资政策陈述（投资指南）也会是家族办公室治理优先事项之一。另外，对人力资本的监管实现对投资的控制策略以及把重新设计董事会和高级职员的主要职责也是家族治理需关注的事项。

- 超高净值家族的治理实践及未来的任务

超高净值家族对其家庭未来两年核心治理重点的优先事项包括：把改善家族办公室和家庭成员之间的交流，对家族成员进行关于家族办公室功能和活动的教育，家族传承计划，以及教育家族成员如何成为家族财富的负责任的股东和管理人员等。

- 家族办公室治理结构各事项的重要性排序

根据瑞银 2018 年报告，另外，全球的家族办公室认为代际财富管理是至关重要的。家族办公室强调"非常重要"的三大问题是代际财富管理、财富的集中控制和风险管理以及整合信息与报告。相反，家族办公室很少有人认为礼宾服务是高价值的考虑，甚至认为这些服务并不重要。

3.4.3 家族宪章

在上面描述的治理结构的组成部分中，差异性最大的部分是家族宪章。家族宪章类似于一个国家的宪法，而一个家族是否应该制定一个正式的法律文件一直是有争议的话题。当然，实现了最好的家族治理的家族基本都有一个类似的正式文件，长度从几页到上百页不等。一个优秀的家族宪章一般会具有如下特点：

（1）在制定家族宪章时，家族成员的广泛参与和科学、理性及民主决策是至关重要的。换言之，制定家族宪章时不能闭门造车，要兼顾专业的意见和家族成员的态度，充分的研讨和科学的决策。

（2）家族宪章要兼顾未来和现在，并且应该与时俱进，和进行定期的评估（比如每10年或20年评估一次）。有的家族在特定的事件发生时允许修订原先的家族宪章，这样的话，以使得其适应家族的发展。

（3）家族宪章不应该过份复杂和严厉，否则适用性不强，很难被严格遵守。有的家族把家族的愿景价值及使命等先行制定，其他部分待未来再增加；还有的家族让家族宪章相对自然地慢慢制定，比如如果女儿结婚后增加女婿的部分，孙辈出生后再增加第三代的内容，等等。

尽管不应该对家族宪章设定过于明确的时间限制，但组成一个小组或委员会来制定还是很有必要的，有的家族甚至让家族理事会负责家族宪章的制定。否则，随着时间的推移，家族宪章的成文可能就变得遥遥无期了。

下面是一个常见的家族宪章内容的目录：

- 前言
- 家族成员资格及家族成员的责任
- 家族愿景或任务
- 家族价值、信条或原则
- 家族组织机构、结构和程序
- 家族治理规则
- 家族大会
- 家族理事会
- 家族办公室及其董事会
- 家族办公室的治理结构
- 家族事务委员会
- 投资顾问理事会
- 资产管理委员会

- 风险管理或资产保障
- 家族慈善事业和/或家族基金会理事会
- 家族银行/或家族共同投资基金
- 家族企业的所有权
- 家族财富的所有权、继承及传承的指导规则及程序
- 家族教育及其管理
- 股份协议
- 家族雇用及薪酬政策
- 家族历史及其纪念
- 利益冲突

3.4.4 家族治理与家族办公室的治理

对于超高净值家族而言，家族治理似乎是永恒的话题。其实，超高净值家族和家族办公室在人力资本上无疑也是互相交叉的，目前，有近一半的首席执行官职位由家族成员担任，此外，还有大约1/4的首席投资官、1/10 的首席运营官和1/10 首席财务官是由家族成员担任的。家族办公室的高管里家族成员占了相当的比例，而低级别的职员家族成员只占不到10%的比例，基本反映了家族办公室的实践：单一家族办公室的董事长几乎清一色的是家族成员，CEO 有近一半是家族成员（多德—弗兰克法案以后这个比例还在增高），而到交易员这个级别，只有3%左右。

3.4.5 家族财富传承

家族宪章会就家族财富的传承做出规定，但家族财富传承也是家族办公室的主要业务之一。一般来说，超高净值家族会把他们的大部分财产移交给家族办公室来管理。目前，家族办公室平均管理资产规模约为 9.21 亿美元，超高净值家族的平均净值约为 14.57 亿美元，家族办公室管理资产的净值占超高净值家族总净资产的 63.2%。本书将在第 16 章详细论述家族传承。

从本质上讲，一个家族包含着一张关系网，这些关系是源于共同的经历和对事件的不同情绪反应所形成的。因此，做出客观的决定是困难的。作为个体，我们可能会认为自己在以某种方式行事，而实际上我们在做的事情和我们的行为产生的影响是非常不同的。因此，重要的是要花时间来思考我们所认为的情况是否真的是这样。

家族成员之间对现状的看法也可能不同。比如，建立了超高净值家族财富的第一代可能无法理解子女的挫折，他们希望在家族企业或其他家族活动中留下自己的印记，但却拒绝让他们的子女边做决策边从错误中学习。而年轻的家庭成员可能认为他们的高教育水平使他们有资格承担更多的责任，但实际上他们还没有能力来承担。拥有所有权的第一代可

能期望在管理问题上拥有更大的影响力。如果没有任何讨论和共识，很容易对家族的目标和价值观做出假设。这些问题中有许多是家庭成员难以独自解决的。有时，建立相互理解和协议需要一个客观的外部顾问的参与，他能看到不同家庭成员的观点，同时在讨论中把家族的最大利益放在核心位置。

因此，家族办公室可以在家族传承中承担不可替代的角色：家族办公室对家族足够地了解，和家族之间有足够的信任，而且具有相应的人才和专业去完成家族传承顾问的角色。当然，只有通过周密的计划，才能实现家族保值增值等关键目标。通过明确家族的价值观、治理程序和重要进程，可以为家族的未来安全奠定基础。家族办公室的家族传承计划对于家族财富的保值增值、确保持续的慈善支持以及建立未来几代人的财务健康状况至关重要。

一般来说，家族传承计划有三个维度：结构、流程和人员。首先是人才，然后是流程和结构，因为在人的周围建立一个结构很容易，但是一般很难找到合适的人来建立这个结构。有能力和有抱负的人通常喜欢灵活的过程和结构，这样他们可以充分应用他们的知识和经验。缺乏经验的人可能需要一个预定义的过程和坚实的结构来支持他们。人的数量也会影响过程和结构，小的更灵活，大的更呆板。家族办公室可以通过制定相应的流程，让家族的下一代慢慢地参与到家族财富的管理之中，既是教育和培养人才的过程，也是发现人才的过程。

因此，家族办公室可以更好地整合其他重要的优先事项及资源，如遗产规划、税收规划和慈善规划等。更重要的是，家族办公室还可以促进一种共同的价值、精神和愿景，这种价值、精神和愿景可以传递给后代，这被证明是对家庭的一种深远的无形利益。家族传承计划的结构包括信托、基金会和公司等法律结构。一般会包括家族办公室，以及家族理事会、投资政策、家族治理等运作结构。

家族办公室在家族跨代传承中的实践。

瑞银报告多年来一直关注着家族办公室在家族跨代传承中的实践。2016年调查显示，近70%的家族办公室预计在未来15年内会发生代际转换。然而，在2017年，只有不到一半的家庭制订了接班计划。2018年报告显示，29%的家族办公室已经在家族办公室的高管或管理岗位上设立了下一代人，23%的家族办公室已经在董事会设立了下一代人。然而，只有不到一半的家庭完成了长期的接班计划。2019年，超过一半（54%）的家庭已经制订了继任计划，比2018年上升了11个百分点。这些家族跨代传承计划中只有32%是正式的书面文件，12%仅仅是非正式的同意的书面计划，另外10%只是口头的计划，还没有形成书面文件。当受访者回答下一代什么时候会接管家族的财富时，40%的人表示会在40多岁，27%的人回答他们是30多岁，18%的人说在50多岁，全球平均为45岁。在地域差异方面，家族传承在北美最晚，亚太地区最早，下一代接管北美家族财富的平均年龄为47岁，欧洲为45岁，新兴市场为43岁，亚太地区为41岁。已有超过1/4（28%）的下一代在过去的 10 年里接管了家族财富；38% 的家族将在未来 10 年内被下一代接管，另外 28% 的家族的财富将在超过 11 年以后被下一代接管。

慈善事业可以教会家族下一代有关财富的知识。慈善捐赠和运作过程是教育年轻家族成员了解家族运作方式的富有成效的方式，可以帮助成员们学习寻找项目资源、计划、预算、绩效和更广泛的管理技能。并可以教给他们有关家庭价值观的知识，作为家庭遗产一部分的意味，以及回馈社会的需要。因此，有近 1/4 的家族办公室目前在慈善事务上与下一代合作。

总而言之，无论是家族治理还是家族办公室治理都是一个系统的工程。一个家族必须明确和清楚阐明家族文化愿景、使命和价值。在价值观、愿景和使命已经建立后，该家族必须有实现这些愿景、使命和价值的方法，这些方法论有时被称为家族政策。该家族建立的政策可以被认为是处理家庭成员共同利益的事情的基本规则。实施家庭政策的工具的一个例子是家族宪章，或家族办公室投资政策陈述等。家族治理是系统性的，但无论是家族宪章还是投资政策陈述都只是一个文档，描述了一个家族或家族办公室愿景、价值观和使命以及实现这些的方法论，调节家族内部及家族和公众的关系。它们的目的是定义行为准则或一套适用于应对问题的规则（比如沟通、投资目标、教育和慈善事业）。而制定这些准则有助于家族成员间的互动，特别是在某个问题上有不同的个人看法时。家族宪章的作用是不可替代的，它像一个路线图，当投入使用时，会在家族成员的权利、义务和期望之间寻找一个平衡，以确保家族延续和传承时促进家族全体成员的利益。随着美国多德—弗兰克法案的实施和更多的各级法院案例的指导，以及美国 SEC 的各种规则出台，家族办公室的治理也将趋于规范化和科学化。

第 4 章
家族办公室监管、合规及主要法律义务

无论从家族办公室的数量,还是从管理的资产总量上来看,美国是家族办公室产业最发达的国家,全世界约一半的单一家族办公室在美国。其他国家的相关法律往往会效仿或参考美国的相关法律。我们先讨论一下美国的家族办公室的监管和合规管理,并兼顾其他一些家族办公室产业发达的国家的监管和合规。

4.1 美国对家族办公室的监管与合规管理简介

在美国,与家族办公室类似却受到强力监管的投资机构有以共同基金(Mutual Fund)代表的投资公司(Investment Company)。有一些投资机构依照法律不得不履行注册、披露和申报的义务,如按照多德—弗兰克法案不得不注册为投资顾问的对冲基金和私募股权基金的管理公司,以及专门提供投资顾问服务的个人或公司(Investment Advisor)。作为一个总的原则,家族办公室应该在运营模式和股权架构上避免受到强烈的监管,否则其运营会受到负面影响,而且合规成本也会大大增加。但如前所述,几乎所有的联合家族办公室和部分单一家族办公室却不得不注册为投资顾问(Registered Investment Advisor,简称 RIA),并履行注册、披露和申报等合规义务。因此,我们先讨论一下 RIA 及其相关的法律。

4.1.1 投资顾问(Investment Advisor)简介

投资顾问作为一个行业,可以追溯到 20 世纪 20 年代。投资顾问是证券经纪人的近亲,虽然两者都提供证券的投资建议,但经纪人的主要业务是执行证券交易。投资顾问的形式和规模多种多样,可以是一个人,也可以是雇佣了数千人的大公司,包括资金经理、营销专家、金融分析师、律师和会计师等。投资顾问活动的范围也各不相同。一些投资顾问把自己的活动限制在制定财务计划上,而另一些投资顾问则负责管理客户的资金。虽然许多投资顾问隶属于经纪公司、银行或保险公司,但也有许多投资顾问是独立的实体。一些投资顾问只服务于个人,而另一些只服务于投资机构,包括共同基金、养老金计划、对冲基金和私募股权基金。当然,许多投资顾问同时服务于个人和机构。

4.1.2 投资顾问的主要监管法律

投资顾问的定义是任何从事证券投资建议和投资咨询业务并因此收取报酬的机构或个人。根据不同的因素,投资顾问可以在美国联邦或州一级进行注册和管理。1940年,美国国会通过了《顾问法》。自颁布以来,《顾问法》经历了几次相当重大的变化。最近对《顾问法》和相关规则和条例做出的重大修订是多德—弗兰克法案的各项规定。还有其他几部大的法律,也和投资顾问相关。

通常,投资顾问和客户之间是一种契约关系。信托工具有时也会在它们之间建立关系。因此,家族办公室的律师和合规官可以处理合同、代理和信托的普通法原则。然而,由于各种各样的法规管理着广泛的投资顾问和咨询行为,家族办公室的律师和合规官也要处理成文法。在1997年之前,投资顾问受到1940年《顾问法》和各州证券法的直接监管。1997年7月8日生效的立法重新分配了联邦和州对顾问的监管的管辖权。一般来说,规模较大的投资顾问受《顾问法》的约束,规模较小的顾问则由州政府负责。2011年生效的多德—弗兰克法案又重新分配了联邦和州对投资顾问的监管的管辖权。如果投资顾问管理投资公司资产或私人养老金计划资产,则1940年的《投资公司法》(the Investment Company Act of 1940)和1974年的《雇员退休收入保障法》(Employee Retirement Income Security Act of 1974,ERISA)将分别监管投资顾问行为的重要方面。

目前,投资顾问不受任何自我监管机构(self-regulatory Orgnization,简称SRO)的约束。尽管美国证券交易委员会(Securities and Exchange Commission,简称SEC)在1989年向国会提交了一份立法提案,要求对投资顾问进行自我监管,但该提案并未获得通过。多德—弗兰克法案又要求SEC研究投资顾问行业SRO的问题。

除了熟悉法定方案外,家族办公室的合规官还应该熟悉管理法规的各种机构的运作。投资顾问的合规部门可能经常与证券交易委员会(SEC)和劳工部接触,前者负责管理1940年的《投资顾问法》和《投资公司法》,后者负责管理与顾问有关的《雇员退休保险条例》的规定。SEC的投资管理司是主要负责执行《投资顾问法》的运营部门。SEC的首席法律顾问办公室负责解释根据《顾问法》产生的法律和政策问题。该司的信息披露和顾问监管办公室负责根据《顾问法》制定规则。投资管理司以外的其他办事处也在执行《顾问法》方面发挥着作用。这些机构包括合规检查和检验办公室(Office of Compliance inspection and examination),它与SEC的地区办公室一起对顾问进行检查。此外,申请报告事务厅则负责处理顾问的登记表格。除了执行《顾问法》,投资管理司还负责执行1940年的《投资公司法》。

投资顾问合规官的另一项任务是了解 SEC 与投资顾问相关的声明。其中最重要的是通过制定规则、执行行动和请求"不采取行动函"（No Action Letter）。不采取行动信函是指 SEC 官员对此类请求的书面回复，这些回复通常是公开的，它包括了所有写给 SEC 官员的信，信中要求 SEC 官员提供建议、解释、意见或保证，并声明在特定情况下 SEC 工作人员不会向投资顾问特定的行为采取任何执行和处罚行动。另一种实体法是由 SEC 通过豁免令产生的。这些豁免令涉及国会在《投资公司法》和《顾问法》中授予 SEC 的权力。豁免令经常被投资机构依据《投资公司法》提出申请，但依据《顾问法》提出申请的比较少。

与投资顾问相关的 ERISA 条款则由劳工部养老金和福利管理局（Department of Labor's Pension and Welfare Benefits Administration，PWBA）监管。与投资顾问关系最密切的两个处室是 PWBA 的监管与解释处和执行处。

4.2 《1940 年投资顾问法》关于投资顾问的身份认定

当 1940 年《顾问法》通过时，全美国只有 51 家投资顾问公司。截至 2015 年，在美国 SEC 注册的咨询公司有 11600 家，这个数字还不包括那些只在各州注册的投资顾问公司。在美国 SEC 注册的顾问公司为 1500 多万个客户管理着超过 67 万亿美元的资产。2010 年，美国 SEC 的投资顾问报告称，SEC 注册的投资顾问管理的资产中约有 91.2% 属于自由支配账户，8.8% 属于非自由支配账户。大多数投资顾问根据所管理资产的比例（超过 95%）向客户收取投资咨询服务费。其他的可能按小时或固定收费。投资顾问的薪酬以佣金为基础的占注册投资顾问的 8.9%。大多数 SEC 注册的投资顾问公司（51.2%）表示，他们有 6 名或更少的非文职雇员，91% 表示他们有 50 名或更少的雇员。

4.2.1 《1940 年投资顾问法》

几乎所有的联合家族办公室和部分单一家族办公室不得不注册为投资顾问。1940 年，《顾问法》最初颁布时，并没有提供多少实质性的规定，在很大程度上只是为了对投资顾问行业进行普查和统计。美国证券交易委员会投资信托研究的首席法律顾问戴维·申克（David Schenker）在国会听证会上这样描述该法案的目的："（该法案）没有试图说明谁可以成为投资顾问……甚至连一点也不认为自己有资格这样做。我们说的是，为了了解谁是这个行业的人，他的背景是什么，你不能使用邮件来执行你的投资顾问业务，除非你在我们这里注册。"

该法案还规定了反欺诈条款，并限制了某些做法，如绩效费的评估。随后，《顾问法》曾多次修订。1960 年的修正案规定，除其他事项外，顾问必须维持各种相关文档、账簿和记录。这些修正案还赋予了 SEC 定期检查这些文档、账簿和记录的权利。1960 年的修正案还将反欺诈条款扩大到所有投资顾问，无论他们是否注册，并赋予 SEC 根据反欺诈条款制定规则的权力。1970 年的修正案增加了 SEC 对投资顾问的纪律武器。1997 年生效的立法重新分配了联邦和州对顾问的监管。最近一次大的修订是 2011 年 7 月生效的多德—弗兰克法案。

如今的《顾问法》是一个强大的实体性的法律，是美国证券和投资的咨询顾问领域最重要的法案。根据《顾问法》的规定，除非获得豁免，否则投资顾问必须注册。如上所述，2011 年 7 月生效的立法一般要求较大的顾问在美国证券交易委员会登记，较小的顾问在各州登记。登记是通过填写表格 ADV（Form ADV）来完成的。另外，要求顾问向客户披露重要信息。例如，他们必须描述他们的服务和费用，并披露潜在的利益冲突。顾问的某些行为受到明确限制。这包括收取某些类型的绩效费，签订没有非转让条款的合同，以及某些类型的交易交易（例如，委托人和代理的交叉交易）。

《顾问法》还有专门的反欺诈条款（第 206 章）。值得注意的是，在 Securities and Exchange Commission v. Capital Gains Research Bureau, Inc. 一案中，美国最高法院指出，在适用反欺诈条款时，顾问必须符合信托标准。这一信托标准将指导顾问的整个行为过程。此外，SEC 还根据第 206 条制定了一系列规则，其中规定了适用于某些类型咨询活动的具体框架，包括广告和维护客户资产托管等事项。最后，还规定了 SEC 的监管和执行机制。然而，该法案中并没有明确规定对投资顾问不当行为采取民事诉讼的权利。在 Trans America Mortgage Advisors Inc. v. Lewis 一案中，美国最高法院裁定，《顾问法》仅为投资顾问合同的无效提供了有限的民事诉权，其他的如信托责任等，只是行政法的责任，不会适用到民事领域，而民事领域仍然是传统的普通法体系来管辖。

多德—弗兰克法案在不同程度上改变了上面这些领域。其中最重要的变化可能是与投资顾问注册及披露有关：废除了历史悠久、使用最频繁的被称为"私人顾问豁免"的条款。取消这一豁免将导致大量以往被豁免登记的投资顾问现在不得不向 SEC 登记。当然多德—弗兰克法案也重新设立了几个新的豁免：管理资产不足 1.5 亿美元的私人投资顾问、仅为风险投资（Venture Capital）提供顾问服务的投资顾问、某些外国私人投资顾问和家族报告室豁免。另一个比较大的修改是投资顾问的注册要求，即是否有资格在州或美国 SEC 注册。多德—弗兰克法案有效地调整了联邦与州之间的责任平衡。SEC 提高了联邦政府注册的最低资产要求登记。以前管理着 3000 万美元资产的投资顾问需要在 SEC 登记，根据多德—弗兰克法案，这一最低限额将大幅提高至 1 亿美元。

4.2.2 投资顾问的定义

《顾问法》在其第 202 条第（a）(11) 款定义了投资顾问。这个定义相当宽泛，但以负面清单的方式排除了很多机构和专业人员。另外比较重要的条款是 203（b）条规定的注册豁免。根据《顾问法》获得注册豁免的机构仍受其反欺诈和其他实质性条款的约束，而那些被排除在投资顾问定义之外的机构则不受《顾问法》的管辖。除了根据《顾问法》处理投资顾问的身份决定之外，家族办公室的合规官还经常被要求处理州法律（特别是关于州注册投资顾问的法律）、《投资公司法》和 ERISA 下的投资顾问的身份认定。

"投资顾问"在《顾问法》第 202（a）（11）条中被定义为：任何人（包括机构），以取得报酬为目的，直接或通过出版物，对证券的价值给出建议，对投资、购买或出售证券给出建议；任何人，作为其常规商业的一部分，发布关于证券的分析或报告。这一定义由三个要素组成，每一个要素都必须得到满足，才能使一个实体归于投资顾问的定义的内涵之内。首先，该实体必须从事提供证券的咨询意见，或者发布有关证券的分析，或者报告的"商业业务"。建议、分析或报告必须是关于"证券的价值"或"投资、购买或出售证券的明智性"。最后，必须提供建议、分析或报告以换取"补偿"。可以看出，这三个要素是相互关联的：构成一个要素的原则往往与其他要素有关。这方面的实践性主要是基于美国 SEC 的 1092 号文（Release 1092），1092 号文解决的具体问题是，《顾问法》是否适用于理财规划师和非传统金融服务提供商。但是，普遍的观点认为，1092 号文所依据的原则具有更广泛的适用范围，特别是在三个定义要素方面。

五个特别确定的金融机构以及"SEC 根据规则和条例或命令指定的不属于［投资顾问定义］意图的其他机构或人员"被排除在《顾问法》的管辖范围之外。这些排除的结果是将这些金融机构或个人从《顾问法》的登记要求中删除，更重要的是，也从《顾问法》规定的所有实质性义务条款中删除，特别是第 206 节的反欺诈禁条款。

从监管哲学的角度，一般来说排除条款是基于存在一些替代的监管方案（例如，银行监管），或基于这样一个事实，即被排除的机构或个人所从事的职业不会对投资者构成《顾问法》所寻求保护的风险（例如，投资教学之类）。

（1）银行及银行控股公司

这项例外仅限于银行或银行控股公司本身，其子公司无权依赖这项例外。因此，提供投资咨询顾问服务的银行及银行控股公司的子公司通常根据该法案进行注册。但对于只向银行及银行控股公司的关联公司提供投资咨询顾问服务，而不向公众提供此项服务的子公司，给予豁免。而且，外资银行也没有资格依赖此项例外。储蓄和贷款协会（savings and loan associations）也不能依赖此项例外。在 1999 年的《格雷姆—里奇—比利雷法案》（Gramm – Leach – Bliley Act）出台之前，银行和银行控股公司在《顾问法》中享有一个全面的例外。自 2001 年 5 月 12 日起，该例外不适用于担任注册投资公司（registered investment company，绝大多数是 Mutual Fund）投资顾问的银行或银行控股公司。但银行或银行控股公司本身可以不注册为投资顾问，在其公司内部注册一个"单独可识别的部门或部门"即可。

（2）律师、会计师、工程师和教师

在制定《顾问法》时，美国国会认识到提供投资咨询和建议是与某些专业人士，特别是律师和会计师的服务是结合在一起的。因此，第202（a）（11）（B）条将"任何律师、会计师、工程师或教师在其职业实践中纯粹与其职业相连并偶然地提供此类服务"从投资顾问的定义中排除。这一例外虽然包括那些偶尔结合其主要职业服务提供"投资建议"的专业人士，但不包括作为独立机构提供此类建议的专业人士。在这种情况下，从业人员被迫偶尔将为客户提供投资顾问服务的会计人员与实际上充当投资顾问的会计人员区分开来。做出这种区别的关键在于排除"纯粹与其职业相连并偶然"的语言。

（3）券商

就其商务业务的性质而言，几乎所有的券商及其注册代表都属于202（a）（11）条的投资顾问的基本定义范围：他们的基本业务就证券投资的合理性向他人提供建议，并收取报酬。不过，鉴于经纪自营商受到的全面监管，第202（a）（11）（C）条规定，"任何经纪或自营的券商，如果其提供这种投资顾问服务纯粹是其作为经纪或自营券商从事其业务的附带行为，且并未因此获得任何特别补偿"，应予以排除。另外，在某些情况下，券商的注册代表也可以依赖于《顾问法》（Advisers Act）的券商排除条款。

（4）出版商和作者

第202（a）（11）（D）条投资顾问的定义不包括"任何真正的报纸、新闻杂志或一般和定期发行的商业或金融出版物的出版商"。虽然这种排除显然适用于一般的报纸和杂志（例如《华尔街日报》），但就投资通讯等其他类型的出版物而言，它的范围就不那么确定了。在1985年，美国最高法院对Lowe v. SEC一案的裁决使这种排除的范围更加确定。在Lowe案中，联邦地区法院阻止了美国SEC要求Lowe停止发行投资通讯（简称《通讯》）的努力，因为Lowe没有根据《顾问法》注册为投资顾问。投资顾问是一家注册为投资顾问的公司的总裁和主要股东。美国SEC发现投资顾问从事欺诈行为后，撤销了该公司的投资顾问的注册，并责令投资顾问不得与任何投资顾问有任何联系。但联邦上诉法院认为，《通讯》不是一份"符合自我真诚原则的真实的报纸"，因此不能依据出版商例外在《顾问法》中被排除在投资顾问的定义之外。

（5）美国政府的义务

第202（a）（11）（E）条规定下列情况例外：任何人的建议、分析或报告仅仅关于由美国联邦政府直接承担义务的证券，或其本金或利息义务由美国联邦政府担保的证券，或者由美国联邦政府财政部长依照《1934年证券交易法》第3章第（a）12款（section 3 (a)（12）of the Securities Exchange Act of 1934）指定的、且美国联邦政府有直接或间接利益的公司发行的证券。这个例外与联邦证券法中对联邦政府、州或市政府发行或担保的证券所规定的例外一致。这种例外并没有相关SEC工作人员的解释或判例法。大宗商品交易顾问等实体经常依照该例外，将客户账户上的现金头寸投资于政府证券。

（6）家族办公室

按照多德—弗兰克法案第 409 条，家族办公室不属于投资顾问定义的范畴，所以也不属于受《顾问法》的监管。多德—弗兰克法案要求美国 SEC "家族办公室"一词进行定义，美国 SEC 随后对其作了定义，即 "家族办公室"①除了 "家族客户"之外没有其他客户。②完全由家族成员拥有和控制，并且。③不对公众自称为投资顾问。"家庭客户"包括家庭成员以及某些与家庭成员有关的实体。《顾问法》第 202 条第（a）（11）（G）款和《顾问法》第 202 条（a）（11）（G）-1 款（"家族办公室规则"）有类似的规定。

4.3 家族办公室的例外

"家族办公室"一词直到 2010 年多德—弗兰克法案通过后才出现在《顾问法》中。多德—弗兰克法案要求美国 SEC "家族办公室"一词进行定义，而随后 SEC 首次规定了家族办公室排除在《顾问法》的投资顾问的定义之外必须满足的一系列要求。

在 2010 年多德—弗兰克法案通过之前，家族办公室也是通过《顾问法》第 203 条第（b）（3）款的 "私人顾问"条款获得豁免。一般来说，只要家族办公室在前一年的客户数量少于 15 家，且不公开向公众声明是投资顾问，家族办公室就可以免于注册。满足 "少于 15 个客户"的要求取决于家族办公室的实际情况和环境。如果该家族办公室服务的家庭成员或实体少于 15 个，它就有资格获得豁免。2010 年之前，《顾问法》第 203（b）（3）-1 条在计算客户人数适用灵活的标准。在旧的规则下，自然人、此人的未成年子女和住在其主要居所的亲属只计算为一个客户，这些人的任何利益的账户和信托也可以包括在内。该规则还规定，任何商业实体都可以算作一个客户，而不论其受益所有人的数量，拥有相同所有人的实体可以算作一个客户。最后，家族办公室提供投资建议而未获得任何补偿的客户不能算作客户。最后一项规定对家族办公室尤其有帮助，因为许多办公室不向家族客户收取任何咨询服务费用。

4.3.1 多德—弗兰克法案第 409 条立法简介

由于多德—弗兰克法案取消了 "私人顾问"的豁免，但如果没有进一步的新的立法，家族办公室将无法从《顾问法》中获得豁免。多德—弗兰克法案第 409 条明确将 "家族办公室"排除在 "投资顾问"的定义之外，还要求美国 SEC 来制定 "家族办公室"的定义。

在 2010 年 4 月 30 日发布的报告中，美国联邦参议院的银行、住房和城市事务委员会解释了将家族办公室排除在《顾问法》的投资顾问在外的理由。作为关于多德—弗兰克法案第 409 条唯一记载的立法历史，该报告提供了对国会意图的思考：

家族办公室在管理一个家族的一代或多代人的投资和财务事务的过程中提供投资建议。自 1940 年《顾问法》颁布以来，美国 SEC 已经应请求向家族办公室发布指令，宣布这些家族办公室不属于该法案意图范围内的投资顾问（因此不受该法案注册和其他要求的约束）。委员会认为，家族办公室并不是国会意图根据《顾问法》进行登记的投资顾问。《顾问法》的目的不是规范家庭成员之间的互动，注册会不必要地侵犯有关家庭成员的隐私。因此，第409条要求美国SEC为"家族办公室"制定定义，并将家族办公室排除在《顾问法》第202（a）（11）条对投资顾问的定义之外。

正如参议院该委员会的报告指出的那样，国会认为，主要从事单一家族财富管理的投资顾问不应受到《顾问法》的监管。委员会阐述了其尊重家庭隐私的基本原则，但它可能也与这样一种信念有关，即超高净值家族的成员通常在金融事务上比较精明，不需要该法律提供的保护和保障。委员会的报告还承认，家族办公室经常允许非家族内部人士参与投资：

委员会认识到，许多家族办公室在性质上已变得专业化，可能有非家族成员的官员、董事和雇员，可能由家族本身或其附属机构雇用。这些人（以及其他可能为家族办公室提供服务的人）可以与家族成员共同投资，使他们能够分享自己所监管投资的利润，并更好地将这些人的利益与家族办公室服务的家族成员的利益结合起来。美国证监会预期，这种制度安排不会自动使该家族办公室失去弗兰克法案和SEC所定义的家族办公室例外的优惠。尽管参议院的该委员会对SEC规则制定的"期望"对SEC没有约束力，但这些期望在司法实践中会成为法院解释相关法律条款的参考。

4.3.2 美国SEC关于家族办公室的定义

《顾问法》第202（a）（11）（G）-1条，一般称为"家族办公室规则"（以下简称《规则》），由美国SEC于2011年6月22日公布。《规则》第（b）款根据以下三项基本规定界定"家族办公室"：（1）"家族客户"规定；（2）拥有及控制规定；及（3）私人顾问规定。第（b）款的全文如下：

家族办公室是如下的一个公司（包括其董事、合伙人、经理、受托人和在其职位或雇用范围内行事的员工）：

（1）除家族客户外，没有其他客户；如果一个客户，原来不是一个家族客户，却成为了家族办公室的客户，源于一个家族成员或关键员工的死亡，或一个家庭成员或关键员工的其他非自愿转移，这个客户应当被暂时被视为一个家庭客户。

（2）由家族客户全资拥有，并由一个或多个家族成员和/或家族实体（直接或间接）独占地控制；而且

（3）不对公众声称为投资顾问。

在上面的条款中使用的"公司"一词在《顾问法》中有广泛的定义，包括公司、合伙、信托等实体，以及任何组织形式。出于《顾问法》中投资顾问的定义，家族办公室使用何种类型的法律组织形式并不重要。事实上，考虑到该法对"公司"的灵活定义，只要

家族企业满足该规定的其他要求，家族办公室可以只是家族经营业务中的一个部门。

4.3.3 美国SEC关于家族办公室的定义中包含的三个要件

（1）"家族客户"要求

根据《规则》(b)(1)款的第一个规定，家族办公室"除了家族客户外，没有其他客户"。

第(b)(1)款下的"客户"的含义，该规则已经对"家族客户"做出了定义："家族客户"必须是"家族成员"、"前家族成员"、"核心员工"、"前核心员工"、前述其中一人的未处置遗产、由其中一人或多人拥有和控制的公司、或满足某些要求的关联信托或非盈利组织。

①家族成员

"家族客户"定义中包含的第一个也是最广泛的枚举类别是"任何家族成员"。该规则将"家族成员"定义为：

共同祖先（可能在世或已故）的所有直系后代（包括收养、继子女、寄养子女，当另一家庭成员成为该个体的法定监护人时为未成年人的个人），以及该直系后代的配偶或配偶的法定的类配偶；只要该共同祖先与家庭成员的最年轻一代之间的距离不超过10代。

从本质上讲，一个"家族成员"包括一个共同祖先的所有直系后代，包括从该共同祖先中繁衍出的不超过十代的直系后代，以及这些直系后代的配偶或法定类配偶。这个定义非常灵活，因为它包括直系后代的收养儿童、继子女和寄养儿童，以及当直系后代成为他们的法定监护人时是未成年人的人。正如定义所述，被收养的儿童、继子女和被监护的未成年人，即使在他们达到法定年龄后仍保持他们的"家族成员"地位。

该规则继续对配偶采取灵活的方式，因为它不仅包括与直系后代合法结婚的配偶，还包括"法定类配偶"，在该规则的其他地方，"法定类配偶"被定义为"同居伴侣，其关系通常相当于配偶关系"。美国SEC的工作人员解释说，"法定类配偶"包括"同性家庭伴侣和异性伴侣，他们决定不结婚，即使他们生活在一种通常等同于已婚夫妇的关系中。"因为"家庭成员"的定义是基于共同祖先的后代，所以直系后代的姻亲不包括在定义中，他们可能不会通过同一个家族办公室的方式进行投资。

根据这条规定，共同祖先与最后一代后代之间最多只能有十代人。然而，因为共同的祖先本身实际上并不包括在"家庭成员"的定义中，实际上最年长的和最年轻的"家庭成员"之间只有九代人。美国SEC解释说，它认为为了防止滥用，某种世代限制是必要的。如果没有这样的限制，那些试图避免注册的小型商业投资咨询机构，很可能会尽可能早地研究其客户的家谱，以便找到一个遥远的共同祖先，并滥用这个例外。没有世代限制，多个家族也可以联合起来创建一个多家族办公室，只要他们能够找到一个遥远的共同祖先，就可以滥用这个例外。

家族办公室可以随时重新指定它的共同祖先。不需要正式程序或文件来重新指定共同的祖先，也没有规定指定的共同祖先必须是家族办公室的创始人。SEC 特别选择了一种"共同祖先"方式，而不是最初版本中提出的"家族办公室创始人"的方式。

②前家族成员

家族客户的下一类是"前家庭成员"。这个定义相对简单："配偶、类配偶或继子女以前是家庭成员的，但由于离婚或其他类似事件而不再是家庭成员。"在离婚的情况下，家族办公室可以继续为前配偶和前继子女提供服务，对时间没有限制，也不禁止进行新的投资。在这个定义下，"其他类似事件"的确切定义并不清楚，但它通常包括婚姻分居，或者在与配偶关系类似的情况下，包括同居关系的结束。这一规定和《规则》都明显地对死亡直系后代的配偶或类配偶未作规定。这些人在直系后代死亡后仍然是"家庭成员"，还是成为"前家庭成员"并不重要，因为在这两种情况下，他们都保留了"家族客户"的身份。

③关键员工

家族办公室的规定允许"关键员工"作为家族客户接受家族办公室的投资顾问服务。正如之前所讨论的，这是参议院银行委员会报告中反映的一项国会的优先事项，而且在多德—弗兰克法案通过之前，SEC 已向允许这种安排的家族办公室发布了豁免令。SEC 的理由包括关键员工的"家庭客户"是双重的：首先，考虑到这些员工的金融专业性和在家族办公室内部的身份，他们应该能够保护自己的权益，而不需要《顾问法》的保护。其次，家族办公室需要被允许和特定人员的联合投资，以吸引顶尖人才，并使家庭的利益与员工一致。

"关键员工"定义为：任何自然人（包括任何关键员工的配偶或拥有联合社区物业的共同财产，或者其他类似的共享所有权的关键员工的类配偶），如果他是家族办公或关联家族办公室的一位执行官、董事、受托人、普通合伙人或发挥类似职能的任何雇员，或参与到家庭办公室或关联家族办公室的投资活动的的任何雇员，前提是这个雇员在过去至少12 个月内，发挥着这样的职能，或者过去在另外一个公司发挥类似职能至少 12 个月。

这个定义实际上包含了两类截然不同的人。第一类包括处于管理职位的人，包括执行官、董事、受托人、一般合伙人或类似地位的人。其中一些人，如董事和受托人，实际上可能不会受雇于家族办公室。第二类包括与日常职能或职责相关的、参与家族办公室或关联家族办公室投资活动的员工。这些雇员不一定要担任管理的职务，但他们必须不是行政人员或办事员。此外，他们必须在与投资相关的岗位上工作至少 12 个月。

"核心员工"的定义不仅包括家族办公室的核心员工，还包括"关联家族办公室"的核心员工。顾名思义，"关联家族办公室"是指由原家族办公室的家族客户拥有，或由同一家族的成员控制并满足要求的独立家族办公室。该规则允许这样的安排，因为一些家族可能由于各种业务、税务或其他结构方面的原因而拥有一个以上的家族办公室。因此，允许附属家族办公室的关键员工接受家族办公室的投资建议，从而获得更大的灵活性。美国SEC拒绝将"关键员工"定义为"家族实体"的员工（该术语指的是家族客户全资拥有的公司），因为许多家族企业并不专门从事投资。因此，SEC 认为，"我们没有理由期望（家族实体的关键员工）在金融事务方面拥有足够的知识和经验，可以在不受《顾问法》保护的情况下保护自己。"出于同样的原因，该机构拒绝将关键员工的配偶包括在内，除非他们在投资的不动产中拥有共同的财产权益。

④前关键员工

前关键员工作为家族客户的前提是和家族办公室的雇用关系结束后，不得继续接受家庭办公室的投资顾问服务，但在雇用结束之前已经交给家族办公室管理的资产除外。美国SEC 决定，在关键员工与家族办公室终止雇用关系后，他们可以继续将现有投资置于家族办公室的管理之下。这一决定的动机至少部分是为了防止对前关键员工造成不利的税收或投资后果。前关键员工不得通过家族办公室参与任何新的投资，除非涉及现有投资之前已存在相关的合同义务。美国 SEC 的这一限制是基于这样一种哲学：一旦关键员工离开家族办公室，之前他们不需要《顾问法》保护的理由就不再适用。

⑤未处理遗产和信托

将遗产和某些信托列入家族客户反映了这样一个事实：家族的遗产计划必然与家族办公室交织在一起。家庭成员、前家族成员、关键员工或前关键员工的任何遗产都包括在家庭客户中。任何有一个或多个家族客户作为唯一委托人的可撤销信托，也被允许成为家族客户。该规则侧重于可撤销信托的委托人，而不是受益人，因为这些受益人在信托成为不可撤销之前（通常在委托人死亡之后），不会从信托中获得任何利益的合理预期。因此，如果将家族客户以外的人列为可撤销信托的受益人，并不违反家族办公室《规则》背后的政策。

关于不可撤销信托，《规则》确实考虑了信托的当前受益人。不可撤销信托将是家族客户，只要它当前的受益人都是家族客户。不可撤销信托的有条件受益人也不必是家族客户，因为不可撤销信托的有条件受益人通常是为了防止不可撤销信托所有的当前受益人（家庭成员）全部死亡才制定的。不可撤销信托的当前受益人也可能包括非盈利组织、慈善基金、慈善信托或其他慈善组织，但前提是不可撤销信托完全由一个或多个其他家庭客户投资。这一点和美国 SEC 将有关组织非盈利和慈善组织纳入家族客户范围的决定是相关的。

⑥非营利组织、慈善基金和慈善信托

《规则》允许非盈利组织、慈善基金、慈善信托和其他慈善组织成为家族客户，条件是这些基金、信托或组织持有的所有资金完全来自一个或多个家庭客户。换句话说，从家庭客户以外的人那里获得资金的慈善机构不符合资格。在 SEC 发布《规则》的公告中，其解释其中的原理在于非家族成员投资的非营利组织缺乏必须被视为一个家族组成单位的特征，不过，美国 SEC 不再要求该非盈利组织或信托机构也必须由其家族成员设立。现在，只要慈善组织目前持有的所有资金都来自家族客户，最初建立该机构的个人或实体对于其政策来说就不重要了。

⑦家族客户全资拥有的公司

最后一类家族客户是一家完全由（直接或间接）一个或多个家族客户拥有并完全为其利益而运营的任何公司。在这里，"全资拥有"和"只为唯一的利益而经营"的要求构成了一个很大的障碍：非家族客户对公司的任何投资，都将使其无法成为有资格从家族办公室获得投资建议的"家族客户"。如果家族企业希望通过家族办公室获得投资建议，或者家族客户为了追求特定的投资机会而创建一个实体，那么这个规定就是有价值的。

（2）所有权和完全控制

为了将家族办公室排除在《顾问法》之外，《规则》第（b）（2）款要求家族办公室"由家族客户全资拥有"，并"由一个或多个家族成员和/或家族实体独家（直接或间接）控制"。既要全资拥有，又要独家控制。然而，家族办公室必须由家族成员和/或家族实体独家控制。如前所述，家族成员包括从共同祖先中直到第 10 代的直系后代，以及他们的配偶和类配偶。该规则将家族实体定义为包含在家族客户定义中的各种遗产、信托、非营利组织和全资公司，但将关键员工及其信托排除在家族成员定义之外，仅用于本定义的目的。因此，本款对控制的要求比对所有权的要求更严格，因为控制特别排除了关键员工及其附属实体和信托。将两个截然不同的标准放在同一款中可能会让人感到困惑，因此有必要分析一下立法历史。这样的搭配是美国 SEC 对最初提议并根据评论者意见修改的结果：美国 SEC 最初的草稿是要求家族办公室必须由家族成员全资拥有和独家控制。公开征求意见的评论说服他们将所有权群体扩大至家族客户，原因有两个：首先，家族办公室有时由家族信托拥有，从技术上讲，这并不符合家族成员的定义。其次，家族办公室有时会允许员工持有公司的股权，以激励员工取得良好业绩。根据这些做法，SEC 同意将所有权群体扩大到家族客户。但 SEC 明确拒绝将独家控制主体也扩大至家族客户，而是将其限制在家族成员和/或家族实体之内。美国 SEC 认为家族成员和家族实体的独家控制是必要的，家族办公室本质上就是一个家族在管理他们自己的财富。简而言之，如果家族办公室处于非家族成员或实体的控制之下，它将失去其基本性质。

家族办公室由家族客户全资拥有的要求很简单。虽然公布的公告没有讨论各种可能的所有权配置，但如果家族办公室是一家股份公司，那么它的所有股份必须由家族客户持有。同样，如果它是有限责任公司或合伙企业，那么它的所有股权权益或合伙企业权益必须由家族客户拥有。另外，家族办公室中任何无投票权的股份也必须由家族客户持有。虽然所有权要求非常清楚，但是控制要求却无法简单地解释清楚。家族办公室必须由一个或多个家族成员和/或家族实体独家（直接或间接）控制。该规则将控制权定义为对公司的管理或政策施加控制影响的权力，除非这种权力完全是作为该公司高管的自然结果。在最终规则控制之前增加了排他性一词,以澄清控制不能与非家族成员或家族实体内的个人或公司共享。然而,SEC 没有详细说明"(直接或间接)"一词在"独家控制"之后的逻辑。

尽管美国 SEC 一直未正式讨论如何建立"独家控制",但 SEC 投资管理部门的工作人员已在网站上发布的一份文件中讨论了这一问题,该文件名为"SEC 员工对家族办公室规则问题的回答"(简称"SEC 员工问答")。而 SEC 员工问答并不是一个规则、规定,或美国 SEC 的声明,其相关内容是以针对以股份有限公司为组织形式的家族办公室。考虑到规则中包含了"(直接或间接)"一词,美国 SEC 的工作人员并不认为家族成员和家族实体仅持有家族办公室的多数股权,就足以满足"独家控制"的要求。不管家族成员和家族实体的所有权是否赋予他们任命家族办公室董事会的权力,任命、终止或替换董事会成员的权利本身并不符合独家控制的标准。从 SEC 工作人员的角度来看,决定因素是董事会的实际参与。只有家族成员在董事会中占多数才足以达到控制标准。如果一个家族办公室的董事会有七个成员,四个家庭成员和三个非家庭成员,独家控制的要求是满足的,当然前提是没有特殊的股东协议或其他安排,给一个既不是家庭成员也不是家庭实体的人或机构来管理家族办公室。相比较于全部被占据,仅仅由家族成员或家族实体占简单多数的董事会,与《规则》中"独家控制"一词的使用是有些抵触的。很明显,SEC 的工作人员采用了一种更现实、更容易操作的模式。完全禁止外部董事的董事会无疑会极大地破坏许多家族办公室的治理结构,并可能损害这些家族办公室的所有者和家族客户利益。

SEC 员工问答并没有涉及有限责任公司或合伙企业时如何实现"独家控制"。就经理管理模式的有限责任公司而言,几乎可以肯定的是,美国 SEC 将以股份有限公司的方式看待这种家族办公室,并要求多数家族成员参与到管理委员会之中。然而,就成员管理的有限责任公司而言,答案就不那么明确了。至于以有限合伙制形式组织起来的家族办公室,决定因素通常是对普通合伙人的多数控制。如果普通合伙人是公司或经理人管理的有限责任公司,那么家族成员在董事会中占多数似乎就足够了。但如果普通合伙人是一家会员管理的有限责任公司,那么家族办公室将面临同样的两难境地。

(3) 私人顾问的规定

《规则》第(b)(3)款的第三项也是最后一项规定,禁止家族办公室以投资顾问的身份向公众"自我介绍"。美国 SEC 在投资顾问领域对这一标准进行了广泛的解释。第(b)(3)款对本条所述的家族办公室不构成任何困难,该等家族办公室是专为单一家族提供投资建议的私人企业。这条规则并不适用于联合家族办公室。此外,由于该规定已经禁止家族办公室向家族客户以外的任何人提供咨询。正如 SEC 公告所言,"以投资顾问的身份向公众介绍,表明家族办公室正寻求与非家族客户建立典型的投资顾问关系,因此与我们提供豁免指令的依据不符,我们正在采用这一规则。"因此,该规则的第三个也是最后一个要求比较容易为家族办公室所满足。

4.4 《1940年投资顾问法》关于投资顾问的注册豁免

《投资顾问法》第203条（b）款豁免各类投资顾问的注册，豁免范围通常比较狭窄。需要指出的是，与依据《投资顾问法》第202条中（a）（11）（A）-（E）规定的5个例外不同，这些豁免的结果是将这些金融机构或个人从《顾问法》的登记要求中排除，但并不免除《顾问法》规定的所有实质性义务，包括对客户的披露义务，对客户的信托义务，依据反欺诈条款的义务等。

4.4.1 州内豁免

"州内豁免"免除任何投资顾问的客户均为其所在州的居民，且投资顾问未就任何全国性证券交易所挂牌或获准在全国性证券交易所非挂牌交易特权的证券提供咨询或出具报告。禁止在全国交易所交易的证券提供建议的规定，使得只有非常小的投资顾问才能利用州内豁免的规定。

4.4.2 私人投资顾问豁免及多德—弗兰克法案

2011年7月之前，私人投资顾问豁免是最重要的豁免，绝大多数家族办公室和对冲基金都依据这项豁免运营。该豁免有三个条件：其本身不对公众自称投资顾问，而且作为任何注册投资公司或商业发展公司的投资顾问，同时在之前的十二个月期间其客户少于15个。但2011年7月生效的多德—弗兰克法案废除了这个豁免。下面我们讨论一下多德—弗兰克法案规定的新的注册豁免。

（1）私募基金资产低于1.5亿美元

多德—弗兰克法案为只负责管理私募基金的投资顾问规定了一项新的注册豁免：如果该投资顾问管理的私募基金的总资产低于1.5亿美元，该机构或个人无需向SEC或各州注册为投资顾问。在美国，"私募基金"一词包括除了1940年《投资公司法》第3条第（c）（1）款或第3条第（c）（7）款规定的私募基金外的任何投资基金，其中包括了多数美国对冲基金和私募股权基金。符合新的注册豁免条件的投资顾问仍须遵守某些档案记录保存和报告的要求，而这些规则的细节由美国SEC最终确定。

（2）风险投资

仅为风险投资基金提供投资顾问服务的投资顾问也将被《顾问法》的注册要求豁免。美国国会没有对风险投资基金下定义，而是要求美国SEC在多德—弗兰克法案通过后一年内对该术语进行定义。2010年11月，美国证券交易委员会（SEC）提出了一项详细且相对狭窄的定义，该定义可能会令相关投资顾问们难以利用这一豁免。值得注意的是，美国

SEC 目前已提出，豁免注册义务的风险资本的投资顾问仍然被要求遵守各种档案记录保存和报告要求。

（3）外国私募顾问

多德—弗兰克法案设立了一个新投资顾问类别，名为"外国私募投资顾问"，这些机构或个人也被豁免注册要求的限制。外国私人顾问的定义是：（1）在美国没有营业场所，(2) 美国客户和投资人的总数少于 15 个，（3）管理的美国客户和私募投资人的资产总额少于 2500 万美元，(4) 不向美国公众声称自己是投资顾问，而且（5）不担任任何注册投资公司或商业发展公司的投资顾问。美国 SEC 目前已提出，豁免注册义务的外国私募顾问仍然被要求遵守各种档案记录保存和报告要求。

4.4.3 慈善机构豁免

《顾问法》的注册豁免也适用于慈善组织或慈善组织的雇员福利计划的财务顾问服务，包括该组织的受托人、管理人员、雇员或志愿人员，或在该个人的受雇或职责范围内行事的自然人。

4.4.4 大宗商品交易投资顾问豁免

2000 年 12 月通过的《商品期货现代化法案》（CFMA）又增加了一项投资顾问的豁免。CFMA 增加了 CFTC 监管的商品交易顾问的规定，如果其主要业务不包括作为投资顾问，包括作为注册投资公司或业务发展公司的顾问，都可以免于《顾问法》的注册义务。

4.5　美国各州对投资顾问的监管

多德—弗兰克法案重新分配了联邦与州之间对投资顾问的的监管责任。如果投资顾问公司为 2500 万至 1 亿美元的资产提供投资顾问服务，它将被禁止在美国 SEC 注册并被要求在其所在州注册；除非该顾问公司将被要求在 15 个或以上的州注册，才有向美国 SEC 注册的资格。在实践中，向 SEC 注册的门槛已经提高到 1 亿美元的管理资产，而所管理的资产在 2500 万至 1 亿美元的投资顾问一般都要接受州政府的监管。

目前，美国除怀俄明州以外的 49 个州和哥伦比亚特区要求投资顾问进行注册。各州通常有一个类似于《顾问法》的监管框架。许多州效仿《顾问法》，把一些受到严厉监管的金融机构和一些和投资顾问业务相关的专业人士如银行、律师、会计师、教师和券商等排除在投资顾问定义之外。有一些州有比《顾问法》更严格的实质性规定。例如一些州禁止投资顾问保管客户资产，并要求投资顾问满足一定的净资本要求。各州通常也有一个执法机制，以确保遵守相关法律。一些州定期检查投资顾问，而另一些州则限制他们的监管活动，只检查他们怀疑有不当行为的投资顾问。

4.6 投资顾问的合规

所有的联合家族办公室和部分单一家族办公室必须按照《顾问法》注册为投资顾问，因此我们来讨论一下他们的合规义务。

4.6.1 注册义务

《顾问法》的核心是注册，除非投资顾问符合豁免注册的资格（上文已详述），投资顾问必须向美国 SEC 或各州申请注册。由于家族办公室管理的资产一般超过 1 亿美元，我们需要讨论在美国 SEC 的注册。

申请注册投资顾问以向美国 SEC 提交 ADV 文件（Form ADV）开始，并支付象征性的注册费。Form ADV 由两部分组成，第一部分（Part 1）主要供监管机构使用。第二部分（Part 2）为向所有客户披露文件的基础。

虽然金融市场可能对投资顾问的专业技能和知识有要求，但美国联邦法律并没有对投资顾问做出任何资格要求。各州通常对资格标准有不同的看法：许多州要求申请州注册投资顾问的个人通过某些考试，各州有权对在该州拥有营业地点的 SEC 注册投资顾问在该州雇用的投资顾问代表进行资格审查。

1940 年美国联邦众议院立法听证会的报告这样记载："《顾问法》的基本目的是保护公众免受小道消息的传播者和吹捧者肆无忌惮的欺诈和虚假陈述的损害，维护诚实的投资顾问免受通过欺诈行为获取非法利益的投资顾问对这个行业带来的侮辱。"时任美国 SEC 投资信托研究首席法律顾问戴维·申克（David Schenker）在向国会描述《顾问法》时表示："但（该法案）没有试图说明谁有资格成为投资顾问……甚至我们一点也不想这么做。我们要说的是，必须知道谁在从事投资顾问这个行业，他的背景是什么……除非你在我们这里注册，否则你不能从事跨州投资顾问的业务。"1940 年以来，尽管《顾问法》进行了多次修订，但在美国 SEC 监管的投资顾问的注册方面仍没有任何对资格的要求。但许多州却对投资顾问的注册提出了资格要求。美国国会和 SEC 的监管哲学是一致的：政府维持公平竞争的市场环境，让投资顾问在市场竞争中优胜劣汰。

4.6.2 Form ADV

Form ADV 的第一部分和第二部分提出了一系列必须回答的问题。作为一个初步的问题，在提交 Form ADV 时必须遵循《顾问法》第 207 条，在提交给 SEC 的申请或报告中，任何人如果非法故意做出对于任何重要事实的不实陈述，或故意忽略任何被要求披露的重要事实，都是违反《顾问法》的非法行为。

简而言之，Form ADV 是投资顾问在美国证券交易委员会（SEC）和国家证券管理机构注册时使用的统一表格。表单由两部分组成。第一部分要求提供投资顾问及其雇员的业务、所有权、客户、雇员、业务惯例、附属机构和任何被处罚事件的信息。第二部分是按选框、填空格式组织的。

从 2011 年开始，要求投资顾问准备第二部分叙述包含了各种《顾问法》规定的信息，如所提供的咨询服务的类型、收费列表，被处罚信息，利益冲突，管理层的教育背景和商业背景，以及投资顾问的关键咨询人员等。这本小册子是投资顾问向客户提供的主要披露文件。投资顾问每年都要向客户提交一份小册子的重要变化的摘要，要么提交一份完整的最新小册子，要么主动向客户提供更新信息。此外，投资顾问还必须向客户另外提供一份小册子作为补充，其中包括提供投资顾问服务的具体雇员的信息，以及该雇员的上司的联系信息，以免客户有事需要联系其上司。补充手册必须在该雇员开始向该客户提供投资建议之前或同时交付。当如果有重要的被调查或处罚的事项，或已经披露的处罚信息有重大变化时，必须向客户提供更新补充资料的小册子。

（1）Form ADV 的提交的批准

在投资顾问公司提交 ADV 文件后的 45 天内，美国 SEC 要么批准申请，要么启动程序拒绝注册的程序。拒绝注册的理由是未能遵守注册程序的要求，或 SEC 发现顾问的注册需要撤销或暂停的理由。FormADV 与向 SEC 提交的其他类型的文件（例如根据 1933 年证券法提交的招股说明书）不同，它不需要经过广泛的员工审查。一般来说，SEC 的工作人员不会与投资顾问进行大量的对话来确保文件的准确性或完整性。如果一名注册投资顾问暗示其已得到美国或任何联邦机构的赞助、推荐或批准，或其能力或资格已得到美国或任何联邦机构的背书，则属于非法。但是，如果注册顾问表明其已经注册的身份，则美国 SEC 工作人员并不反对。

（2）Form ADV 的时效性

一旦注册，顾问将负责更新表格 ADV 以确保其准确性。资料如有更改，必须立即提出修订；其他变更可在顾问年度申报时提出。财务顾问必须每年至少更新一次申报文件，且在其会计年度结束后的 90 天内更新。年度申报必须重申 1A 部分第 2 项所载的资格信息，并更新其他不再准确的信息。

（3）向公众开放 Form ADV——IARD

2000 年 9 月，美国 SEC 通过了新的规则和规则修正案，要求投资顾问通过投资顾问登记存管机构（Investment Advisers Registration Depository，IARD）提交电子文件。在美国 SEC 注册的投资顾问公司必须使用 IARD 提交注册材料、修正材料或其他新的信息。这一基于互联网的注册系统旨在简化投资顾问的注册流程，并为公众提供通过互联网查看投资顾问备案信息的途径。与券商的 CRD 一样，通过 IARD 提交的信息建立一个可供公众查阅的顾问信息数据库。

4.6.3 注册后的合规义务

2003年12月，美国SEC通过206（4）-7规则（Rule 206（4）-7），在SEC注册的投资顾问必须：

- 制定和执行合理设计书面的合规政策和程序，防止违反《顾问法》及其规则；
- 每年审查这些合规政策和程序，以确保其足够和有效地被执行；和
- 指定一名个人为首席合规官，负责管理投资政策和程序。

（1）制定、采纳和执行书面的投资政策和程序

《顾问法》和美国SEC的规则，除了需要注册之外，为了防止投资顾问及其雇员违反顾问法案和规则，投资顾问必须制定、采纳和执行书面的投资政策和程序。另外，书面的投资政策和程序范围必须全面。SEC的规则要求合规政策和程序"合理设计"以防止违反《顾问法》，因此只需要考量包括与投资顾问的特定业务有关的投资政策和程序。在谈到问题的发现时，SEC指出，一个有效的合规计划将包括定期测试和分析信息和趋势。在制定程序时，投资顾问应当首先确定在为客户提供咨询时所面临的利益冲突，以及为公司及其客户带来风险敞口的其他合规因素，然后设计应对这些风险的政策和流程。SEC没有规定任何政策和程序或必须涉及的任何具体事项，但其相关发布公告里列出了下列非详尽无遗的关键领域清单，政策和程序应涵盖这些领域，只要这些领域与该顾问有关：

- 投资组合管理过程
- 交易实践
- 自营交易
- 披露的准确性
- 客户资产的保护
- 创建和保护所需的记录
- 咨询顾问服务的营销
- 客户资产的评估及基于此评估的费用评估
- 客户信息的隐私
- 业务连续性计划

SEC通过相关规则发布的公告指出，该规则并没有规定投资顾问的合规政策和程序必须涵盖为遵守《顾问法》而必须采取的每一项行动。它进一步指出，合规政策和程序需要在投资顾问的组织机构内分配和及时履行相关义务，例如向SEC递交或更新所需的文档，可能就足够了。

（2）投资顾问的自我审查

Rule 206（4）-7要求每一名注册的投资顾问每年审查其合规政策和程序，以确定其

适当性和执行的效力。审查应考虑上一年度出现的任何合规问题，投资顾问或其关联公司的业务活动的任何变化，以及《顾问法》或适用法规中可能暗示需要修改的投资政策或程序的任何变化。2010 年通过的多德—弗兰克法案增加了有些投资顾问的审查的频率和内容。按照《顾问法》及 SEC 的相关规则，投资顾问和基金的合规计划的一个关键组成部分是，至少每年对公司的投资政策和程序进行审查，以确保其充分性和实施的有效性。

①何时进行自我审查

一般要求至少每年一次；其实，"年度审查"有点用词不当。Rule 206（4）–7 要求这些审查的频率不低于每年一次。这个要求应该在更大的背景下理解，即投资顾问和基金必须建立并保持有效的合规计划。为了避免在最后期限内立即审查整个合规序的压力，持续的审查应该产生一个更有效的评估过程，必须不断监测其合规程序。

②事件驱动的审查

在发生下列任何事件时，明智的投资顾问或基金应至少审查其合规政策和程序的相关部分：

– 投资顾问公司业务范围的变化或附属机构的变动；

– 适用于投资顾问的法律或法规的实质性改变；

– 投资顾问内部或整个行业内部出现严重的合规问题

③常规检查

投资顾问和基金应保持一份定期审查的时间表，以便在本年度内进行审查。为了便捷可以将一些审查安排在与其他监管要求相一致的时间。

④年度总结

即使常规的合规审查中，投资顾问和基金仍然需要做一些事情来满足年度审查的要求。尽管适用的规则没有详细说明如何做，但它可能需要定期审查的结果，并采取其他步骤来获得法规遵循程序的总体要求。

⑤年度审查由谁来主导

Rule 206（4）–7 没有规定谁必须主导进行年度审查。在许多情况下，应该由首席合规官（Chief Compliance Officer）及其工作人员进行审查是符合逻辑的，因为他们是最熟悉投资顾问或基金及其运作的人。然而，在其他情况下，这应由一个独立的外部机构来进行审查。对一些随机选择的区域进行独立评估，可以发现法规遵循中的缺陷，而首席合规官可能是对缺陷负责的一方，也有可能会忽略这些缺陷。

⑥审查什么，怎么审查

在设计法合规审查过程时，审查的目的是评估法遵循政策和程序的充分性，以及评估这些合规政策和程序实施的有效性。在许多方面，审查过程与法规遵循程序的初始设计过程是平行的。

a. 审查操作实务及风险的识别

投资顾问应该仔细审查他们的操作，以识别合规风险，这样他们就可以看到合规政策和程序是如何有效地应对这些风险的。相关问题可能包括：

- 公司的业务组合是什么？ERISA 账户、共同基金、对冲基金、wrap 账户和 SRI 客户都可能面临不同的合规挑战。公司的业务自上次年度审查以来有什么重大变化吗？
- 该公司的关联关系及它与子公司的关系是什么？自上次年度审查以来，这些变化了吗？
- 投资组合管理决策是如何做出的（由投资委员会或个别投资组合经理做出），又是如何实施的（通过一个集中的交易部门或个别经理）？
- 公司是否有客户股票代理投票权？
- 公司是否使用绩效作为广告来推广其服务？它是否向第三方寻找客户并支付报酬？
- 公司是否实际托管技术性托管客户的资产？
- 公司是否参与软美元安排？
- 公司的受监管人员是否获准买卖其个人证券户口？
- 公司是否设有自营交易户口？
- 公司是否从事大宗交易？

b. 审查人员应该与各个投资顾问的工作人员进行沟通，以了解合规风险所在的"真实世界"。如果投资顾问为其员工举办年度教育项目（这是一个非常明智的做法），那么邀请与会者就如何改进公司的合规项目提出建议可能是一个好主意。另外，SEC 过去的审查案例是另一个很好的风险识别来源。

c. 审查员还应该审查自上次年度审查以来可能出现的任何严重的合规问题，并确定投资顾问公司在这些领域是否仍然存在风险。

⑦评估现存的相关合规程序

审查员应该将识别出现存的投资政策和程序中的风险点，以确保所有相关领域都得到了处理：

- 除了以上列出的问题，审核员还应该审查与以下相关的合规政策和程序：内幕交易、最佳执行、记录保存（包括电子邮件）、投资组合估值和费用计算、保护客户机密性信息，以及投资顾问公司的业务持续性。
- 涉及共同基金的合规程序应包括：投资组合中证券和基金份额的定价、基金份额的出售、股东处理（包括断点）、关联交易、有关投资组合持股和交易的信息保护、基金治理要求、市场时机安排和洗钱。
- 审查员应该审查相关法律法规的变化：审核员应查明自上次年度审查以来发生的任何法律法规在监管方面的变化，并评估公司的合规政策和程序是否足以应对这些变化。
- 评估合规程序的有效性：除了评估相关合规政策和程序的存在外，年度审查还应评估这些合规政策和程序的有效性。在进行这部分审查时，投资顾问或基金应该采用一系列的交易或项目的测试和趋势分析，以全面了解合规计划的有效性和执行情况。

⑧年度报告

Rule 206（4）-7 没有要求投资顾问就其年度合规审查结果编制任何正式报告。根据投资顾问公司的规模和结构，以及在审查期间是否发现任何重大问题，向高级管理人员提交正式报告是明智的做法。在没有正式报告的情况下，首席合规官或其他审核员至少应保留笔记或其他记录，以证明审查的有效性。

⑨档案保存

《顾问法》要求投资顾问在五年内保存所有记录年度审查的文件。这些记录包括是谁进行了审查，审查了哪些合规政策和程序，审查了哪些文件和报告，审查了哪些新的法律和规则，以及工作人员面谈的记录。如果首席合规官或独立第三方编写一份审查报告，则需要概述审查的结果。如果首席合规官或第三方建议采用新的或修订的投资政策和程序，那么这些报告和建议也应保留。

4.6.4 首席合规官

2003 年底，SEC 为应对共同基金行业出现的择时交易和延迟交易丑闻，根据《顾问法》，采用了 Rule 206（4）-7，即合规规则。Rule 206（4）-7 规定，投资顾问应指定首席合规官，并采纳和实施书面的合规政策和程序（"合规计划"），这些政策和程序旨在防止投资顾问或其监督人员违反《顾问法》。

（1）Rule 206（4）-7 的相关规定

Rule 206（4）-7 禁止根据《顾问法》第 203 条注册或需要注册的投资顾问向客户提供投资建议，除非该顾问

- 通过并实施合理设计的书面的合规政策和程序，以防止投资顾问及其监督人员违反《证券交易条例》和证券交易委员会根据《证券交易条例》制定的规则
- 每年至少一次，审查投资顾问的合规政策和程序的充分性和有效性及实施
- 指定一个人（必须是被监督人）为首席合规官来负责管理投资顾问的按照规则采纳的合规政策和程序。

此外，SEC 还通过修改规则 204-2 投资顾问记录要求顾问按照规则保存一份制定政策和程序，以及在过去五年内任何记录的顾问年度评审的政策和程序。

（2）首席合规官的合规职责与投资顾问的合规职责的对比

根据 Rule 206（4）-7，首席合规官的职责限于管理投资顾问的合规政策和程序，但该规则并没有明确规定首席合规官以定期或其他方式向投资顾问的高级管理人员报告，但这种报告义务很可能会被视为首席合规官的一项基本要求。相比首席合规官的职责和责任是管理合规政策和程序，但投资顾问作为一个实体，需要采用和实施合规政策和程序，以及执行年度审查的合规程序，检查这些合规政策和程序的充分性、有效性，以及其实施情

况。因此，投资顾问及其首席合规官之间的关系是，一个是承担实体的法律责任，需要采纳、实施和评估合规政策和程序，确定其充分性和有效性，而另一个只是负责管理这些合规政策和程序。首席合规官的头衔本身并不一定要承担监督责任。因此，尽管首席合规官责任重大，但如果首席合规官未能对投资顾问的咨询人员进行监督，也不一定会受到美国 SEC 的制裁。

（3）首席合规官资格和能力

美国 SEC 在发布 Rule 206（4）-7 新闻稿中声明，首席合规官在联邦证券法方面"有能力和知识"。为了被认为"有知识"，首席合规官显然必须对《顾问法》的要求以及与监管框架相关的其他事项（如 SEC 的政策声明和不采取行动函）等有透彻的理解。

4.6.5 档案和记录的保存

《顾问法》规定，在美国 SEC 注册的顾问必须保留某些档案和记录，并授权美国 SEC 审查这些记录。适用于 SEC 注册顾问的档案和记录的保存要求在《投资顾问法》第 204-2 条中有规定。该规定要求顾问保留某些记录，并对档案和记录的位置和必须保存的时间长短加以限制。另外，管理投资公司资产的顾问还需要遵守《投资公司法》的备案要求，在《投资公司法》第 31a-1、31a-2 和 31a-3 条规定了投资公司及其顾问的备案要求。ERISA 对管理养老金计划资产的顾问没有明确的备案要求。然而，为了证明符合相关的 ERISA 规定，顾问通常会保留记录。

1. 《顾问法》要求保存的档案和记录

了解《投资顾问法案》（Investment Advisers Act）备案要求的一个好办法就是阅读规则 204-2 中的记录列表。美国 SEC 的相关规则规定了以下 14 种档案和记录必须留存备查：

（1）财务记录

投资顾问必须保存各种财务记录，包括财务日记账（包括现金收入和支出）和任何其他原始的记录，以及构成任何分类账的分录基础；反映资产、负债、准备金、资本、收入和费用的总账和辅助分类账（或其他可比记录）；支票簿、银行对账单、已注销的支票和现金对账；与投资顾问业务有关的所有已付或未付的票据或报表（或其副本）；与投资顾问业务有关的所有试算平衡表、财务报表和内部审计工作底稿。

（2）公司档案及记录

投资顾问必须备存各项公司档案纪录，包括投资顾问就其顾问业务所订立的章程类书面协议；合伙关系的章程；公司章程、章程细则、公司股东会、董事会等的记录簿、股票登记簿等。

（3）证券买卖的指令备忘录

投资顾问还必须保留投资顾问为购买或出售任何证券或投资顾问就购买、出售、接收或交付特定证券而发出的任何指令的备忘录（如订购单）。订单备忘录必须显示订单的条款和条件；向客户推荐交易的顾问人选和下订单的人；以及该命令的输入账户、输入日期，以及在适当情况下通过谁执行该命令。备忘录应指明那些根据行使酌处权力而发出的命令。

（4）书面通讯

这些文件包括所收到的所有书面函件的原件和所发出的有关下列事项的所有书面函件的副本；所提出或拟提出的建议或意见；资金或证券的收付或交付；以及任何证券订单的发出或执行（例如，交易确认）。投资顾问不需要保留未经请求的市场信函和其他非由投资顾问准备或为投资顾问准备的一般公开发行的类似信函。此外，如果顾问向 10 人以上发送通知、通知或广告，提供任何报告、分析、出版或其他投资咨询服务，顾问则不需要记录这些人的姓名和地址。但如果通知、通告或广告分发给任何名单上的人，顾问就必须保留一份描述该名单的备忘录。

（5）广告/绩效信息

- 广告副本

投资顾问必须保存每一份通知、通告、广告、报纸文章、投资信、公告或其他传达给十人或十人以上的信息的副本。如果该广告建议购买或出售某一特定证券，但未说明该建议的理由，则顾问应保留一份说明理由的备忘录。

- 演示绩效的推算

投资顾问还要求保存所有以账户、书籍、内部工作文件，和任何其他记录或文件，只要它们构成所需展示的性能或回报率的计算的基础，或对任何证券的建议，并通过通知和传单的方式等送达到十人以上。

（6）客户资料

这里的要求包括保存一份 Form ADV 第二部分或书面小册子的副本，以及分发或邮寄给客户或潜在客户的每一次修改或修订。此外，投资顾问必须保留一份关于 Form ADV 第二部分或书面小册子（以及每一项修订或修订）分发或邮寄的日期的记录。

（7）关于自由裁量权的记录

代表客户保留自由裁量权的投资顾问需要代表这些客户保留某些记录。这些记录既包括该投资顾问的任何被客户赋予自由裁量权的基金、证券或交易所有账户的交易记录一个列表或其他记录，也包括所有的任意客户授予投资顾问自由裁量权的授权委托书或其他证据。

（8）关于介绍费的记录

有介绍费安排的顾投资问必须备存记录，以证明他们已遵守美国 SEC 关于转介的规则 Rule 206（4）-3 的规定。这些记录一般集中于第三方的介绍费协议，包括：介绍人向客户提交的披露文件副本；客户书面确认已收到投资顾问的披露文件和介绍人的书面披露文件。

（9）与投资组合管理服务相关的记录

该规则要求，投资顾问必须为每一位接受投资监管或管理服务的客户保留单独的记录，显示所买卖的证券、以及每笔买卖的日期、金额和价格。此外，对于任何接受投资组合管理服务的客户拥有当前头寸的每种证券，该规则要求顾问能够从信息中确定持有该证券头寸的每个客户的身份以及头寸的大小。这些记录必须在投资顾问合理可进入或可取得的范围内予以保留。

（10）职业伦理规范：投资顾问对证券交易和持有的信息的访问人

投资顾问需要保持：由访问人做出的每次持有和交易报告的记录；目前和过去五年曾接触该信息的投资顾问的访问人的姓名记录；访问人做出购买证券的任何决定的记录，以及支持该决定的理由，在批准该决定的财政年度结束后至少五年内的记录。

此外，投资顾问还应保存其职业伦理规范的副本、违反职业伦理规范的记录和因违反职业伦理规范而采取的行动的记录，以及投资顾问受监管人员收到职业伦理规范的书面确认的副本。

（11）托管账户相关记录

投资顾问必须保留一份记录，显示他们所托管的所有帐户的所有证券的购买、销售、收据和交付（包括证书编号），另外还需要为每个托管账户客户设立一个单独的分类账户的账本，账本上要显示所有证券的购买、销售、收据和交付情况，每笔买卖的日期和价格，以及所有的借方和贷方。帐户内的交易确认书副本亦须保存。最后，投资顾问必须对客户持有的每一种证券保留头寸记录，并显示每一种有利害关系的客户的姓名、利害关系的金额和每一种有利害关系的证券的位置。

（12）代理投票权

根据 SEC 的规则，拥有代理投票权的投资顾问必须保留以下记录：代理投票的政策和程序；收到的有关客户证券代理投票权的委托书；代表客户投票的记录；客户要求提供投票信息的记录；顾问所拟备的任何文件，如对就如何投票做出决定有重大影响，或记载了做出决定的依据。

这些记录须遵守与规则 204 - 2 所规定的大多数其他书籍和记录相同的保留要求。然而，顾问不需要保留由第三方保管的委托书和顾问的投票记录。

（13）有关投资顾问合规政策和程序的

如前所述，证券交易委员会于 2003 年采用第 206（4）- 7 条规定，投资顾问必须留存以下关于合规政策和程序的档案和记录：制定、采纳和执行合理设计的书面政策和程序，防止违反《顾问法》及其规则；每年审查这些政策和程序是否足够和有效实施；和指定一名个人为首席合规官，来负责管理合规政策和程序。

（14）电子邮件

《顾问法》第 204-2 条规定了投资顾问必须建立和保持的记录。虽然这些规则并没有明确规定电子邮件的地址，但如果电子邮件是纸质的，如果需要保留，就应该保留。

2. 《顾问法》规定的保存档案和记录的时间、地点和方式

《顾问法》第 204-2 条一般要求记录至少保留 5 年。该规则规定，顾问的公司记录（例如，合伙企业章程、公司章程、章程、会议记录簿和股票登记簿）必须在公司终止后至少保留 3 年。为支持业绩广告而需要保留的记录必须保持不少于 5 年，从投资顾问最后公布或以其他方式传播的财政年度结束之日起计算。

该规定要求，这些记录至少在头两年应保存在投资顾问的适当办公室。之后，记录需要保存在一个容易到达的地方。记录保存规则最初考虑保留纸质文件，但在 1985 年进行了修改，允许替代纸质文件的存储方式。在 2001 年以前，如果记录是顾问通过电子媒体创建的，或顾问仅通过电子媒体或电子数据传输接收的，则规则允许记录存储在缩微胶卷或计算机上。2001 年对该规则的修订扩大了顾问可在电子存储媒体上保存记录的情况。

3. 档案和记录的电子存储

根据美国 SEC 的相关规则，如果投资顾问制订如下政策和程序，可以用电子存储媒体来保存其档案和记录：防止档案遗失、更改或销毁；将查阅记录的权限限制在获授权人员和委员会；确保非电子原件的电子副本完整、真实、清晰。

4.7　美国 SEC 的检查

为了核实投资顾问是否遵守了《顾问法》，美国 SEC 对注册投资顾问进行了积极的检查。美国 SEC 的投资顾问审查项目是通过其位于华盛顿特区的合规审查办公室和全国各地的 SEC 办事处实施的。这些机构还负责管理美国 SEC 的券商和投资公司（一般时共同基金）的检查项目。每年 SEC 的检查人员对投资顾问进行 1000—2000 次检查。其中，大约有 2/3 是常规的，1/3 是原因或风险导向的，约 5% 的案件会被提交给 SEC 的执法部门。

4.7.1　SEC 的法律授权

《顾问法》第 204 条授权美国证券交易委员会"在任何时间或不时"对投资顾问的档案和记录进行"合理定期的、特别或其他审查"，SEC 认为对公众利益或对投资者的保护是必要的或适当的。这意味着 SEC 在进行检查之前不需要怀疑被检查的投资顾问存在不法行为。相反，它的权力只受到这类视察合理性规定的限制。美国 SEC 的立场是，它有权审查投资顾问的所有档案和记录，而不仅仅是那些投资顾问根据备案规则要求保留的记录。

SEC 的工作人员已声明，检查程序的目的是：（1）发现合规问题和违规行为；（2）发现内部控制和遵守制度中可能导致违反证券法的弱点；以及（3）寻求识别合规风险的新

领域。当检查人员发现问题时,他们通常会指示投资顾问公司采取纠正措施,采取相应补救措施,并改进受相应领域的合规政策和程序。在监管检查中发现的更严重的问题时,SEC 检查人员会将提交 SEC 执法人员进行进一步调查和采取可能的执法行动。

4.7.2　SEC 检查的种类和范围

SEC 主要进行三种类型的检查:常规检查、原因检查和风险目标性检查及扫查型检查。最常见的是定期进行的例行检查,以涵盖广泛的问题和领域。SEC 工作人员将投资顾问群体分为高、中、低风险群体,并对每个群体的公司进行日常检查。工作人员在分类是根据下列标准:

- 管理资产总额;
- 对 Form ADV 的反馈;
- 合规环境薄弱的存在;
- 惩戒历史;
- 对固定收费和绩效收费的使用。

当 SEC 员工有理由相信特定的投资顾问公司存在某个特定的问题时,就会进行原因检查。原因调查可能由投诉、举报、新闻报道或其他可能揭示不当行为的迹象引发。以风险为目标或扫查型检查是针对多个公司的单个问题进行的特殊审查。它们可能被用于收集有关受监管实体之间新风险的程度、范围和危险的信息等。以风险为目标的检查,目的是在合规问题变得普遍之前,变得更加主动地发现这些问题,既有预见性,也有反应性。美国 SEC 开展了一项广泛的内部"风险地图"项目,以识别潜在的风险、恶化的情况和缓解的条件。这项练习的结果已向所有 SEC 的检查人员公布,但未向公众公布。扫查型检查旨在向 SEC 工作人员提供行业实践的横向认识,这些实践可能涉及特定的已识别风险。在 SEC 的工作人员看来,小范围的扫查型检查使工作人员能够更好地评估一项实践,因为扫查型检查中收集的信息可以用来判断特定顾问公司相对于其同行的状况,从而更好地为 SEC 提供建议。这些检查虽然是一种相对较新的做法,但已成为 SEC 检查计划的一个重要组成部分。2010 年多德—弗兰克法案通过以来,美国 SEC 颁布了许多新的规则,增加了检查的范围。另外,SEC 也正在采取其他措施,加强检查监督,提高检查的主动性。

4.7.3　SEC 检查的机制方法

(1) SEC 自身的准备

在 SEC 工作人员开始检查之前,通常会建立一份在检查中要审查的问题清单。例行检查包括所有例行检查中涉及的主题、当前"热门"主题和该投资顾问独有的问题。后一个主题的信息来源包括投资顾问最近提交的 Form ADV 文件、过去检查的结果,以及与该投资顾问相关的、可能与检查有关的其他公开和非公开信息来源。如果美国 SEC 收到了针对该投资顾问的投诉，SEC 工作人员可能会在检查中涵盖这些投诉。同样地，如果投资顾问由于事先的检查而收到了一封 SEC 合规不足函，工作人员很可能将这些问题标记在当前的检查中。

（2）投资顾问公司的准备

作为第一步，即将接受检查的投资顾问公司应指定一个人担任检查协调员，并作为与 SEC 工作人员的主要联系人。这个人通常是公司的首席合规官。投资顾问公司一般将要采取的准备步骤包括：

- 审阅 SEC 的要求函，确定检查的重点。在这方面也可以与 SEC 工作人员联系确定。
- 应审查与先前检查有关的记录，以确保以前的缺陷已得到纠正，并已执行任何其他工作。
- 在可能的情况下，对所要求的文件进行审查，以预测 SEC 工作人员提出的问题。
- 建立日志，记录所有 SEC 工作人员的要求及其提供的文件和信息，包括提出要求的时间和完成要求的时间。
- 将 SEC 工作人员即将到来的情况通知投资顾问公司的相关工作人员，并要求他们不得与 SEC 工作人员讨论实质性问题，除非投资顾问公司检查联络员在场。
- 为 SEC 的工作人员安排一间会议室或办公室，该地点不得干扰投资顾问的日常运作。准备投资顾问公司的关键人员接受 SEC 的面谈。
- 纠正可以纠正的错误。如果准备工作发现了合规问题，顾问应立即设法纠正。虽然在严重的违规情况下，补救措施无法避免执法行动，但它们可以被引用以减轻处罚。

（3）首席合规官的作用

一般 SEC 的初步审查将包括对首席合规官的面谈。SEC 工作人员认为首席合规官是检查项目的重要信息来源。正如一位 SEC 的执法部门主任所说："作为监管者，我们将把首席合规官视为我们的盟友，就像我们对待独立的审计师和董事会一样——尤其是独立董事。作为审查人员，我们将发展这种联盟——我们将经常与首席合规官交谈，利用他的知识更全面地了解基金的合规计划，听取关注，并了解新出现的问题及其处理方式。我们希望首席合规官对出现的问题开诚布公。"因此，投资顾问在对待 SEC 的检查时，由首席合规官主导是符合逻辑的。

4.8 美国 SEC《顾问法》项下的监管与执法行动

与其他证券类法案一样，《顾问法》为 SEC 提供了强有力的执法武器，包括实施行政制裁和发出民事禁令的权力。《顾问法》还规定了刑事起诉，这一程序由美国司法部负责，而不是美国 SEC。与美国 SEC 对《顾问法》的执行相反，《顾问法》的司法救济实际上是基本不存在的。谈到这个问题时几乎所有法律专家都会想到联邦最高法院在1979年 Transamerica Mortgage Adusors, Inc. v. Lewis 一案中，美国最高法院严格限制了受害客户因涉嫌违反《顾问法》而提起的私人诉讼的范围。

4.8.1 SEC的执法行动

当美国SEC决定对投资顾问或与投资顾问有关联的人采取纪律行动时，会有多种选择：就顾问而言，第203条（e）款为美国SEC提供了以下惩戒选择：谴责、限制公司经营活动、暂停至多一年的营业或撤销公司注册。第203条（f）款赋予SEC与投资顾问相关的人员类似的权力。1990年的美国国会的立法（The Securities Enforcement Remedies and Penny Stock Reform Act of 1990）为SEC提供了各种新的行政救济手段。就投资顾问而言，第203条（i）款规定，美国SEC有权在根据第203（e）条（f）款提起的诉讼中处以罚款。第203条（j）款规定，美国证券交易委员会可以在其行政诉讼中下达撤资命令。根据第203（k）条规定，SEC可以对投资顾问及与他们相关的人士处以永久及暂时的商业停止及终止令。

《顾问法》第203条是阐述SEC行政制裁的主要部分。第203条（e）款授权美国SEC在发现投资顾问或与顾问有关联的人士时下列行为时对其进行处罚：

（1）在注册申请或SEC报告中作虚假陈述的；

（2）在提出任何注册申请之前的十年内，曾曾被起诉并被定罪某些重罪或轻罪；

（3）在提出任何注册申请之前的十年内，曾被起诉并被定罪未在（2）中列出的可判处一年以上监禁的罪行；

（4）已被法院禁止从事金融服务业活动；

（5）违反联邦证券法或相关法规的；

（6）协助和教唆违反联邦证券法或相关法令，或未能合理地监督违反该等法律的人；

（7）已被SEC禁止或暂停与投资顾问的关联工作关系；或

（8）已被外国金融监管机构发现从事某些行为。

虽然第203条（e）款授权证券交易委员会处罚投资顾问，如果SEC发现投资顾问关联方参与了第203条（e）款禁止的行为，第203条（f）款一般性地授权SEC处罚该关联方。

4.8.2 玩忽职守与监督失位

在美国SEC被赋予对投资顾问及其相关人员的所有惩戒权中，影响最深远的一项是对未能进行合理监督的处罚。简而言之，《顾问法》第203条第（e）和（f）款赋予了SEC权力，以玩忽职守和监督失位为由对投资顾问及其相关人员进行制裁。《顾问法》在规定了监督失位的责任时，也规定了一个安全港。根据第203条第（e）和（f）款，在下列情况下,"玩忽职守和监督失位"并不适用:(i)(投资顾问公司)已经建立了合规的程序和系统来适用本程序,而且只要这些程序和系统适用得当的话,将能够合理预防和发现任何此类被监督的人的违法行为,和(ii)有义务监督者已经按照这样的程序和系统,合理地履行了他的职责和义务,而且这样的程序和系统并没有得到遵守。

投资顾问及咨询行业的持续扩张,已促使美国SEC强调了投资顾问自我监督对该行业的重要性。在1986年之前,美国SEC并没有将玩忽职守和监督失位作为处罚的依据。然而如今,当违反《顾问法》的行为被发现时,SEC关注的主要焦点之一是是否提出一个玩忽职守和监督失位的指控。

(1) 谁会因未进行监督而受到制裁?

在确认存在违反联邦证券法的行为后,如果SEC认定该投资顾问公司未能合理地进行监督以防止这种违反,它可能会寻求对其进行制裁。自然人也可能因为监管不力而受到惩罚。在此,美国SEC必须确定该自然人是违法人的监督者。此外,必须确定该自然人作为监督者没有有效地履行其职责。随着SEC试图对越来越多的自然人提起监管不力诉讼,一些有争议的问题出现了。

另外,谁是监督者?投资顾问公司本身通常被认为是监督者,如果没有有效履行职责,会面临SEC的制裁,而自然人则面临更困难的问题。"监督者"一词在《顾问法》中没有定义。业界包括SEC普遍认为,员工管理链中的管理人员(例如,直接经理或高级经理)是监督者,其当然面临监督失败的责任。然而,SEC试图将监管责任扩大到直接管理链以外的人员,例如法律和合规人员,这引发了争议。

- 管理链上的人员

如前所述,美国SEC将雇员的直接经理和高级经理视为该雇员的主管。在分配监管职责的过程中,美国SEC将"员工管理链"的权限交给了这家投资顾问公司的负责人。

- 合规及法务人员

与管理链上的经理不同,非管理链上的经理(例如,法律和合规人员)与业务人员的关系更加疏离。尽管如此,SEC一直希望将监管职责扩大到这类非管理链上的经理身上。2010年多德—弗兰克法案虽然加大了力度,但需要更多的案例来理清其脉络。

(2) 履行监督责任

为了合理地履行监督职责,投资顾问公司必须建立和实施适当的程序来预防和发现违规行为。在这方面,具体相关人员必须了解和执行在监督结构下赋予他们的职能。当有迹象表明这些程序没有得到遵守时,投资顾问公司必须采取有意义的后续行动:

(i) 设计和实施适当的程序

投资顾问没有被要求建立一个千篇一律的防止和发现违反《顾问法》的制度;每个投资顾问都需要针对其业务量身定做一个合规体系。作为第一步,投资顾问应编写一份合规手册,列出适用于投资顾问及其相关人员的应做和不应做的事项和细节。投资顾问应确保监督人员理解并有效履行公司政策和程序中明确规定的职责。这需要有效的培训和不断的去强化。此外，需要实施适当的制度来预防和检测违规行为。这里应该考虑的一些事情包括：建立适当的监督报告；制定持续的内部检查/审计计划；和对客户投诉进行系统的跟踪和分析制度。

SEC 的执法行动强调了为了履行监督职责而进行独立审查的重要性。实际上，投资顾问公司越大，就越需要在公司内部建立一个独立的合规小组来设计和实施公司内部的合规政策和计划。2003 年通过的 Rule 206（4）-7 要求所有注册的投资顾问，无论大小均需要指定一个人担任首席合规官。

(ii) 有意义的后续跟进

美国证券交易委员会已经明确表示，当不当行为或可能的不当行为迹象引起监督者的注意时，他们必须积极应对。监督者必须亲自到场履行他的职责，或确保被监督人履行他们的职责。

4.9 家族办公室对其客户的义务

如前如述，美国的家族办公室按照合规义务的不同，可以分为三个类型：符合家族办公室例外的单一家族办公室，符合私募基金注册豁免的家族办公室，及需要注册为投资顾问的家族办公室。因为符合私募基金注册豁免的家族办公室仍然属于《顾问法》项下的投资顾问，它们仍然需要遵守《顾问法》的实体义务，只是被豁免了向 SEC 注册的义务，而且被豁免了向公众公开其大部分《顾问法》规定信息义务而已。因此，家族办公室对其客户的实体义务只有两类：符合家族办公室例外的家族办公室，以及不符合家族办公室例外的家族办公室。

4.9.1 符合家族办公室例外的家族办公室

根据《顾问法》第 202 条（a）（11）（G）-1 款规定的家族办公室例外的单一家族办公室，从定义上就不是投资顾问的范畴，因此不受《顾问法》管辖，其与客户的关系受一般的公司法、信托法及合同法等管辖。但毫无疑问，属于《顾问法》管辖的家族办公室的案例对符合家族办公室例外的家族办公室的法律适用，有很大的借鉴作用。

4.9.2 不符合家族办公室例外的家族办公室

其他的家族办公室对其客户承担信托义务，但这种信托义务基本在行政法的领域存在，至于其私法领域的义务，也仅仅受一般的公司法、信托法及合同法等管辖。

4.9.3 顾问的信托责任的法律依据

投资顾问的信托责任有三个主要的法律依据

(1) 普通法

在私法领域,根据普通法上的代理原则,投资顾问作为代理人可能对其委托人负有信托责任。投资顾问信托责任应该是以某些其他约定的领域作为信托法的适用基础的,比如公司法、信托法及合同法等规定的信托责任。投资顾问在普通法上的职责将取决于来自州一级的判例法,包括应用法律冲突原则来确定适用哪个州的法律,并将由任何有资格提起诉讼的人强制执行。因此,在私法领域,投资顾问是否对其客户负有信托义务,取决于双方的约定,及各州的判例法。

(2) 联邦法院的判例

投资顾问的联邦行政法上的信托责任源自《顾问法》第 206 条,这是一个反欺诈条款,禁止投资顾问从事任何欺诈或操纵的行为,并没有明确规定了信托责任。1963 年,在 SEC v. Capital Gains Research Bureau, Inc.(Capital Gains)一案中,美国最高法院(在判决书中)表示,《顾问法》反映了国会对"投资顾问关系中微妙的信托责任性质"的承认。最高法院将普通法欺诈与投资顾问欺诈区分开来,其结论是普通法上的欺诈是由独立的商业交易造成的。Capital Gains 一案一直被引用来证明投资顾问的信托责任,包括积极与最大诚信义务行为,充分和公平披露所有重要事实,并运用合理的谨慎,避免误导。因此,《顾问法》被视为为投资顾问设定了一个"联邦的"信托标准。但由于在《顾问法》下一般不存在私人诉权,因此这项职责的还主要由法院解释该法案的联邦法院、美国 SEC 对第 206 条的解释以及根据该条款颁布的规则来确定。

谈及投资顾问的私法义务,就不得不讨论另一个美国最高法院的判例,TransAmerica Mortgage Advisors, Inc. vs Lewis 一案。在 TransAmerica Mortgage Advisors, Inc. vs Lewis 一案中,美国最高法院严格限制了投资顾问的客户因投资顾问涉嫌违反《顾问法》而提起的私人诉讼的范围。本案涉及两个衍生品诉讼:代表一家房地产投资信托公司提起的衍生品诉讼,以及代表该信托公司股东提起的集团诉讼,被告是该信托公司的投资顾问——泛美按揭顾问(TAMA)、两家关联公司和几位个人受托人。

根据《顾问法》,诉状列出了针对被告的三项索赔要求。第一项指控称,该信托公司与 TAMA 之间的咨询合同是非法的,因为 TAMA 及其附属公司未能按该法要求注册为投资顾问,而且该咨询合同允许 TAMA 从其服务中获得"过高的补偿"。第二项指控指被告违反其对该信托的信托责任,以欺诈手段致使该信托从 TAMA 的一间附属公司购买"质量较差"的证券。第三项指控称,被告为了 TAMA 关联公司的利益,欺骗性地窃取了该信托的投资机会。为了救济这些被指控的欺诈行为和违反信义务的行为,原告要求获得禁令救济、解除咨询合同、返还费用和信托支付的其他补偿、对非法利润进行核算和赔偿损失。

在 5 票赞成、4 票反对的裁决中,最高法院裁定,《顾问法》只允许愤愤不平的投资顾问的客户根据第 215 条提起有限的私人诉讼,以撤销投资顾问合同。根据最高法院的意见,除撤销咨询合同这种有限补救办法外,本法没有规定任何其他普通法或衡平法的私人诉讼理由。

为了得出这一结论,最高法院首先注意到,该法案没有明确规定采取私法诉求的理由,其立法历史对这一问题也没有提及。最高法院随后审查了第 215 条和第 206 条,以确定是否可以从这两条中推断出根据《顾问法》的一项私人诉讼理由。关于第 215 条,最高法院的结论是,当国会宣布某些合同是无效的,它的意图是随后会出现习惯性的法律无效事件,包括提起撤销或禁止继续经营合同的诉讼,以及要求恢复原状。但最高法院认为,受损害的客户不得就其投资价值的减少或任何其他形式的损害求赔偿。关于第 206 条,最高法院承认该条规定了管理投资顾问行为的联邦信托标准。然而,法院认为该条只是禁止某些行为,并没有在条款上造成或改变任何民事责任。因为国会明确授权 SEC 在联邦法院提起民事诉讼以执行该法案第 209 条的规定,并进一步明确授权 SEC 对该法案第 203 条违规者给予行政制裁。因此,最高法院拒绝将投资顾问的客户,要求其投资顾问对《顾问法》第 206 条违反的损害赔偿或禁令救济的私法诉权。

(3) SEC 的规则

2019 年 6 月 5 日,美国 SEC 以 3∶1 的投票结果通过了备受期待的针对投资顾问和经纪自营商行为标准的规则制定方案,包含了 SEC 投资顾问行为准则解释的最终版本("最终解释")。最终解释包括对现有 SEC 指导原则和有关投资顾问的联邦信托责任的判例法的讨论。根据《顾问法》的反欺诈条款,这种信托责任可强制执行,包括注意义务和忠诚义务。投资顾问的注意义务包括有义务以客户的最佳利益为基点提供投资建议,以及一种有责任寻求最佳执行(如果适用)的手段和方式,及在提供服务过程中和客户的关系提供建议并管理这种关系(如适用,与客户商定)。投资顾问忠诚的义务包括的投资顾问不应把客户的利益放在自身利益之下,以及有义务充分和公平披露所有与顾问关系相关的重要事实(包括提供顾问服务能力),获得在利益冲突中需要得到客户的充分知情后并同意。最终解释澄清,投资顾问的信托责任适用于所有投资建议,包括关于投资策略、聘请下级顾问和账户类型的建议。要点如下:

a. 信托责任的最佳利益的覆盖。最终解释规定,顾问的信托责任包括注意义务和忠诚义务。最终的解释进一步阐明,这两项职责都受到要求投资顾问为客户的最佳利益行事的总体原则的制约。

b. 约定的关系范围决定了信托义务的适用。最终解释规定,顾问的信托义务的适用取决于双边关系的范围,而投资顾问的信托义务必须根据投资顾问及其委托人达成的协议来解释。

c. 放弃受托责任的无效。最终解释规定,顾问的受托责任不能被协议免除。最终解释声明,"顾问的联邦信托义务不能被放弃,尽管它将以反映双方商定的关系范围的方式适用"。最后的解释包括拟定了几个无效的范本,声称放弃顾问的信托责任如:(i)在一份声明中,顾问将不作为受托人,(ii)全面免除所有的利益冲突,或(iii)放弃《顾问法》规定的任何特定的信托义务。最终解释澄清,这种对信托义务的一般性豁免与《顾问法》不一致。

d. 为机构客户提供意见的标准。关于提供投资建议,应从客户的最佳利益出发,拟议的解释规定一个投资顾问需要根据客户的需要提供个性化的建议,并根据客户的投资概要(考虑到客户的财务状况、成熟度,投资经验,投资目标),并根据变化的情势调整建议。但最终的释将机构客户与散户区别开来,并承认机构客户可能没有投资概要。最终解释规定,就机构客户而言,投资顾问必须了解客户的投资授权,而不是考虑客户的投资概要。此外,最终解释规定,与散户客户不同,投资顾问更新客户的投资目标的义务将不适用于基金等机构客户,因为它们有特定的投资授权。

e. 不把自身利益凌驾于客户利益之上的责任。拟议中的解释称,忠诚义务要求投资顾问"把客户的利益放在首位"。最终解释规定,忠实义务要求顾问不能将客户的利益置于自己的利益之下。换句话说,投资顾问不能把自己的利益置于客户的利益之上。

f. 不要求消除利益冲突。最终的解释包括 SEC 的一份明确声明,即 SEC 不认为投资顾问必须消除利益冲突:"消除冲突是解决这种冲突的一种方法;投资顾问也可以通过提供充分和公平的披露来处理冲突,这样客户就可以行使对冲突提供充分知情下同意权。"

g. 不需要试图避免冲突。拟议的解释规定,"顾问必须设法避免与其客户发生利益冲突,并且至少应充分和公平地披露可能影响顾问关系的所有重大利益冲突"。相比之下,最终解释规定,当顾问全面、公平地披露其冲突并获得客户的知情同意时,他们没有"寻求避免"冲突的单独责任。

h. 全面和公平的披露必须是具体的。建议的解释和最终解释都规定,为了披露的充分和公平,应该足够具体,以便客户能够理解重大事实或冲突,并做出充分知情的决定。例如,拟议的解释指出,在冲突实际存在时,投资顾问披露"可能"存在冲突是不够的。最终解释提供了额外的指导,并指出使用"可能"可能是适当的,以揭示目前不存在但将来可能合理地出现的潜在冲突。

i. 对利益冲突的默许允许。建议的解释和最终解释都承认知情同意可以是显性的,也可以是隐性的。这两种解释还指出,如果事实和情况表明客户不了解冲突的性质和重要性,则顾问推断或接受客户同意的受托责任是和《顾问法》的规定是不一致的。然而,虽然拟议的解释指出,在"有关冲突的重要事实不能充分和公平地披露"的情况下,投资顾问推断或接受客户同意的受托责任也是非法的,但最终的解释排除了这一规定。

j. 客户成熟度与知情同意相关。投资顾问不能够完全和公平公开的解释冲突和获得知情同意(例如,由于冲突的复杂性),拟定解释和最终解释都规定投资顾问应充分消除冲突，或在减轻冲突后进行充分和公平的信息披露在获得知情同意。与拟定的解释，即"一些复杂或广泛的冲突，它可能很难提供足够具体的披露"，最终解释明确承认，相对于零售客户，机构客户通常有更大的能力和更多的资源来分析和理解复杂的冲突及其后果。最终解释规定，机构客户的全面和公平披露与零售客户的全面和公平披露可能存在显著差异。

k. 不需要征得确认性的同意决定。尽管披露必须是充分和公平的，以便客户能够提供知情同意，但最终解释规定，投资顾问不需要征得确认性的同意决定，即某一特定客户确定性地理解披露，并明确地确认了客户充分理解了利益冲突并同意。相反，投资顾问必须提供旨在让客户理解并提供知情同意的足够的信息披露，这可以通过合并 Form ADV 和其他信息披露相结合来实现。客户可以在收到该等披露后，通过订立或继续该等投资顾问关系，暗示地表示同意。

l. 由合约决定的投资机会分配。拟议的解释规定，在为符合条件的客户分配投资机会时，"顾问必须公平对待所有客户"。最终解释承认，本声明可以解释为，即使第二名客户已获得充分和公平的信息披露，并在知情同意的情况下，顾问也可以不将特定投资分配给一名合格的客户，而不是给另一名合格的客户。最终解释规定，在分配投资机会时，投资顾问可以考虑客户的性质和目标以及关系的范围。投资顾问和一位客户甚至可能同意，不为该客户分配或提供机会。

m. 适用于潜在客户的反欺诈责任。拟议解释和最终解释均规定，在与潜在客户打交道时，投资顾问应遵守《顾问法》第 206 条的反欺诈规定。最后的解释澄清，为了避免第 206 条规定的责任，一名投资顾问在就这些事项提出任何建议之前，应充分了解该潜在客户及其目标，以便形成合理的咨询基础。当潜在客户与顾问开立一个账户并成为客户时，顾问的信托责任开始适用。

n. 通过充分披露和知情同意能否满足忠诚义务。拟议解释和最终解释都规定，忠诚义务不能总是通过充分和公平的披露和知情同意来实现。拟议解释声明，"仅披露冲突并不总是足以满足投资顾问的忠诚义务和《顾问法》第 206 条的规定"。相比之下，最终解释规定，虽然充分、公平地披露所有与咨询关系有关的重要事实或利益冲突，和客户的知情同意，可以防止这些实质性存在的事实或利益冲突本身违反投资顾问的受托责任，但这样的信息披露和知情同意并不能满足投资顾问从客户的最佳利益出发责任。从客户的最佳利益出发是信托责任之上的原则，而从客户的最佳利益出发取决与投资顾问和客户的协议规定的范围。只要投资顾问在与客户的咨询合同中清楚地阐述了其与客户的关系的轮廓，全面和公正的信息披露和知情同意就可以满足其忠诚的义务。尽管如此，投资顾问公司仍然受到《顾问法》反欺诈条款的约束。因此，即使在最后的解释中，尽管投资顾问可以通过充分和公平地披露冲突并获得客户的知情同意来履行其忠诚义务，但顾问不得过度或不公平地利用客户的信任。

4.10 家族办公室的监管和合规总结

如前所述,美国是家族办公室产业最发达的国家。2008年金融危机之后,美国加强了对金融机构的监管。多德—弗兰克法案取消了"私人顾问"豁免,使几乎所有的联合家族办公室和部分单一家族办公室不得不注册为投资顾问,履行注册、披露和申报等合规义务。同时多德—弗兰克法案第409条明确将家族办公室排除在投资顾问的定义之外,并要求美国SEC来的制定家族办公室的定义。另外多德—弗兰克法案为只负责管理私募基金的投资顾问规定了一项新的注册豁免:如果该投资顾问管理的私募基金的总资产低于1.5亿美元,该机构或个人无需向SEC或各州注册为投资顾问。因此,后多德—弗兰克法案时代,美国的家族办公室按照合规义务的不同,可以分为三个类型。

4.10.1 符合家族办公室例外的单一家族办公室

如前如述,根据多德—弗兰克法案第409条的规定,美国SEC于2011年6月22日公布"家族办公室规则",后来纳入《顾问法》第202条(a)(11)(G)-1款,界定"家族办公室"例外中的家族办公室为:(1)"家族客户"规定;(2)拥有及控制规定;(3)私人顾问规定。

4.10.2 符合私募基金资产注册豁免的家族办公室

多德—弗兰克法案为只负责管理私募基金的投资顾问规定了一项新的注册豁免:如果该投资顾问管理的私募基金的总资产低于1.5亿美元,该机构或个人无需向SEC或各州注册为投资顾问。在美国,"私募基金"一词包括除了1940年《投资公司法》第3条第(c)(1)款或第3条第(c)(7)款规定的私募基金外的任何投资基金,其中包括了多数美国对冲基金和私募股权基金。符合新的注册豁免条件的投资顾问仍须遵守某些档案记录保存和报告的要求。

一般来说,在美国管理资产低于1.5亿美元的联合家族办公室和不符合《顾问法》第202条(a)(11)(G)-1款家族办公室例外的单一家族办公室可以利用这个豁免。需要注意的是,符合这个注册豁免条件的家族办公室仍须遵守《顾问法》某些档案记录保存和报告的要求,而且这些家族办公室仍然属于《顾问法》项下的投顾问,它们仍然需要遵守《顾问法》的实体义务,只是被豁免了向SEC注册的义务,而且被豁免了向公众公开其大部分《顾问法》规定信息义务而已。

4.10.3 需要注册为投资顾问的家族办公室

大部分联合家族办公室和一小部分单一家族办公室都属于这个类别，需要向美国 SEC 注册为投资顾问，需要履行《顾问法》项下的所有义务，具体义务本章已详述。

值得注意的是，根据多德—弗兰克法案对《顾问法》的修订，在美国 SEC 注册或被要求注册的对冲基金和私募基金现在必须定期提交表格 Form PF。许多注册为投资顾问的私募股权基金和对冲基金需要申报 Form PF。Form PF 要求私募基金的投资顾问向金融稳定监督委员会（FSOC）报告所管理的监管资产，简称 RAUM。FSOC 是多德—弗兰克法案下成立的一个组织，旨在监控金融业内部的风险。Form PF 的目的是提供有关私募基金公司所持有资产的种类和规模的风险敞口统计数字。作为多德—弗兰克法案的一部分，该规则于 2012 年 6 月 15 日正式生效。美国证 SEC、商品期货交易委员会和联邦社会保险监督委员会在监督该法规的实施。自该法规生效以来，所有在美国 SEC 注册的、管理着至少 1.5 亿美元私人基金的投资顾问、大宗商品池经营者和商品交易顾问（CTA）必须定期提交 Form PF。要求私募基金的投资顾问提出报告的频率取决于该基金的规模。

私募基金的投资顾问可以分为两大类别：大型私募基金顾问和小型私募基金顾问。大型私募基金顾问类别包括：管理至少 15 亿美元资产的投资管理公司；拥有至少 10 亿美元合并资产的流动性基金的投资顾问；以及在私募股权基金中拥有至少 20 亿美元资产的投资顾问。所有其他顾问都被归类为小型私人基金顾问。到目前为止，大多数私募基金顾问都属于小型私人基金类别，他们只需要每年提交一次基金申报表，并提供有关其基金的基本资料。另一方面，大型私募基金顾问被要求根据他们所监管的基金类型，更频繁地报告更多信息。虽然大多数私募基金顾问都是小型私募基金顾问，但大型私募基金顾问代表了该行业管理的大部分资产。大多数大型私人股本公司必须在每个财政季度结束后的 15 天内提交 PF 表格。因此，需要注册为投资顾问的家族办公室，还要考量是否需要申报 Form PF，其关键点是该家族办公室是否可以归于私募基金的范畴，以及它们管理的资产的规模。

第 5 章
家族办公室的资产配置及投资管理——总论篇

不管家族办公室有多少功能，其主要的功能点是金融投资与财富管理，这个特点从家族办公室产生时起从未改变。家族办公室的投资风格及偏好千差万别，几乎没有两个家族办公室在投资及管理模式上是完全相同的，同时一些理念和原理在几乎所有家族办公室中都是一样的：

（1）经常会有家族、家族企业、信托责任和/或遗产计划等事宜会构成家族办公室投资及管理的背景，而且会影响投资的过程、方式乃至投资决策；

（2）可能会有对遗产计划结构进行一定的法律和税务限制，比如信托之类，来指导财富如何来投资；

（3）可能会有相关的家族事项，如特定家族成员的不同的特别需求等，如新的孩子出生，或家庭成员结婚等使家族办公室的分红等发生变化等；

（4）家族先前注入的资产，比如上市公司的集中持有的股票、家族企业的分红、对有些企业的直接投资等，会产生一些额外的现金流需要投资管理，也有可能是相反的情况；这些投资需要额外的投资管理；

（5）会有信托责任，如私人信托等，对特定资产的投资及投资管理产生影响。

如前所述，在家族办公室产业最为发达的美国，实行资产多代配置策略的家族中，到第三代起其家族资产90%左右都以信托的方式来持有。这个现实对财富创造者来说有巨大的影响力，会影响到未来如何选择财富保值增值的方式和方法。因为信托尽管把资产的使用权、收益权乃至处分权转移给了受托人，但受托人必须按照信托文件规定的方式来管理受托资产，而家族办公室往往就是受托人。把家族资产委托给家族办公室的信托文件几乎无一例外地规定了家族办公室的投资方式：能够让家族精神、家族文化、家族愿景，家族使命等传承下去的投资及分配方式。

家族办公室的金融投资及财富管理除了和家族及家族精神、家族文化、家族愿景及家族使命等相关，也有一些技术和模式上的特点和规律。

5.1 家族办公室的投资及财富管理模式的优势

家族办公室往往被认为是超高净值家族治理的中枢,负责监督家族的所有活动,因此家族办公室、家族基金会和家族企业之间存在着很强的相互依赖性。无论和与家族成员分散投资的管理模式相比,还是和其他金融机构的管理模式相比,家族办公室的投资管理模式都有其独特的优势。

5.1.1 与家族成员分散投资的投资管理模式相比

不管家族办公室的投资管理受其家族治理结构的影响有多大,家族办公室的投资管理和家族各自成员分散投资的投资管理还是有本质性差异的。其主要差异可以归结为三点:规模性差异,纪律性差异以及专业性差异。规模性差异和专业性差异前面已经充分论述,现在我们讨论一些纪律性差异。

投资政策(Investment Policy)及纪律

家族办公室的投资及财富管理,其投资一般会受到投资政策的纪律限制。目前,有超过70%的家族办公室具有投资政策陈述(投资指导方针),以及提供监控投资的控制计划。有超过一半的家族办公室提供投资过程指导方针,帮助其战略性资产配置的决策及使命陈述。而这些投资指导方针、监控投资的控制计划及投资过程指导方针均属投资政策的一部分。治理机构良好的家族办公室都会制定一份投资政策陈述。投资政策陈述(Investment Policy Statement)是一个类似法律文书的文件,长度不等,规定了家族资产在被投资时必须遵守的方向、目标、决策过程、决策权限及风险控制等。一个投资政策陈述会详细规定一定数量资产投资的要求,通常会包括资产配置的描述,风险控制的模式,流动性的指标和要求,还有时间限制等。

执行投资政策陈述的好处很多。首先,投资政策建立了清晰的期望值,同时清晰地说明了一个具体的财富池投资时应该完成的目标;其次,在家族办公室客户的需求和优先顺序发生改变时,家族办公室的专业人士在讨论投资事宜时有了一个清楚的讨论基础。最后,比起过于严格的法律文件,家族办公室的专业人士可以从投资政策中得到更多的关于投资和资产配置的启发和洞见。投资政策不是一成不变的,随着时间的推移,投资政策会改变。下面是投资政策陈述的基本组成部分:

- 投资目标和方向
- 投资哲学的描述
- 投资结构
- 投资时间限制

- 投资绩效或回报目标
- 再平衡的需要
- 风险控制的概要
- 风险的定义的明确化
- 关于单一风险容忍层度的讨论
- 理想的流动性需要
- 股票的发行政策
- 投资约束
- 优先或适格投资工具
- 资产类别的定义
- 投资倾斜的认可
- 优先投资模式或方式
- 战略性资产配置
- 对资产配置战略可偏离的方式
- 对特定种类投资工具的指南
- 税务的考量
- 对绩效的评审程序
- 信托责任的程序
- 投资治理结构的程序
- 投资风险
- 对资产配置的平时程序
- 对投资决策程序的治理结构
- 投资委员会或投资理事会的角色
- 利益冲突的披露
- 档案保管的监督

和家族宪章等文件一样，投资政策也需要定期的检讨，并融入进正在进行的投资决策过程之中。随着美国多德—弗兰克法案的实施和有更多的各级法院的案例的指导，投资政策陈述在家族办公室的投资及财富管理实践中将更加普及，也会更加完善。

信托的投资管理及投资纪律

除了投资政策的纪律约束以外，其他模式也会对家族办公室的投资及财富管理形成纪律约束。如前所述，在美国实行资产多代配置策略的家族，到第三代起其家族资产90%左右都以信托的方式来持有。信托的投资纪律是非常严格的，把家族资产委托给家族办公室的信托文件几乎无一例外地规定了对家族办公室的投资方式的限制：能够让家族精神、家族文化、家族愿景及家族使命等传承下去的投资及分配方式。而且，家族把家族资产委托给家族办公室所管理时，往往保留对一些事项的决定权，即一个家族成员有投票权的信托，让家族成员在涉及家族事务时保留投票权。这些都构成了投资纪律。

5.1.2 家族办公室的投资管理模式与其他金融机构投资管理的比较优势

如前所述，家族办公室服务和一般的金融机构服务模式也是不同的。有三个比较明显的差异。首先，利益角度不同：金融机构的私人银行事实上在运营当中是以金融机构的利益最大化为考核指标。而与私人银行相比，家族办公室是凭借自己的金融专业技能，扮演家族"守门人"（Gate keeper），在资产市场上作为私人银行、投资银行以及对冲基金等机构的交易对手，实践其保护客户利益的运营宗旨。其次，管理模式差异：家族办公室以高资产人士顾问的模式，帮助客户选择银行、投资策略、保险，乃至个人问题。最后，传统的资产管理机构有能力为超高净值家族提供投资建议，有的也可以提供与保险和财政规划之类的服务，但绝大多数资产管理机构不擅长税收、慈善捐款和跨带传承等相关的服务。而家族办公室则不同，它会使所有与家族财富管理与家族传承有关的金融资本、人力资本、智力资本、社会资本和精神资本在一个团队内解决，提供一站式服务，能够让不同专业的专业人士一起研讨、计划并做出均衡的决定，为超高净值家族提供一个全面的解决方案。

另外，对比于其他金融机构投资管理模式，家族办公室还有一个较大的优势：时间优势。如果一个私募基金投资了一个项目20年没有退出而且有持续盈利的话，会被作为一个价值投资的范本。巴菲特投资可口可乐持仓30多年，已经是投资界的一个传奇。但对于很多家族办公室而言，30年确实不是一个很长的时间。在家族办公室中，持有某一企业（比如家族企业）的股权上百年的并不罕见，如本书第3章所述的Terberg Group，被欧洲的家族从1869年控股到现在。因此，相比较于其他金融机构，时间是家族办公室的优势之一。家族办公室时间长度的灵活性有三个具体的优势，第一，不管你的投资经理有多么聪慧，受过多好的训练，多么有经验，他们都无法对抗市场随着时间的推移而出现的波动，如1929年的大萧条，2008年的金融危机等。而家族办公室的目的是家族永续，其目标并非仅仅是百年之后，而是瞄准几百年，乃至更久，因此，时间的弹性给了家族办公室可以规划更好的策略和计划。第二，家族办公室的时间长度的灵活性给予了家族办公室有长时间持有某种投资的优势，特别是在复利的模式之下。第三，同样，有些类型的投资或资产也只有在长期持有的情况下才能获得超额的利润。

5.2 家族办公室的投资及财富管理的治理结构

家族办公室关于投资管理的治理结构也是各不相同的。下面介绍几种常见的治理结构：投资委员会模式，首席投资官（Chief Investment Officer）+投资顾问委员会模式，以及外包型首席投资官+投资顾问委员会模式。

5.2.1 投资委员会的管理模式

成熟的家族办公室往往采用投资委员会（Investment Committee）模式进行家族办公室治理结构中的投资管理，这时投资委员会寻求创造一个顶级表现的投资组合。投资委员会成员一般由家族办公室董事会任命，由家族办公室的CEO、CIO、风险控制负责人和行业专家组成。投资委员会的投资管理模式一般对应在前述的家族办公室的运营模式中的机构式服务提供型。目前，绝大多数资产管理超过10亿美元的受访的家族办公室都设立了投资委员会。

在实践中，投资委员会一般由家族成员和非家族成员混合组成。投资委员会成员任期是有限的，设计健全的投资委员会纲领会确保那些要离开委员会的成员顺利离开，欢迎新成员的进来。成员的更换才可能吸引新的优秀人才，为委员会提供新的想法和保证委员会的完整。关于投资委员会的组成，思想的多样化是委员会有效性的基本要素。如果一个委员会全是由非投资导向的成员组成，那么灾难就会发生。同样，如果委员会全是由聚焦于投资的人组成，而没有非聚焦于投资的成员代表，那么可能会使机构功能失调。创建一个委员会组成纲领可以帮助委员一直保持在最佳状态，如，"委员会应该由不超过6个成员组成，2个来自家族。其他成员是投资专家，并且至少有一个成为另一个家族办公室的委员会成员。"投资委员会正常运行应该按如下条款来建立：委员会的规模，成员的任期，委员会成员的组成，以及会议目标。关于委员会的规模，越小的委员会比越大的更有效。实践中一般最少是3人，最多11人，人数应该是奇数。关于委员会会议，委员会应该清楚在会议上要完成什么。按照最低限度，委员会应该按季度开会，并提前确定日期和时间以便成员有充足的时间重新审视最近的基金结果。每次会议涉及的具体细节，委员会应该重新审视整体组合基金相对于适当基准的绩效表现，并检测每个投资管理人相对于为其建立的基准的绩效表现。委员会也应该检测家族投资满足所有包含在投资策略说明书中的纲领的程度，以及每个家族投资管理人满足为管理人建立的独特纲领的程度。委员会应该至少每年检测组合的配置策略，并决定是否策略的变化是值得的。只有当家族收益目标、风险容忍度或其他特别的环境发生变化，策略资产配置的变化才是恰当的，或者考虑到市场的动态和估值，委员会自己才会认为它应该检测组合的资产配置策略。

在投资委员会的模式之下，尽管美国的家族办公室都有一个独特的投资管理模式，但大多数家族办公室都应遵从一个通常的程序：投资的决定从投资政策和指南开始，任何投资都必须符合它们家族办公室的投资政策和指南。其次，必须符合投资策略和资产配置的模式及资产组合的方式。从投资策略的角度来看，家族办公室在特定的时间点可以是有些激进的增长策略，也可以是有些稳健的保守策略，还可以采取二者兼顾的平衡策略；从资产组合的建模模型的视角来划分，可以是存量运营企业沙盒模式（The Operating Business Sanbox Model），也可以是多样性机构投资策略模式（The Diversified Institutional Model），还可以是混合模式（The Hybrid Model）。

在大型家族办公室中，投资委员会的任务包括但不限于以下几点：

(1) 建立、批准和实施投资政策、策略和指南
(2) 尽可能地雇用和管理最好的内部员工和/或顾问团队
(3) 投资家族和办公室的一般性监督

此外，投资委员会通过提供接近出色投资管理人的机会而潜在地增加了一层价值，投资委员会有能力做一个一般机构不会做的复杂的、先进的投资决策。我们现在来回顾上面清单所列的投资委员会的核心任务。

建立投资政策（Investment Policy）

在确立投资政策时，投资委员会有许多关键的任务，需要建立的任务有：

(1) 投资组合适当的风险水平
(2) 投资组合的长期绩效目标
(3) 设计获得确立的长期绩效目标的资产配置策略
(4) 组合中使用的资产分类和投资类型（包括任何偏向积极和消极的管理）的选择标准
(5) 组合资产比例存续的适当时间窗口
(6) 组合的支出和流动性需求
(7) 任何特别需求的规定

所有这些条款都可以在书面的投资策略陈述中看到。除了这些在投资策略陈述中可以看到的条款之外，投资委员会还需要小心地监督和实施组合相关的成本，因为费用开支对长期回报具有重大影响。

投资策略有很多方面，比如，在增长 VS 保守 VS 平衡这个方面，家族办公室追求平衡的投资策略。总体而言，家族办公室对其投资组合都采取了较为慎重的管理方法。在现有的家族办公室高管中，有近一半的人表示采取了在保值和增长之间维持平衡的策略，另外还有少量高管在近些年转向了平衡策略，致使采取增长策略和保值策略的家族办公室分别有所减少。

区域分析显示，全球各地家族办公室在投资增长策略之间存在重大差异。北美和亚太地区的家族办公室往往致力于增长，而欧洲和新兴市场的家族办公室高管可能更加倾向于选择平衡策略（见表5-1）。北美和亚太地区是以年轻企业家为主的地区，也就是所谓的"财富新贵"，这些人更倾向于追求增长而不是保值。而新兴市场和欧洲更倾向于平衡策略，可能是由于这些地区的政治和经济状况不稳定，遭受了诸如英国退欧公投等重大事件的冲击。

表 5-1　　　　　　　　　　全球投资策略（按地区）

以占家族办公室的比例%表示

2017 年	保值	平衡	增长
欧洲	23.3	53.5	23.3
北美	14.0	36.8	49.1
亚太地区	25.0	34.4	40.6
新兴市场	31.3	50.0	18.8

资料来源：瑞银 Campden Wealth《2017 年全球家族办公室报告》。
注：由于四舍五入，各数字加总可能不等于100%。

5.2.2　首席投资官（CIO）+投资顾问委员会模式

家族办公室中内部一般都有 CEO 或类似职位的设置，却并不一定都有 CIO 的职位设置，但一定有专业人士承担这样的职能。有的家族办公室把 CIO 的服务也外包给了其他金融机构。小型的家族办公室一般不设置投资委员会，因为投资委员会的组成人员一般是全职的雇员，成本过高。所以，CIO+投资顾问委员会的投资管理治理模式是很多小型家族办公室的最优选择。投资管理的 CIO+投资顾问委员会模式一般对应运营模式中的通才式专家型家族办公室。

家族办公室中 CIO 对家族办公室的董事会（或类似机构或承担相应职能的家族领袖）、家族办公室的 CEO 等汇报并负责，并直接负责投资顾问委员会的工作。在一些没有设置投资委员会的家族办公室，CIO 按照投资政策等直接做出投资决定，并向家族或董事会汇报。但绝大多数情况下，CIO 向家族领袖或董事会做出投资的推荐，由家族领袖或董事会做出投资的最终决定。因为 CIO 的主要职责是对现有家族财富的保值增值，所以 CIO 一般在特定的指南或标准下进行投资活动，而这些指南和标准基于一些关于风险控制和投资类型的假设，以及基于对家族成员独特的生活方式、资产流动性及税务限制的清晰理解。

CIO 有一些固定的职能。首先，CIO 必须评估和理解家族现存的资产，以及在考量现有投资组合的法律、税务、风险控制及流动性限制或流动性要求的前提下进行投资及投资管理。CIO 同时也是家族办公室投资目标及投资哲学转化成一个纪律性强、结果定向的投资策略。CIO 必须深刻理解家族的愿景、价值及使命，而且必须有能力把这些愿景、价值及使命转化成能使家族财富保值增值的投资策略。在超高净值家族的第一代仍然健在时，这些任务可能并不难。但在 50 年乃至 100 年之后，这种能力往往是家族办公室的 CIO 区别于其他金融机构的 CIO 的标志之一。其次，CIO 被期待为家族财富投资的大管家，由此可以看出 CIO 对于家族办公室的重要性。如果说 CEO 负责整个家族办公室的运营，至关重要，但没有了 CIO，也同样没有了家族办公室，因为家族办公室的主要功能是投资及投资管理。在投资界，家族办公室的 CIO 对外代表着家族办公室。第三，CIO 是家族办公室投资过程的监督者、组织者乃至推动者。CIO 同时也负责家族办公室的投资开展工作，以缓解投资风险。第四，CIO 是投资界和超高净值家族的联系人。CIO 在市场上应该有热情和人格魅力，同时和市场上家族办公室之外但和家族办公室的资产相关的头部投资经理等专业人士保持着良好的关系。并不是所有的家族办公室都期待 CIO 对具体的资产操盘直接投资，但所有的家族办公室的 CIO 都要有能力组织家族办公室之外的市场上相关类别的专家级别的投资经理为家族办公室服务：例如做多做空的对冲基金经理、增长性投资、新兴市场投资以及次级贷款等。最后，CIO 有责任减轻家族办公室的投资风险，风险控制的职责已经越来越成为 CIO 的关键职能之一。CIO 无疑是家族办公室中最关键的职位之一，但如果把投资及管理的职能完全赋予 CIO 并不符合家族办公室的治理结构及金融逻辑。即使是在小型家族办公室，也要建立能提供优质投资及风险控制建议的投资顾问委员会（Advisory Board）和 CIO 相配合。

家族办公室的投资顾问委员会往往是单一家族办公室治理结构的一部分，其成员基本都是兼职的，不是家族办公室全日制的雇员。有些家族办公室的顾问委员会是由家族成员和非家族成员共同组成，而其他的家族办公室的顾问委员会由非家族成员组成，其成员往往是相关行业的精英（如知名投资机构的 CEO 等）。委员会的成员没有投票权，因此他们必须被优待以帮助家族办公室获得珍贵的视角、观点和建议。典型的家族办公室的顾问委员会对家族办公室的投资方法、资产配置提供建议，同时对家族办公室的领导力及投资建议提供监督。

家族办公室的投资顾问委员配合 CIO 开展工作，但对家族办公室的董事会或 CEO 负责，并向董事会或 CEO 汇报工作。并不是每个家族办公室都设置了投资顾问委员会，有的家族办公室倾向于简单的结构便于直接得到家族办公室所有人及外部财富管理专家的反馈，但是越来越多的家族办公室设立了投资顾问委员会，以便于包括 CIO 在内的家族办公室高管得到外部珍贵的建议、视角和渠道，有助于在投资过程中的风险管理。但在没有设立投资委员会的小型家族办公室，设立成本更小的投资顾问委员会协助 CIO 的工作，无疑是一个更有必要的治理结构。

对于设立投资顾问委员会的家族办公室也有一些必须注意的事项。比如，委员会应当对顾问委员会的成员在经验、知识乃至学历等有明确的标准，使委员会的成员符合要求，对家族办公室提供更大的价值和帮助。同时，顾问委员会必须理解其成员有适度的自由裁量权。最后，顾问委员会必须履行其职责，使家族办公室的投资策略能够实现，把握住短期的投资机会，或在风险出现时，家族办公室能够及时退出投资。

5.2.3 外包型 CIO + 投资顾问委员会模式

如前所述，传统家族办公室自行在其内部推动投资进程：包括尽职调查、投资经理选择，以及具体的投资决策。但是，考虑到成本，有些家族办公室从设立时起就把起CIO的功能外包。也有一些家族办公室在运行一段时间才外包其CIO功能，另外一些家族办公室相反，外包CIO功能一段时间后在其内部设立CIO职位并聘用合适的人才担任CIO。投资管理的外包型CIO+投资顾问委员会模式一般对应运营模式中的服务外包型家族办公室。

家族办公室的CIO服务一般以三种方式外包。首先，外部的CIO以家族办公室的财务顾问（Consultant）的方式发挥其CIO的职能，对家族办公室的投资政策的产生和发展、资产配置、投资组合、投资经理的选择以及绩效考核等提供顾问服务。其次，一些外部的CIO以投资经理的方式，投资经理的经理，账户管理人，组合资产池的管理人的身份发挥其CIO的职能。最后，一些外部的CIO以投资计划师、流动性管理经理，或法律责任管理经理的方式发挥其CIO的职能，与税务计划师及投资管理的职能部分重叠，把投资计划策略和整个策略性资产配置结合在一起。

如前所述，CIO是家族办公室中最关键的职位之一。把投资及管理的职能完全赋予一个外部的CIO是不可思议的。无论家族办公室怎样精简人员，也要建立能提供优质投资及风险控制建议的投资顾问委员会或类似的机构和CIO相配合。家族办公室的投资顾问委员的职能和没有外包CIO职能的家族办公室类似。投资顾问委员配合CIO开展工作，但对家族办公室的董事会或CEO负责，并向董事会或CEO汇报工作。必须指出的一点是，相对于CIO职能没有外包的家族办公室，外包型CIO+投资顾问委员会模式中家族办公室的顾问委员会必须给予其委员会成员更大的自由裁量权。

5.3 投资政策陈述（Investment Policy Statement）

在大多数大型家族办公室的治理结构里，投资政策陈述是投资管理领域最重要的文件。投资政策陈述连接了董事会、投资委员会、CEO、CIO及投资经理，并规范了各方的责任、权利和义务。投资政策陈述了政策、策略以及机构或家族的投资组合使用的程序，它为做出合理和深思熟虑的投资和资产配置决策提供了一个框架。在其他的投资机构，投资政策陈述通常由董事会来制定、修正或修改。因为家族办公室的功能远远超出投资这一项，所以大型的家族办公室一般会把对投资政策陈述进行修订或修改这项功能委托给投资委员会，但保留随时介入的权力，也有的家族办公室由投资委员会负责资产配置的再平衡，但保留对投资政策陈述修改和修订的权力。

5.3.1 投资政策陈述的功能

一般来说，家族办公室的投资政策陈述的功能主要如下：
（1）一个清晰而科学的投资过程：一份书面的投资政策陈述可以促进相关专业人士在

深思熟虑后做出明智的决策，并可能抑制投资决策的情感层面（比如冲动）。一个反映审慎思考和共识的投资过程，将为投资委员会在动荡的金融市场中提供更大的持久力。正式的投资政策在管理投资委员会成员的离题观点方面也很有效率。

（2）相关法律法规的合规管理：一份书面的投资政策陈述有助于确保相关人员能遵守适用的法律、法规和条例，包括对多样化的要求。家族办公室应至少每年审查其现有的投资政策陈述。

（3）良好的治理结构：投资政策陈述可以提供有关各方（如董事会、投资委员会、工作人员或投资顾问）确切角色和职责的正式文件。此外，它还是家族办公室的最佳投资实践的智库文件。

（4）投资制度和机构的连续性及历史档案：虽然投资委员会的组成会改变，但投资政策陈述的持久性和连续性是与不断变化的投资委员会之间的重要连接及连续性的保证。

5.3.2 投资政策陈述的要求

虽然每个精心制作的投资政策都有许多独特的规定，但优质的投资政策都会有一些共同的特征。

- 全面而灵活：投资政策陈述应是全面的，但不应过于详细。因为如果在投资过程中涉及的各种要求难以被遵循，会影响到家族办公室的正常运作和良性循环。投资经理不应过分受限于细分领域资产类别水平的回报目标，不应过分受限于具体资产类别比例的范围，不应受到资产退出时限的过度限制，也不应该受到非传统基准等规定的过度约束。
- 符合法律法律的标准：家族办公室的投资政策陈述应确保家族办公室的投资管理和资产配置符合相应的法律标准。
- 具备关键的治理和投资元素：家族办公室的投资政策陈述应该指出和解决关键的家族办公室的治理问题和投资元素，如：（1）家族办公室的投资目标和投资约束，（2）家族办公室的投资策略和衡量的参数，（3）家族办公室关键的治理问题。

5.3.3 家族办公室投资政策陈述的案例

下面是一个设立投资委员会的家族办公室投资政策陈述的案例：

家族办公室投资政策陈述（Investment Policy Statement）（省略了雇用/聘用投资经理的标准、考核投资经理的标准、投资经理的职责及解聘/辞退投资经理的标准，同时略去了各分类类别资产的投资政策）。

总论

（1）投资政策、目标及一般的投资思想

- 投资组合的首要投资目标是长期稳定增长，兼顾被动和主动，与家族及家族办公室共同确定的资产配置目的和目标一致。

- 投资组合将被按照一个总回报收益的方式进行管理。家族办公室认识到保值的重要性,但同时家族办公室也认同一个原则:从长期来看,投资风险和投资回报基本成正比。
- 投资政策被设计为投资组合实现长期回报。与此对应,为实现这个目标,在总体多元化配置资产以降低风险的环境下,谨慎地承担适当的风险是被允许的。家族办公室已经采纳了一个多元化的投资方法,以降低风险及提高投资回报。
- 本投资纪律说明书应该进行例行性的年度评估;在家族办公室的资产负债有了重大改变之后,或者在资本市场的基本面有了重大改变之后,应该进行特别评估。家族办公室的董事会觉得有必要时,应该进行必要的修订。
- 总体而言,前后一致而且具有纪律性地去执行一个战略性的长期资产配置计划,是这个投资政策计划的关键。投资推荐和后续跟进应当遵循"谨慎的专家"的标准。

(2)资产配置政策考量因素:

- 通过精密计算预测的家族办公室资产、负债、支付给家族的红利,以及家族办公室的收益;
- 资本市场的历史表现以及预期的资本市场的长期市场风险、回报及修正的预测;
- 对未来经济状况的评估,包括通胀和利率的变动;
- 现在或预测的家族办公室的运营状况;
- 未来不同风险/回报的方案;
- 流动性要求。

(3)长期目标:

家族办公室的长期目标是扣除费用后超过投资政策的基准的10—15个基点,同时波动性不超过2%。流动性资产的回报将以5—7年的时间跨度进行评估,非流动性资产将以5—10年的时间跨度来评估。

(4)资产配置:

本投资政策规定了高效多样化地配置资产,在和市场条件及风险控制一致的前提下使投资回报最大化。每过3至5年,或在家族办公室的资产负债有了重大改变,以及在资本市场的基本面有了重大改变之后,对整个家族办公室管理的资产的资产负债研究进行研究。资产配置的建模过程确定了资产的类别,在本投资纪律及计划中将要确定这些资产在投资组合中的比例。由于市场价格的波动性,在一定的比例范围内是可以接受的。

家族办公室的董事会理解需要一段时间才能全部执行本计划,而且定期修订也是必要的。家族办公室的董事会通过雇用投资经理,或聘用外部投资经理执行本计划。

(5)投资政策及其计划的战略性资产配置的目标和浮动范围如下:

资产类别	基准	目标配比	范围
美国公开市场股权	Russell 3000	27%	
非美国公开市场股权	MSCI ACWI ex U.S. IMI	9%	
公开市场股权总计		36%	26%—46%
私募股权	Russell 3000 + 3%—5%（rolling 10 year）	19%	14%—24%
对冲基金	3 Month T-bill Index plus 5%	4%	0%—6%
美国固定收益	Barclay's Capital U.S. Universal Bond Index	17%	15%—21%
现金	Citi 6-month T-Bills Index	5%	2%—10%
固定收益总计		22%	15%—26%
房地产	NCREIF - 25 bps	15%	12%—21%
期货	DJ - UBS	2%	0%—5%
RIETS	S&P 500	2%	0%—5%
总资产		100%	

（6）关于分类投资的投资政策见附件：（附件部分内容见分论章节）

附件 A 美国公开市场股权的投资政策

附件 B 非美国公开市场股权的投资政策

附件 C 固定收益的投资政策

附件 D 房地产的投资政策

附件 E 私募股权的投资政策

附件 F 对冲基金的投资政策

附件 G 现金及等价物的投资政策

附件 H 期货的投资政策

附件 I 衍生品的投资政策

附件 J REITS 的投资政策

（7）组合再平衡

- 家族办公室的实际资产配置应该在每月的月底当资产价值统计完成时进行评审，在某类资产偏离投资政策及计划的组合比例时可以进行再平衡，而在某类资产突破投资政策及计划规定的范围时必须进行再平衡；再平衡必须以最有效率的方式进行，而且不应该因为再平衡而使市场崩溃。

- 再平衡的目标是确保投资组合不会偏离投资政策及其计划。没有其他考量的情况下，最优的策略是持续性地再平衡，以确保政策的一致性。

- 再平衡也是有其成本的。家族办公室的政策是，进出的现金流会在可行的情况下用作再平衡的费用。

- 进行再平衡时，投资组合应该平衡回投资政策及其计划规定的组合比例。家族办公室的董事会应该每个月得到关于是否进行了再平衡的汇报。每个季度的季报应该描述实际的投资组合和规定的投资组合的偏离。再平衡将由 CIO 来执行。

组织机构及职责

（1）投资委员会职责：

投资委员会或其指定人员将在资产管理中遵守以下规定：

• 批准执行家族办公室投资项目的指南。只有投资委员会可以全权决定是否授权对投资计划的决定权。CEO 将负责及时执行和管理这些决定。

• 应每年审查家族办公室的投资结构、资产配置和财务业绩，或根据需要增加审查频率。审查内容包括对长期战略资产配置的调整的建议，以反映适用法规、长期资本市场假设、精算假设或家族办公室财务状况的任何变化。

• 将对家族办公室的投资进行季度评估。

• 可以聘请投资顾问提供绩效评估、资产配置、经理评估和投资研究等服务。投资顾问的意见和建议将与其他现有资料一起考量，以协助执行局做出明智和审慎的决定，或根据需要确保政策和指导方针继续得到遵守。投资委员会应在本计划规定的绝对标准和适当基准与同业比较的基础上监测投资收益。这些审查的资料来源应来自工作人员、顾问、保管人和家族办公室的投资经理。

• 如果投资目标没有达到或没有遵循政策和指导方针，应负责采取适当的行动。外部经理管理的独立投资组合的审查在本纪律说明的经理年度审查政策（Manager Monitoring and Annual Review Policy）（附件）中定义。

• 投资委员会应期望 CEO 以符合成本效益的方式管理 LACERA 的投资，但需得到投资委员会的批准。这些费用包括但不限于管理、咨询和保管费、交易费用和家族办公室应支付的其他行政费用。

• 投资委员会应负责根据工作人员的建议选择合格的托管人。

• 投资委员会应努力避免利益冲突。

（2）CEO 职责：

• 根据本计划规定的目标区间和再平衡政策，管理基金的战略资产配置。

• 监督外部经理使他们遵守相关的政策和指南，以确保投资经理遵守合同条款。

• 确保履行了对投资组合的尽职调查和监督被履行。

• 按照本文件的规定，在董事会制定的顾问的协助下，进行对投资经理的检索、研究和评估。

• 根据需要，在顾问和经理的协助下，管理由外部经理被解除聘用而导致的投资组合重组。

• 按照投资委员会的指示，进行必要的特殊研究，以便更有效地管理基金。

• 协助投资委员会制定和批准非公开市场（如房地产、私募股权和对冲基金）的投资计划，以及执行和监督该计划。

- 至少每月汇报投资活动和重要事项。
- 重新平衡投资组合，以维持资产配置和/或为现金需求或对家族的支付提供流动性。要求在没有投资委员会批准的情况下，将最高3%的家族办公室资产转移给CIO。
- 保持对所有投资账户往来资金的电汇或转账的控制。
- 努力避免利益冲突。
- 授权同意投资经理协议的转让，这些协议是按照1940年《投资顾问法案》进行合同的概括转移，并随后通知董事会。

（3）CIO职责：

- 在投资委员会批准后，有权签署所有与投资相关的顾问合同和协议。此后，在该授权没有重大变化的情况下，有权就这些合同和协定签署所有修订和修改，并就其日常运作和执行做出所有决定。所有实质性决定应该在事后及时书面报告投资委员会。
- 批准对公开市场中，投资经理要求的，在投资政策陈述下的投资指南的临时差异的权力。所有决定应该在事后及时书面报告投资委员会。
- 批准降低投资经理费用结构的权力。所有决定应该在事后及时书面报告投资委员会。
- 在个案基础上批准家族办公室母基金的下级投资经理的选择和合规标准的差异。所有决定应该在事后及时书面报告投资委员会。
- 限制或冻结基金经理交易活动的权力，并等待投资委员会的讨论和行动。
- 与首席执行官和投资委员会主席协商，在投资委员会讨论和采取行动之前，根据基金的最佳利益，授权采取其他未明确授予的行动。所有与投资有关的合同和协议，及其所有修正和修改均须经家族办公室法务部的审查和批准。

5.4 家族办公室的资产配置及管理简介

资产配置是现代投资组合理论的核心内容。因为各大类资产表现不存在100%的相关性，因此基于各大类资产在不同经济周期和市场环境下的不同表现，可以把各类资产纳入同一组合中，从而有效降低整个资产组合的波动性或显著波动性，增强预期收益水平，从而实现各种投资策略。资产配置是定性的问题，更是定量的问题，因为资产配置，也就是我们所讨论的期望收益率、有效前沿、百分比和其他可以在资产配置问题相关的因素，对很多家族办公室而言，绝大多数甚至全部会选择定量的方法。但是，家族办公室选择合适的资产配置的时候，首先需要考虑家族的愿景、使命和价值（这些基本反映在投资政策和策略里），然而艺术性和科学性同样重要。当一个因素既有心理偏差、风险容忍度，又有多代的问题和税的问题时，资产配置决策就会变得更加主观了，即所谓行为金融学研究的范畴。

现代金融理论与实践中的资产配置，是指在给定预期收益目标（Return）、风险承受能力（Risk）、投资期限（Time horizon）、适用税率（Taxes）、流动性（Liquidity）、合法合规（Legal）及特殊要求（Uniqueness）等约束条件下，通过大类资产配置和金融工具/产品的动态调整，从而达到预期收益和风险结构相平衡的目标。市场中的各类资产有着不同的预期收益和风险，投资者同时面对较多的可投资品种和投资限制。为达到在获得最大化收益的同时承担最小化风险的目标，投资者需要在收益和风险之间进行平衡，即进行资产配置以确定投资于各资产种类的资金比例。从这个角度分析来看，资产配置其实也是风险管理策略的一种，可以理解为基于投资者的投资目标、风险偏好或风险承受能力，平衡可投资品种（股票、债券和现金）的收益与风险特征，从而减少市场波动对组合的影响。

5.5 资产配置的理论

亨利·马科维兹（Harry Markowitz）的投资组合理论主要体现在其1952年发表在《财务学刊》上题为《投资组合选择》的论文，以及1959年出版的同名著作中，这些文章和著作对现代投资组合理论具有里程碑式的意义。马科维兹在1952年发表的论文，最先采用均值—方差分析法研究了资产组合的选择问题，并开创了运用数理分析方法研究金融资产收益—风险关系的先河，并为现代资产组合理论的研究和发展奠定了方法论基础。本文以50年来均值—方差资产组合理论的演进和发展为线索，采用理论分析和实证研究的方法，分析和探讨资产组合的收益—风险关系。在理论分析部分，马科维兹全面回顾和总结了资产组合理论的研究成果，在对单一时期的资产组合理论，即静态的资产组合理论，进行系统分析的基础上，对模型的理论基础、前提假设和模型推导进行了深入分析和探讨，并对各种模型进行了综合评价。马科维兹模型分两步导出了"最优投资组合"：第一步由所有可行的投资组合推导出有效投资组合集；第二步根据反映投资者对风险收益偏好的无差异曲线，从有效投资组合集中得到最优投资组合。给定各个证券的期望收益率、方差和两两证券之间的协方差，有效投资组合的求解可以归结为一个二次规划问题，即：

实际运用中可以根据组合的具体情况，如组合中是否包含无风险资产、是否存在卖空交易等不同情况而得到相应情况下的有效前沿。导出有效前沿后，如果进一步画出投资者的无差异曲线，则无差异曲线与有效前沿的切点组合就是理论上投资者的最优投资组合。

投资组合理论为有效投资组合的构建和投资组合的分析提供了重要的思想基础和分析体系，从而对基金管理业产生了广泛而深远的影响：

首先，该理论对风险和收益这两个投资组合管理中的基础性概念进行了准确的可量化的定义。其次，投资组合理论关于分散投资的合理性的证明为基金管理业的存在提供了重要的理论依据。最后,投资组合理论已经被广泛应用到了投资组合的管理活动中。

资本资产定价模型在马科维兹的均值—方差模型的基础之上,夏普(1964)、林特纳(1965)和莫辛(1966)进一步提出了资本资产定价模型(Capital Asset Pricing Model,以下简称 CAMP 模型)。CAMP 模型尽管结构简单,却蕴涵着非常丰富的经济学和金融学思想,为投资管理实践带来了深刻的影响。

套利定价模型(Arbitrage Pricing Theory,以下简称 APT 模型)由罗斯在 1976 年提出,实际上也是有关资本资产定价的模型。模型表明,资本资产的收益率是各种因素综合作用的结果,资产收益会受到诸如 GDP 的增长、通货膨胀率等因素的影响,而不是像 CAMP 模型中那样仅受证券组合内部风险因素的影响。APT 模型建立在比 CAMP 模型更少和更合理的假设上,而且从原则上来讲是可以加以检验的,因此与 CAMP 模型相比在应用上有一定的相对优势。APT 模型用套利概念定义均衡,并假设证券的收益率与一组因子线性相关。其基本形式如下:

APT 模型的基础是"一价原理",即两种具有相同风险的证券投资组合不能以不同的期望收益率定价,因此"套利"均衡下的 APT 模型为说明证券价格的均衡过程提供了另一个分析角度。另外,该模型扩大了单因素模型的考察范围。在实践中,单因素模型将问题过于简单化,经验证据表明确实存在多个重要因素影响证券的回报率,因此多因素模型比单因素模型会给投资者更好的结果,对风险的来源进行了更为细致的区分。APT 模型具有直观上的吸引力,但是在应用上却有自身的局限性。该模型表明在决定风险资产的均衡价格上可能存在多种影响因素,但该模型本身却不能确定这些因素是什么。由于 APT 模型在应用上的一个问题是该模型并未对具体的风险因素加以确定,因此,一些学者在对多种风险因素进行研究的基础上提出了不同的多因素衡量模型。

如前所述,资产配置是现代投资组合理论(Modern Portfolio Theory,MPT)的核心内容,是基于大类资产在不同经济周期和市场环境下的不同表现(各类资产表现不存在 100% 的相关性),把各类资产纳入同一组合中,从而有效降低整个资产组合的波动性或显著增强预期收益水平。MPT 发展和完善于 20 世纪 50 年代初至 70 年代中期,其创造者们(马可维茨、默顿、夏普和罗斯等)依此一举奠定了经典金融理论基石。基于一系列严格的假设,比如资产收益率的正态分布,市场信息完备性,投资者完全理性,市场无交易税费成本等,MPT 的逻辑体系发展臻于完备,其重要标志之一是精致的数学工具得到广泛应用并发展出数理金融(Mathematic Finance)学科。也正因为过于完备的理论假设,MPT 理论与金融市场的实践并不完全一致。金融学者和实践者们从 1970 年以来屡屡对 MPT 发起了挑战,并发展出了行为金融理论(Behavior Finance,BF)以提供更加符合实际的解释。毫无疑问,MPT 和 BF 的理论争鸣有助于我们理解金融市场的运行逻辑。Brinson,Singer 和 Beebower 在《金融分析家》杂志上连续发表了几篇关于投资组合业绩的决定因素的研究成果,他们发现 1977—1987 年间的 82 家大型多元化的美国养老基金的投资组合所构成的样本中，资产配置策略之间的差异能够解释91.5%的回报变化。汉密尔顿·约翰逊（Hamilton Johnson）的一项研究表明，通过股票、债券以及现金之间的有效转换，在10年间，其回报可能达到那些典型的平衡型基金的3倍。

5.6 资产工具分类、发展与资产配置的方法

从计划持有的时间上来分，资产可以分为有三种：战略性资产配置（Strategic Asset Allocation，SAA）、战术性资产配置（Tactic Asset Allocation，TAA），核心－卫星资产配置（Core‐Satellite Asset Allocation，CSAA）。

5.6.1 资产工具分类与发展

资产配置的原材料是各类资产，从大类资产分类看，第一层次可分为"传统资产"和"另类资产"。第二层次中，传统资产项下分为现金、债权、权益三大资产，另类资产项下分为大宗商品、地产、收藏品、保险、金融衍生品、外汇、创投（VC）、私募股权基金（PE）、垃圾债等各类资产。第三层次，则继续往下细分，以权益类股票为例，按行业大类可分为周期类、消费类等，按盈利风格可分为成长型、价值型，按市值规模可分为大盘、中盘、小盘，按规模和风格亦可交叉分，按地域可分为境内、境外或成熟和新兴市场，其他资产亦可往下细分。从全球来看，传统的权益类、债权类资产占有核心地位，其中债权类资产（政府债、企业信用债）占比有所扩大，投资类房地产也日益成为一个重要品类。

在家族办公室这个领域，资产配置就是决定家族办公室的投资组合中有哪些资产类型和这些资产类型的权重是多少的过程。对于一个家族办公室的正确的资产配置（资产类别和数量）要看配置的特点和做法是否符合客户的客观要求和限制，在家族办公室的投资策略陈述中可以看到这些。现代的投资组合理论是，不管客户想要什么样的风险，只强调分散化。因为现代投资组合理论有很多假设条件，如信息的无成本流动、市场的充分竞争，以及市场参与者的无差别理性等，其实这些假设条件在现实世界中是不存在的。特别是家族办公室的最终目的并不是追求最大化的利润，而是家族的辉煌永续。因此，家族办公室在资产配置领域有很多独特的要求。

5.6.2 资产配置的方法

历史数据法和情景分析法是贯穿资产配置过程中的两种主要方法。

历史数据法假设未来与过去相似，是以长期历史数据为基础，并根据过去的情况推测未来的资产类别收益。有关历史数据包括各类资产的收益率、以标准差衡量的风险水平以

及不同资产类型之间的相关性等数据,并假设上述历史数据仍然能够继续保持下去。

更复杂的历史数据法还可以结合不同历史时期的经济周期进一步分析,即考察不同经济周期状况下各类型资产的风险收益状况及相关性,并结合对目前和未来一定时期的经济趋势来预测各类型资产的风险收益状况及相关性,以此为基础进行资产配置。

与历史数据法不同,情景分析法首先是在分析当前和未来的经济环境,确认经济环境可能存在的状态范围即情景的基础上,预测各种情境下各类资产可能的收益与风险,各类资产之间的相关性,其次要确定各种情景发生的概率,并通过加权平均的方法估计各类资产的风险与收益,从而进行有效的资产配置。

一般来说,情景分析法的预测时间为3至5年,这样既可以超越季节因素和周期因素的影响,能更有效地着眼于社会政治经济变化趋势及其对股票价格和利率等的影响,也为短期投资组合决策提供了适当的视角,以及为战术性资产配置提供了运行空间。

5.7 目标导向的资产配置

如前所述,传统的资产配置理论的目标是通过不同种类资产的组合实现利润最大化,以及通过分散化投资,实现风险最小化。虽然现在传统的理论在很大程度上仍然指导着各自投资活动,但最近20年这些理论越来越受到行为金融理论的挑战。其中最大的挑战之一就是目标导向的投资,而家族办公室的投资实践就是典型的目标导向的投资。目标导向的投资一般有四个互相重叠的原则:流动性、收入、资产保值,以及资本增值或升值。简单而言,在目标导向的投资中,首先需要决定的是投资人的目标是什么,而四个原则如果互相重叠或适用于投资人的目标。首先需要思考资产配置的过程,然后权衡投资人目标在每一个阶段需要适用哪一个原则。

按照优先程度,投资人的目标可以反映为:
(1)需求和义务
(2)优先程度和机遇
(3)渴求和抱负

在家族办公室中,资产配置、投资活动和金融需求与家族成员的生活方式都息息相关,所以其资产配置和投资过程都是从审查家族超高净值家族的财务计划、保险组合、资产传承计划,以及资本充足衡量开始的。投资审查包括分析每一个家族办公室及其投资的项目、资产所有权以及如何被拥有,并深度挖掘该家族如何去投资。另外,资产配置还要符合家族的投资哲学及投资政策,最终服务于家族永续辉煌这个最终的目标。

5.8 家族办公室资产配置的模式分类

5.8.1 从资产配置策略的视角分析资产配置模式

从计划持有的时间上来分,资产配置策略有三种:战略性资产配置(Strategic Asset Allocation, SAA)、战术性资产配置(Tactic Asset Allocation, TAA)、核心—卫星资产配置(Core-Satellite Asset Allocation, CSAA)。其中,TAA 为长期资产配置战略,SAA 则更关注中短期的资产潜在收益,CSAA 是基于 TAA 和 SAA 和混合体,根据投资者风险偏好和市场表现灵活设定。无论采取何种配置策略,都是建立在对资产的未来预期收益率与波动率之上。所以核心问题是,大类资产预期收益率与波动性变化的驱动力或者说决定因素是什么?对此,广受赞誉的美林投资时钟(美林证券,2004)开创性地提出了一个系统性的指导框架,该框架揭示了基于经济周期映射大类资产轮动的内在机制(经济周期决定金融资产表现),并且较好地解释了 1973—2004 年美国经济周期与金融市场的表现。在一轮完整的经济周期中,经济从衰退走向复苏再到过热和萧条,资产市场中债券、股票和大宗商品和现金相继获得最佳表现。在此基础之上,著名金融市场分析家杰瑞米·西格尔(Jeremy Siegel)开创性地构建了股票市场行业轮动曲线,其方法本质上是将经济周期进一步解构,由于经济周期轮回中各行业在经济产业链的位置不同,行业景气度存在时间上的先后差异,该差异对不同行业的企业盈利变化十分关键,而掌握盈利变化及其预期是股票投资决策的核心依据。

如前所述,在家族办公室的的资产策略中,资产配置是目标定向的,同时受反映家族的愿景、使命及价值的投资政策所约束。家族办公室的战略性资产配置指的是从宏观的角度设计和构建家族办公室的资产配置,为了该家族的目标,去实现最大化的投资回报,同时承担最小化的投资风险。在此背景下,大多数家族办公室都主要考量流动性、多样性,以及风险控制等因素。家族办公室的战略性资产配置的另一个组成部分是确保投资组合的平衡性和高效率。家族办公室的战术性资产配置指的是在符合战略性资产配置的前提下,家族资产配置的日常性的投资管理和监督。一般指 6—18 个月为一个周期的具体化的投资和资产配置活动。

在家族办公室的战略性资产配置和战术性资产配置之间,有一类和两者都相关的投资活动是外部投资经理的选择,这个可以归结为恒星—卫星资产配置(当然有争议)。在此过程中,家族办公室需要进行深度研究,其前台和后台也都会进行尽职调查,以了解这个投资经理如何在其领域内建立他的投资策略。对这个投资经理的定性和定量的了解都是至关重要的,需要了解他的投资哲学、风险控制和后台运作技巧。

5.8.2 从行为金融学的视角分析家族办公室资产配置模式与实践

从行为金融学的视角来看，在家族办公室的投资管理实践中，按照资产组合中建模的模式可以分为三种：存量运营企业沙盒模式（The Operating Business Sanbox Model），多样性机构投资模式（The Diversified Institutional Model），以及混合模式（The Hybrid Model）：

- 存量运营企业沙盒模式（The Operating Business Sanbox Model）：这种模式适用于家族资产集中于一个工业产业或工业部门的家族，并且该家族对特定的工业产业或工业部门非常有信心，当然也非常有经验、专业和人脉。因此把投资继续集中在这个工业产业或工业部门是符合金融逻辑的。这种模式可以发挥超高净值家族本身在某一工业产业或部门的专业优势和规模优势，因此在内置型家族办公室中，此模式很为常见。另外还有一些单一家族办公室也采用了这种模式，而在联合家族办公室中很少采用这种模式。比如前述的 Terberg Group，一个欧洲的内置型的家族办公室，用了这种资产配置的模式。还有 Kinnear Financial，一个加拿大的单一家族办公室，也采用了这种资产配置的模式。

- 多样性机构投资模式（The Diversified Institutional Model）：绝大多数家族办公室都采用了这个模式。把家族办公室的资产的 60%—90% 在配置在不同产业和部门的公开股权投资、私募基金、非传统（另类）资产、对冲基金不动产、固定收益产品和大众商品等多种金融产品中。另外的家族办公室的资产被配置在从策略上讲能产生基本收益的资产上。此模式可以充分发挥家族办公室中金融专家的专业优势。

- 混合模式（The Hybrid Model）：这种模式是把存量运营企业沙盒模式（The Operating Business Sanbox Model）和多样性机构投资模式（The Diversified Institutional Model）结合起来。家族本身在某一产业或部门有信息、专业或经验优势，又想适度分散投资，其家族办公室往往会采用这种模式。

5.8.3 回报目标和风险承受度

对资产配置决策的影响：收益目标对资产配置决策有很大的影响，如果回报目标很高，在混合资产中高风险和高收益的那个会被选中。如果收益目标很低，那么则相反。家族办公室创建风险资产策略时，收益目标的另一个补充就是风险承受度。一但有了回报目标，就需要考虑定量和定性的风险目标了。很多投资者的风险忍受度的评估都是从调查问卷开始的。结果通常根据投资者对承担风险的意愿和能力，把投资者分成从低到高的四类或五类风险等级。但是家族办公室应该根据客户的风险承受度来为其选择合适的资产。投资者能通过用方差衡量的收益波动率水平的接受程度来量化风险承受度。

承担风险的意愿和能力对资产配置的选择有很大的影响。很明显，随着风险承受度的增加，会有更多的风险资产被选择。家族办公室则需要去区分承担风险的能力和承担风险的需求。

5.8.4 流动性

通常来讲，流动性的需求限制了投资者忍受风险的能力。一个家族办公室的投资策略陈述的流动性章节包括了两个主要的部分：第一部分包括需要可以预期的花费、私募投资的现金和很多无法预期的花费比如医学检查和家庭里的花费。第二部分包括投资组合中的流动性资产、半流动性资产和非流动性资产的比例。

5.8.5 时间范围

如前所述，投资时间范围是家族办公室最大的优势之一。无疑投资时间范围对资产配置选择有很大的影响，尤其是时间范围决定了投资组合能忍受的波动率。期限越短，投资者能忍受的波动率越小。很多咨询师把期限分成短期、中期和长期，但是这些划分没有很普遍认可的定义。

5.8.6 法律和制度环境

在家族办公室进行资产配置的过程中，法律和制度环境也是决定因素之一。如前所述，美国 2010 年的多德—弗兰克法案废除了私人投资顾问豁免。受到影响最大的是管理资产规模超过 1.5 亿美元以上的对冲基金、私募股权基金及联合家族办公室。按照该法案，这些对冲基金、私募基金和联合家族办公室都要注册成为美国 SEC 的注册投资顾问并接受其监管。在多德—弗兰克法案生效之前，对冲基金和私募股权基金基本不受美国证监会的监管，只须遵照 1933 年证券法、1934 年证券交易法、期货交易法等对其交易进行有限披露。多德—弗兰克法案通过后，在美国 SEC 注册成为注册为投资顾问的对冲基金和私募股权基金须定期向证监会更新三个主要报表，ADV 报表（Form ADV）、PF（Form PF）和 D 报表（Form D）报表等。多德—弗兰克法案生效后，美国对冲基金合规成本和披露义务大大提高。

因此，多德—弗兰克法案生效之后，美国对冲基金的合规成本和披露义务大大提高。影响更大是，对冲基金经理们再也不能像以前那样就他们的策略、持仓比例等对外保密，透明度大大提高。索罗斯之所以要把他的对冲基金转型为家族办公室，是因为多德—弗兰克法案规定了另外几种新的豁免，其中和家族办公室相关的是按照法案的 Section 202（a）(11)(G) 规定了家族办公室豁免。对有些大型对冲基金而言，要想规避监管，其唯一可行的方案是转型为家族办公室。

如前所述，在成熟的金融市场，如美国和欧洲，其法律和税务结构往往都很先进，家族办公室可以发挥其独特的不可替代的作用。不幸的是，在新兴市场国家，往往不具备成熟的金融市场，也不具备先进的法律和税务结构。所以在很多新兴市场国家，尽管积累了巨额的财富，真正的家族办公室却与新兴市场所积累的财富不成比例。

5.9 家族办公室资产配置的现状分析

5.9.1 全球家族办公室的资产配置概况及年度变化——2019年

2018—2019年，全球家族办公室的投资模式及资产配置比例是相对一致的。股票仍是全球家族办公室投资的最大资产类别，占家族办公室投资组合的1/3。其中，对发达国家的市场股票的平均配置比例为1/4，对发展中国家的市场股票的平均配置比例则不到10%，前者是后者的三倍多。纵观各个地区，北美的家族办公室倾向于追求增长而非保值，因此他们在全球股票上的配置最多达近一半，而新兴市场的家族办公室在全球股票上的配置最少，只有不到1/3。与此同时，亚太和新兴市场倾向于相对较多地配置发展中市场股票，而欧洲却九牛一毛。就资产管理规模而言，管理超过10亿美元资产的家族办公室在整体投资组合中所占比例最大，而管理2.5亿美元以下的家族办公室所占比例为最小。

长期的低利率和波动性上升引发了投资者对收益率的强烈追求，并促使他们加大对另类投资的配置。平均而言，家族办公室投资组合中超过40%投资于另类投资，而且，家族办公室在持续大规模投资于私募股权，私募股权是全球家族办公室占比第二大的资产类别。长期来看，私募股权表现相对较好，往往比其他资产类别的波动性小，这一点是超高净值家族及其下一代所关心的。

房地产领域的直接投资不仅使家族办公室能够分散风险，也继续代表着普通家族办公室投资组合的关键部分。继2018年报告的积极表现之后，2019年房地产的吸引力最大，在平均投资组合中的配置比例达到了1/5。这个比例再次巩固了房地产作为家族办公室投资的第三大资产类别的地位。从资产管理规模的视角，管理资产在2.5亿美元以下的家族办公室在房地产投资组合中所占比例最大，也为1/5，而管理资产超过10亿美元的家族办公室对房地产的配置比例仅为1/10左右。

家族办公室已经连续第五年从对冲基金中撤资，其配置比例已下降至家族办公室投资组合的不到5%。家族办公室对对冲基金在经济低迷时期保护财富的能力持怀疑态度，而且他们不喜欢对冲基金相对较高的收费。北美的家族办公室对对冲基金最为热衷，而亚太地区的家族家族办公室对对冲基金的配置就没那么积极了。见表5-2：

表 5-2　全球家族办公室按照资产类别、地区、投资策略及管理资产额度的配置比例

资产类别	总计	地区				策略			管理资产		
		欧洲	北美	亚太	新兴市场	保值	平衡	增长	>2.5亿美元	2.5亿-10亿美元	>10亿美元
固定收益	16%	15%	14%	20%	23%	22%	17%	9.6%	15%	18%	14%
发达市场固定收益	12%	12%	13%	9.6%	13%	18%	13%	6.4%	10%	14%	11%
发展中市场固定收益	4.3%	2.4%	1.0%	11%	10%	4.4%	4.8%	3.2%	5.3%	3.6%	3.3%
股票	32%	32%	38%	28%	19%	30%	34%	30%	29%	32%	38%
发达市场股票	25%	27%	32%	14%	12%	26%	25%	24%	23%	25%	29%
发展中市场股票	7.4%	5.2%	5.8%	14%	6.9%	4.7%	8.4%	6.5%	5.7%	7.0%	10%
私募股权	19%	20%	19%	16%	17%	12%	16%	28%	20%	18%	20%
私募股权直接投资	11%	13%	9.5%	10%	11%	6.9%	7.7%	21%	13%	11%	11%
私募股权基金投资	7.7%	7.5%	9.7%	5.2%	6.6%	5.5%	8.7%	7.0%	7.1%	7.5%	10%
其他另类投资	22%	23%	21%	22%	25%	21%	22%	23%	25%	21%	18%
房地产直接投资	17%	19%	14%	17%	19%	17%	16%	18%	20%	14%	12%
REITS	1.0%	0.4%	1.3%	1.5%	1.3%	0.6%	1.3%	0.6%	0.9%	0.8%	1.7%
对冲基金	4.5%	3.7%	6.0%	2.9%	4.8%	3.6%	4.9%	4.2%	3.6%	5.4%	4.6%
大众商品	3.2%	2.6%	2.3%	5.2%	4.7%	5.2%	2.9%	2.7%	3.1%	3.0%	3.1%
农业大宗商品（农林等）	1.4%	1.1%	1.2%	1.5%	3.0%	1.1%	1.6%	1.2%	1.4%	1.4%	1.3%
金/贵重金属	0.8%	0.9%	0.1%	1.4%	1.1%	1.5%	0.7%	0.4%	0.5%	1.0%	1.0%
其他大众商品	1.0%	0.5%	0.9%	2.3%	0.6%	2.6%	0.6%	1.1%	1.3%	0.7%	0.9%
现金及类似	7.6%	7.7%	5.9%	8.9%	12%	8.5%	7.8%	6.7%	7.9%	8.2%	6.0%

资料来源：The UBS/Campden Wealth Global Family Office Survey 2019。

5.9.2 全球家族办公室的资产配置概况——2017 年

根据瑞银 2017 年报告，2017 年股票占平均家族办公室投资组合的超过 1/4，发达市场和发展中市场股票占平均家族办公室投资组合的 27.1%，高于其他所有资产类别。其中发达市场股票占全部投资组合的 20.4%，而发展中市场股票的配置相对较低，仅有 6.7%。

鉴于股票投资业绩的改善，再加上投资组合没有进行再平衡，因此股票（发达市场）成为平均家族办公室投资组合中占比最高的资产类别。股票（发达市场）的业绩表现从 2015 年的平均亏损 2.7% 大幅回升至 2016 年的平均收益 8.2%。从不同地区来看，全球家族办公室对发达市场的股票配置比例也各不相同，如北美的家族办公室对发达市场的股票配置比例最高，达 26.6%，欧洲的家族办公室对发达市场的股票配置比例达 20.3%，而亚太地区（15.1%）和新兴市场（8.4%）则相对较低。在发展中市场股票投资方面，总

部位于亚太地区的家族办公室配置比例相对较高，约为9.9%；而新兴市场家族办公室的配置比例约为6.7%，欧洲为6.1%，北美仅有5.9%。

2017年，全球家族办公室对私募股权的投资保持强势地位。鉴于其以往的出色表现和未来的回报潜力，私募股权继续保持对家族办公室的吸引力。通过风险投资／私募股权、联合投资和私募股权基金等方式配置的资产目前约占平均投资组合的1/5，达20.3%。因此，2017年私募股权与股票成为占比最高的两大资产类别。与欧洲（18.8%）和新兴市场（13.6%）相比，北美（23.4%）和亚太地区（20.9%）家族办公室在私募股权方面的投资配置相对更高。

2017年，全球家族办公室对房地产投资也仍然可观。房地产市场一贯是家族办公室的投资热门，因此该资产类别在平均家族办公室投资组合中继续保持强势地位。目前房地产投资占全部家族办公室投资组合的16.2%，是2017年第三大资产类别。新兴市场（23.7%）和亚太地区（20.3%）家族办公室的房地产投资配置大大高于欧洲（17.7%），几乎是北美（10.2%）的两倍。

全球家族办公室对对冲基金投资配置则延续了前几年的低迷。对冲基金在家族办公室投资组合中的比例仍然较低，目前约为6.2%。与欧洲（6.2%）和北美（10.3%）相比，亚太地区（1.9%）和新兴市场（2.2%）在对冲基金方面的配置尤其低。

第 6 章
家族办公室的资产配置及管理分论之一：公开市场股权篇

2020 年 2 月 22 日，股神沃伦·巴菲特发布了致股东的信，伯克希尔·哈撒韦公司也在其官网公布了最新的财报。在信中，巴菲特认为，低利率时代股票的表现长期来看将远远好于长期固定利率债务工具。对于这种观点，近期最直接的证据是 2019 年标普 500 指数高达 31.5% 的增幅。确实，2019 年美国的公开市场股权的表现比其他主要发达国家市场要好，其中高科技板块、金融板块和大健康板块表现尤其突出。

在现代社会中，投资人有很多机会投资境外的股票来分散投资。不过，他们对本国的平均投资还是远大于对境外的投资。比如，美国投资人对本国的公开市场股权投资额是境外的 2.5 倍，而英国投资人对本国的公开市场股权投资额是境外的 3.7 倍。多市场配置公开市场股权大大降低了加权股价的波动性，配置合理的能降低至一半。当然，降低波动性并不是唯一需要考量的因素。公开市场股权的合理的国际化配置能降低风险、波动性及成本，也能达到避税的效果，同时还有利于合规及达到其他目的。

6.1 公开市场股权在家族办公室中的资产配置实践

公开市场股权在全球家族办公室的资产配置中占有最大比重，超过了 1/3，其中一部分配置给了发达国家的公开市场股权，还有一小部分配置给了发展中国家。长期以来，股票一直是一般家族办公室最热衷的资产类别之一。为了分散投资，许多家族办公室既投资发达国家的股票，也投资发展中国家的股票。目前，股票平均占家族办公室投资组合高于 1/4；发达市场和发展中市场股票一共占家族办公室投资组合的 1/3，高于所有其他所有资产类别。其中发达市场股票在全部投资组合中占比较高，而发展中市场股票的配置相对较低。全球家族办公室对公开市场股权的配置纵向比较，北美的家族办公室更喜欢发达国家市场的股票，而欧洲的家族办公室则对另类投资更感兴趣（平均配置近一半），亚太的家族办公室则更青睐发展中国家市场的股票。北美家族办公室倾向于增长而非保守的投资策略，重仓全球的公开市场股票，而新兴市场对公开市场股权配置最少。同时，亚太和新兴市场的家族办公室对发展中国家的股票有浓厚兴趣，而欧洲的家族办公室则对发展中国家的股票显出冷漠。

以年轻企业家为主的北美和亚太地区，也就是所谓的"财富新贵"，这些人的资产配置策略更倾向于追求增长而不是保值，而新兴市场和欧洲则更倾向于平衡的策略。另外，投资组合中公开市场股权的占比也因为家族办公室所管理的资产规模而有所差异。管理资产超过10亿美元的家族办公室的投资组合中公开市场股权的平均占比已超过了1/3，而管理资产低于2.5亿美元的家族办公室却不到1/3，如表6-1所示：

表6-1 全球家族办公室按照资产类别、地区、投资策略及管理资产额度的配置比例

资产类别	总计	地区				策略			管理资产		
		欧洲	北美	亚太	新兴市场	保值	平衡	增长	>2.5亿美元	2.5亿-10亿美元	>10亿美元
固定收益	16%	15%	14%	20%	23%	22%	17%	9.6%	15%	18%	14%
发达市场固定收益	12%	12%	13%	9.6%	13%	18%	13%	6.4%	10%	14%	11%
发展中市场固定收益	4.3%	2.4%	1.0%	11%	10%	4.4%	4.8%	3.2%	5.3%	3.6%	3.3%
股票	32%	32%	38%	28%	19%	30%	34%	30%	29%	32%	38%
发达市场股票	25%	27%	32%	14%	12%	26%	25%	24%	23%	25%	29%
发展中市场股票	7.4%	5.2%	5.8%	14%	6.9%	4.7%	8.4%	6.5%	5.7%	7.0%	10%
私募股权	19%	20%	19%	16%	17%	12%	16%	28%	20%	18%	20%
私募股权直接投资	11%	13%	9.5%	10%	11%	6.9%	7.7%	21%	13%	11%	11%
私募股权基金投资	7.7%	7.5%	9.7%	5.2%	6.6%	5.5%	8.7%	7.0%	7.1%	7.5%	10%
其他另类投资	22%	23%	21%	22%	25%	21%	22%	23%	25%	21%	18%
房地产直接投资	17%	19%	14%	17%	19%	17%	16%	18%	20%	14%	12%
REITS	1.0%	0.4%	1.3%	1.5%	1.3%	0.6%	1.3%	0.6%	0.9%	0.8%	1.7%
对冲基金	4.5%	3.7%	6.0%	2.9%	4.8%	3.6%	4.9%	4.2%	3.6%	5.4%	4.6%
大众商品	3.2%	2.6%	2.3%	5.2%	4.7%	5.2%	2.9%	2.7%	3.1%	3.0%	3.1%
农业大宗商品（农林等）	1.4%	1.1%	1.2%	1.5%	3.0%	1.1%	1.6%	1.2%	1.4%	1.4%	1.3%
金/贵重金属	0.8%	0.9%	0.1%	1.4%	1.1%	1.5%	0.7%	0.4%	0.5%	1.0%	1.0%
其他大众商品	1.0%	0.5%	0.9%	2.3%	0.6%	2.6%	0.6%	1.1%	1.3%	0.7%	0.9%
现金及类似	7.6%	7.7%	5.9%	8.9%	12%	8.5%	7.8%	6.7%	7.9%	8.2%	6.0%

资料来源：The UBS/Campden Wealth Global Family Office Survey 2019。

6.2 股票投资的分析方法及主要理论简介

当前，从研究范式的特征和视角来划分，股票投资领域的分析方法主要有两种：基本分析和技术分析。这两种分析方法所依赖的理论基础和前提假设，范式特征各不相同，在实际应用中它们既相互联系，又有重要区别。当然也有一些理论兼顾两个视角。

(1) 基本分析（Fundamental Analysis）：以分析影响股价的主要因素为基础，企图找出股票的内含价值（Intrinsic value），并认为股价是围绕价值上下波动的。基础分析通常由分析宏观经济入手，再进行行业分析（以决定将来发展前景好的行业），最后对公司进行分析，以期找到最佳投资公司。这种方法以企业内在价值作为主要研究对象，从决定企业价值和影响股票价格的宏观经济形势、行业发展前景、企业经营状况等方面入手（一般经济学范式）进行详尽分析，测算上市公司的投资价值和安全边际，并与当前的股票价格进行比较，形成相应的投资建议。基本分析认为股价波动轨迹不可能被准确预测，而只能在有足够安全边际的情况下买入并长期持有，在安全边际消失后卖出。

基本分析的代表理论之一是价值投资理论。1934年，格雷厄姆（Benjamin Graham）和同事陶德（David Dodd）合著的《证券分析》（Security Analysis）出版，开创了一套系统的价值分析方法，奠定了基本分析法的基石。其价值投资理念成就了几代投资大师如巴菲特（Warren Buffett），彼得林奇等（Peter Lynch）。1938年，威廉斯（John Burr Williams）的《投资价值理论》（The Theory of Investment Value）提出了股息折现模型 DDM（Dividend Discount Model）以贴现未来现金流的方式，对股价的内含价值（Intrinsic value）进行比较精确的数量分析，被称为股息折现理论。

(2) 技术分析（Technical Analysis）：以股价涨跌的直观行为表现作为主要研究对象，并以预测股价波动形态和趋势为主要目的，从股价变化的 K 线图表与技术指标入手（数理范式），对股市波动的规律进行分析的方法总和。技术分析有三个颇具争议的前提假设：①市场行为包容消化一切；②价格以趋势方式波动；③历史会重演。其基本假定是股价由供求决定；供求由理性行为和非理性行为共同作用；股价移动具有趋势特征并会持续一定时间；趋势移动可以通过观察股价实现。将心理原因和经济原因无缝地结合在一起，可以决定什么时候买或卖。

一般认为技术分析理论的基础是空中楼阁理论，例如，英国著名经济学家约翰·梅纳德·凯恩斯（John Maynard Keynes，1883—1946）创立的关于金融市场投资的理论。1936年凯恩斯的《通论》（General Theory of Employment，Interest and Money）不仅成为了经济学界的第三本最经典的书籍，而且在该书中提出了投资学界非常著名的"空中楼阁"（castle-in-the-air）理论。凯恩斯应用人们熟悉的选美活动的规则及现象，研究和解释股票市场波动的规律,认为金融投资如同选美,投资人买入自己认为最有价值的股票并非至关重要,只有正确地预测其他投资者的可能动向,才能在投机市场中稳操胜券,并以类似击鼓传花的游戏来形容股市投资中的风险。1959年,奥斯本(M. F. M Osborne)提出了随机漫步理论,认为股票交易中买方与卖方同样聪明机智,股票价格的形成,取决于市场对随机到来的事件信息做出的实际反应,而现今的股价已基本反映了供求关系。股票价格的变化类似于"布朗运动",具有随机漫步的特点,其变动路径没有任何规律可循。因此,股价波动是不可预测的,根据技术图表预知未来股价走势的说法,实际上没有任何意义。

资产组合理论(Modern Portfolio Theory,MPT):如前所述,在家族办公室投资实践中运用最多的是现代资产组合理论(Modern Portfolio Theory,MPT)。投资组合理论为有效投资组合的构建和分析提供了重要的思想基础和分析体系,从而对投资管理业产生了广泛而深远的影响:

首先,该理论对风险和收益这两个投资组合管理中的基础性概念进行了准确的可量化的定义。其次,投资组合理论关于分散投资的合理性的证明为基金管理业的存在提供了重要的理论依据。最后,投资组合理论已经被广泛应用到了投资组合的管理活动中。

1965年,美国芝加哥大学金融学教授尤金·法玛(Eugene Fama,1939—),发表了一篇题为《股票市场价格行为》的博士论文,并于1970年对该理论进行了深化,提出有效市场假说(Efficient Markets Hypothesis,简称EMH)。有效市场假说有一个颇受质疑的前提假设,即参与市场的投资者有足够的理性,并且能够迅速对所有市场信息做出合理反应。归纳起来,EMH对于投资者的意义是:若市场弱式有效,则技术分析是无用的;若市场半强式有效,则基本分析也是无用的;当市场完全有效时,市场组合(Market portfolio)是最优投资组合,意味着组合的被动管理是有效的。2013年10月14日,瑞典皇家科学院宣布授予美国经济学家尤金·法玛、拉尔斯·皮特·汉森以及罗伯特·J·席勒该年度诺贝尔经济学奖,以表彰他们在研究资产市场的发展趋势采用了新方法。值得一提的是,尤金·法玛和罗伯特·席勒持有完全不同的学术观点,前者认为市场是有效的,而后者则坚信市场存在缺陷,这也从另一个侧面证明,迄今为止人类对资产价格波动逻辑的认知,还是有很大提高空间的。1979年,美国普林斯顿大学的心理学教授丹尼尔·卡纳曼(Daniel Kahneman)等人发表了题为《期望理论:风险状态下的决策分析》的文章,建立了人类风险决策过程的心理学理论,成为行为金融学发展史上的一个里程碑。行为金融学(Behavioral Finance,简称BF)是金融学、心理学、人类学等有机结合的综合理论,力图揭示金融市场的非理性行为和决策规律。由于卡纳曼等人开创了"展望理论"(Prospect Theory)的分析范式,成为20世纪80年代之后行为金融学的早期开拓者,瑞典皇家科学院在2002年10月授予丹尼尔·卡纳曼等人该年度诺贝尔经济学奖,以表彰其综合运用经济学和心理学理论,探索投资决策行为方面所做出的突出贡献,从此开启了经济学与其他学科大融合的新时代。

6.3 主动型和被动型管理

主动型投资策略与被动投资型投资策略在大多数语境下指的是公开市场股权投资。下面以主动投资和被动投资为例介绍一下投资组合等各种理论在家族办公室的资产配置中的运用。

（1）主动型投资策略（Active investment strategy）：主动型管理意味着基于积极的策略来配置资源。通常主动式管理追求击败基准值的绩效，要求有目的地增加/减少部位权重。

（2）被动型投资策略（passive investment strategy）：被动策略的目的只在于建立一个充分分散化的证券投资组合，而不去寻找那些过低或过高定价的股票。被动管理常被描述为一种购入—持有策略。有效市场理论指出，当给定所有已知信息时，股价的水平是公正的，频繁地买入或抛出股票是没有意义的，只会浪费大笔经纪佣金而不会提高期望业绩。被动管理的一个常用的策略就是要建立一个指数基金（index fund），它被设计成一个代表包含广泛的股票指数业绩的股票基金。

（3）混合策略：基金保持一个指数化的被动核心，但用主动管理的资产组合来扩大这个核心。

股票投资中另一个要做的主要决定是选择主动型管理还是被动型管理。主动型和被动型管理的争论一直存在。投资者在选择投资期限上可分为长期投资和短期投资。对于主动型投资而言，短期投资也许是最优的，但对于被动投资而言，长期投资是最优的。

主动型投资管理基于两个基本观点：

（1）证券市场是定价无效的。

（2）管理人有能力制定正确的投资决策，能够利用证券市场的无效赚取超额利润。

- 主动型投资的三个层次：

资产配置，即根据对主要市场预测和风险溢价的估计值，将资产分配于股票、债券等不同大类的投资工具中。

行业配置，根据对各行业周期及前景的判断，决定在各行业的投资在大类内的比例。

个股选择，以期发现被过低定价的股票。

- 从上到下（top-down）的方法：先研究股票市场的总体趋势，然后选择行业，再从行业内选择股票进行投资；
- 从下往上（bottom-up）的方法：直接选择股票，构筑投资组合。

相信被动型或指数方法的人承认市场的有效性和预测市场变动的固有困难。被动投资是指投资者相信市场是有效的，无法通过努力工作来取得超额回报，所以最优的投资策略是简单地通过跟踪某个市场指数，采用全部复制或者抽样复制基准指数等方法，采取买进并持有策略，从而降低交易成本，以期获得与该指数相近的投资收益。所以被动投资的方法又称为指数法。

6.3.1 被动投资策略的理论基础

- 复利原理是指数化投资（即被动投资）的理论基础。"迄今为止最伟大的数学发现"爱因斯坦曾经用来形容复合利率的一句话，也间接证明了复利原理是一切财务与投资管理的基础。然而，对于被动投资而言，复利原理更具有特殊的意义。因为，被动投资正是采用买进并持有（buy and hold）的方法，以求在长期内取得最大的投资收益。因此可以看到，在复利和时间的共同作用下，收益率较小的差别导致终值出现巨大的差异。由此可以得出一个结论：作为投资者应当在其风险承受能力范围内努力去追求最高的收益率。下文以美国金融市场为实例，进行实证分析。

复利作用的实证分析：普通个人对于其剩余资产面临以下三个选择：投资股票；购买债券或储蓄（即贷出资金）；持有现金。三种方式究竟谁优谁劣，我们以美国为例，假定投资者长期投资。

- 股票：选标准普尔500综合指数（以下简称"S&P500"）作为普通股收益的测度标准（S&P500基本代表美国股票市场）；
- 债券：以长期（20年）美国政府债券作为债券收益的测度；
- 现金：以90天美国国库券作为现金储备收益的测度。

如果以美国金融市场120年的数据分析。由从国库券收益率4.2%到债券收益率4.6%，收益率增加0.4%，1美元初始投资增加了70%以上，而当收益率上升到股票市场的8.8%时，则终值增加了115倍，这种巨大的终值差异，皆可归因于复利放大的作用。

结论：历史上120年的投资数据证实了在三类资产中，股票始终提供了最高的收益，长期债券位居第二，而现金储备所获收益最低。所以，对于一个理性投资者而言，始终应认识到复利的巨大作用，如果以"总收益最大"作为唯一的目标（不考虑风险和易变性），普通股票应是其投资的最优选择。而且，持有期限越长，收益差也越大。

6.3.2 被动投资的三个理论根据

两类投资者理论是20世纪90年代初，由著名经济学家、诺贝尔奖获得者威廉·夏普（William Sharpe）提出的一个逻辑上十分简单的理论。该理论为被动投资提供了存在的理论依据。

（1）假设：一个市场，两类投资者，即指数投资者（被动投资者）占有一部分市场，主动投资者占有剩余市场，二者构成一个完整市场。指数投资者采用"买入并持有"策略，而主动投资者只能在同类中进行交易，结果将会产生获利者和亏损者；由于指数投者不积极进行交易，故交易费用极低，所以假定指数投资者不存在费用，而主动投资者积极进行交易，所以存在交易费用和成本。

（2）分析：由于指数投资者没有费用，所以其收益即为指数收益；主动投资者在不存在费用的情况下，其盈亏相抵后的收益即为市场收益。但由于主动投资者存在成本和费用，即存在不进行交易而获得收入的第三方，如交易所、证券公司、政府，所以主动投资者的累积收益必然呈一种绝对下降趋势，即必然低于指数收益。

（3）结论：被动投资必然优于主动投资。以上分析指出了一个显而易见的事实：一部分主动投资者的超额收益是另一部分主动投资者亏损的一部分，但由于存在税费等资源外溢，主动投资者亏盈相抵后，总体上收益仍低于市场收益。如果放宽上述假设，指数投资者也存在税费，但由于指数投资者的买入并持有策略，其成本费用必然低于主动投资者，所以指数投资者的收益低于指数收益，但仍然高于主动投资者。

CAPM模型：1964年资本资产定价模型（CAPM）的问世充实和丰富了1954年诞生的现代投资组合理论，也为当代金融投资理论奠定了基础。创立这一理论的斯坦福大学威廉·夏普教授因此而获得了"指数投资教父"的桂冠。因为该理论为被动投资指明了最优组合方式——指数化。

（1）假设：投资者依据期望收益率和方差来制定投资决策；投资者是理性的和风险规避型的；投资者都在单期投资；投资者共享对资产的所有预期称为一致性预期；存在一种无风险投资；资本市场是完全竞争和无磨擦的。

（2）基本内容：根据马柯威茨的均值—方差模型，当不存在无风险利率时，可以基于期望收益率和方差构造马柯威茨有效组合，最优组合则是与投资者的无差异曲线相切的那个组合。而CAPM模型则引入了无风险资产，并假设投资者可以按无风险利率借款和贷款，那么，最优组合则落在由纵轴的无风险利率点向马柯威茨有效边界作的切线上（切点用M表示）。这表示投资者根据自己不同风险偏好，用不同比例的无风险资产与马柯威茨有效组合M构造最优组合，这条切线则可以称为资本市场线。

对于投资者应如何构造投资组合，Fama证明了M必须包括投资者可投资的全部资产，并且每一资产的持有比例必须是其市场价值占全部资产的总价值的比例。由于投资组合M由全部资产组成，因而称为市场组合（Market portfolio）。在马柯威茨的投资组合理论中，方差是作为风险的量度。Sharpe教授在资本资产定价模型中把这种风险分为两种一般类型的风险：系统风险（Systematic risk）和非系统风险（Unsystematic risk）。系统风险是指由共同或普遍性的因素造成的资产的波动性，又称为不可分散风险（Undiversifiable risk）或市场风险（Market risk），即这种风险是不能通过分散投资降低或消除的。非系统风险是指通过分散化可消除或降低的那部分风险，又可称为可分散风险（Diversifiable risk）、特有风险（Unique risk）或残余风险（Residual risk）。实证证明，当投资组合中包含大约20种随机选择的资产时，非系统风险几乎完全消除，这样，剩下来的仅是系统风险。

(3) 启示：CAPM 模型揭示了投资者的最优组合是其无风险资产与市场组合的组合，而市场组合是各种证券的组合，这个组合中的各风险证券的比例应与整个市场上的风险证券的市值比例一致。这样，就推导出了对指数的完全复制，即指数化是最优风险资产组合的结论。而通过对风险类型的分解分析，揭示了指数化投资所分散的只是非系统风险，因而无法消除系统风险。

长期投资理论及实证分析：投资者在选择投资期限上可分为长期投资和短期投资。

（1）长期投资的基本原理：市场在短期是非理性的，具有很大的波动，人类的情绪和预期在短期内可以导致市场上窜下跳。而市场在长期则是理性的，其长期收益是由市场主体即上市公司的内在价值和市场对其内在价值的评估决定的。由于上市公司每年均会产生收益，所以市场价格总体是向上倾斜的。从长期看市场收益的确定性比短期投资大。衡量各类金融资产风险的尺度在学术上被称为收益的易变性（Volatility Risk），即不确定性，或者称为波动性。短期内，市场大幅波动，收益具有很大的不确定性，在长期市场则波动越来越小，而事实上二者提供的平均收益相当接近。同时，由于短期投资存在更大的交易费用，所以总体上短期投资的收益必然小于长期投资。下面将以美国市场的数据作实证分析。

（2）实证分析：美国证券市场的数据表明投资期限越长，风险越小。以 1926－1992 年美国股票市场的数据为例：随着期限的延长，收益的波动也越来越小。持有期为一年的普通股，波动最大。在过去的 67 年中，普通股股票的年度总收益变化范围从 +54%（1933 年）到 -43%（1931 年），高达 97%，平均值为 +10.3%。当延长股票的持有期时，则波动有减少的趋势。持有期为十年时，平均年度总收益的变化范围降低到 21%（1948—1958 年，为 +20%，1928—1938 年为 -1%）。平均收益则达到了 10.5%。若持有期为 25 年，则平均年度总收益的变化范围降低到 9%（1942—1967 年为 +15%，1928—1953 年为 +6%）。由此可见，收益的均值并不随期限的变化而有很大差异，但收益的波动幅度则随期限的延长而变小。这说明普通股股票收益的不确定性是随持有期的延长而减少的。就期限的选择而言，可以确定长期投资是最优的。

（3）结论：对于长期投资者而言，其行为是基于对实体经济的信心。在这个前提下，选择"买进并持有"的长期投资策略是理性的。

6.4　家族办公室对于公开市场股权的投资过程及投资管理

公开市场股权是家族办公室最重要的资产配置。因为公开市场的股权风险溢价，又被定义为增值收益。因为股权投资者承担了比债券投资更高的风险，所以股权具有很高的风险溢价，再加上公开市场股权一般具有很强的流动性，使得公开市场股权不可替代。总之，股票通过长期的宽边际来战胜债券。对股权资产配置多少比例很大程度上依赖于投资者期望股票风险溢价在未来的表现：更高的风险溢价和更高的配置。下面我们以家族办公室对以美股为主的发达国家公开股权投资为例，来探讨家族办公室对公开市场股权的投资过程及投资管理，其中关于投资管理的内容不限于发达国家公开股权，而是包括所有投资。然后介绍一下家族办公室对中国香港和中国内地的公开市场股权的投资。

6.4.1 家族办公室对以美股为主的发达国家公开股权投资

家族办公室对发达国家股权投资一般占其股权投资的绝大部分。以美国为代表的发达国家具有成熟、稳定和容量巨大的证券市场，往往是家族办公室资产配置的首选。家族办公室配置发达国家股权，首先是要确定家族办公室总的投资组合对发达国家公开市场股权投资的投资政策，这个是家族办公室总的投资政策的一部分，涉及对家族办公室原投资政策的维持或修正。在实践中一般表现为对家族办公室投资政策陈述（Investment Policy Statement）的评估（review）：可以是年度例行评估，也可以是特别评估。第一步是要确定家族办公室总的投资组合里发达国家公开市场股权将要占的比例，这个要从属于家族办公室的投资政策和家族办公室总的投资策略等基础。在一家典型的大型家族办公室，对投资政策说明书的修订时投资委员会的职责，对资产配置再平衡是 CEO 的职责，而负责对资产配置再平衡提出具体方案和具体执行的是 CIO。

投资于美国和其他发达国家的公开交易股权证券的个体和机构拥有世界商业财富的一部分，家族办公室总的投资组合里发达国家公开市场股权将要占的比例，受家族办公室的增长策略影响：是增加型、平衡型、还是保守型（当然还有其他很多因素）。在确立发达国家公开市场股权的投资政策时，家族办公室的投资委员会和/或 CIO 有许多关键的任务，需要建立的任务有：

（1）发达国家公开市场股权投资组合适当的风险水平；

（2）发达国家公开市场股权投资组合的长期绩效目标；

（3）发达国家公开市场股权投资组合中设计获得确立的长期绩效目标的资产配置策略；

（4）发达国家公开市场股权投资组合中使用的资产分类和投资类型（包括任何偏向积极和消极的管理）的选择标准；

（5）发达国家公开市场股权投资组合的适当时间窗口；

（6）发达国家公开市场股权投资组合的支出和流动性需求；

（7）对需要解释的任何特别需求的规定。

这些条款是家族办公室投资政策陈述在年度例行修订或特别修正时的主要内容。除了这些条款之外，投资委员会和/或 CIO 需要小心地监督和实施组合相关的成本，因为费用开支对长期回报具有重大影响。

6.4.2 家族办公室对公开市场股权的投资管理——从投资政策陈述开始

下面以在第 5 章引用过的家族办公室投资政策陈述为例介绍一下关于家族办公室对公开市场股权投资相关条款的内容。本节我们的探讨以发达市场公开市场股权为主，兼顾新兴市场的公开市场股权（假设这个家族办公室总部在美国，增加了和公开市场股权相关的内容）：

家族办公室投资政策陈述（Investment Policy Statement）

总论

（1）投资政策、目标及一般的投资思想（见第 5 章）

（2）资产配置政策考量因素

（3）长期目标

（4）资产配置

（5）投资政策及其计划的战略性资产配置的目标和浮动范围如表 6-2 所示：

表 6-2

资产类别	基准	目标配比	范围
美国公开市场股权	Russell 3000	27%	
非美国公开市场股权	MSCI ACWI ex U.S. IMI	9%	
公开市场股权总计		36%	26%—46%
私募股权	Russell 3000 +3%—5%（rolling 10 year）	19%	14%—24%
对冲基金	3 Month T-bill Index plus 5%	4%	0%—6%
美国固定收益	Barclay's Capital U.S. Universal Bond Index	17%	15%—21%
现金	Citi 6-month T-Bills Index	5%	2%—10%
固定收益总计		22%	15%—26%
房地产	NCREIF-25 bps	15%	12%—21%
期货	DJ-UBS	2%	0%—5%
RIETS	S&P 500	2%	0%—5%
总资产		100%	

（6）关于分类投资的投资政策见附件：（附件部分内容见分论章节）

（7）组合再平衡

• 家族办公室的实际资产配置应该在每月的月底当资产价值统计完成时进行评审，在某类资产偏离投资政策及计划的组合比例时可以进行再平衡，而在某类资产突破投资政策及计划规定的范围时必须进行再平衡；再平衡必须以最有效率的方式进行，而且不应该因为再平衡而使市场崩溃。

• 再平衡的目标是确保投资组合不会偏离投资政策及其计划。没有其他考量的话，最优的策略是持续性地再平衡,以确保政策的一致性。

- 再平衡也有其成本。家族办公室的政策是进出的现金流,会在可行的情况下用作再平衡的费用。
- 进行再平衡时,投资组合应该平衡回投资政策及其计划规定的组合比例。家族办公室的董事会应该每个月得到关于是否进行了再平衡的汇报。每个季度的季报应该描述实际的投资组合和规定的投资组合的偏离。再平衡将由 CIO 来执行。

组织机构及职责

(1) 投资委员会职责:

投资委员会或其指定人员将在资产管理中遵守以下规定:

- 批准执行家族办公室投资项目的指南。只有投资委员会可以全权决定是否授权对投资计划的决定权。CEO 将负责及时执行和管理这些决定。
- 应每年审查家族办公室的投资结构、资产配置和财务业绩,或根据需要增加审查频率。审查内容将包括对长期战略资产配置的调整的建议,以反映适用法规、长期资本市场假设、精算假设或家族办公室财务状况的任何变化。
- 将对家族办公室的投资进行季度评估。
- 可以聘请投资顾问提供绩效评估、资产配置、经理评估和投资研究等服务。投资顾问的意见和建议将与其他现有资料一起考量,以协助执行局做出明智和审慎的决定,或根据需要确保政策和指导方针继续得到遵守。投资委员会应在本计划规定的绝对标准和适当基准与同业比较的基础上监测投资收益。这些审查的资料应来自工作人员、顾问、保管人和家族办公室的投资经理。
- 如果投资目标没有达到或没有遵循政策和指导方针,则应负责采取适当的行动。外部经理管理的独立投资组合的审查在本纪律说明的 Manager Monitoring and Annual Review Policy(附件)中定义。
- 投资委员会应期望 CEO 以符合成本效益的方式管理 LACERA 的投资,但需得到投资委员会的批准。这些费用包括但不限于管理、咨询和保管费、交易费用和家族办公室应支付的其他行政费用。
- 投资委员会应负责根据工作人员的建议选择合格的托管人。
- 投资委员会应努力避免利益冲突。

(2) CEO 职责:

- 根据本计划规定的目标区间和再平衡政策,管理基金的战略资产配置。
- 监督外部经理使他们遵守相关的政策和指南。确保投资经理遵守合同条款。
- 确保对投资组合尽职调查和监督被履行。
- 评估和管理家族办公室和投资顾问的关系,以确保他们按照服务合同的规定向 CEO、CIO 和投资委员会提供所有必要的帮助。

- 按照本文件的规定，并在董事会指定的顾问的协助下，进行对投资经理的检索、研究和评估。
- 根据需要在顾问和经理的协助下，管理由外部经理被解除聘用导致的投资组合重组。
- 按照投资委员会的指示，进行必要的特殊研究，以便更有效地管理基金。
- 协助投资委员会制定和批准非公开市场（如房地产、私募股权和对冲基金）投资计划；执行和监督该计划。
- 至少每月汇报投资活动和重要事项。
- 重新平衡投资组合，以维持资产配置和/或为现金需求或对家族的支付提供流动性。这就要求在没有投资委员会批准的情况下，将最高3%的家族办公室资产转移给CIO。
- 保持对所有投资账户往来资金的电汇或转账的控制。
- 努力避免利益冲突。
- 授权同意投资经理协议的转让，这些协议是按照1940年《投资顾问法案》下的非实质转让，并随后通知董事会。

（3）CIO 职责：
- 在投资委员会批准后，有权签署所有与投资相关的顾问合同和协议。此后，在该授权没有重大变化的情况下，有权就这些合同和协定签署所有修订和修改，并就其日常运作和执行做出所有决定。所有实质性决定应该在事后及时书面报告投资委员会。
- 批准对公开市场投资经理要求的指南的临时差异的权力。所有决定应该在事后及时书面报告投资委员会。
- 批准降低投资经理费用结构的权力。所有决定应该在事后及时书面报告投资委员会。
- 在个案基础上批准家族办公室母基金的下级投资经理选择和合规标准的差异。所有决定应该在事后及时书面报告投资委员会。
- 限制或冻结基金经理交易活动的权力，等待投资委员会的讨论和行动。
- 与首席执行官和投资委员会主席协商，在投资委员会讨论和采取行动之前，根据基金的最佳利益，授权采取其他未明确授予的行动。所有与投资有关的合同和协议，以及对其所有修正和修改均须经家族办公室法务部的审查和批准。

（4）投资经理的选择/聘用与解聘标准

（a）投资经理的选择标准将根据投资委员会的每一次经理检索而制定，并根据家族办公室的需要进行调整。一般而言，合格的基金经理应具备以下特征，但不限于以下：
- 该投资公司必须在为机构客户管理家族办公室指定的资产类别/产品类别/投资风格方面具有丰富的经验。
- 该投资公司必须在雇用和吸引合格投资专业人士方面表现出稳定的记录，同时在管理资产方面获得资产增长的记录，以及因此在获取和留住客户方面有良好记录。

- 该投资公司必须有足够的资产基础来容纳家族办公室的投资组合。一般来说，家族办公室的拟投资给该公司的投资组合占该投资公司总资产的比例不应超过25%。例外情况可以按个案的基础来处理。
- 该投资公司必须表现出意愿和诚意对家族办公室所要求的投资授权的遵守，以及对家族办公室所声明的投资纪律的遵守。
- 该投资公司对相关资产的投资管理的收费与同行业的类似投资公司相比应该具有竞争力。
- 公司必须遵守本IPS中概述的"投资经理职责"。

（b）以下最低资格将被用于公开市场投资经理的检索，且不需要投资委员会批准：

- 家族办公室对该投资公司的预期投资必须限制在该投资公司在管理的同类资产的25%。
- 投资经理对其提议的投资产品必须有至少7年的跟踪记录。
- 在过去7年的季度滚动按年计算年期回报中（25次观察中有15次），在减去本IPS规定的基准后，至少有60%必须超过家族办公室相同授权下的投资经理的超基准的预期超额回报。

如果需要修改这些最低资格以满足经理聘用的特殊需要，CEO将向投资委员会提交适当的人选标准以供批准。

（c）投资经理解聘标准

家族办公室保留以任何理由终止投资经理的权利。解除聘用的原因包括但不限于如下内容：

- 未能遵守家族办公室就投资组合管理达成的指南，包括持有限制持有的资产。
- 未能达到投资经理指南中规定的绩效目标。
- 明显偏离经理所陈述的投资理念和/或流程。
- 关键人员的流失。
- 投资公司违法或不符合伦理行为的证据。
- 对于家族办公室提出的关于其投资组合的信息、会议或其他材料的合理要求，缺乏合作的意愿。
- CEO和董事会对该投资经理失去信心。
- 基金资产配置计划的改变，需要将资产转移到另一个部门。

上述其中任何一个因素的存在将由家族办公室的相关人员仔细检查，但不一定会导致自动终止。

6.4.3 家族办公室对公开市场股权的投资管理——围绕着投资政策陈述的分析

上面是家族办公室的投资政策说明书，所有的投资活动都应该在此框架内进行。本节我们围绕投资政策陈述中关于公开市场股权投资相关条款的内容，说明和前述投资理论的应用，以及在实际操作中需要注意的问题。本节我们的探讨以发达市场公开市场股权为主，兼顾新兴市场的公开市场股权。

在确立发达国家公开市场股权的投资策略时，还要注意发达国家公开市场股权的国际市场之间具有比较强的相关性。其相关性水平的影响因素是：

（1）大的跨国公司数量在增加。

（2）通信和信息技术在进步。

（3）发达国家的金融和银行系统放松监管，导致了国际资本流动巨大的增加（当然在多德—弗兰克法案之后这一趋势已有所逆转）。

（4）发达国家之间自由流动的外汇。

在确立发达国家公开市场股权的投资策略时，家族办公室应该努力研究国家之间的相关性。从1998年到2019年每月的指标性指数的回报数据来看，按区域划分的发达国家公开市场股权的相关性远远大于新兴市场地区。其中，相关性最高的是北美洲，只有美国和加拿大两个经济联系非常紧密的两个国家。欧洲、中东和非洲的发达国家市场次之（以色列除外），因为欧盟国家经济的深度融合。而欧洲、中东、北非的新兴市场国家的公开市场股权的相关性最低。

如果在北美、欧洲、中东、北非和亚太大区域的发达国家市场在同一时区，他们的趋同性就要高得多。而新兴市场尽管在同一区域和时区，也不是很均匀，在有的方面趋同，有的方面差异很大。这个研究对家族办公室的投资很有指导性：按照标准的分类把市场分为发达国家和新兴市场有助于投资组合的构建；同时，除了地域差异及发展层度的差异，时区的差异对相关性也有影响。

不过，只是通过国际市场上具有流动性的新兴市场的股票可能低估了新兴市场的重要性。尽管新兴市场在全球可以自由交易的股票中只占12%，但至2019年2月28日，它们占了全球公司总市值的24%，全球GDP的39%，以及全球公司销售总收入的42%。

同样，日本和美国市场的相关性也显著增加了。主要股权市场相关性的增加解释了全球投资市场间危机悄悄地传播，这暗示了影响大多数股权市场向同一方向变化的全球冲击会导致美国和日本市场之间、德国和美国市场之间，以及全球其他市场之间的相关性增加。家族办公室需要认识到这种境况并明白他们的客户可能在严重市场衰退期的消极反应。

在确立发达国家公开市场股权的投资策略时，家族办公室还要进行资本市场分析，聚焦于影响资产估值的市场和宏观经济变量。估值是选择资产最重要的因素，反过来又推动组合的绩效。对于股权，在评估当前市场环境下资产价值时，检验和预测市场变量是非常重要的，重要变量包括GDP增长、价格/收益比、通胀、分红率、真实回报增长和利息率等。

除了市场基本面，宏观经济变量也需要被评估和预测。这些变量包括通胀、真实 GDP 增长、失业率和其他因素。一旦评估和预测了市场和宏观经济变量，资产收益、风险和相关性期望值被用来鉴别最具吸引力的股权资产并被包括在组合中。当选择了全球股权配置，使用各个地区或国家市场资本总额权重是一个简单有效的获取平衡的全球股权收益的方式。使用 MSCI Barra All Country World 指数是一个简单有效的方法。

比如，黑石投资对 2020 的宏观展望是（假设该家族办公室对黑石投资关于 2020 年的政治、经济和金融的判断和展望完全认同）：

- 2020 年全球经济应该会继续增长，但存在有限的衰退的风险。这样的背景对风险资产有利。

- 但 2019 年中央银行以鸽派为中心的风格并推动股市上涨的格局已经基本过去了；而且通胀风险看起来被低估了，美国和中国的贸易冲突的间歇期也可能结束而再燃战火。

- 这样的宏观形势让我们对 2020 年的展望是轻微的风险偏好。

- 但 2020 年的宏观环境相对于 2019 年有一个很大的改变，因为在 2019 年中央银行为了抵销美中贸易战的负面影响实行非常鸽派的宽松的货币政策，但美国美联储以鸽派为中心的政策看起来已经结束了。

- 在欧元区任何有意义的政策支持看起来只能是财政政策，但不太可能发生。

- 新兴市场仍然有空间实行宽松的货币政策，这个是对风险资产最大的政策支持。

- 我们预测的基础是由于金融环境的支持，加上美国通胀压力的轻微上升，经济会有温和的上涨。我们认为中国的经济将会稳定下来，但中国不会继续像过去那样继续大规模的经济刺激。

- 我们认为上半年经济温和的上涨会见顶，其中全球制造业和对评级敏感的产业如房地产等会领涨。

- 我们认为主要的风险在宏观制度方面。其中一个风险是：通胀上升后会抑制增长，加上推动股票和债券的回报的负相关性，会减少债券资产的多样化。

- 进一步的经济减速是另一个需要考量的风险。美国和中国的贸易冲突已经暂停了，但全球任何一个大的贸易冲突的升级都会损害市场情绪，减少在我们的基本面中预期的制造业和资本性支出。

评估完整个资本市场环境后，家族办公室需要研究每个类别的股权资产，研究其相对吸引力或非吸引力。这其中有分析定量和定性两个因素。比如分别研究美国大盘股、美国中盘股、美国小盘股、国际大盘股和国际小盘股等主要的股权资产，看哪一类或几类股权资产是被低估的。每一个家族办公室都应该有自己的独特的判断。比如，下面是黑色投资对 2020 年投资的建议（他们的建议不限于发达国家公开市场股权）：

我们仍然温和地推荐股票和信用资产，因为坚固的增长前景及其在宏观背景下看起来仍然有合理的估值。但我们对前景预测的细节部分做了一些有意义的改变。在预测的基础部分，我们认为周期性资产有潜在回升的潜能，更倾向于推荐日本和新兴市场的股票，以及新兴市场的债券及高收益债。我们对美国股市在2020年选举的不确定性的背景下保持谨慎。

- 在我们预测的基础部分，我们认为周期性资产有回升的潜能。
- 政府债券渐渐达到下限，使政府债券作为投资组合压舱石的作用不那么有效，尤其在美国以外的地区。这引发了对投资组合韧性的重新思考。在2020年和战略性投资组合中，我们都更倾向于推荐美国国债，把短期的政府债券和通胀相关的债券作为对抗国家政策变化的韧性资产。

在做出关于哪一个主要的股权资产应该被纳入组合的建议之后，下面需要决定具体的子资产，主要是关于价值VS增长（风格）、任何积极的股权策略，以及是否使用主动型或被动型管理人。这是一个复杂的决定，但是对家族办公室的组合的成功是至关重要的。我们仍然以黑色投资对2020年投资的建议为例：

- 经济增长在缓慢前行。我们认为在金融状况开始缓慢转佳，因此全球经济增长可能达到一个拐点。这种混合的增长可能由制造业、商务消费和对利率敏感的行业如房地产来领涨。这意味着我们维持对温和的风险偏好性的支持，同时认为周期性资产有回升的潜能，比如日本和新兴市场的资产。
- 我们在2020年认为经济的基本面会推高证券市场，同时紧张的贸易冲突的风险会缓解，货币和财政令人惊诧的政策宽松会减少。中央银行作为主要经济体显示了维持温和的稳增长的政策意愿，中央银行的利率和债券的利率可能会维持在低位。这意味着收入的现金流在经济缓慢增长且低利率时是至关重要的。我们更青睐新兴市场和高收益债，并重新思考柔韧性。债券的利率在发达经济体可能会更低，使政府债券于股票市场抛售时，在投资组合中压舱石的效用减弱。
- 在市场重新考量环境、社会及政府风险时，聚焦可持续性可以增加投资组合的柔韧性。这意味着在2020年和战略性投资组合中，我们都更倾向于推荐美国国债，而不推荐其他低利率主权债券来承担投资组合压舱石的作用。我们更倾向于把短期的政府债券和通胀相关的债券作为对抗国家政策变化的韧性资产。

6.4.4 具体资产类别的的选择及主动型和被动型管理——投资政策陈述的附件

资产选择需要考虑估值，但估值并不是需要考虑的唯一因素。需要考虑的因素还有：
①成长股和价值股的选择，还有其他股权策略周期股，其根据经济周期来选择股票；
②行业，试图鉴别市场的行业如高科技、AI、非必需消费品、工业、材料等，是低估或被期望能战胜市场上其他行业；
③质量，试图鉴别出具有很强市场地位和资金雄厚的公司（典型的是，大的跨国公司）；

④逆向，试图鉴别出被忽视的或低估股票，但是这些股票具有反弹的潜力；动量，试图基于过去价格历史预测股票收益等。

下面的步骤还得进一步对照家族办公室的投资政策陈述的美国公开市场股权的投资政策和非美国投资政策公开市场股权投资政策。如果上面黑石投资的判断和预测和家族办公室的投资政策陈述的美国公开市场股权的投资政策和非美国投资政策公开市场股权投资政策相容，那就很简单，进行相应的资产配置就可以了。这些是投资经理的职责。如果与目标比例有所偏离，投资经理就应该报告CEO或CIO，按照投资政策陈述规定的程序，进行资产配置再平衡，同时在黑石投资的判断和预测的基础上进行微调。与此同时，CEO和CIO都有责任每年详细地按照投资政策陈述来评估，作为一个整体，是否需要进行资产配置再平衡。如果投资政策陈述已经不再适应现在的家族办公室的资产配置的结构，或与现在的宏观经济不相容，或者由于法律法规的改变出现合规问题，就应该由CEO和/或CIO向投资委员会报告，修订投资政策陈述。与此同时，CEO和CIO都有责任每年详细地按照投资政策陈述来评估，作为一个整体，该陈述是否适应现在的家族办公室的资产配置的结构，是否与现在的宏观经济不相容，以及是否由于法律法规的改变出现合规问题。我们先来对照一下投资政策陈述的美国公开市场股权的投资政策和非美国投资政策公开市场股权投资政策：

附件A：美国公开市场股权投资政策：

家族办公室应该维持一个多元化的美国股票证券组合，以在这一资产类别内以一个可接受水平的风险获得总投资的最高总回报：

- 美国股票投资组合应该获得年化净总收益率（扣除开支和费用后）超过罗素3000指数15—20基点，并按季度连续5—7年时间，预期的跟踪误差为1%—2%。
- 被动管理的股票将占美国股票总投资组合的30%—70%。
- 主动管理将包括两个部分。低风险（跟踪误差小于350个基点）将占美国股票总投资组合的0—25%。中度/高度风险（跟踪误差超过350个基点）将占美国股票总投资组合的15%—35%。
- 美国股票总投资组合将表现出与罗素3000指数类似的基本面特征和市值特征。
- 随着时间的推移，相对于罗素3000指数，该组合将是风格中性的。

被动政策

被动管理的投资组合应是美国股票政策的一部分。这个投资组合的被动管理部分（30%—70%）可能包括以下内容：

- 核心大盘股
- 通过适当配置被动风格指数基金，抵销总投资组合中与罗素3000指数相关的任何被动投型带有偏离倾向的投资。
- 过渡资产的临时投资。被动型投资的组合将与合适的更大的市场或更广风格的基准对比来衡量绩效。

主动管理策略主动管理将用于提高总投资组合的收益。在规定的准则范围内，积极投资的基金经理在购买和出售具体证券以及在选择经济和工业部门的进行集中投资方面有充分的自由裁量权。如果投资经理认为，这些指南限制了市场上已经存在的机会并且其他类似机构没有类似的限制，经理应书面通知 CEO 和/或 CIO 以寻求豁免或修改这些限制。除非《经理人投资指南》另有规定，否则投资经理将保持其投资组合中的 95%—100% 被用于持有美国股票，且不允许持有非美国股票。

家族办公室对某一类的资产的投资政策，一般都会有一个针对该类投资的投资指南。该指南会规定允许的投资，不允许的投资，以及其他一些限制等。比如对美国公开市场股权的投资，允许的投资一般包括在美国证券交易所交易的所有与股票相关的投资。这包括但不限于：普通股，外国公司发行的证券，优先股，期权，可转换证券等，另外还会包括私募，投资于上市公司权（PIPE）、ETF 等。同时也会禁止购买一些证券或者限制对任一股票的持仓比例等。

附件 B：非美国股票投资政策

家族办公室应该维持一个多元化的非美国股票证券组合，以在这一资产类别内以一个可接受水平的风险获得总投资的最高的总回报：

- 非美国股票投资组合应该获得年化净总收益率（扣除开支和费用后）按季度连续 5—7 年时间超过 Morgan Stanley Capital International All Country World Excluding United States Investable Market Index（MSCI – ACWI ex – US IMI）指数平均收益的 15—20 基点，预期的跟踪误差为 1%—3%。
- 被动管理的股票将占非美国股票总投资组合的 45%—75%。
- 主动管理包括三个部分。主动地区型非美国股票将占总投资组合的 0—20%，主动地区型将占非美国股票总投资组合的 0—45%，主动新兴市场型将占非美国股票总投资组合的 15%—35%，应该占低风险（跟踪误差小于 350 个基点）将占美国股票总投资组合的 0—25%。
- 美国股票总投资组合将表现出与 the MSCI All Country World Excluding the United States Investable Market 指数类似的基本面特征和市值特征。
- 随着时间的推移，相对于基准，该组合将是风格中性的。

被动政策

被动管理的投资组合应是正在进行的非美国股票政策的一部分。这个投资组合的被动管理部分（45%—75%）可能包括以下内容：

- 核心大盘股
- 地区用来维持地区对于基准中性的平衡机制
- 过渡资产的临时投资。

被动型投资的组合将与合适的更大的市场或地区性的基准对比来衡量绩效。

主动管理策略

在综合分析家族办公室的投资政策，以及美国公开市场股权非美国公开市场股权后，如果需要再平衡，就启动相关程序，一般主要是CEO和CIO的职责。如果需要修正或修改投资政策，则需要由CEO和/或CIO向投资委员会汇报，并由投资委员会来决定。如果既不需要修正或修改投资政策，也不需要再平衡，那么接下来就是是否需要微调现有投资组合。按照黑石投资的推荐，应该适当增持日本和新兴市场的公开市场股权，适当减持美国的公开市场股权。

上通过以对发达国家公开市场股权政策配置的分析，可以看出家族办公室的资产配置既需要技术分析，也需要基本分析，但以基本分析为主。既有主动投资管理，也有被动投资管理，但以被动投资管理为主。理论运用上最主要的是现代资产组合理论。

6.4.5 家族办公室对公开市场股权的投资管理——对投资经理的聘用和解聘

下一步就是聘用投资管理公司或雇用投资经理来具体操作了。如前所述，美国等发达国家的家族办公室加速发展的另一个原因是超级富豪家族委托管理的投资表现不佳，"对他们的私人银行非常不满"。他们决定获得更多控制权，并创建一个他们认为完全听从他们命令的机构，比如，以前家族办公室需要耗费大量的时间、精力和资源去寻找可以投资的对冲基金，现在他们只需要直接去雇用最好的对冲基金经理来管理家族办公室的资产。投资经理以前需要耗费大量的时间、精力和资源去募集基金，现在他们只需要集中精力在投资的任务上。由于家族办公室投资有时间跨度的自由度，投资经理们也可以制定更好的策略，去投资对冲基金无法投资的资产。因此，越来越多的家族办公室直接雇用投资经理，而不是将资产委托给投资公司管理。

家族办公室现在更倾向于雇用投资经理，传统上是聘用投资公司来管理家族办公室的资产，但该投资公司必须遵照家族办公室的投资资产陈述来进行管理。投资管理人的选择或雇用对家族办公室来说是一件非常难办的事。在选择一个股权投资管理人时有许多因素需要考虑。家族办公室在投资经理的选择/聘用标准上一般会考量三点：第一是经验和过往业绩。该投资经理必须在指定的资产类别/产品类别/投资风格方面具有丰富的经验，同时在过往管理类似资产方面获得资产增长的记录。第二是品德和职业伦理的考核。该投资经理必须具有良好的品德和遵守职业伦理的记录，必须表现出意愿和诚意对家族办公室所要求的投资授权的遵守，以及对家族办公室所声明的投资纪律的遵守。第三是能力职业声望和薪水待遇的平衡。

对投资经理的绩效考评也是家族办公室投资管理的一个关键点之一。投资经理的收益应该与一个对应的基准和已知的同行对比来测度。一个典型的期望是管理人在市场周期将战胜对应的基准，同时在整个投资期位列同行的上50%位置。绩效表现应该按月或至少是季度来进行监督，应该认真分析与期望值显著的偏差以确认投资过程已经改变的任何迹象。当相对基准表现随着时间发生变化时，投资经理寻求战胜基准而采取的投资类型和承受的风险度一般应该是稳定的。股权管理人表现比基准更激进的（即，有一个高的跟踪误差和高的收益波动性），一般倾向于长期维持一个进取型。风险也可以根据管理人组合的特点来定义，一般称为给定管理人的风格偏向。比如，一些管理人试图根据维持一个比基准更深的价值偏向来战胜基准。每一个组合的风险应该按季度来评估，管理人风险预测或由管理人评估的风险水平是否发生任何显著的变化。

投资经理的解聘

家族办公室一般都会保留以任何理由终止投资经理的权利。解除聘用的原因一般包括三点：一是无法通过绩效考核，如未能达到投资经理指南中规定的绩效目标，或明显偏离经理所陈述的投资理念和/或流程。二是品德和职业伦理的原因，如未能遵守家族办公室就投资组合管理达成的指南，包括持有限制持有的资产，或有违法或不符合伦理行为等。三是家族办公室的投资组合的变化等，如家族办公室的资产配置计划的改变，需要将资产转移到另一个部门，聘用该投资经理的基础不再存在。

6.5 股权投资工具

下面介绍一下在发达国家主要的股权工具。被动投资基本通过股权工具来进行，有的主动投资也通过股权工具来进行。

6.5.1 ETF（Exchange Traded Fund）

ETF全称为交易型开放式指数基金，是最重要的被动投资股权工具之一。从投资方式的视角，ETF是追踪特定证券指数的指数型基金；从交易途径的视角，ETF是可以在证券交易所进行二级市场交易的可交易及基金；从运作模式的视角，ETF是可以随时进行申购赎回的开放式基金。ETF的英文名字Exchange Traded Fund三个单词说明了它三个最重要的特点：首先，它是被动操作的指数型基金，ETF以某一选定的指数所包含的成分证券为投资对象，依据构成指数股票种类和比例，采取完全复制的方法。其次，它有独特的实物申购赎回机制。所谓实物申购赎回机制，是指投资者向基金管理公司申购ETF，需要拿这只ETF指定的一篮子股票（或有少量现金）来换取；赎回时得到的不是现金，而是相应的一篮子股票（或有少量现金）。最后，它实行一级市场与二级市场并存的交易制度。投资者既可以在二级市场买卖ETF份额，又可以向基金公司申购或赎回ETF份额。

ETF实际上是一种指数投资工具，它代表了跟踪某一指数表现的证券组合，ETF使投资者通过买卖一支证券就实现了一篮子组合证券的交易。ETF具有费用低廉、交易效率高等特点，实际上为投资人提供了一种便捷、低成本的工具，可投资于某个特定市场或行业指数。传统 ETF 的交易机制主要有两层：首先，在交易时间内，投资人在一级市场可以随时以组合证券形式申购赎回 ETF 份额，即申购时，投资人以 ETF 所指定的一篮子组合证券向基金管理人换取 ETF 份额，赎回时，以 ETF 份额换回一篮子组合证券；其次，在二级市场上，ETF 与股票一样在交易所挂牌交易，投资人可按市场价格买卖 ETF 份额。更准确地讲，ETF 基金二级市场交易流程和交易规则与目前的封闭式基金相同，投资者可以通过证券公司经纪业务渠道，委托证券商按二级市场价格现价在二级市场上进行 ETF 基金的基金份额交易。基金管理人在每一交易日开市前向交易所提供当日的申购赎回清单，交易所在开市后根据申购赎回清单中成份股票的价格行情变动，及时计算基金净值估计（Indicative Optimized Portfolio value，IOPV），供投资者、套利者作为买卖、套利的参考，买卖双方根据这些信息形成 ETF 基金在二级市场上的交易价格。正是因为这种同步交易机制，ETF 基金既解决了封闭式基金容易折价，又解决了开放式基金不能当天即时确认交易的问题，以贴近基金自身净值的价格在二级市场交易。因此，投资者买卖一只 ETF 就等同于买卖了它所跟踪的指数，可取得与该指数基本一致的收益。当同样的 ETF 份额在两个市场价格不一致时，套利交易随之产生。

ETF 是家族办公室最重要的被动投资股权工具之一。这个工具的优点很多（上文已详述），缺点是没有投资规模优势。1993 年，第一只完整意义上的 ETF 产品 SPDR S&P500 ETF 在美国上市，是全球金融市场增长最快的股权产品。欧洲第一只完整意义上的 ETF 产品 1999 年上市。2004 年，中国第一支 ETF、上证 50 指数基金在上海证券交易所推出。2004 年 12 月 30 日，该基金正式成立，于 2005 年 2 月 23 日上市交易。上海证券交易所将上证 50 指数授权给华夏基金使用，因此华夏基金成为中国第一个 ETF 的管理人。华夏上证 50ETF 产品将采用完全复制法，紧密跟踪上证 50 指数，组合中的股票种类和上证 50 指数包含的成份股相同，股票数量比例和该指数成份股构成权重一致，追求跟踪偏离度和跟踪误差最小化，在上证所上市交易后，其申购与赎回也将通过上证所系统进行。

6.5.2 指数基金

指数基金是被动投资主要的股权工具之一，是上文所述的 ETF 就是最流行的指数基金中的一种。指数基金以特定的指数为标的指数，并以该指数的成份股为投资对象，通过购买该指数的全部或部分成份股构建投资组合，以追踪标的指数表现的基金产品。指数基金的目的在于获得与该指数相同的收益水平。目前市场上主要包括了标普 500 指数、纳斯达克 100 指数，沪深 300 指数等，都有相应的指数基金。投资服务机构 Portfolio Solutions 和 Betterment 曾经发布研究报告，分析持有 10 种资产的投资组合在 1997—2012 年的表现。结果发现，指数基金投资在 82%—90% 的情况下，表现都明显好于主动管理投资。

对许多投资者而言，指数基金提供的投资方式最为方便简单。投资者无须担心基金经理是否会改变投资策略,因为指数基金经理根本不需要自行选股,所以谁当基金经理并不重要。投资指数基金最大的好处之一在于成本较低。由于指数基金经理不用积极选股,所以指数基金的管理费用相对较低。同时,因为指数基金采取了购买并持有的策略,不用经常换股,所以基金买卖证券时发生的佣金等交易费用也远远低于积极管理的基金。此外,跟踪同一指数的两只基金,收费水平可能不同;而涵盖同一市场层面的两只基金,也未必会用同一种指数作为基准。美国市场的指数基金平均管理费率约为0.18%—0.30%。一方面,由于指数基金广泛地分散投资,任何单个股票的波动都不会对指数基金的整体表现构成影响,从而分散风险。另一方面,由于指数基金所钉住的指数一般都具有较长的历史可以追踪,因此在一定程度上指数基金的风险是可以预测的。由于运作指数基金不用进行主动的投资决策,所以基金管理人基本上不需要对基金的表现进行监控。指数基金管理人的主要任务是监控对应指数的变化,以保证指数基金的组合构成与之相适应。

美国是指数型基金最发达的国家。先锋集团率先于1976年在美国创造第一只指数型基金——先锋500指数型基金。现在美国证券市场上已经有超过400种指数型基金,而且每年还在以很快的速度增长,包括交易所交易基金(ETFs)。如今在美国,指数型基金类型不仅包括广泛的美国权益指数型基金、美国行业指数型基金、全球和国际指数型基金、债券指数型基金,还包括成长型、杠杆型和反向指数型基金,交易所交易基金则是最新开发出的一种指数型基金。得益于该基金特有的上述优势,指数型基金在中国证券市场上迅猛发展。

6.5.3 共同基金

共同基金(Mutual Fund)是一种汇集不特定投资者的资金,投资于证券市场,如股票、债券,或货币市场金融商品的金融机构。共同基金在收取投资人资金的同时并给予投资人相对应的股份,最后将基金所得的收益按持股比例分享给投资者。1924年,波士顿诞生了第一个具有现代证券投资基金面貌的"马萨诸塞投资信托基金"(Massachusetts Investment Trust),这被视为美国共同基金的起步。在过去的90多年里,美国共同基金取得了爆发式发展。根据美国投资公司协会(ICI)发布的《2018年美国基金业年鉴》(2018 Investment Company Fact Book),截至2017年年底,美国共同基金以18.7万亿美元(不含ETF)的规模位居全球第一。同期中国公募基金的规模为11.6万亿元人民币。

如今,在金融创新活跃的美国资本市场中,共同基金依然保持着强大的竞争力,成为投资者首选的理财工具。ICI数据显示,截至2017年年末,个人投资者持有美国共同基金的占比高达九成,其中每6个美国人中就有1人参与了共同基金的投资。共同基金总规模中仅10%由机构投资者持有。共同基金在美国养老金市场中也扮演着重要的角色。ICI在2017年年中的统计显示,92%的共同基金持有家庭表示,养老储蓄是他们的财务目标之一,而75%表示养老储蓄是他们的首要财务目标。美国的养老金主要分为两部分,一部分为个人退休账户（IRA），另一部分为雇主缴纳的固定养老账户（DC）。ICI 数据显示，截至 2017 年底，IRA 账户中持有共同基金的比例达到 47%，DC 计划持有共同基金的比例超过 59%，合计持有 8.8 万亿美元的共同基金，占美国退休金市场的 31%。

综上所述，如果从经济学与金融学的理论来分析，很多股权工具基本就是现代资产组合理论在实践中的应用，特别是指数基金和 ETF。

6.6 全球的家族办公室对香港公开市场股权的投资

美国和中国的证券市场，对全球家族办公室资产配置非常重要。比如，全球 10 大证券交易所，美国和中国占了 5 个：纽约证券交易所，NASDAQ，上海证券交易所，香港证券交易所，深圳证券交易所。下面我们再了解一下香港和中国内地的证券市场。

作为中国唯一的国际金融中心，香港的证券市场在中国有其独特的优势，是全球的家族办公室投资中国的桥梁，其优势体现在：

（1）市场的资金规模雄厚。以首次上市集资金额及总集资金额计，在过去 11 年内香港交易所七次问鼎全球最大的首次公开招股市场，2019 年，香港证券交易所首次公开招股市场集资额高踞全球首位，达 3142 亿元港币。香港交易所的证券化衍生产品（衍生权证、牛熊证及界内证）的成交金额也连续 13 年为全球之冠。

（2）完备的监管及证券法律机制。香港的证券监管及证券法律机制为国际大的金融机构和投资人所认可和信赖，可以与纽约、伦敦及新加坡等其他国际金融中心相竞争，是香港作为国际金融中心不可或缺的组成部分。

（3）专业机构和人才的支持。在过去几十年，香港已成功汇聚了大批国际金融证券机构和专业人才，他们都具备国际认可的资格，积累了大量有关市场的经验，可以为企业提供最优质的金融服务。

（4）金融产品体系完备。除了股票、债券、期货外，还有股票衍生工具、外汇衍生工具产品、利率衍生工具产品、认股权证等。

（5）与中国内地的独特关系是香港作为国际金融中心最大的国际竞争力。香港是人民币最大的离岸市场，同时有沪港通、深港通等独特的金融产品，连接中国内地和国际金融市场。2019 年沪深港通的北向交易平均每日成交金额再创人民币 417 亿元的新高，较 2018 年增加 104%；债券通的成交量在年内再创新高，平均每日成交金额达人民币 107 亿元，较 2018 年增加 197%。同时，人民币货币期货—美元兑人民币（香港）期货成交合约张数创下新的里程碑，达 1938891 张合约。另外，香港交易所还在 2019 年下半年迎来了多项全球最大型的 IPO，包括 11 月阿里巴巴的第二次上市（集资额 1010 亿元）以及 9 月百威亚太的首次公开招股（集资额 450 亿元）。

6.6.1 香港证券市场是全球家族办公室投资中国公开市场股权的桥梁

随着中国资本市场持续对外开放，香港证券市场在推动国际资本配置在岸及离岸中国相关资产方面的角色也越来越重要。2019年分别为沪港通及深港通开通的5周年及3周年，该机制在其成立的短短数年内为两地市场都注入了新的活力。随着A股成功被纳入MSCI、富时罗素、标普道琼斯指数等国际基准指数，沪深港通南北向成交量均持续活跃，并多次创下新高。比如，香港交易所北向交易总成交额达人民币97570亿元，打破2018年创下的纪录，升幅达109%；中国内地南向交易成交额则达24810亿元。自沪深港通推出至2019年年底，中国内地和香港市场分别录得人民币9935亿元及10583亿港元的净资金流入。2019年债券通也增长态势强劲，年内每日及每月成交量均刷新多项纪录。全年总成交量及平均每日成交额分别升至人民币26333亿元及人民币107亿元。随着债券通于2019年1月将彭博加入成为第二家认可的交易平台、彭博巴克莱指数于2019年4月纳入在岸中国债券，以及市场预期其他债券指数纳入中国债券的计划，债券通的市场参与度大幅增加，截至2019年年底，共有1601名来自31个司法权区的注册机构投资者参与债券通，较2018年设立的记录增长两倍以上。产品方面，香港交易所人民币期货交易量持续增长，美元兑人民币（香港）期货合约成交量创下1938891张的纪录，较2018年增加10%。

6.6.2 香港也是中国的家族办公室连接全球证券市场的桥梁

香港和中国内地的文化和语言几乎没有隔阂，与中国内地独特的关系是香港作为国际金融中心最大的优势，也是中国的家族办公室的机会。在发展的初期，中国内地的家族办公室可以通过香港连接全球。即使在中国内地的家族办公室相对成熟后，香港的角色依然不可或缺。

2019年，香港市场的首只两倍反向产品、首只主动型ETF及首只界内证分别于5月、6月及7月推出市场。每周指数期权（包括每周恒生指数期权及每周恒生中国企业指数期权）及印度卢比货币期货合约亦分别于9月及11月首次推出。大宗商品方面，香港分别于2019年6月及8月推出了6个香港交易所黄金期货指数及6只以美元计价的伦敦金属期货小型合约。

2019年是ETF在香港市场推出的20周年，香港交易所对市场结构进行了一系列的改革，以提升市场流动性。通过这些措施，香港提升了证券及衍生产品市场流动性，令市场成本更低、参与更易，维持市场整体竞争力，以应对全球投资者参与被动式投资和程序交易日渐增加的行业趋势。2019年12月，中国证券监督管理委员会与香港证监会联合宣布沪深港通下的港股通推出投资者标识符，于2020年1月13日正式实施，这也进一步便利了沪深港通的有序运作。

6.7 全球的家族办公室对中国A股的投资

中国的A股市场是世界上最大的证券市场之一。据彭博社的数据，2019年A股的市值达8万亿美元左右。随着A股成功被纳入MSCI、富时罗素、标普道琼斯指数等国际基准指数，中国的证券市场会越来越国际化，吸引全球家族办公室对A股的投资。

由于A股成功被纳入MSCI、富时罗素、标普道琼斯指数等国际基准指数，占全球的家族办公室对公开市场股权绝大部分的被动投资将通过ETF和其他指数基金等被动股权工具"被动"地投资A股（见前述关于主动投资与被动投资的论述）。2019年11月8日，明晟公司（MSCI）宣布将把指数中的所有中国大盘A股纳入因子从15%增加至20%。MSCI中国指数中将增加204只中国A股，其中189只为中盘股，现有268只成份股的纳入因子将从15%增加到20%。中国A股在MSCI中国指数和MSCI新兴市场指数中的权重将分别达到12.1%和4.1%。据券商测算，此次扩容将为A股带来最大规模"活水"，届时将有约493亿元人民币被动增量资金配置A股，远超2019年5月和8月两次纳A的规模，达到近几次纳入所带动的资金量的新高。MSCI扩容的最大看点是以20%的比例首次将中盘股纳入。2020年以来外资也已对部分优质中小盘标的进行提早布局，预计A股医药、电子、计算机等行业将会迎来更大规模增量资金，成长风格有望走强。与此类似，A股也成功被纳入富时罗素、标普道琼斯等国际基准指数。

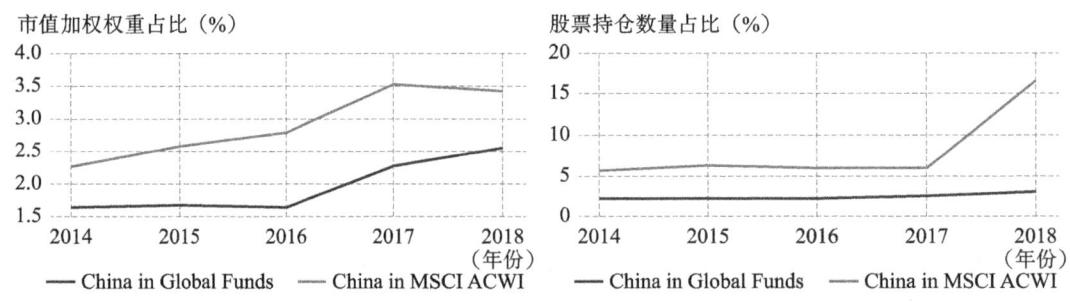

图6-1 全球共同基金和MSCIACWI全球指数中的中国配置

资料来源：理柏，MSCI同行分析数据库（Lipper, MSCI Peer Analytics Database）。

尽管全球的金融机构对中国证券市场的投资取得了很大的进展，但无论是全球型还是新兴市场型基金，其投资组合中中国股票的权重都偏低。这种现状可能是基于投资者对中国的各种担忧，例如中国的宏观经济风险，对中国市场缺乏认知，以及在此市场可用的风险管理工具不足等。因此，随着中国资本市场和金融基础设施的发展，全球基金和新兴市场基金投资者都可能会重新权衡其在资产组合中对中国股票的配置。

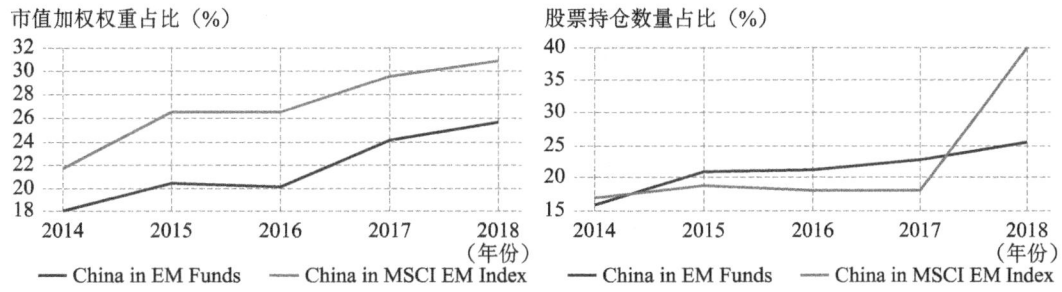

图6-2 新兴市场共同基金和MSCI新兴市场指数中的中国配置

资料来源：理柏，MSCI同行分析数据库（Lipper, MSCI Peer Analytics Database）。

中国的证券市场确实远远落后于其经济在过去30年里取得的增长。比如，尽管中国目前已占全球经济总量以及全球企业盈利产生地的16%，中国市场仅占全球市值加权指数的4%。这种权重差异主要反映了两个大方面问题：其一，欠发达资本市场上的上市公司的自由流通股份通常较少；其二，中国A股尚未全部纳入全球指数中。不过，中国目前在MSCI新兴市场指数中的权重并没有明显低于其经济总量或者作为企业盈利来源地的占比。随着A股在2019年11月完全纳入市值加权指数，其在新兴市场指数中的权重将会与对应的经济总量加权指数的权重大致相当。

这其实取决于其投资观点和技术能力，一些投资者可能会使用非标准的指数或指数组合来定义全球股票组合中的中国投资机遇。诚然，投资于这个市场会涉及一系列风险，比如流动性风险、波动的交易环境、股票停牌和经济增长放缓的风险。然而，这些风险与其他新兴市场相比并没有特别之处。虽然不应忽视与市场性质及其投资者基础有关的风险，但这些风险也是可以利用的，因为它们导致的波动和错误定价，是可能带来产生基本收益的诱人机会。

另外，全球的家族办公室对A股的态度也是矛盾的，但全球的机构投资者长期以来一直认为新兴市场股票是其全球股票投资组合中的重要成分，而中国目前已经成为了新兴市场中最大的组成部分。同样，全球的家族办公室都无法忽视中国的A股市场，但中国股市需要本土专业人士才能成功驾驭相关领域。我们认为，对于全球的家族办公室而言，在中国经济现代化进程中抓住机会的最佳方式，是对一些中国的有内在投资价值的股票进行长期价值投资。

尽管中国在MSCI新兴市场指数中的权重已经很大，但对于一些寻求在早期加大中国A股敞口的家族办公室而言，他们认为虽然中国国内股市目前相对受限，但有朝一日其终将会对国际投资者敞开大门，届时中国A股也将成为他们资产组合的重要组成部分。在此之前，这些家族办公室直接或间接地通过合格境外机构投资者（QFII）或人民币合格境外机构投资者（RQFII）制度对中国进行了的基准之外的专业化投资。另外一些家族办公室可能会对"基准之外"的任何投资采取更保守的方法，这些投资者也许会继续谨慎地接触新的机会，同时加强对相关市场的了解。

根据2019年瑞银报告对2020年的展望，在利率和回报的不确定性持续上升的背景下，接受调查的家族办公室正转向另类投资、发展中国家市场公开市场股权。市场自由化的长期趋势是一个因素。多家家族办公室表示，他们计划在明年继续转向另类投资，并采取更多主动投资的方式。按差额计算（即计划增加和减少资产配置的家族办公室数量之差），39%计划增加对私募股权的直接投资，28%计划增加对私人股权基金的投资，16%计划增加对房地产的投资。相当比例的公司还计划向发展中市场的股票注资（29%）。

对于公开市场股权的表现，许多家族办公室表示，他们发现较长期的基本面令人信服，愿意忽略短期波动。例如，在中国竞争正在加剧，中国政府也正在采取实际行动刺激经济和市场，有更多的家族办公室计划减少对发达市场股票、大宗商品和现金/或等值资产的配置。

因此，从下一章开始，我们开始依次讨论另类投资在家族办公室的资产配置中最大的三个资产类别：私募基金、房地产及对冲基金。

第 7 章
家族办公室的资产配置及管理分论之二：私募股权篇

全球主要经济体长期的低利率以及波动性的加剧，引发了全球家族办公室对有效率且有稳定收益的投资机会和多样化投资的迫切需求，并导致投资者增加了对另类投资的配置。

7.1 家族办公室对私募股权配置的实践

近年来，有超过40%的家族办公室的总资产都配置于另类投资。如图7-1所示（除了公开市场股权、固定收益和现金部分，都属于另类投资）。

其中私募股权投资是家族办公室的资产配置中的另类投资里占比最大的一个大的投资类别。实际上，在整个家族办公室的投资组合里，私募股权投资平均也是占比最大的投资类别之一，仅次于公开市场股权排第二。从长期来看，私募股权投资回报相对让人满意，而且波动性相对较小。目前，私募股权平均占家族办公室投资组合总资产的1/5，在过去的10年中，家族办公室对私募基金和对冲基金的配置都大幅减少，而对私募股权的直接投资大幅增加。原因是家族办公室支付给了私募基金和对冲基金管理公司高昂的管理费，但私募基金和对冲基金的回报却不理想。目前有超过80%的家族办公室都将资产的一部分配置给了私募股权，从资产配置的权重而言占家族办公室投资组合总资产的1/5，其中有1/10的家族办公室投资组合是直接投资，而私募股权基金的占比不到1/10。在所投资的行业里最受欢迎的行业是科技，有一半的家族办公室投资于该行业，其次是房地产和租赁、金融和保险。

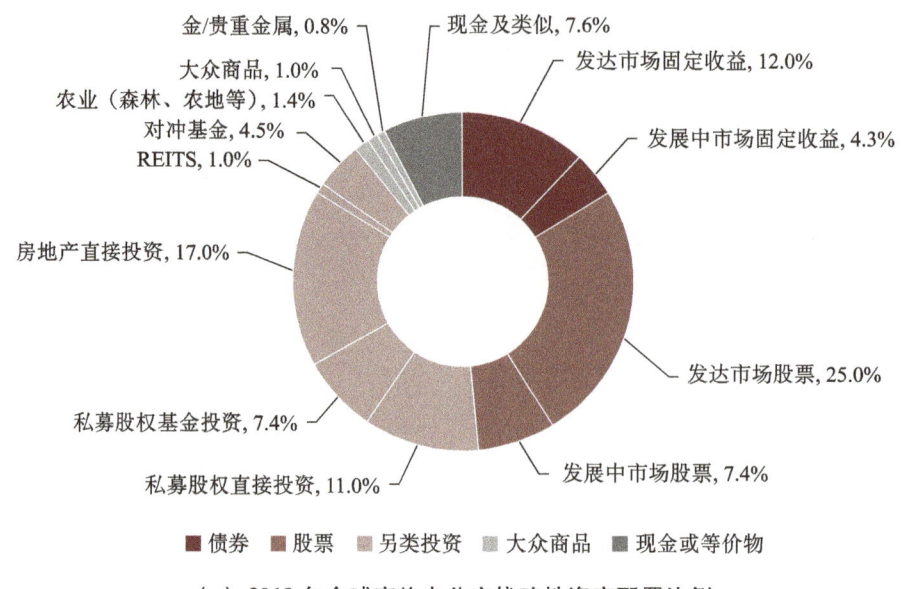

(a) 2019年全球家族办公室战略性资产配置比例

资料来源：The UBS/Campden Wealth Global Family Office Survey 2019。

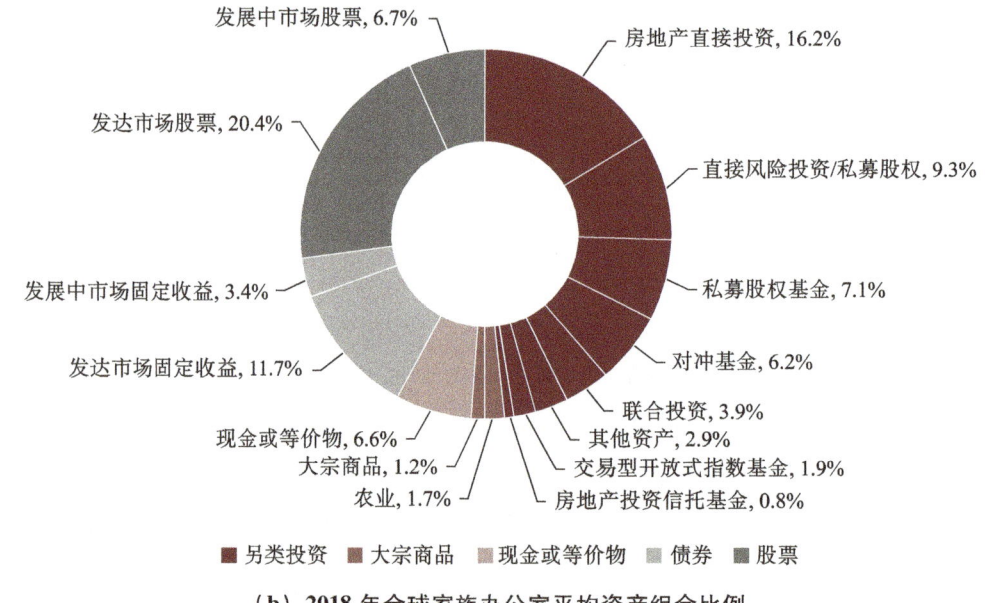

(b) 2018年全球家族办公室平均资产组合比例

资料来源：The UBS/Campden Wealth Global Family Office Survey 2018。

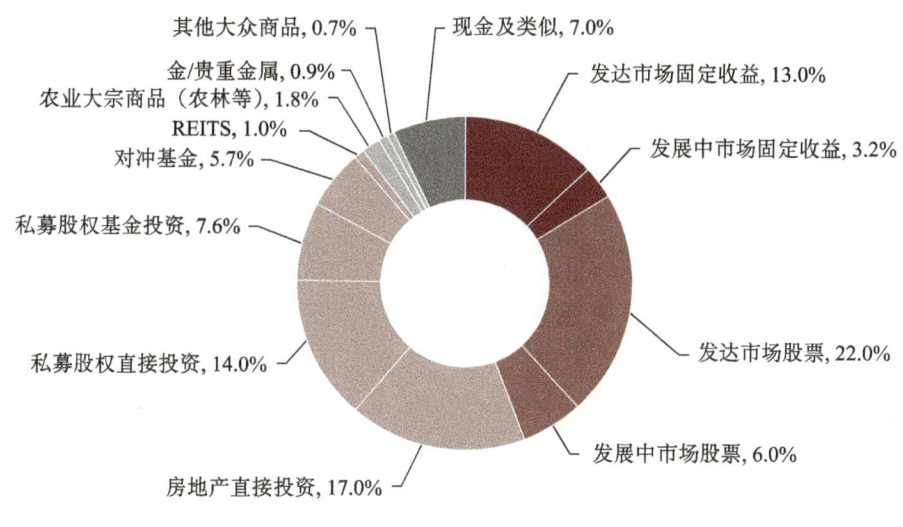

(c) 2017 年全球家族办公室平均资产组合比例

图 7-1

资料来源：The UBS/Campden Wealth Global Family Office Survey 2017。

7.2 家族办公室对私募股权的投资管理
——以投资政策陈述为中心的分析

下面我们探讨一下家族办公室对私募股权的投资过程及投资管理。我们还以第 5 章引用的家族办公室的投资政策陈述开始（略去与私募股权无关的部分）：

投资政策及其计划的战略性资产配置的目标和浮动范围如表 7-1 所示：

表 7-1

资产类别	基准	目标配比	范围
美国公开市场股权	Russell 3000	27%	
非美国公开市场股权	MSCI ACWI ex U.S. IMI	9%	
公开市场股权总计		36%	26%-46%
私募股权	Russell 3000 + 3%—5%（rolling 10 year）	19%	14%-24%
对冲基金	3 Month T-bill Index plus 5%	4%	0%-6%
美国固定收益	Barclay's Capital U.S. Universal Bond Index	17%	15%-21%
现金	Citi 6-month T-Bills Index	5%	2%-10%
固定收益总计		22%	15%-26%
房地产	NCREIF - 25 bps	15%	12%-21%

续表

资产类别	基准	目标配比	范围
期货	DJ – UBS	2%	0% – 5%
RIETS	S&P 500	2%	0% – 5%
总资产		100%	

下面需要分析宏观局势，对投资政策陈述做出新的解读，以及考量现有的资产组合是否需要再平衡。家族办公室的投资管理，一般都是主动投资和被动投资的结合。比如，对于2020年的投资看法是适度偏好风险资产：一方面，估值上升带动股市在2019年上涨，加上央行采取鸽派立场，有助抵消全球贸易紧张局势升温引致的经济下行风险，但预期降息的步伐将暂停。另一方面，增长小幅反弹，而贸易保护主义的压力逐向平缓，加上股票及债券估值处于合理水平，这些因素有望推动全球风险资产回报温和上升。收益率偏低及债券收益率趋近下限对战略性资产配置构成影响。收益率偏低使私募市场对战略性投资组合的吸引力上升。但是，对于流动性问题，不少机构投资者过于忧虑超配私募资产反而可助他们实现投资回报及分散风险的目标。

总而言之，2020年的私募股权市场是谨慎乐观的，较适合长线战略性投资组合。从目前市场展望及经济周期末段的投资选择来看，部分私募市场领域是被看好的。在低利率及低增长环境下，基础设施债券及股权等资产可提供收益及增长潜力，且与其他市场的相关性偏低。鉴于对利率持中性看法，私募股权及私募债券资产面临若干周期末段风险。尽管如此，通过严选资产经理及承担由复杂性及流动性带来的风险，部分私募资产领域具备获取额外回报的潜力，相比公开市场股权更具吸引力。

然而，2020年的私募市场并非适合所有投资者的含义。我们先回顾一下2019年的私募股权市场，2019年私募股权市场用一句话概括：尽管宏观环境恶化，但交易活动强劲。尽管宏观经济前景黯淡，但全球私募股权活动在2019年并未大幅放缓。在有限合伙人（LPs）的热情推动下，普通合伙人继续推进交易、退出投资，然后筹集比以往更多的资金。私募股权以较高的价格投资，他们对交易更是利益攸关，风险也更大。2019年，美国的私募股权退出的时候，比正常情况下持有股权更短的时间。

债券市场鼓励普通合伙人在2019年的大部分时间里继续进行杠杆收购。由于美国监管环境更为宽松，允许高杠杆收购在整体债务中所占比例上升，因此所谓的"低门槛贷款"（covenant – lite loans）仍很受欢迎。杠杆收购的估值在利息、税项、折旧及摊销前利润（EBITDA）的6倍以上收购，占总收购项目的75%以上。这与全球金融危机后的几年间形成了鲜明的对比，那时估值超过EBITDA的收购项目不超过25%。许多交易的真实杠杆率可能更高，因为银行通常允许借款人根据预期收益而非实际结果计算市盈率。

7.3 具体资产类别的选择及主动型和被动型管理——投资政策陈述的附件

下面的步骤还得进一步对照家族办公室的投资政策陈述的私募股权的投资政策。假定家族办公室认为2020年的私募股权市场是机遇与挑战并存的,下一步是考量对家族办公室的投资政策陈述的私募股权投资政策的新的解读,然后进行相应的资产配置就可以。如果有所偏离目标比例,投资经理就应该报告CEO或CIO,按照投资政策陈述规定的程序,进行资产配置再平衡,同时在投资判断和预测的基础上进行微调。与此同时,CEO和CIO都有责任每年详细地按照投资政策陈述来评估,作为一个整体是否需要进行资产配置再平衡。如果投资政策陈述已经不适应现在的家族办公室的资产配置的结构,或与现在的宏观经济不相容,或者由于法律法规的改变出现合规问题,就应该由CEO和/或CIO向投资委员会报告,修订投资政策陈述。与此同时,CEO和CIO都有责任每年详细地按照投资政策陈述来评估,作为一个整体该陈述是否适应现在的家族办公室的资产配置的结构,是否与现在的宏观经济不相容,是否由于法律法规的改变出现合规问题。当然,如果出现特殊情况,CEO和CIO需要立刻行动,不必等到年度评审时再行动。我们先来对照一下投资政策陈述的私募股权投资政策。

附件E 私募股权的投资政策(接本章引用的家族办公室的投资政策陈述的案例):

家族办公室力求维持多元化的私募股权投资组合,在这一资产类别内以一个可接受水平的风险获得总投资的最高总回报:

私募股权投资子资产类别由不包括在股票、固定收益和房地产的传统资产类别定义中的投资机会组成。根据家族办公室在整体投资组合多样化的背景下通过谨慎的风险承担来产生长期的总回报的政策,评估和考虑所有合理的投资机会是家族办公室的政策,并遵循"谨慎的专业"标准。与传统资产类别相比,私人股本投资具有以下特点:

- 长期预期回报率高于流动性的公开市场股权。
- 由于次级资产类别的独特性,风险水平和类型有所增加。为了减少这些投资增加的风险和独特的复杂性,家族办公室认识到需要运用专门的投资资源来识别、选择、实施和监控这些投资策略。

回报率目标:该资产类别的目标回报率将以内部回报率(IRR)衡量,在10年的时间内,其年化回报率较罗素3000等公开市场指数高出300至500个基点,该目标将扣除所有合伙和顾问费用。

风险管理与潜在的收益增长相平衡,私募股权投资策略通常会带来更高水平和数量的独特风险。家族办公室的政策是,识别和理解私募股权投资战略的风险,以便能够实施适当的措施来减轻这些风险。总而言之，典型的风险类型和家族办公室的风险管理政策总结如下：

（1）流动性不足可能源于私募股权这种资产或证券本身的形式，也可能是投资工具的一种功能，比如，一个有限的合伙。

尽管流动性不足通常是私募股权投资策略的必要特征，也是预期回报溢价的一个来源，家族办公室将确保每一笔私募股权投资，通过实用而且适当的投资工具的使用和结构设计，提供最大的流动性。

家族办公室将利用私募股权的二级市场，战术性地缓解一些私募股权资产类别固有的流动性不足。

（2）波动性——大多数私募股权投资的波动性增加，要么是投资策略的集中聚焦，要么是杠杆的使用，和/或衍生品的纳入。

家族办公室将通过实施适当的投资指南和标准，通过充分的多样化分散投资来降低其私募股权投资组合的总体波动性，既在特定的投资策略内实施，也包括利用多种投资策略。

（3）缺少公共信息——由于大多数私募股权投资的私密性，使获取用于分析潜在投资和评估已执行投资业绩的公正、可靠的信息变得更加困难。

家族办公室将根据需要使用适当的资源（如专门管理经理、数据库等），协助工作人员和投资委员会来评估潜在的投资，并建立适当的程序来监测中期业绩和评估私募股权投资组合的估值。

现有资产配置，在私募股权部分无疑是和家族办公室的投资政策相容的，不需要再平衡。如果需要再平衡，按照投资政策，实际资产配置应该在每月月底当资产价值统计完成时进行评审，在某类资产偏离投资政策及计划的组合比例时可以进行再平衡，而在某类资产突破投资政策及计划规定的范围时必须进行再平衡；再平衡必须以最有效率的方式进行，而且不应该因为再平衡而使市场崩溃。再平衡的目标是确保投资组合不会偏离投资政策及其计划。没有其他考量的话，最优的策略是持续性地再平衡，以确保政策的一致性。进行再平衡时，投资组合应该平衡回投资政策及其计划规定的组合比例。家族办公室的董事会应该每个月得到关于是否进行了再平衡的汇报。每个季度的季报应该描述实际的投资组合和规定的投资组合的偏离。再平衡将由 CIO 来执行。

之后是投资经理按照投资政策和策略进行具体的操作。关于投资经理的雇用/聘用，考核和辞退，在上一章已经详细论述。

7.4　最近10年家族办公室对私募股权投资的新趋势

最近10年，由于全球主要经济体长期的低利率以及加剧的波动性，引发了全球机构投资人对有效率且有稳定收益的投资机会和多样化投资的迫切需求,并导致私募股权投资获得了快速发展。其实在10年前,私募股权运营期间的表现乏善可陈,且资金为沉淀资本。从历史上看,私募股权基金起源于美国。19世纪末20世纪初,有不少富有的私人银行家通过律师、会计师的介绍和安排,将资金投资于风险较大的石油、钢铁、铁路等新兴产业,这类投资完全是由投资者个人决策,没有专门的机构进行组织,这就是私募股权基金的雏形。现代私募股权投资产业先后经历了4个重要时期的发展。1946—1981年的初PE时期,一些小型的私人资产投资以及小型企业对私募的接触使PE得到起步。1982~1993年的第一次经济萧条和繁荣的循环使PE发展到第二个时期,这一时期的特点是出现了一股大量以垃圾债券为资金杠杆的收购浪潮,并在20世纪80年代末90年代初在几乎崩溃的杠杆收购产业环境下仍疯狂购买著名的美国食品烟草公司雷诺纳贝斯克(RJR Nabisco)中达到高潮。PE在第二次经济循环(1992—2002年)中得到洗涤并经历了其第三个时期的进化。这一时期的初期也就是20世纪90年代初期逐渐浮现出一系列金融和经济现象,比如储蓄和贷款危机,内幕交易丑闻以及房地产业危机。这一时期出现了更多制度化的私募股权投资企业,并在1999—2000年的互联网泡沫时期达到了发展的高潮。2003—2007年成为PE发展的第四个重要时期,全球经济由之前的互联网泡沫逐步走弱,杠杆收购也达到了空前的规模,从而使私募企业的制度化也得到了空前的发展。从2007年美国黑石集团(Blackstone Group)的IPO中我们可以得到充分的印证。2008—2009年金融危机之后,全球主要经济体长期的宽松的货币政策,引起了财富的膨胀以及加剧了波动性,导致全球投资人对私募股权投资的追捧。当然理论界和产业界最近几年也有对私募股权投资的非理性繁荣的忧虑。

过去10年里,在私募股权领域还有一个很明显的特点是家族办公室私募基金和对冲基金的配置大幅减少,而对私募股权的直接投资大幅增加。原因是家族办公室支付给私募基金和对冲基金管理公司高昂的管理费,但私募基金和对冲基金的回报却不理想。这个趋势得到了瑞银报告的印证。根据瑞银报告,2019年参与调查的超过80%的家族办公室目前都将部分资产配置给了私募股权。私募股权的直接投资比私募基金更有吸引力,因为直接投资为家族办公室提供了更大的控制权。它吸引了有创业精神的家族和想要亲自操盘的家族下一代,而且还可以降低费用。因此,最近几年家族办公室的投资组合更倾向于私募股权直接投资。在私募股权投资组合中,有超过一半的投资是直接投资,家族办公室要么是委派基金经理参与管理,要么是以被动股东的方式存在。

一般而言,2019年私募股权投资的表现与预期一致或优于预期,不同的私募股权投资工具的平均回报率在8.6%至16%之间——母基金处于较低水平,主动型的直接投资处于较高水平,与被动型的直接投资相比有3.0%的溢价。对于绝大多数的家族办公室来说,每一种私募股权的投资工具的投资回报要么达到了预期,要么超出了预期——其中私募股权基金投资的失望程度最低,被动型的私募股权直接投资的失望程度最高。

7.5 私募股权投资工具的理论和实践

1976年成立的美国KKR公司，是最早的现代意义上的私募股权投资公司之一。经过长期发展，私募股权及私募股权基金在金融市场和经济领域占有重要地位。其中，KKR、凯雷、黑石、3i、华平、橡树、NEA、阿波罗、蓝山、KPCB、贝恩、红杉、Mayfield、科勒资本、合众集团、英联资本和德州太平洋等机构是其中的佼佼者。美国风险投资协会（NVCA）将私募股权基金概念划分为广义和狭义两个层次。其中，广义私募股权基金包括风险资本、收购基金、夹层基金以及基金的基金（FOF）等，而狭义私募股权基金则不包括风险资本。西方经济学界关于私募股权基金的研究成果十分丰硕，主要包括PE产业发展的影响因素、委托－代理问题、公司治理、投融资策略、退出机制和风险监管等内容。近年来，国内金融改革加快，多层次资本市场逐步形成，私募股权基金发展迅速。分析借鉴西方学者的相关研究成果，对于促动国内PE产业发展，支持经济转型升级，具有重要意义。

7.5.1 PE产业发展的影响因素

影响PE产业发展的因素包括资本利得税、养老基金规模、经济增长率、股票收益率、研发支出、公司业绩及声誉等。其中，美国经济增长率对VC产业影响较大，而公开市场发行（IPO）对私募股权基金的影响不够显著。通过对多国PE产业的实证分析表明，IPO是推动创业投资的主要动力，而经济增长率和市场资本化水准等因素对PE产业的影响不明显。Cumming和MacIntosh（2002）认为，法律健全国家的基金管理人更倾向于投资科技型中小企业，退出方式以IPO为主。一个国家的法律制度对PE的影响十分显著。在法律制度不完善的情况下，基金管理人更倾向于控股被投资的企业。

7.5.2 私募股权基金的委托代理问题

首期业绩通常会成为外部投资者衡量基金管理人业务水平的依据。融资契约、辛迪加投资和分阶段融资等三种机制能够降低融资过程中的委托代理风险。企业所处的发展阶段越早，信息不对称水准越高，委托代理风险就越大。委托－代理风险是创业投资过程中的最大风险。投资人与基金管理人之间的契约是解决委托代理问题的有效途径。成功的IPO是反映私募股权基金管理人业务水平的重要信号，IPO充当基金管理人和投资者之间的信号传递机制。

7.5.3 私募股权基金的公司治理结构

与业绩相关的附加收益条款，能够激励有限合伙制基金管理人为基金创造更多利润。欧洲基金同时采用有限合伙制和公司制形式，而亚洲私募股权基金则以公司制为主。老牌基金和大型基金通常会降低管理费，但相对应提升利润分成比例。有限合伙人能够通过合伙协议相关条款对基金管理人的投融资行为实行约束。风险投资机构更倾向于对外联合投资，而不是采取单独行动。其中，拥有风投从业经验和名牌高校教育背景的基金管理人，投资业绩相对较好。有限合伙制成为美国私募股权基金的主要组织形式，主要是为了保持养老基金等机构投资者的免税地位。为了建立良好的声誉，PE 管理人在创业投资初期，通常愿意忍受较低的报酬。优秀的基金管理人偏重资本利得收益，低水平基金管理人偏好固定管理费。

7.5.4 私募股权基金的投融资策略

当私募股权基金投资的项目能够实行抵押时，额外资金就可使用债务融资方式。历史业绩与声誉成为投资者选择基金管理人的重要依据。创业投资基金通常由合伙人提供资金，而收购基金往往会对外实行债务融资。项目的生存水平和新颖性，管理水平、经验和团队互补性，收益率和退出机制等因素是私募股权基金选择项目时考虑的主要因素。当风投选择投资项目时，目标企业管理者的人格和经验更受重视，风投更注重企业的管理团队和市场等因素。新创立的私募股权基金管理人更倾向于风险较大的投资项目，资深管理人往往会变得相对保守。当投资机会增多、市场竞争缓和以及市场信用宽松时，收购基金往往会加快投资，降低筛选门槛。

7.5.5 私募股权基金的退出机制

在私募股权基金的所有退出方式中，IPO 方式定价最高，约为出售新创立公司所得收益的 5 倍。公开上市是有效的投资变现方式，在欧洲私募投资领域被广泛使用。协商交易是最受欢迎的 PE 投资退出方式，其次是公司回购、公开上市和追加投资。美国资本市场 IPO 空间较大，通过 IPO 成功退出能获得较高回报。有效的 IPO 市场对于风投产业发展十分关键。业绩较好的企业采用 IPO 方式退出相对有利，业绩较差的企业选择出售更为合理。退出机制对 PE 产业发展至关重要，IPO 通常是投资者退出的首选模式，并购往往意味着控制权的丧失。另外，企业类型、融资阶段、融资时企业价值评估和市场环境等因素对私募股权基金的预期收益都有影响。融资阶段越早，预期收益越高；融资阶段越晚，PE 投资预期收益越低。通过对私募股权基金退出方式实行比较，IPO 是最佳的退出方式，私募股权基金投资理论上存有最佳退出时机，但在实践中很难把握最佳时机。

7.5.6 私募股权投资基金监管

鉴于私募股权基金的主要资金来源为风险识别和承受水平较高的富裕阶层和机构投资者，学术界一度认为私募股权基金不需要监管。随着实践发展，多数学者认为，应对私募股权基金适度监管。对私募股权基金监管乏力，有碍机构投资者参股私募股权基金，尤其是私募股权基金缺乏透明度的时候。对基金管理人的激励机制会促使私募股权基金在经济繁荣时过度投资，在经济萧条时减少，从而放大经济周期，加剧宏观经济波动。私募股权基金融资过程中可能会遇到投资前评估风险、委托代理风险、被投资企业内部风险、投资组合风险和宏观风险等风险。其中，信息不对称所导致的委托代理风险、证券投资组合管理风险和宏观风险尤为重要。即使金融危机前私募股权基金（主要是并购基金）迅速扩张，且普遍使用财务杠杆，但私募股权基金并未增加资本市场和宏观经济的系统性风险。2008年世界金融危机以来，私募股权基金持股公司创造的就业机会增长了3%，而社会总体就业数量则缩减了将近1%。

如前所述，2008年金融危机之后，美国加强了对金融机构的监管。多德—弗兰克法案取消了《顾问法》中"私人顾问"豁免，使许多私募股权基金的管理人不得不注册为投资顾问，履行向SEC注册、披露和申报等合规义务。同时多德—弗兰克法案第409条明确将"家族办公室"排除在"投资顾问"的定义之外，并要求美国SEC来的制定"家族办公室"的定义。另外多德—弗兰克法案为只负责管理私募基金的投资顾问规定了一项新的注册豁免：如果该投资顾问管理的私募基金的总资产低于1.5亿美元，该机构或个人无须向SEC或各州注册为投资顾问。

7.5.7 私募股权基金投资风险的独特性

私募股权基金的结构一般由基金给管理人即普通合伙人（General Partner，简称GP）和投资人，通常为有限合伙人（Limited Partner，简称LP）组成。国内外众多对私募股权投资风险的理论与视角，大都关注于代理制度风险及信息不对称风险这两大方面，而弱流动性和信息不透明是最能体现私募股权基金投资独特性的风险。风险控制的第一步工作就是识别风险，因此，将私募股权所面临的各类风险进行梳理，归纳出主要的风险类别是管理私募股权风险的关键。私募股权基金的最大风险之一是流动性风险，即站在投资组合的角度，LP对基金现金流入与流出的管理风险。其他的还有信息透明度风险和法律风险等。

私募股权基金的风险概况如下：

（1）弱流动性

弱流动性是私募股权基金投资最显著的特点。私募股权基金投资的许多风险都与弱流动性相关，其中主要体现在两个方面：

一是出资违约风险。私募股权基金投资是一种长期投资，基金存续期通常在10年左右。期间，LP无法预期现金流入与流出的具体时间。当GP发出缴资通知的时候，LP往往被要求在短暂的期限内完成出资。一旦LP无法履行出资承诺，即要面临严苛的违约惩罚。为了避免违约情况的发生，LP需要长期预留足够的现金或现金等价物以履行出资承诺。

二是资产变现风险。对于PE资产来说，LP可以通过PE二级市场出售其持有的基金份额。但PE二级市场参与者较少，严重缺乏流动性，导致PE资产在二级市场上的价格往往偏离其真正价值。所以当LP面临财务危机的时候，通常需要将其持有的PE资产折价出售方可变现。

在大市场环境突变的情况下，弱流动性甚至可以给基金造成致命性创伤，"过度承诺"就是一个例子。过度承诺是指LP对多家GP做出出资承诺，其承诺总规模超出了基金总规模。由于LP只有在GP投资项目的时候才需要履行出资承诺，而GP在基金存续期间的任何时刻都有可能返还LP的投资成本及收益，所以LP有可能在没有完成全部出资之前就已经收回了一部分现金。为了提高资金的使用效率，LP可以将早期收回的现金再投入使用，利用现金流入与流出的时间差来达到过度承诺的目的。而当LP现金流断裂，无法履行出资承诺，且无法在短时间内将其PE资产变现的时候，LP就会面临财务危机。

（2）信息不透明

由于PE行业不受限于政府监管机构强制披露信息的要求，外加委托代理关系所导致LP与GP之间的利益冲突，PE行业的信息存在极度不透明的问题。LP做投资决策时不但无法获取一些敏感信息，还会出现GP掌握比LP更多信息的信息不对称现象，降低了PE市场的有效性。而信息不对称又会引发两种风险：

一是逆向选择。信息不对称使得业绩较差的GP有机会与业绩较好的GP一同竞争市场上的LP资源，导致部分LP资产配置效率低下。为了避免难以辨别优劣GP所导致的损失，LP可以要求GP承诺一个优先回报率（Hurdle Rate），以期尽可能降低由于逆向选择造成的投资风险。

二是道德风险。道德风险是指在LP投资完成后，GP可能做出的有损于LP利益的行为，例如GP擅自挪用资金，投资于非PE类的资产。降低道德风险的方法之一是LP选择分期出资，使自己获取更多时间来了解GP，降低一次性出资可能带来的不可逆损失。

通常情况下，GP与LP之间的利益冲突往往使GP只会向LP披露有利于自己的信息，因此LP不得不更加依靠历史业绩来判断GP的潜在投资能力。而当GP建立起优异的历史业绩后，许多LP会来追捧这些GP，使优秀的GP获得更大的话语权，导致LP提高信息透明度的期望变得更加渺茫。

其实，信息不对称的问题对于FOF来说更加严重。因为FOF的投资结构是双层委托代理关系，即FOF和GP之间与LP和FOF之间存在着两层委托代理关系的嵌套，这就加大了风险监控的困难。

7.6 私募股权投资工具简介

如前所述，除了私募股权的直接投资，家族办公室还可以使用很多私募股权的投资工具来进行投资。私募股权投资工具基本是各种私募股权基金。除了私募股权的直接投资，家族办公室还可以使用很多私募股权的投资工具来进行投资。

7.6.1 杠杆收购基金（Leveraged Buyout and Merchant Banking Funds）

2019年由于美国监管环境更为宽松，允许高杠杆收购在整体债务中所占比例上升，因此所谓的"低门槛贷款"（covenant-lite loans）仍然被广泛使用，杠杆收购基金很活跃。2019年，杠杆收购的估值在利息、税项、折旧及摊销前利润（EBITDA）的6倍以上收购，占总收购项目的75%以上，而在2008年全球金融危机后的几年，估值超过EBITDA的收购项目不超过25%。因为银行通常允许借款人根据预期收益而非实际结果计算市盈率，许多交易的真实杠杆率可能更高。

在美国，典型的杠杆收购基金是一个注册在德拉华州的有限合伙或有限责任公司。杠杆收购是一种策略，杠杆收购基金通过50%—80%的债务控制一个公司、公司的一个部门或一条生产线。一旦投资者获得公司的控制权，购买集团有很大的余地做它想要做的。一个典型的收购战略，是收购成长目标类似的公司，并把它们结合在一起来尝试提高效率，通过消除冗余的业务线（例如，会计部门）以及增加规模效益，来扩大集团公司。公司越大，其收益越安全，并且从理论上说，它越有价值。

没有人确切地知道第一笔杠杆收购交易发生的时间，但大多数市场观察家认为是第二次世界大战结束后才开展的。在20世纪60年代创建企业集团成为一个流行的商业策略，由此导致的一个结果就是，美国公司开始变得无利可图，因为管理层次太多的管理且缺乏正确的战略方向。看到这样一个释放价值机会，早期私募股权投资者开始利用杠杆购买公司或部门。所以杠杆收购也是一种企业进行资本运作的有效的融资收购工具。优势企业按照杠杆原理，可以用少量自有资金，依靠债务资本为主要融资工具来收购目标公司的全部或部分股权。在并购过程中，并购方需要大量的资金才能运作，尽快筹集一定数量的资金成为并购方急待解决的问题，这就是杠杆收购基金加入的时候了。企业对外进行筹资、融资，除了可以采用股票、债券、商业信用、银行贷款、租赁、外资等传统的融资方式外，还可以通过资本市场推出新型的融资方式。杠杆收购与一般收购的区别在于：一般收购中的负债主要由收购方的资金或其他资产偿还；而杠杆收购中引起的负债主要靠被收购企业今后内部产生的经营效益结合有选择地出售一些原有资产进行偿还，投资者的资金只在其中占很小的一部分，通常为20%—50%。在用于收购的资金结构中，负债占绝对比重，且该收购可预见获得巨大的现金流入,从而给投资者以超常收益的回报。

因此,也可以认为杠杆收购就是利用被收购公司的资产的经营所得来支付收购资金。换言之,收购公司本身不需要拥有巨额的资金,它只要准备20%到50%的现金或其他资产,加上以被收购公司之资产及营运所得,以及在这些资产及营运所得上所设的融资担保及还款来源所贷得的金额,即可收购任何规模的公司。通过20世纪70年代的继续发展,到了80年代,杠杆收购已变得越来越流行,但当时有很多杠杆收购的投机性交易太多,如魏思睿资本对吉布森贺卡的公司收购等,导致美国国会很快就开始检查这类做法,并开始了杠杆收购的立法,密切合作媒体关注了大量高调的杠杆收购。垃圾债券之王迈克尔·米尔肯在20世纪80年代创造了自己买断其中高收益债券的策略,影响到许多收购。20世纪90年代,这种收购在某种程度上有点过时。但就像大多数的潮流一样,在21世纪的头十年又重新出现了重大的买断回潮活动,直到2008年的信贷紧缩。在全球金融危机后的几年,杠杆收购陷入低潮。2012年以后,杠杆收购变得越来越活跃。

杠杆收购如何运作

机械地说,大额交易时收购会相当复杂,小额交易时收购相对简单。买断一个相对简单的交易非常喜欢投资房地产。准投资者提出了购买价格的百分比(往往取决于市场条件),借剩下的钱,希望实行交易,然后他的资产和收入随着时间的推移通过他的财产升值而增加。家庭购买,通常是有一个贷款人(例如,一家本地银行);小买断结构中,通常是一个单一的贷款人提供高级债务资本。在更复杂的交易中,有场外资金、债务,有时可能有大量的供应商股权(超出首付股权)。杠杆收购的最大特点是高收益性与高风险性并存,另外还需要操作的技巧性。杠杆收购的特点主要有以下几个方面:

高负债

- 在杠杆收购中,并购所需资金的构成一般为投资银行贷款占50%—60%,垃圾债券占10%—30%,并购方自有资金占10%—30%。由于负债比例过高,因此并购后的公司面对沉重的偿债压力,股东则要承担极高的财务风险,况且目标公司的资产往往作为贷款的抵押品,一旦收购者经营不善,就有被债权人拍卖抵债的可能。从一个典型的杠杆收购来看,其资本结构呈倒金字塔型,顶层是对资产有最高级求偿权的一级银行贷款,中间是被统称为夹层债券的夹层资本;塔基是收购者自己投入的股权资本。

高收益

- 高收益性与高风险性总是相伴而行的,杠杆(leverage)一词在财务上本身就是股本与负债的比率。收购方以负债取得股本,从而占有猎物方在目标公司资产负债表上的地位,若损益表上息税前利润(Earnings before interest and tax)远远大于利息支出,则将获得较高的投资报酬率而使税收减至最小。

被收购企业的特点:

- 杠杆收购大部分是发生在已相当成熟,拥有相当现金,而现金流量稳定、短期内无重大支出（例如，更新机器设备、为技术进步而做的研究与发展）需要的企业。这是因为杠杆收购的成败取决于收购公司是否能贷得足够款项，支付收购资金。即贷款方就贷款不能向收购公司求偿，只能完全倚赖被收购公司既有的现金及未来的现金流量，用以逐年支付贷款本息，自然要求被收购公司为一成熟企业（mature company）。所以，唯有成熟企业才能有相当长时间的营运记录显示其现金流量，且因其已成熟，而非正在萌芽或处于快速发展的阶段，其支出、收入也相对稳定。简而言之，该类公司不会突然发生大笔支出，影响其现金流量，进而影响其偿债能力的稳定性。一般而言，有丰富现金且现金流量稳定的公司较容易成为杠杆收购的目标公司。

- 另一种较易成为杠杆收购的目标是拥有丰富资产的公司，此类公司的偿债来源与现金流量关联较少，而是靠出售公司的资产所得来清偿收购资金的贷款。当股票市价总和低于公司资产市价总和时，收购即会产生，以实现这其中差价利得。杠杆收购的模式不过进一步扩大此差价利得。当然，在大部分情况下，杠杆收购的债权来源常是混合现金流量与出售资产所得。当收购者欲提高被收购公司利润，以充分享受股市处于顶峰时的高倍数市盈率时，自然会出售部分公司资产，提前偿还贷款，以降低利息支出（财务费用），提高盈余。

- 责任感、稳定性强的管理层。投资者往往尤其关注目标公司管理层个人及整体素质。只有具备较高"企业家才能"的管理人员才能领导企业经营成功，从而保证其资金的安全性、收益性。而经理人员的稳定性，通常根据管理人员任职时间的长短来判断：时间愈长，则收购完成后其留任的可能性愈大。

- 财务状况比较健康。杠杆收购往往需要对外筹措收购资金，而外部投资者通常会对收购的目标公司财务状况的质量极为关注。稳定连续的现金流量和较低的资产负债率可增强其安全感，降低其风险。

- 最好能拥有易于出售的非核心部门或产业。如果目标公司拥有易于出售的非核心部门或产业，则可在必要的时候出售这些部门或产业，迅速地获得偿债资金，从而增强对贷款方的吸引力。

- 能有较大的提高盈利或降低成本的空间。目标公司被收购后需要承担新的负债，如果公司可以比较容易地提高盈利或降低成本，则负债压力可以得到一定程度的缓解。其措施包括进入新市场、开发新产品、裁员、清理冗余设备和控制运营费用等。

综上所述，杠杆收购于 20 世纪 60 年代出现于美国，在 80 年代得到了很大的发展。有关经济评论家认为，杠杆收购把企业界和金融界带入了新的时代，直接引发了 80 年代中后期的第四次并购浪潮，随后风行于北美和西欧。杠杆收购模式运用于收购公司方式后，企业界在以前无法梦想可能成为收购目标的公司（target company），例如资产及营业额在全球均名列前茅的巨型企业，也不再被理所当然地排除在收购暴风圈外，而发现自己竟成为优先的收购目标。美国 80 年代中后期的第四次并购浪潮收购资金数额高居四次之冠，足以证明即使是最富影响力、资产达天文数字的企业也无法幸免于遭受杠杆收购的恐惧。

但杠杆收购是与该国经济发展以及企业是否达到一定的成熟期有密切关系。如果一国的文化、政治经济及法律背景不利于企业以收购方式为外部发展战略成长模式，则企业无论如何累积有过剩的现金，也不会导致杠杆收购的发生。以日本为例，日本企业资产结构下的现金比例，远高于同级的美国公司。

造成此现象的原因大致有三个方面：

- 日本银行多要求贷款企业在该行保留相当数额的现金存款，为满足银行的要求，日本企业不得不维持相当金额的现金存款；
- 偏好以自有资金来对付重大资本支出（capital investment）的习惯，导致企业界长期持有大笔现金资产。
- 保留大笔现金是强化企业界实现对员工终生雇用及退休保障承诺的能力。不过，因日本与美国企业治理结构（norm of corporate governance）与传统文化之差距，杠杆收购并没有为日本企业采用。

在市场竞争日趋激烈的情况下，企业选择外部并购发展战略的收购（Merger and Acquisition），即并购一正在持续运营中的企业（Going concern），利用该企业既有的人力、物力以发展自己运营业务的机率即远大于依靠内部自己的力量发展战略的设置新厂模式。然而依靠内部自己的力量发展战略成长在进入及掌握市场的时效性上，多逊于外部发展战略成长模式。从实质上讲，杠杆收购的本质就是举债收购，即以债务资本作为主要融资工具。这些债务资本多以被收购公司资产为担保而得以筹集，故颇似房地产抵押贷款。

杠杆收购的合理性表现在：对优势企业而言，由于杠杆收购采用了债务融资方式，因此它十分适合资金不足而又急于扩大生产规模的优势企业；对银行来说，由于其贷款由拟收购企业的资产和将来的收益能力作为抵押，因而其贷款的安全性有较大的保障，银行比较容易接受贷款申请；对投资银行来说，杠杆收购往往需要它为优势企业提供融资顾问和融资担保，因此，投资银行在杠杆收购中扮演了十分重要的角色。

杠杆收购有其积极作用，但各种弊端也是十分明显的，特别是各种内幕信息和风险举债，使各种幕后操纵和诈骗犯罪频频得手，并产生严重的经济和社会后果。为此，需要政府研究制订各种相关法律法规，各方参与者也要为维护自身利益采取防范各种风险和营私舞弊行为的措施，保证杠杆收购的健康顺利进行。

杠杆收购的成功案例很多。如1988年，Nippon人寿保险公司就向西尔逊杠杆收购基金提供数千万美元的资金；日本的Yamaichi证券公司向著名的路德斯达（Lodestar）杠杆收购基金提供了1亿美元。到20世纪80年代末，杠杆收购基金的数量迅速减少，但进入90年代，这一数量又稳步攀升。到1995年，杠杆收购基金总额大大超过了80年代的巅峰之年—1987年。这主要是因为一些机构投资者如养老基金重新发现了杠杆收购基金的较高收益率。在 90 年代的杠杆收购基金中，大约有 1/3 的资金来自养老基金。但有趣的是，在此同时，杠杆收购的案例迅速减少，这些巨额资金常因找不到足够的优秀杠杆收购项目而苦恼。在 21 世纪的头十年又出现了重大的买断回潮活动，直到 2008 年的信贷紧缩。在 2008 年的全球金融危机后的几年，杠杆收购陷入低潮。2012 年以后，杠杆收购变得越来越活跃。

7.6.2 风险投资基金（Venture Capital Funds）

风险投资基金（Venture Capital Funds），缩写为 VC，中文简称风投，是私募股权投资基金的一种形式。Venture Capital 是一种向极具有发展潜力的初创企业提供股权资本的投资行为，风险投资者一般通过资金交换被投企业股份，其投资周期比较长。除资金投入之外，投资者一般还会向投资对象提供企业管理等方面的咨询和帮助；投资者通过投资结束时的股权转让活动获得投资回报。Venture Capital Fund（风险投资基金）为一专业的投资公司，典型的 Venture Capital Fund 由一群具有科技及财务相关知识与经验的人所组合而成的，经由直接投资获取投资公司股权的方式，提供资金给需要资金者（被投资公司）。Venture Capital Fund 的资金用于投资新创事业或是未上市企业，并不以经营被投资公司为目的，仅是提供资金及专业上的知识与经验，以协助被投资公司获取更大的利润为目的。

在美国，典型的 Venture Capital Fund 是一家注册于德拉华州的有限合伙。Venture Capital Fund 管理的资本规模不是很大，一般在 3 千万至 5 千万美元。Venture Capital Fund 投资的企业都比较小，是种子阶段的重点。无论规模或形式，风险资本家越来越积极地参与他们投资的公司的董事会席位以引导增长和增加价值。许多风险资本家认为自己第一是企业家，第二才是金融家。

风险投资之所以被称为风险投资，是因为在投资中有很多的不确定性，给投资及其回报带来很大的风险。Venture Capital Fund 不像并购基金，选择成熟的公司，风险资本提供给年轻的、快速成长的公司，利益收回方式则是公司首次公开发行股票或类似的退出。一般来说，风险投资一般都是投资于拥有高新技术的初创企业，很多这种类型的企业的创始人都具有很出色的技术专长，但是在公司管理上缺乏经验。另外一个风险就是一种新技术能否在短期内转化为实际产品并为市场所接受，这也是不确定的。还有其他的一些不确定因素导致人们普遍认为这种投资具有高风险性，但是不容否认的是风险投资的高回报率。风险资本家通常寻求投资在 3—7 年内能够退出，但有时，时间绵延得更远。一种早期投资可能需要 7—10 年才能成熟，而后期投资可能只需要两年。

7.6.3 Hedge Fund（对冲基金）& Fund of Fund（母基金）

从广义上来划分，对冲基金也是私募股权基金的一种。由于对冲基金的特殊性，我们将在第 9 章专门来论述。

母基金（Fund of Funds，简称 FOF） 母基金是专门或主要投资其他私募股权基金的私募股权基金。一个成功的母基金一般对其潜在投资人承诺会实现下面四个要件的全部或部分组合：

- 有很多渠道可以接触到优质的可以投资的私募股权基金，即母基金的投资标的。这个条件是母基金成功的基础。比如，有很多杠杆收购基金，和其他一些大型的 VC 和对冲基金都要求一定的投资额度，而且因为合规的原因他们不接受个人投资者，母基金可以有效地解决这些问题

- 优秀的专业能力及专业的投资团队。专业优势对机构投资人和个人投资人都有吸引力。因为私募股权基金的固有特点是难以透明化地经营，而母基金由于其专业化的运作模式，可以满足一些有特殊要求的投资人的需求，比如有些机构投资人出于资产配置的需要，只能对特定行业的私募基金投资，母基金可以帮助他们满足这样的需求。

- 规模优势，会形成成本的比较优势而形成竞争力。在投资领域，有很多成本如法律、会计以及雇用人才等，只有一定规模的机构才能承担这些成本，去完成单个母基金的投资人无法完成的工作。

- 对于投资人的投资额度而言，聚少成多，能实施分散投资的策略从而能独立地形成规模的比较优势而形成竞争力。同样，分散投资以降低风险实现利益最大化，需要一定的规模。母基金可以形成规模优势，施行分散投资的策略，从而形成单个母基金的投资人无法形成的优势。

如上所述，通过将募集到的资金投放到不同种类的私募股权基金中，FOF 使投资组合实现多样化，从而降低了投资的整体风险，获得比较稳健的高回报。由于 FOF 通常与很多业绩优秀的私募股权基金保持着良好的合作关系，一些资源有限的投资人则选择通过 FOF 参与到一般情况下较难进入的私募股权基金中。在整个投资价值链中，FOF 同时扮演了普通合伙人（General Partner，简称 GP）和有限合伙人（Limited Partner，简称 LP）的双重角色：在面对家族办公室、捐赠基金和养老基金等投资者时，FOF 充当 GP 的角色，为投资者管理资金并选择私募股权基金进行投资。而当面对 VC 和杠杆收购等私募股权基金时，FOF 又充当了 LP 的角色，成为各类私募股权基金的投资人。

与直接投资企业和投资私募股权基金相比，投资 FOF 的风险更小的方法是其双层分散化的投资方式：母基金投资了多只私募股权基金，而这些私募股权基金又投资了若干企业，这种特性使 FOF 投资组合的整体风险得以降低。无论是投资给 VC 基金还是 Buyout 基金，FOF 出现极低或极高回报的概率都要远低于其他私募股权基金。此外，FOF 的投资回报向均值收敛的程度最高。一般来说，Buyout 基金的风险和回报都较 VC 基金要低，而投资 Buyout 的 FOF 的亏损概率要比投资 Buyout 基金还低。在分散化投资的作用下，Buyout 的 FOF 显然更加安全，但其获得高回报的可能性也随之消失。

7.6.4 房地产基金（Real Estate Funds）

房地产私募基金的投资人主要是公共养老基金、企业养老基金、大学投资基金等机构投资者，个人投资者和母基金也是资金来源。

房地产私募基金主要起源于美国，其组织形式主要是注册于德拉华州的有限合伙和有限责任公司。20世纪80年代末以前，由于储贷机构的繁荣，大部分地产项目都可以轻易获得债权融资，因此，市场对于成本较高的私募股权融资没有大的需求。但20世纪80年代末的Savings & Loans Crisis将许多储贷机构推向了破产的边缘，随后许多储贷机构纷纷倒闭，因此市场对房地产私募基金的需求大增，基于股权投资的房地产私募基金开始大量涌现。美国房地产基金的投资风格主要可以划分为核心型（Core），核心加型（Core Plus），增值型（Value Added）和机会主义型（Opportunistic）四个类型。

美国房地产私募基金的投资策略主要可以划分为五大类型。很少有基金仅仅专注于一种投资策略通常都会灵活的采用多种投资策略。每种投资策略对于基金人员的技能和背景都有着相应的要求：

- 通过结构融资（Structured Financing），例如，通过高杠杆借贷来收购市场上的高质量物业，可以视为LBO在房地产投资中的运用。
- 打包收购房地产贷款（通常为不良贷款），然后拆分出售给投资者，即MBS。该策略通常为投资银行的基金所采用，因为投资银行有着丰富的客户资源。
- 投资于房地产开发与建设。有一份统计报告统计，投资于建设中的地产项目所获收益通常比持有物业的收益高出1.5%—3%（在没有杠杆的情况下）；而投资于土地开发的收益则可以高出15%。借助适当的杠杆，土地开发可以获得比持有物业高出20%的回报。当然，投资于房地产开发与建设的风险也比较大。
- 投资于地产项目的再开发与重定位。低价收购处于空置或者荒废状态的物业，然后对其进行再开发或重新定位。这一策略可以在较短的时间内获得较高的回报。而相比较新的开发少了很多计划过程中的风险。
- 收购企业拥有过剩的房地产资产。有些企业由于种种原因，例如经营困难或者企业重组，而急需出售其拥有的房地产资产。这种情况通常可以以较低的价格购买到质量较高的房地产资产。

海外房地产基金成立的目的都比较明确，投资方式与投资对象都有清楚的界定，而且范围较窄，其在中国国内投资模式主要如下：

收购房地产物业或不良资产。收购房地产物业的，一般长期持有房地产物业的租金收益并享有物业增值收益，不参加前期开发过程。收购房地产不良资产则一般通过对不良资产处置、包装转售或打包证券化获得高额收益。该投资模式优点在于规避了长期开发过程，资金流转相对较快，降低风险，在中国快速发展的房地产市场中，租金收益与增值收益水平较高。此类优质项目是海外房地产基金的重点投资对象。

直接投资开发项目或与企业合作开发。此类投资一般从项目开发前期开始投入资金，参与土地一级开发与项目开发进程。由于这种模式要求地产基金必须经历从项目申报到投资回收长期的复杂过程，不利于资本的快速流动。但在当前市场下，其投资收益非常可观，因此成为海外房地产基金目前倾向方式。

通过股份收购或购买债券参与投资。该投资模式主要通过股份收购或购买债券的形式，为企业及项目提供资金，并将项目交由控股公司运营管理，基金集团进行一定程度的参与并获取固定比例的收益。

7.6.5 Mezzanine Fund（夹层基金）

夹层基金是用夹层融资的方式进行投融资的基金，可以以私募股权基金的方式运作。往往和高收益债（垃圾债）、杠杆收购即管理层收购等结合在一起。

夹层融资（Mezzanine Financing）是一种介于优先债务和股本之间的融资方式，指企业或项目通过夹层资本的形式融通资金的过程。它包括两个层面含义：从夹层资本的提供方，即投资者的角度出发，称为夹层资本；从夹层资本的需求方，即融资者的角度，称为夹层债务。夹层融资产品是夹层资本所依附的金融合同或金融工具，例如，夹层贷款（Mezzanine Loans）。资金供求双方对夹层融资产品进行交易的场所，称为夹层融资市场。因此，夹层基金是一种混合形式的资本，因为它存在于中间的资本结构和一般银行债务和权益的交易中。从结构上看，夹层中的银行债务融资杠杆融资收购和高级普通股，取决于很多关于如何积极管理的高级银行贷款人。项目方如果能从银行获得贷款，夹层融资未必是必要的。夹层融资以其较低的补偿优先级和更高级别的风险利率高于优先债务。夹层回报率取决于当前的市场条件，但可以大于12%。夹层融资，因为它是一种融合了传统的债务和股权融资的混合，与股票融资相比，夹层融资通常在转换股权所有权拖欠贷款的事件（即投资者得到的期权，如果贷款未支付），通常以参股的形式来让认股权证获利退出。夹层投资者通常有15%—20%的总回报率。

虽然夹层债务有比银行债务更高的利率，但它允许股票投资者利用他们的资金来进行融资交易。

夹层资本（Mezzanine Capital）是收益和风险介于企业债务资本和股权资本之间的资本形态，本质是长期无担保的债权类风险资本。当企业进行破产清算时，优先债务提供者首先得到清偿，其次是夹层资本提供者，最后是公司的股东。因此，对投资者来说，夹层资本的风险介于优先债务和股本之间。夹层债务与优先债务一样，要求融资方按期还本付息，但通常要求比优先债务更高的利率水平，其收益通常包含现金收益和股权收益两部分。典型的夹层债务提供者可以选择将融资金额的一部分转换为融资方的股权，如期权（Option），认股证（Warrant），转股权（Convertibility）或是股权投资参与权（Equity Participation Rights）等权力，从而有机会通过资本升值中获利。最常见的夹层融资形式包括含转股权的次级债（Subordinated Debt with Warrants），可转换债（Convertible Debt）和可赎回优先股（Redeemable Preferred Equity）。因此，夹层资本的收益也介于优先债务和股本之间，见图7-1。

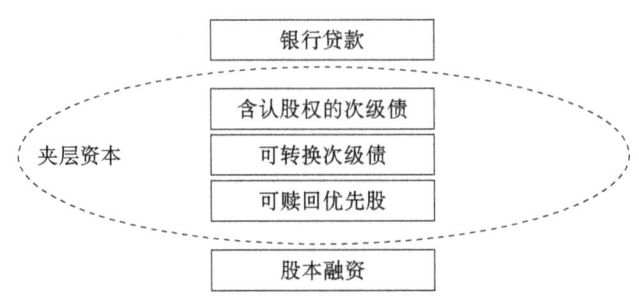

图7-1　企业融资结构

私人股权资本（Private Equity）是重要的资本类别之一，与夹层资本是相互联系又有区别的两类资本形式。广义的私人股权资本经常包含夹层资本，但从严格意义上讲，两者有较大的差别。夹层资本的基本性质仍然是一个债务工具，而私人股权资本顾名思义是股权工具。而且，两者的投资目标有也一定的区别，从图7-2可以看出，夹层资本更倾向于对处于企业发展阶段后期进行投资。

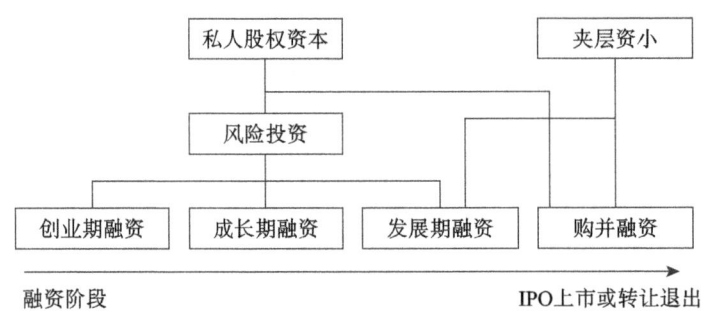

图7-2　私募股权资本和夹层资本投资目标比较

夹层融资的特点

（1）夹层融资结合了固定收益资本（Fixed Income）的特点（如现金利息收入）和股权资本的特点（如转股权利），可以获得现金收益（Current Income）和资本升值（Capital Appreciation）双重收益。如图7-3所示。

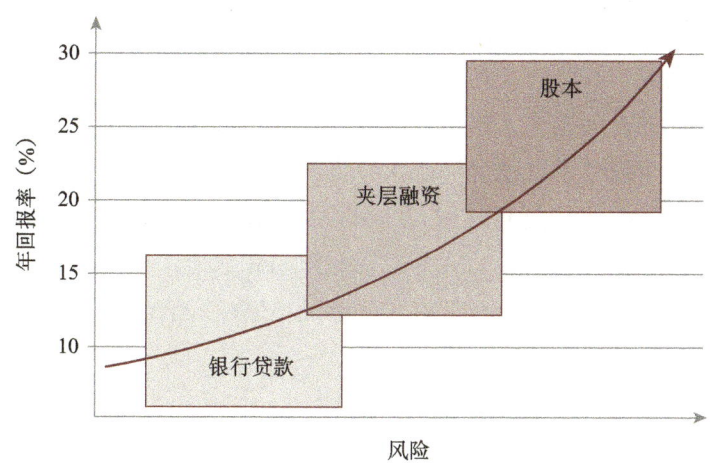

图 7-3 夹层资本的收益与回报

（2）夹层融资的本质仍然是一种债务融资工具，投资者在融资合同中通常会加入限制性条款，对企业融资后的一些行为进行约束，从而将资产下跌风险控制到最小。

（3）夹层融资对投资方而言，融资期内有可预测的稳定的正向的现金流入，如利息或本金的分期还款，而且投资者还可以通过财务杠杆（Leverage）来改变资金结构，提高投资收益。

（4）对融资方而言，夹层融资成本一般高于优先债务但低于股本融资，而且可以按照客户的独特需求设计融资条款，可在最大程度上减少对企业控制权的稀释。作为新兴的融资工具和资产类别，夹层融资特别适合那些现金流可以满足现有优先债务的还本付息，但是难以承担更多优先债务的企业或项目。

（5）传统的夹层融资主要应用于杠杆收购融资（Leveraged Buy-outs），企业购并融资（Acquisition Financing），企业扩张融资（Expansion Financing），债务重组（Capital Restructuring），资本结构调整（Recapitalization）和企业再融资（Refinancing）。从行业角度来看，因为融资规模、现金流和信用等级的要求，夹层融资主要应用于基础设施和工商业项目。

夹层融资的风险特征

（1）退出风险：因为对于中小企业和民营企业来说，进入公开股票市场进行 IPO 的机会非常有限，所以私人股权投资在新兴市场和经济转型国家的退出经常遇到困难。相比而言，夹层资本有天然的退出优势，因为主要的资本回收是是通过债务的还本付息来实现的。

（2）汇率风险：本地货币的贬值会严重影响私人股权投资者的收益。而夹层资本的还本付息通常以美元为货币单位，因此夹层融资的汇率风险很低。但是，需要指出的是，作为夹层债务组成部分的股权权益部分，因为通常需要在本地金融市场转让或上市套现，所以仍然暴露汇率风险之下。

（3）行业风险：夹层债务产品的设计通常与融资方及其所处行业的风险相匹配。例如，对新兴市场的高成长行业，如菲律宾的电信业，夹层资本要求更高收益率。相反，对发达市场的成熟行业的夹层融资，当企业或项目现金流稳定，汇率风险较小的情况下，夹层债务可以设计成一个简单的普通高利率次级贷款。

（4）协议风险：夹层融资通过在融资协议中加入限制性条款为投资者提供了更强的保护，包括对融资方财务比率的限制，对再融资的限制和其他法律条款，有时还与优先债务人拥有同顺序的破产清偿权，而且可拥有董事会的出席权和否决权等更多的股权投资人所拥有的法律权利。

7.7 私募股权基金经理的选择

家族办公室根据投资政策陈述，把家族办公室的部分资产配置给直接投资的私募股权，或配置给私募股权基金。直接投资的决定往往由内部雇用的投资经理决定后报告给 CIO 和或/CEO，然后按照家族办公室的治理结构来做最终的决定。而对私募股权基金投资的部分，最后的决定投给哪些私募基金经理（基金管理人），家族办公室将投入资金进行必要的尽职调查。基金管理人是基金资产的管理和运用者，基金收益的好坏取决于基金管理人管理运用基金资产的水平，因此必须对基金管理人的任职资格做出严格限定，才能保护投资者的利益，只有具备一定的条件的机构才能担任基金管理人。各个国家或地区对基金管理人的任职资格有不同的规定。在美国，相关的法律有 Investment Advisor Ac of 1940 和 Securites Act of 1933 等。

除了法定的资质，私募股权基金经理的其他品质也是非常重要的，在行业内有一些通用的考核标准（这种方式包括所有的另类投资的管理公司），使他们可以提供投资者在私募股权投资领域的成功机会，如：经验丰富的专业人才团队，差异化和可持续竞争优势，有优秀的治理结构，良好的过往业绩，公认行业地位，行业标准结构和服务费。

- 经验丰富的专业团队：私募股权投资的成功机会急剧增加时，投资者聘请的私募股权基金管理公司是否都配备了经验丰富的专业人士，其团队是否稳定且健康地运作是至关重要的。
- 差异化和可持续竞争优势：投资者应该寻找差异化和可持续的竞争优势，并有能力通过创造经济价值的战略指导，和改善在投资组合公司的经营水平。
- 优秀的治理结构：私募股权基金管理公司的管理水平和治理结构至关重要。
- 良好的过往业绩：GP 有一个超越同行的历史数据四分轨道，拥有良好的记录是首选。

第 8 章
家族办公室的资产配置及管理分论之三：房地产篇

家族办公室投资组合的成功管理需要一种专业的投资策略，这样的策略注重于资产多元化、降低风险、丰富的经验和有效的监督。这一策略应该包括对可降低投资组合风险的另类资产进行深思熟虑的配置。多样化使投资组合能够在不同的市场周期的不同阶段中发展和盈利，尽管市场周期的不同阶段可能受到各种宏观经济条件的影响，而这些宏观经济条件又会影响不同资产类别的回报率。从历史发展的角度，许多家族办公室在这种背景下采用的策略是将资产配置到有形房地产资产的直接投资上，而这种投资与集合基金投资和 REITS（房地产投资信托基金）有所区别。这一策略涉及对所投资房地产的直接拥有和管理，而不是简单地购买第三方管理的在公开市场上交易的公司的股份。这一战略还需要比投资于被动投资的资产类别更积极的监管。

8.1 家族办公室的房地产投资概述

虽然房地产通常被认为是一种相对于股票和债券的非传统的类别的资产，即另类资产的一种，但许多投资者始终认识到房地产配置的重要性。经验丰富和专业的的家族办公室在把房地产纳入投资组合时，往往会考虑下列因素：
- 多样化：将投资风险分散到不同的资产类别，可以缓和市场变化的影响。房地产，与标普 500 等主要股票指数呈现出负面的相关性。
- 通胀对冲：房地产资产的所有权为投资者提供了对冲通胀的机会。例如，在通货紧缩的环境下，由于债券收益率被压缩，资本成本也会降低，从而使家族办公室的财务结构能够增加现金流和房地产资产回报率。相反，在通货膨胀期间，投资者能够从租金上涨中获益，租金上涨的幅度可能超过与房地产债务相关的固定资本成本。

- 较低的波动性：随着时间的推移，房地产资产提供稳定的回报，对比其他资产类别具有相对较低的波动性。
- 现金流：当有效管理时，房地产资产根据已知的租赁条款和租金比率可以提供稳定和可预测的现金流。
- 控制：与其他资产类别相比，房地产资产的所有权允许投资者对投资业绩和回报有更大的控制权。

综上所述。总体而言房地产投资的收益与可变收益证券呈负相关关系，这使得家族办公室可以以此对冲市场波动，降低投资组合中的风险。此外，从历史上看，房地产的投资回报表现优于其他资产类别的投资，这在很大程度上是由于房地产需要更多的人力资源的投资——密集管理的性质和上涨潜力。因此它们非常适合在家族办公室的资产组合中和股票、债券及其他另类投资形成比较合理的配置。一直以来，房地产在家族办公室的资产组合的比例中排第三位。在 2018 年和 2019 年，房地产直接投资占家族办公室的资产组合里平均占投资组合的 17% 左右，保持了家族办公室长期以来第三大资产类别的地位。

家族办公室对房地产是直接投资，一般倾向于本土投资，这个无论在商业地产还是住宅地产都很明显。从平均房地产投资组合来看，如果把整个家族办公室的房地产直接投资作为 100%，2019 年的家族办公室的房地产投资中本地商业房地产投资占了 29%，本地住宅投资占了 24%，国际商业地产投资占了 8.8%，国际住宅投资占了 10%；本国其他区域的商业和住宅投资各占 17% 和 12%。图 8-1 是 2019 年家族办公室直接投资中房地产投资直接投资的类型及回报：

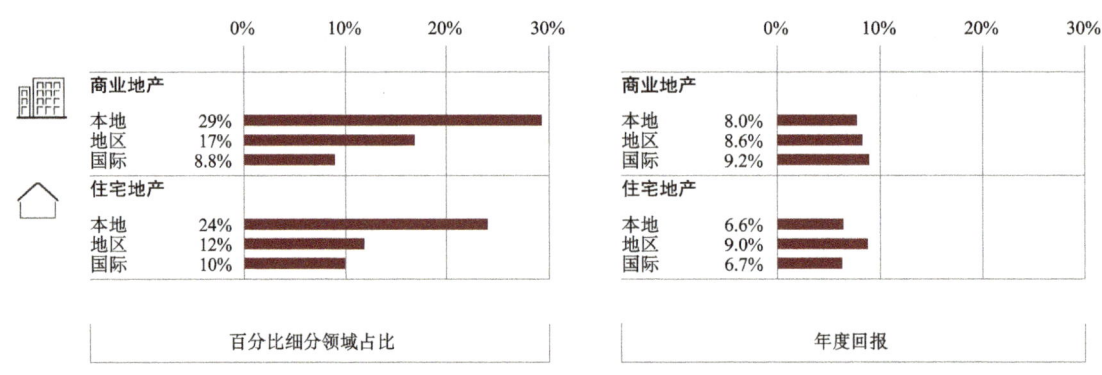

图 8-1 全球家族办公室房地产细分领域配置及回报

资料来源：The UBS/Campden Wealth Global Family Office Survey 2019。

因为房地产的价值判断等依赖于在房地产所在地知识和信息，包括熟悉当地市场，以及法律和监管环境。谈到房地产投资，必须要了解该地区，了解当地的经济情况和投资群体，以及他们为什么会在特定的时段进行买卖。此外，与其他投资相比，房地产比较难以周转。而当你远离交易地点时，周转速度甚至可能更慢。例如，当出现了什么问题时，你应该快速将它脱手，但是如果你不在那里，你根本不可能意识到出问题了。

地理位置和成本一直是是影响家族办公室对房地产新投资项目的重要因素。图 8-2

是驱动家族办公室对房地产投资的除收益回报之外的因素的排名。

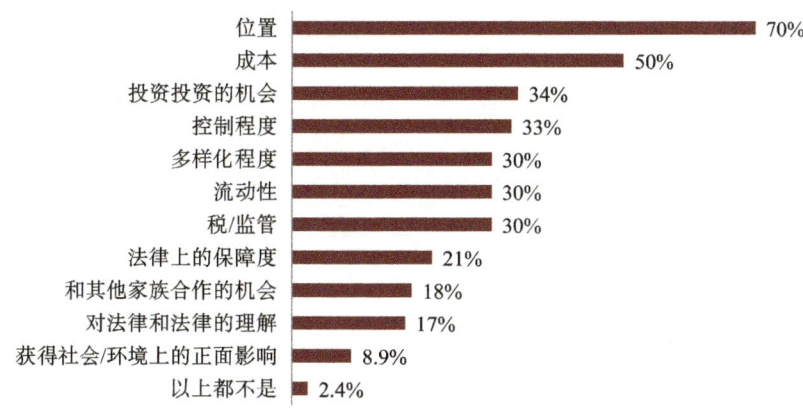

图 8-2 除了回报外投资房地产的动机

资料来源：The UBS/Campden Wealth Global Family Office Survey 2019。

家族办公室对房地产投资继续看好。最近十几年来，全球主要经济体的货币政策以鸽派为主，市场上流动性有泛滥的嫌疑，资产泡沫也在形成。其他一些投资类别如固定收益的收益除去通货膨胀后不具有吸引力。相反，房地产投资仍然具有很大吸引力。

8.2 家族办公室对房地产投资的投资过程及投资管理

8.2.1 分析当前的投资组合

家族办公室的房地产投资战略的成功依赖于房地产投资经理对家族愿景的清晰理解和承诺。为了确定一个符合家族目标的房地产投资策略，纪律严明以及有充分的研究方法是最重要的。无论家族办公室是有一个现有的投资组合，还是正在开始一个新的房地产配置，定义战略的第一个主要步骤是综合分析准确的市场信息，并将其与家族的愿景、目的和目标进行比较。这一过程旨在突出市场力量的基本面和复杂性，这些因素可能影响投资组合或单个房地产资产的现金流。当然，没有无风险的投资，但这种全面的分析提供了一个仔细的审查，决定一个房地产资产是否符合特定的投资目标的关键因素。这个步骤可以分为几个阶段：

- 分析现有房地产投资组合的地区和种类的多样性配置；
- 考量现有房地产投资组合的历史回报；
- 进行市场分析；
- 考量现有投资管理的过程和程序。

下面我们还以第 5 章和第 6 章引用的那个家族办公室的投资政策陈述的案例来做案例分析（略去与房地产无关的部分）。

投资政策及其计划的战略性资产配置的目标和浮动范围如表 8-1 所示：

表 8-1

资产类别	基准	目标配比	范围
美国公开市场股权	Russell 3000	27%	
非美国公开市场股权	MSCI ACWI ex U.S. IMI	9%	
公开市场股权总计		36%	26%-46%
私募股权	Russell 3000 +3%—5%（rolling 10 year）	19%	14%-24%
对冲基金	3 Month T-bill Index plus 5%	4%	0%-6%
美国固定收益	Barclay's Capital U.S. Universal Bond Index	17%	15%-21%
现金	Citi 6-month T-Bills Index	5%	2%-10%
固定收益总计		22%	15%-26%
房地产	NCREIF - 25 bps	15%	12%-21%
期货	DJ-UBS	2%	0%-5%
RIETS	S&P 500	2%	0%-5%
总资产		100%	

在分析现有房地产投资组合的地区和种类的多样性配置时，要仔细考量每一个家族办公室的投资组合中每一个房地产项目，及其历史上对投资组合中其他资产的相关性。进而为后续的考量家族办公室总的投资组合的合理性，以及是否需要再平衡等提供依据。在这个阶段，更多的从宏观层面回顾过去的成功经验和失败教训。

下一步再考量一下投资组合中房地产的历史回报及每一个房地产项目和历史回报。由于种种法律障碍，现有的家族办公室的投资组合无法在本书实例具体分析，这个部分在本书以瑞银报告的家族办公室各类资产的平均投资回报以及美国 10 年来的房地产的平均回报取代。而在实践中，投资组合中房地产的历史回报，以及每一个房地产项目和历史回报，都要与下面这些基准回报或平均回报做对比，为后面的步骤打下基础。

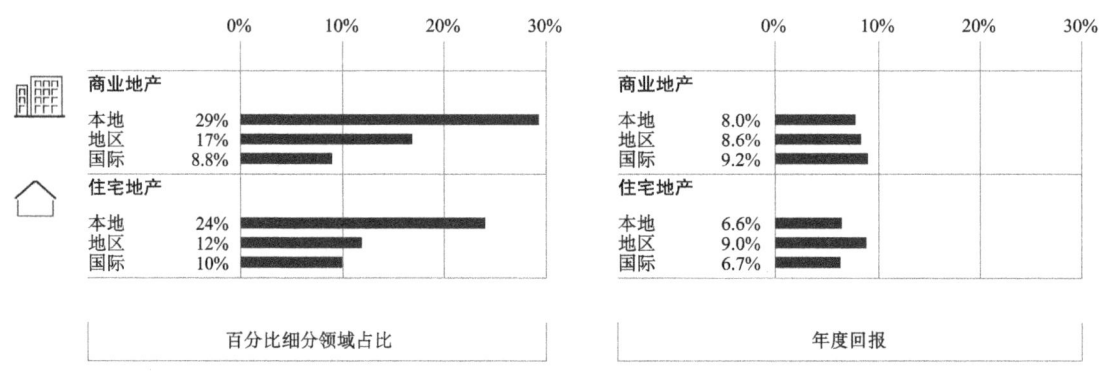

图 8-3　2019 年家族办公室直接投资中房地产投资直接投资的类型及回报

资料来源：The UBS/Campden Wealth Global Family Office Survey 2019。

下面比较一下 2016 年到 2019 年 Q1/Q2 在全球市场上各类资产的预期、基准回报及实际回报。

表 8-2　2018 Q1/Q2—2019 Q1/Q2 全球家族办公室按照地区和资产类别的回报

	全球	北美	欧洲	亚太	新兴市场
债券					
发达市场固定收益	2.9%	3.8%	1.2%	3.4%	3.6%
发展中市场固定收益	2.3%	1.7%	-0.4%	4.9%	4.4%
股票					
发达市场股票	2.1%	2.9%	0.4%	3.3%	3.0%
发展中市场股票	-1.1%	-1.9%	-4.0%	3.4%	3.2%
另类资产					
私募股权直接投资	16%	16%	15%	19%	12%
私募股权基金投资	11%	12%	12%	9.0%	10%
房地产直接投资	9.4%	11%	7.2%	8.9%	11%
REITS	5.7%	7.3%	4.4%	4.4%	6.0%
对冲基金	2.3%	2.8%	1.2%	3.3%	1.6%
大众商品					
农业大宗商品（农林等）	3.3%	2.8%	4.0%	2.9%	3.5%
金/贵重金属	2.5%	3.0%	2.5%	2.4%	2.5%
其他大众商品	-2.1%	-1.9%	-5.7%	0.0%	-1.0%
现金及类似	1.9%	1.6%	1.4%	2.3%	40%
投资组合总计	5.4%	5.9%	4.3%	6.2%	6.2%

资料来源：The UBS/Campden Wealth Global Family Office Survey 2019。

表 8-3　　2018 Q1/Q2—2019 Q1/Q2 全球家族办公室各类投资的实际回报和预期回报对比

	实际回报（自我报告，2018 Q1/Q2—2019Q1/Q2）	期待回报	差异（实际回报VS期待回报）	基准指标（2018.5—2019.5）
债券				
发达市场固定收益	2.9%	3.7%	▼ -0.8	3.4%
发展中市场固定收益	2.3%	5.2%	▼ -2.9	7.1%
股票				-0.6%
发达市场股票	2.1%	7.3%	▼ -5.2	-8.0%
发展中市场股票	-1.1%	8.9%	▼ -10	
另类资产				
私募股权直接投资	16%	15%	▲ 1.0	13%
私募股权基金投资	11%	12%	▼ -1.0	13%
房地产直接投资	2.3%	5.7%	▼ -3.4	3.6%
	9.4%	8.4%	▲ 1.0	3.7%
REITS	5.7%	5.1%	▲ 0.6	7.3%
大众商品				
农业大宗商品（农林等）	3.3%	3.4%	▼ -0.1	-11%
金/贵重金属	2.5%	2.8%	▼ -0.3	-0.3%
其他大众商品	-2.1%	2.6%	▼ -4.7	-12%
现金及类似	1.9%	1.5%	▲ 0.4	2.3%
投资组合平均回报总计	5.4%			2.9%

资料来源：The UBS/Campden Wealth Global Family Office Survey 2019。

表 8-4　　2017 年全球全球家族办公室各类资产基准投资
回报与市场预期投资回报的对比

	2017年基准回报指标	2017年期待回报	差异（基准回报和期待回报的差异）
债券			
发达市场固定收益	9.1%	2.7%	7.0 pp
发展中市场固定收益	10%	4.2%	5.8 pp
股票			
发达市场股票	23%	5.9%	17 pp
发展中市场股票	38%	7.6%	30 pp
另类资产	-	-	-
私募股权直接投资	18%	14%	4.0 pp
私募股权基金投资	18%	10%	8.0 pp
房地产直接投资	-	12%	-
	6.0%	5.5%	1.8 pp
	13%	7.8%	4.2 pp
REITS	8.0%	4.0%	4.0 pp
大众商品			
农业大宗商品（农林等）	9.9%	5.9%	3.7 pp
金/贵重金属	13%	3.2%	9.8 pp
其他大众商品	0.7%	4.3%	-3.6 pp
现金及类似	1.3%	1.2%	0.1 pp

资料来源：The UBS/Campden Wealth Global Family Office Survey 2018。

表 8-5　2016 年全球家族办公室各类资产实际基准投资回报与市场预期投资回报的对比

	2016年基准表现	2016年预期回报	业绩表现低于/高于预期的幅度
债券			
发达市场固定收益	9.6	2.6	7.0
发展中市场固定收益	0.6	5.5	-4.9
股票			
发达市场	8.2	5.0	3.2
发展中市场	11.6	7.7	3.9
另类投资			
私募股权：包括直接、风投、基金、联合投资和投资银行银团	12.9		
直接风险投资/私募股权		12.5	
私募股权基金		8.9	
联合投资		13.9	
对冲基金	0.8	5.0	-4.2
房地产直接投资	1.4	8.6	-7.2
房地产投资信托基金	6.5	5.8	-0.7
大宗商品			
农业	7.6	7.4	0.2
大宗商品	9.3	8.1	1.2
现金或等价物	0.8	0.9	-0.1

资料来源：瑞银/Campden Wealth《2016 年全球家族办公室报告》；瑞银/Campden Wealth《2017 年全球家族办公室报告》。

第8章 家族办公室的资产配置及管理分论之三：房地产篇

表8-6 2014—2017年市场对业绩表现的预期（按资产类别投资回报）（%）

	2014	2015	2016	2017
债券				
发达市场固定收益	3.5	3.1	2.6	2.7
发展中市场固定收益	5.8	5.7	5.5	4.2
股票				
发达市场	7.8	7.9	5.0	5.9
发展中市场	10.3	10.1	7.7	7.6
另类投资				
私募股权：包括直接、风投、基金、联合投资和投资银行银团	15.8	15.5		
直接风险投资/私募股权			12.5	14.2
私募股权基金			8.9	10.1
联合投资			13.9	11.8
对冲基金	7.3	7.8	5.0	5.5
房地产直接投资	10.9	10.7	8.6	7.8
房地产投资信托基金	7.2	7.3	5.8	4.0
交易型开放式指数基金	7.6	6.9	4.3	4.7
有形资产	13.3	13.2	8.3	4.0
其他资产(如艺术品)	13.0	13.0	6.8	4.0
大宗商品				
农业	9.3	9.3	7.4	5.9
大宗商品	8.1	8.3	8.1	4.3
现金或等价物	2.2	1.9	0.9	1.2

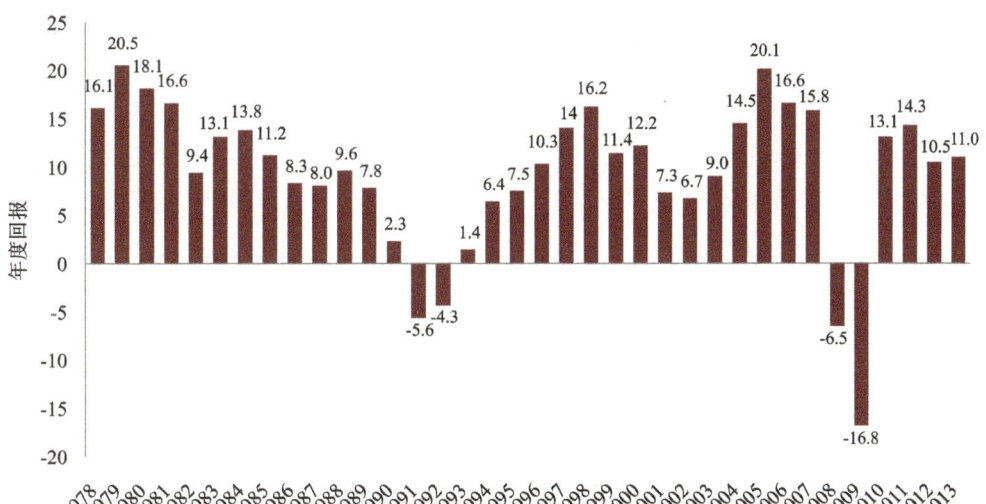

图8-4 1978—2013年美国房地产的平均回报

下一步需要分析一下目前的房地产投资的宏观经济及金融形势，以便于下面的步骤对房地产的投资策略及投资组合做一个新的评估。在分析了现有房地产投资组合的地区和种类的多样性配置和考量现有房地产投资组合的历史回报后，就应该进行详尽的市场分析，综合考量准确的市场信息，并将其与家族的愿景、目的和目标进行比较。这一过程旨在突出市场力量的基本面和复杂性，这些因素可能影响投资组合或单个房地产资产的现金流。如前所述，家族办公室的投资管理，总是主动投资和被动投资的结合。我们根据一些研究报告，来分析一下可能影响2020年家族办公室的房地产投资的市场力量的基本面和复杂性。

后全球金融危机时期在货币政策、资产定价和房地产投资方面是独一无二的，后全球金融危机时期的关键特征是，各国央行如何应对危机的后果，不约而同地出台了的低利率、零利率至乃负利率及量化宽松政策，这些在人类社会上都是第一次发生。这些政策是为了刺激消费而制定的，毫无疑问，全球房地产市场已经从中受益。作为一种资产类别，低利率并不是人们对房地产兴趣高涨的唯一原因。其他推动因素包括亚太部分地区的金融自由化，以及该地区一些经济体的快速增长。资源生产国不稳定的价格波动也起到了一定作用，因为国内投资者寻求对冲波动性，以对抗稳定。然而，房地产吸引力上升的关键驱动因素是，与其他资产类别相比，房地产的回报率相对较高。传统上，就投资者特征和业绩而言，房地产的定位介于股票和债券之间。从长期来看确实如此。自1990年以来，这三种主要资产类别的平均年回报率惊人地相似：英国10年期政府债券的年回报率为8.4%，富时100指数（FTSE 100）的年回报率为9.5%，摩根士丹利资本国际（MSCI）英国所有资产的年回报率为8.5%。对房地产而言，这似乎是一个合理的投资场所——它的流动性不如股票，安全性不如债券（但上升空间更大）。

对于2020年宏观经济前景的展望，各大金融机构看法大同小异。比如，Black Rock对2020年的投资看法包括三大核心观点。适度偏好风险资产：估值上升带动股市在2019年上涨，加上央行采取鸽派立场，有助抵消全球贸易紧张局势升温引致的经济下行风险，但他们预期降息步伐将暂停。增长小幅反弹，而贸易保护主义的压力逐向平缓，加上股票及债券估值处于合理水平，这些因素有望推动全球风险资产回报温和上升。收益率偏低及债券收益率趋近下限对战略性资产配置构成影响。收益率偏低使私募市场对战略性投资组合的吸引力上升。但对于流动性问题，不少机构投资者过于忧虑超配私募资产反而可助他们实现投资回报及分散风险的目标。

另外，美国的人口还在增长，尽管老龄化的趋势也并未改变。如图8-5所示：

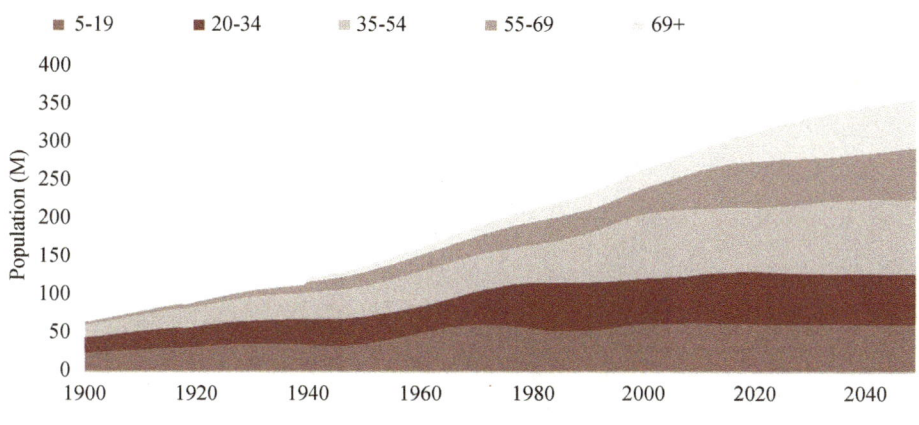

图 8-5 美国的老龄化的演变会推动对房地产投资的需求

来源：U. S. Census Bureau，2019。

因此，下面对 2020 年房地产直接投资的观点应该是站得住脚的：
- 全球经济增长放缓导致世界各国央行纷纷下调短期利率。
- 支持性的金融状况可能会推动投资者兴趣的增加，并支撑资本流入房地产，尤其是来自收益导向型投资者的资本。
- 欧元区 GDP 仍为正数，但增长乏力。欧洲央行在 2019 年 9 月将存款利率下调了 10 个基点，至 -0.50%，并重新启动了资产购买计划。利率在 2022 年之前不太可能上升。
- 亚太地区可能是一个很好的多元化地区。在进入 2020 年之前，中国经济增长的势头越来越明显。
- 在主权利率长期处于极低水平的情况下，只要经济衰退不会对租金增长前景构成挑战，房地产定价应该保持防御性。

下一步，是考量现有投资管理的过程和程序。如前所述，家族办公室一般都有投资政策陈述。查阅和考量一下家族办公室的投资陈述，我们还以第 5 章的那个虚拟的家族办公室的投资政策陈述来做案例分析。

本房地产投资指南的目的是定义家族办公室的投资目标、投资理念和具体的投资指南，以及衡量业绩的基准。

主要投资策略的分配和范围如表 8-7 所示：

表 8-7

策略	百分比范围
核心房地产	10%～80%
增值策略	10%～50%
机会主义策略	10%～40%

核心房地产、增值策略略和机会主义策略构成了"私有房地产"策略。增值策略和机

会主义策略一起被称为"非核心"。

投资指南：

（1）对家族办公室的房地产投资的评估的基准是国家房地产投资信托基金委员会（National Council of Real Estate Investment Fiduciaries，NCREIF）的基金指数 Open – end Diversified Core Equity Index（NFI – ODCE）。在扣除所有成本和费用（"净收益"）后，该计划的三年滚动回报率应该达到或超过这一基准或与这一标准持平。

（2）投资对象应为有限责任的平台，如有限合伙、有限责任公司等。

（3）投资应以股权为主，但也可包括房地产担保的债权。

（4）在美国的投资应按地理位置多样化，具体如下：

（a）在全部房地产投资组合（混合基金和独立账户）内的任何一个 NFI – ODCE 区域的敞口（当前资产净值）不得超过该区域按照 NFI – ODCE 指数计算的权重。

（b）在房地产投资组合中的独立账户组合中任何一个大都市统计区域（Metropolitan Statistical Area）（或 Metropolitan Statistical Division 大都市统计部门）的敞口（当前资产净值）不得超过独立账户项目配置的 30%（"配置"的意思是：资产净值 + 未融资承诺）。

（5）在美国以外的投资在私人房地产投资组合中所占比例应该不超过 25%，在投资组合层面，必须根据房地产类型和地理位置进行多样化。

（6）为加强投资者与管理人的利益协调，封闭式基金投资的管理人须做出最少 1% 的共同投资。这也适用于单独账户的项目经理。如果法律或法规禁止，本条的规定不再适用。任何例外必须得到首席投资官（CFO）的批准。

（7）房地产投资组合的杠杆率不得超过项目总资产（非净资产）的市场价值的 90%。所有借款均不得向房地产投资组合外的资产追索，更不得向家族办公室追索。

（8）单个物业或集合投资工具（房地产投资组合）的收购价格不得超过房地产单独账户项目总长期配置额度（即资产净值 + 未融资承诺 + 符合房地产长期政策目标的闲置投资额度）的 5%。但在首席投资官批准的前提下，该比例为 5% 以上但低于 10%。

（9）家族办公室的俱乐部交易和共同投资总额不得超过家族办公室房地产投资组合的总市值的 15%，单个交易的额度最高不得超过 3 亿美元。

8.2.2　制定具体的房地产投资的投资策略

在仔细研究和考量家族办公室关于房地产投资的投资指南之后，就进入下一个步骤——制定投资策略。

投资经理应该提供一个清晰、周到而不甚复杂的方法来实现家族办公室的目标，并制定投资策略。投资策略是投资经理去实现家族办公室房地产投资目标的指引，它反映了家庭的愿景，强调了机会，并定义了一个清晰的起点和终点。尽管通过个别交易产生短期回报的机会可能会不时存在，但制定清晰而稳健的策略是为了确保投资决策符合长期一致的愿景和投资哲学。

分析并理解特定资产为何与投资策略相一致或不一致，有助于考量能够降低风险的替代的商业计划。在每个大都市区的城市框架内，一系列的经济、社会和政治力量可能影响每一栋建筑物或每一块土地的价值。通过强调减轻风险和实现家族办公室的房地产投资策略特有的目标，投资经理可以把这些力量转化为风险因素，而这些风险因素从本质上影响如何正确构建敏捷投资组合和资产配置的商业计划。这样的商业计划有以下功能：

- 资本保值
- 构建灵活性
- 促进遗产规划和继承目标
- 优化税收结构
- 保持决策透明度
- 建立关键基准
- 启用"假设"场景
- 定义机会
- 为战略和战术决策提供依据

因此，在这一个阶段，家族办公室房地产投资经理需要做如下工作：

- 制定一个确定投资及回报目标
- 定位风险承受范围及程度
- 评估市场机会
- 仔细打磨一个书面的商业策略说明

8.2.3 关于房地产投资组合和投资配置的商业计划

下面的步骤是制定一个详细关于房地产投资组合和投资配置的商业计划。

在投资组合这个层面上，"商业计划"包括在考量房地产市场趋势和宏观经济因素的情况下，确定哪些资产类别和地理区域的房地产可能帮助家族办公室实现的投资目标。这可能会导致一个投资决策，即一些投资组合现存的资产应该被出售或以此为基础进行融资，并将推动有关收购和投资组合其他管理策略的决策。

与整体投资组合的投资策略同样重要的是，投资组合中每个特定资产的商业计划也是必须的。这包括对即将到期的资本支出、租约或债务到期的具体计划，理解当地房地产市场的动态和逻辑，并将投资组合内具体的房地产与这些动态和逻辑联系起来进行重新配置的计划，准备财务预测报告，并计划"如果"的情景下如何去处理。这种积极主动的方法帮助家族办公室在不可避免的资产配置层面的问题变得更为严重之前很好地解决它们。这个阶段需要采取行动的具体细节如下：

- 继续调控投资回报

- 监督外聘服务提供方的表现
- 调控房地产资产的持仓比例
- 持续关注和维持相关房地产市场的信息和知识
- 提交家族办公室房地产投资的季度和年度报告

8.2.4 监控和报告

下面的步骤是继续监控和报告,直到条件成熟时形成具体的决策。

前后一致而且透明的汇报和报告可以确保所有利益相关方的目标和行动的一致性,并为投资组合的表现明确责任和责任方。家族办公室的房地产投资组合的详细报告应按季度编制,并提交给主要利益相关者进行审查和讨论。这些报告应包括总体投资组合的投资表现和回报的简介和每个具体房地产项目的投资表现和回报的简介。良好的季度报告还应突出重要的相关房地产市场信息和投资组合内的房地产项目层面的重要事项,如租赁期限的到期、贷款期限的到期或维修问题等。

年度报告应总结上一年度的所有季度报告。年度报告还应基于房地产市场和投资前景的彻底而深入的分析,以及对相关房地产的地理位置、资产类别和投资风险彻底而深入的分析,来讨论下一年的投资策略。制定和实施这一策略的关键是保持与家族办公室既定目标的一致,并在必要时进行调整。

具体细节如下:

- 审阅并考量关键表现与业绩的指标
- 锁定在投资组合内能够减小成本和提高收益的事项
- 界定并计划未来的风险管理
- 评估第三方服务提供方的表现与业绩

8.2.5 重组微调(relign)、再平衡(rebalance)及投资政策进行修正

下面是做出具体决策的时候了:重组微调、再平衡或者对投资政策进行修正(Amentment to Investment Policy Statement)。重组和再平衡房地产投资组合,以利用不断变化的市场动态实现资本的流动和优化,这对最大限度地提高投资回报和降低风险至关重要。

具体细节如下:

- 审阅、考量和修改家族办公室的投资策略
- 评估投资组合内重组和/或投资组合的再平衡对投资组合的影响:风险面层级、税务及连锁反应等
- 协助并购和处置
- 协助再融资等

8.3 家族办公室房地产资产管理及其过程的特殊性

房地产的资产管理的核心是理解资产或资产组合的投资生命周期并做出相应的决策。最初,这涉及房地产投资策略的制定。投资者是在追求更大的回报,同时承担更高的风险和时间投入吗?投资者是否只是简单地寻求多元化的房地产的投资组合,追求适中的回报率和较低体投资风险?投资者是否只是希望采用混合投资策略来分散风险?房地产的资产管理还包括收购资产以满足所需的标准和/或考量有的房地产资产,以确保资产的类型及其投资业绩符合投资者的既定目标。

房地产资产管理过程的另一个关键组成部分是确定何时做出决策以对该资产进行出售、翻新、重新定位或再融资。投资经理负责就该房地产投资组合中的长期价值和持续盈利表现等指标提供建议。在这种情况下,投资经理可能负责监督财务顾问、经纪人和管理公司的活动,以调查、分析和实施资产或资产类别的重新定位或出售,以及监督每个客户的房地产管理公司。投资经理还专注于家族办公室的整个房地产投资组合的资本风险,以获得长期投资的可能的最高回报。投资经理如果也提供其他服务,如物业管理、租赁等,该经理还必须能够成功地平衡固有的利益冲突:比如由于希望继续收取管理费而建议出售资产之间的紧张关系。

家族办公室的房地产投资组合的资产管理可以由内部雇员处理,也可以外包给第三方房地产投资顾问(最近几年还有 Joint Venture 的方式,下文将详述)。无论选择何种策略,选择一个忠诚于客户的投资经理至关重要:该投资经理对客户承诺应该远远超出书面的信托义务。这意味着该投资经理要致力于利用每种资产类别中的所有资源和知识,以寻求每种房地产资产的最高投资回报。除了能够在良好的市场中管理高质量的资产外,该投资经理还必须对运营和相关的市场力量有深入的了解,以便对资产进行定位,使其发挥最大的潜力。

8.4 家族办公室对房地产投资的资产管理的新趋势及新问题

在过去的几年里一个明显的趋势是家族办公室希望能直接投资房地产,而不是通过私募基金投资和公开市场间接持有。导致这种转变的一个经常被提及的原因是,家族办公室希望直接控制自己的投资。然而,如果没有有效的管理,这种控制往往是虚幻的。

家族办公室代表着各种各样的利益、财富和技能。因此,家族办公室直接投资房地产趋势背后的动机并不一致。例如,家族办公室的投资者可能正在寻求使其投资组合多样化，或者他们可能只是打算将投资投向那些他们实际上根据具体情况审核过的资产，而不是让基金经理自行决定。一个额外的动机可能是希望将他们对基金费用的风险敞口降到最低（例如，共同基金管理费占资产管理成本的2%和利润的20%），或者将他们对一项资产的投资维持在超过典型基金期限，即5年的时间。

家族办公室的一个潜在主题是，家族办公室希望获得并保持对其投资的高度控制。

8.4.1 房地产直接投资的投资结构

很少有家族办公室雇用全职的房地产专业人士和经理来管理房地产产业。因此，为了直接投资于房地产资产，这些家族办公室通常指定有经验的房地产经营商，能够处理与此类投资相关的日常活动。这可以采取与房地产运营商达成管理协议的形式，根据收入的百分比向管理者支付费用。另一种选择是，家族办公室可能拥有房产，并将其全部土地长期租给开发商和/或运营商。然而，最常见的结构可能是通过合资企业（Joint Venture）和作为管理成员的房地产运营商共同拥有该物业。在这种情况下，该房地产运营商通常只持有相对较少的股权，而家族办公室则持有绝大多数股权（虽然股权分配各不相同，但该公司通常只持有5%—10%的股权）。

8.4.2 合资企业和保护权

如前所述，家族办公室向直接投资的转变，往往基于对与资产及其管理相关的决策施加更大控制权的愿望。在与房地产运营商的合资企业中，运营商通常是管理成员和控制企业日常决策的一方。作为管理成员施加的重要控制水平的堡垒，家族办公室通常会为批准某些重大决定的权利讨价还价。要保护这些重大决策的批准权，有两个重要的实施环节：

机制往往受雇于合资协议：（1）在发生对一个重大的决定僵持不下时，收购该房地产运营商的权利（无论是作为一个购买的期权或通过一个转让股权的机制）。（2）在该房地产运营商严重违反合资协议的情况下，正确地解除和该房地产运营商合作关系。

8.5 家族办公室房地产投资的资产管理流程

房地产投资经理对家族办公室房地产投资计划的执行应遵循一个透明、明确的投资政策陈述。从本质上讲，这一过程始于对当前房地产投资组合（如果它已经存在的话）的分析，并将投资组合的构成和表现与家族办公室的既定投资目标进行比较。例如，如果家族办公室希望获得更大的回报，并愿意承担相应的风险，那么将净租赁零售资产与长期租赁给信贷租户的投资组合不太可能实现这一目标。对现有资产及其当前和未来在市场中的地位进行审查，以及从地理位置和资产类别的角度审查资产的全面多样化也很重要。过度集中于一种类型的房地产资产或地理位置的投资组合可能会受益于重新定位的努力,以使投资组合多样化和降低风险。

一旦分析了投资组合并定义了策略,就必须为每个特定的资产制订详细的商业计划。例如,如果最大的租户的租约在三年内到期,那么如果租约延长,可以以较低的利率再融资。虽然延长租期可能需要降低租金率,但应进行深思熟虑的成本/效益分析,以确定随着时间的推移,通过减少偿债所获得的现金流是否大于最初较低的租金率所放弃的现金流。同时,应针对主要租户不续租的情况制定计划。投资经理应该对市场上的其他潜在租户有一个详细的了解,考量可能的时间框架和与重新租赁该房地产相关的成本,以及在空置期间对现金流和该房地产可持续性的影响。

在持续经营的基础上,投资经理应至少每季度报告该投资组合的仓位等商业计划的总体战略和状态。这有助于确保透明度,并使家族办公室能够持续了解每个房地产的表现,以及与房地产投资组合相关的其他问题。总体投资策略应该每年重新审查并修订一次,并在年度投资组合策略和业绩报告中加以记录。作为这一过程的一部分,投资策略和个别资产可能需要定期重新组合。

家族办公室正在变得越来越专业和老练,并朝着更加机构化的结构和运营治理的方向发展。作为这一趋势的一部分,许多家族办公室正采取多元化投资策略,除了固定收益、股票和其他证券等更传统的资产类别外,还包括房地产和其他另类资产。在投资组合中成功实施房地产投资策略需要专业的知识、行业信息和经验以及为实现长期目标而进行的有纪律的房地产资产管理过程。

因此,家族办公室成功的房地产投资管理需要一个精心构思的战略,不断地监测、汇报和报告及调整,以实现一个积极管理的房地产投资组合的全部投资潜力。以房地产为核心业务的投资者通常拥有有效开发、实施和监督这一战略的内部资源。然而,许多家族办公室和其他拥有更广泛投资组合的投资者都缺乏部分或全部这些资源。拥有直接房地产投资的家族办公室可以通过增加一个专业的房地产资产管理投资团队来使其收益大幅度增加。该团队可以通过内部招聘或通过聘用外部公司来完成。

第9章
家族办公室的资产配置及管理分论之四：
对冲基金篇

在本书第2章我们讨论了美国家族办公室行业的一个变化：2010年多德—弗兰克法案在美国生效后，有一批美国是对冲基金转型为家族办公室，其中不乏一些最顶尖的对冲基金。其实，半个世纪以来，传统的家族办公室的资产配置中不乏对冲基金的份额。但自2015年以来，对冲基金在家族办公室资产配置中的份额在持续下降。在2017年，对冲基金配置约占家族办公室平均投资组合的6.2%，2018年占5.7%，而2019年，这个数字是4.5%。过去几年，由于市场波动加剧，对冲基金的回报率低于预期，这对对冲基金非常不利。而且，私募股权和公开市场股权的的平均回报持续超过对冲基金，家族办公室在配置多样化资产时，持续减少对对冲基金的投资。

9.1 家族办公室对对冲基金投资概况

家族办公室对对冲基金资产配置份额的减少反映了整个对冲基金行业的基本面。2019年是对全球冲基金行业自2016年以来赎回最糟糕的一年，该行业出现了一些明显的预警信号。首先，在截至2019年11月的一年里，全球的投资者从对冲基金净撤出820亿美元，这是自2016年1100亿美元撤资以来赎回规模最大的一年。更重要的是，每个主要地区都出现了净流出。投资者情绪的转变也让市场对新产品的推出更具挑战性。2019年推出的对冲基金只有529只，几乎是2018年（1169只）的一半，标志着对冲基金数量连续第7年下降。清算速度超过了进入市场的新基金，将该行业的活跃基金数量缩减至16256只。但总体而言，2019年全球对冲基金行业管理的资产还在上升。

对冲基金行业在2019年也有一些别的亮点，如在使用人工智能/机器学习技术的对冲基金，表现非常亮眼。更多系统化的对冲基金正在利用人工智能/机器学习商业模式。

2019年推出的系统性对冲基金中使用人工智能/机器学习技术的比例是2016年的两倍多（分别为23%和10%，见图9-1。在艰难的融资环境中，人工智能/机器学习可以帮助对冲基金经理将自己与竞争对手区分开来，并吸引投资者。

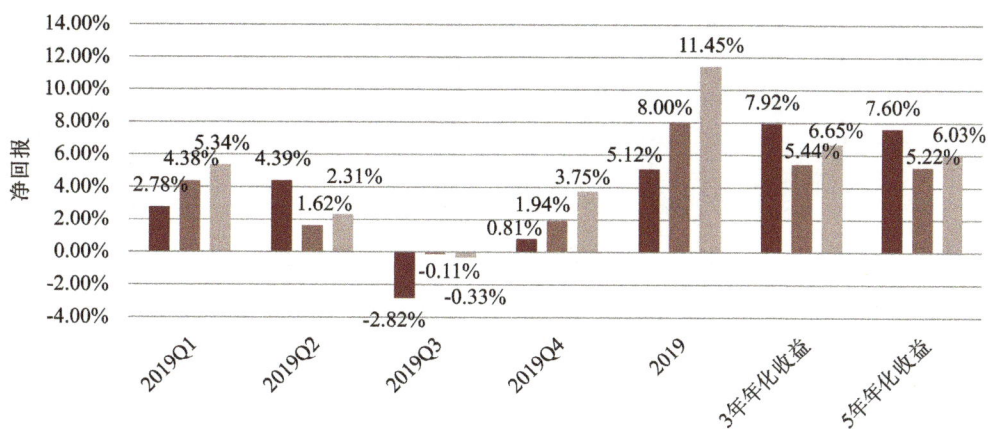

图9-1 人工智能机器学习对冲基金的回报 VS 系统型对冲基金（人工智能机器学习对冲基金）和所有对冲基金

资料来源：Pregin Pro。

从2012年到2018年，每年新成立对冲基金的数量超过了清算关闭的对冲基金数量。到了2019年，新成立对冲基金的数量远远落后于清算关闭的对冲基金数量。2019年仅推出529只对冲基金和CTA，比2018年推出的1169只还少。见图9-2、图9-3：

图9-2 对冲基金管理公司的细分：成立年份和区域

资料来源：Pregin Pro。

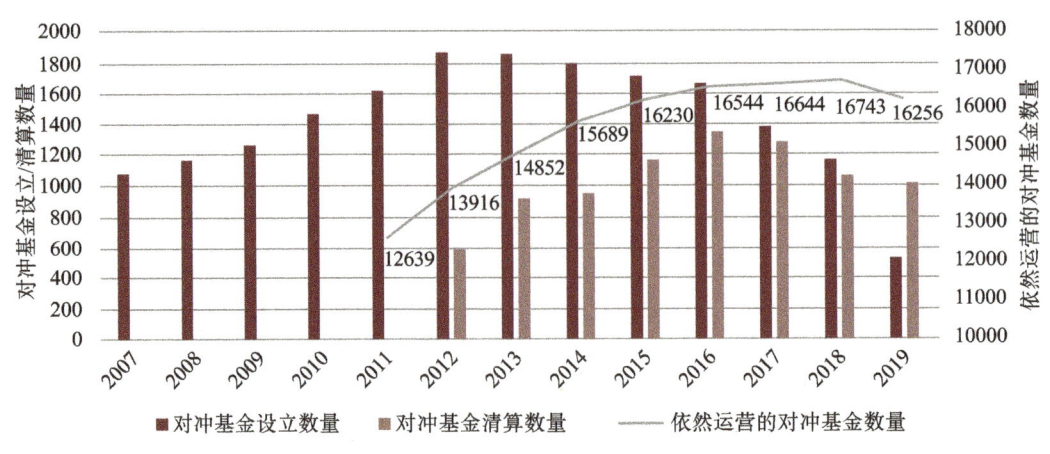

图 9-3　2000—2019 年对冲基金的设立/清算数量

资料来源：Pregin Pro。

Eurekahedge 称，2019 年全球投资者从对冲基金撤资 1318 亿美元，其中近 590 亿美元来自北美。相比之下，在 2019 年的前 11 个月里，全球的投资者向 ETF 基金投入了约 6608 亿美元，其中约 98% 是被动管理的投资工具。包括家族办公室在内的投资人从对冲基金撤资，除了对冲基金在过去的几年表现欠佳之外，还因为对冲基金有一些固有的特点让投资人觉得对对冲基金无法控制，所以风险也无法控制。国际国内对对冲基金的定义千差万别，在这里我们来讨论一些对冲基金的发展历史、外在特征、内在策略划分和本质特征。

9.2　对冲基金的发展史

20 世纪中期，金融领域出现了一种新的投资工具。对冲基金的第一批经理们在没有大肆宣传或太多关注的情况下，开始在美国股市交易，其方式与当时的投资组合管理技术大相径庭。从这个不温不火的开端，催生了一个规模庞大、增长迅速的全球资金管理领域，吸引了金融服务业一些最优秀、最聪明的人才，以及来自各种投资者的大量资金。随着这一投资工具及其众多衍生产品声名鹊起，对冲基金引起了人们极大的兴趣，也引发了不小的争议。多年来，对冲基金一直被许多人视为进入证券市场的创新手段，但仍因其财务和金融的固有问题而受到批评。

虽然对冲基金确切的起源难免有些争论，但普遍的共识是，对冲基金产生的标志性事件是 1949 年阿尔弗雷德·温斯洛·琼斯创立了 *A. W. Jones & Co.*。有别于典型的华尔街精英，琼斯是社会学博士而不是法律、金融或经济学博士。他的经历也有些特别：在开始他的基金之前，琼斯作为记者供职于 *Time and Fortune magazines* 杂志。也许正是由于这一背景，他创立的基金才有许多独特的特点，使它有别于当时的标准金融产品。当琼斯创立他的对冲基金时，混合股票投资池（如共同基金）基本上由只做多的投资组合组成。换句话说，他们将购买并持有一个股票证券投资组合。与投资者拥有的任何资产一样，长期证券头寸在价格上涨时升值，在价格下跌时贬值。如果市场预期会下跌，当时典型的共同基金会将资金转移到现金、现金等价物或债券上，作为一种防御措施。

对冲的概念并不是这些只做多的投资组合的一个组成部分。从最广泛的意义上讲，对冲是一种技术。通过这种技术，投资者希望降低某一特定投资头寸的内在风险，建立第二头寸，以抵消原头寸的部分或全部不利的预期变化。琼斯当时使用的一种技巧是卖空。卖空包括出售卖方不拥有的证券，或通过交付卖方借入的证券或由卖方可以借到的证券而完成的交易。在标准的卖空交易中，如果投资者预期自己目前不持有的股票价值会下跌，他就会从经纪人那里或通过经纪人从机构投资者那里借到证券。然后投资者将在市场上出售这些借来的股票，在未来该投资者仍有义务将这些借来的股票归还给贷款人。这次卖空的收入将作为抵押品存入经纪人手中。利息，被称为卖空信用回扣，会被及时支付给投资者。如果被做空股票的价格上涨，空头头寸的价值就会下降，经纪商的保证金账户需要增加。这时空方能是存入额外的现金，或者从经纪商那里借款存入。如果被卖空的股票支付股息，卖空者将股息作为成本支付给出借股票者。投资者最终将不得不把借来的股票还给出借者，并通过在市场上购买股票来"回补"空头头寸。如果买入的价格低于卖空开始时的价格，投资者将获利回补空头。但是，如果股票的价格在卖空之后上涨，那么补仓交易的价格就会更高，投资者就会蒙受损失。以股票为基础时，卖空是一种投机性操作。因为一个股票的价格可以下降为零，同时，从理论上讲，其上涨没有极限。所以卖空提供了一个不对称的风险，在股票价格下降时提供可量化的但是有极限的潜在利润。但在股票价格上涨时，至少在理论上，可能招致无限的损失。

因此，琼斯采用了这种本质上是投机的技术，并将其整合到他的整体投资组合构建中，以达到"保守的目的"。他认为，长期股票投资组合中各组成部分的价格变动有两个主要驱动因素，即与投资组合中个别股票相关的，以及那些与市场总体方向相关的。因此，如果市场下跌，人们会预期投资组合中的多头头寸通常会下跌。股票价格下跌时，空头头寸价值升值。因此，琼斯认为，把多头头寸和空头头寸组合起来，将提供一个"对冲"对市场波动的影响在他的投资组合市场价值的下降产生的长期投资组合同样将抵消收益在短期投资组合。通过组合他的投资组合中的多头和空头头寸，他试图降低他对市场的整体敞口，并"对冲"市场风险，从而使特定于股票的因素和股票选择成为投资组合回报的主要驱动因素。此外，琼斯采用了第二种技术，也与投机交易有关：杠杆的使用。杠杆是指投资者借入资金，以增加对特定头寸的投资。这样做，杠杆可以放大回报。与做空一样，杠杆也不是一条单行道，就像它会放大上行收益一样，如果杠杆头寸向相反方向移动，它也会放大亏损。

做空对冲市场风险，利用杠杆放大回报，再加上琼斯的精明选股，他的对冲基金的表现得以超越当时领先的共同基金。20世纪60年代后半期大量新对冲基金纷纷出现，形成了对冲基金的第一波大发展的浪潮。在进入这个领域的人中，有乔治·索罗斯（George Soros）和迈克尔·斯坦哈特（Michael Steinhardt）等未来的对冲基金名人。事实上，第一波对冲基金的许多做法似乎已经偏离了琼斯所阐述的最初方法，即强调杠杆，同时不强调做空。尽管这可以在一个不断上涨的市场中产生强劲的回报，在20世纪60年代中期就是如此，但在1969年市场转向、进入对冲基金大发展后的第一个熊市时，许多对冲基金蒙受了严重损失。事实上，当市场在1974年跌至谷底时，由于亏损和投资者撤资，许多公司被迫停业。后来，随着新的金融市场和金融工具的发展，比如对可以准入新兴市场的增长，对期货、期权和其他衍生品工具在20世纪70年代和80年代的运用，以及对对冲基金交易的科技的显著的改进和运用，对证券交易的分析的改进，结合股票市场的重振，导致对冲基金在20世纪80年代大发展。可以称为对冲基金的第二波浪潮。到2008年金融危机之前，在美国大约有8000家对冲基金管理着超过1.8万亿美元的资产。

2008年金融危机以后，全球主要经济体的中央银行用零利率/负利率即量化宽松的方式对市场强行注入流动性，导致过去的11年，全球的固定收益和股票市场经历了强劲的牛市，同时也导致了对冲基金的价值发现的功能被削弱。尽管有关对冲基金行业的负面文章数不胜数，但对冲基金资产在过去11年中有10年达到了历史最高水平。在整个对冲基金投资者领域，投资者对该行业的信心有所改善。对全球的对冲基金经理来说，2019年标志着对冲基金行业在2018年表现疲弱后急需的复苏的开始。利用全球股市的强劲上涨，对冲基金类资产去年的回报率为11.45%，随着业绩改善，资产管理规模（AUM）也水涨船高，至2019年11月，同比增长4.6%，达到3.61万亿美元。

最近10年，对冲基金行业也见证了人工智能/机器学习的最新技术在这个行业的迅速推广，使用人工智能/机器学习（AIML）的对冲基金正在实现长期的超群表现。在三年和五年的年度化基础上，AIML基金的表现优于更广泛的对冲基金市场和其他系统交易的对冲基金。AIML拥有大量公开的股票、债券、财务报表、货币走势、甚至社交媒体数据，对冲基金行业可以利用它帮助基金经理分析数据和预测市场走势。随着AIML在能力和回报方面的发展，市场上出现了更多的AIML应用程序。基金经理使用AIML的方式多种多样。多年来，像Two Sigma、Man Group和D. E. Shaw这样的业界资深人士都在他们的产品中加入了AIML战略，实现了人工智能的研究方法，提供更深入的市场洞察。随着人工智能应用的不断完善，专门的核心人工智能管理人员的数量也在增加。更系统化的对冲基金正在利用AIML。2019年推出的系统性对冲基金中使用AIML的比例是2016年的两倍多（分别为23%和10%）。在艰难的融资环境中，AIML可以帮助基金经理将自己与竞争对手区分开来，并吸引投资者。随着AIML系统能力的不断提高，对对冲基金市场的影响也会越来越大。

综上所述，对冲基金有如下外在特征：

积极风险

对冲基金经理，理论上是不会为了系统性市场风险去投资的（比如，beta风险）。对冲基金通过制造 alpha，承担积极风险来获益。Alpha 就是风险调整后的超额收益。当然要问了，投资于2%管理费和20%超额收益分红的对冲基金的关键是什么？为了获得超额的收益，需要对信息有更快更好的反应，更深入的分析，雇用能买到的最天才的人，等等。当你买对冲基金经理的时候，你就是在买投资非传统资产和非系统性风险暴露的技巧。

很广的自由裁量权

对冲基金经理可以很灵活地运用各种投资风格、各种资产，多样的证券和投资技术。举例而言，和传统权益基金经理的一个主要区别就是对冲基金经理能决定所投资证券的种类数量，是分散投资还是集中投资。这些证券可以是有各种各样。面对多变的市场环境，这种灵活性留给经理们很多的余地。再来看传统的操作大盘增长基金的经理们，即使是在大盘投资风格过时的情况下，也不能改变他们的投资策略。传统的权益基金经理对所持现金都有限制，然而对冲积极经理就能自主决定现金持有量。

有限的流动性

投资对冲基金可能最棘手的问题是流动性（基金的赎回期限）。大多数的对冲基金在最开始的一段时期不允许投资者将钱从基金中提取出来。这个就是所谓的封闭期，不同基金封闭期的长度不一样。尽管历史上封闭期长度变化很大，一个典型的封闭期长度是2年，也有些是1年或者3年，长过3年的就很少了。即使在封闭期过后，投资者依然只能在特定时间赎回。一些基金仅允许在每年的特定时间可以赎回。也有的基金是每半年的，每季度甚至是每月的可赎回。投资者通常被要求在赎回前的30—90天通知基金。

高费用

对冲基金收取的费用远比传统的基金要高，这费用分为两部分：管理费用和收益分成。管理费用一般是基金管理的资产的1%—3%；收益分红可以激励经理让基金表现更好，一般收益分红的比例是在每年收入（套现的和账面的）的15%—25%，也有比例更高的。这样的费用结构给了经理们冒风险去创造最大收益的激励，但对投资者来说并不一定很好。很多对冲基金经理在用一种叫"高水位线"的工具，"高水位线"是用来测量基金在收益分红之前的最大损失的程度。有些基金还有收益分红门槛，只有在基金收益高过这个分红门槛时，投资经理才能取得分红。

有限的透明度

很多投资者想知道对冲基金具体在做什么，这样做投资之前就可以评估基金策略的风险。但对冲基金经理却不希望其他人知道他们的策略，因为这是他们基金的持有风格和交易策略是来之不易的劳动果实。缺乏透明度给对冲基金蒙上了一层神秘的面纱，这就要求投资者能揭开面纱发现里头的细节，到最后，信任其实是最重要的。因为监管有限，有些欺诈客户的对冲基金可能真获利不少。

特别的交易技巧

对冲基金经理一般用三个传统基金管理不具备的工具：卖空，杠杆和衍生品。卖空让经理在股票价格下跌的时候也能赚钱，做法就是借来别人的股票卖掉，过段时间在市场上买回还给别人。杠杆，也就是借钱，在各种各样的投资中都可以用来放大回报，即使是很小的证券定价错误。对冲基金经理能用衍生品合成想要的标的资产而不必须要事实上持有。对冲基金世界不管是处在什么水平的，都会根据需要或多或少地运用这三个技巧。

缺乏标准

对冲基金经理的任务就是赚钱。行内管这个叫绝对收益。在追求绝对收益的时候，对冲基金经理们会选择他们想要的策略。他们没有对应的标准要去完成（比如有的对冲基金确实会依附某个准则，比如现金要加4%或者一个独立的可转换套利的标准）。传统基金经理会很在意他们和标准之间的误差，然而对冲基金经理不需要这样做。此外，传统的投资者会习惯性划分经理的投资风格（比如大盘增长，或者小盘价值，等等），而对冲基金就不需要这样的划分了。

9.3 对冲基金的策略

许多对冲基金继续以最初被认为是琼斯的方式进行投资。然而，对冲基金如今追求的投资策略五花八门，其中许多策略与第一波对冲基金高潮时的特征大相径庭。对冲基基金有各种各样的交易策略，分别对应不同的风险和收益回报。知道并理解这些不同策略的特性是必要的，因为所有的对冲基金都各不相同——不同策略下投资回报、波动性和风险都会相差很大。有些和股票市场相关性不大的策略风险就比较小，收益比较稳定。然而其他的可能就比共同基金风险要大很多。大多数对冲基金还是试图降低波动率和风险，确保在各种市场环境下本金都不受损失的，再去获取正的回报。行业内形形色色的冲基金策略不同的描述。虽然没有一个统一的分类方法来根据策略对对冲基金进行分类，但人们可以将对冲基金分为四大类，每一类又可以进一步细分为若干子类别。这些主要类别包括对冲股票、全球机会主义、套利和事件驱动策略。

9.3.1 对冲股票（Hedged Equities）

琼斯首创的对冲股票策略仍然是对冲基金经理中最受欢迎的策略之一。然而，尽管对冲股票方法可以追溯到琼斯，但它绝不是以统一的方式实施的。今天的对冲股票基金可以用多种方式进行分类。虽然大多数投资组合主要集中在美国股市，但其他投资组合也可能集中在世界特定地区，比如西欧、日本以及除日本以外的亚洲或新兴市场，或者在全球各地寻找不受地域限制的机会。其他管理人员将注意力集中在特定的行业，如股本证券的发行人从事技术、消费产品和金融服务，或者发行人的股票在一定市场资本化范围（大盘股、中盘股和小盘股），而另一些则不以任何方式限制其投资授权的范围。一些从业者积极交易他们的投资组合,而另一些人调整头寸的频率要低得多。

琼斯投资组合的两个决定性特征——利用卖空来对冲整体市场风险敞口,以及利用杠杆来提高回报率——在被对冲的股票从业者中也可以而且确实存在很大差异。总体净市场敞口(投资组合分配给多头头寸减去分配给空头头寸的百分比)的范围可以从一个强大的净多头倾向策略、更平衡的"市场中立"加权组合策略,到净空头倾向,这样的敞口会随着市场周期而调整。此外,还有一小部分经理只做空投资组合。同样,杠杆使用的程度在不同的对冲股票策略从业者之间可能存在很大差异。即便是被对冲的股票经理构建投资组合的方式也可能有所不同,一些人侧重于对个别发行人以及其财务状况、运营和市场进行详细的"自下而上"分析,而另一些人则采取"自上而下"的方式,着眼于更宏观的经济因素。这些投资经理在股票现货市场和股票衍生品市场同时持有多头和空头。在做投资决策的时候可以用很多方法比如量化或者基本面分析。策略是各种各样的,可以根据具体的要求,比如风险暴露、试用的杠杆、持有期、市场资本的集中度、传统投资工具的价值情况等的不同而不同。权益对冲的管理者可以维持50%的比例,在某些情况下甚至是全部用来买多或卖空权益。权益对冲的策略如下:

(1)权益市场中性——这个策略用到了复杂的量化分析技术来从价格数据中分析出未来价格的运动方向,发现证券间的相关关系来决定买卖。这就是基于因子分析的统计套利交易策略。因子分析投资策略要用系统分析的方法找出证券间的相关关系来预测投资,很多情况下,对某个或多个因素非相关的方式来构建投资组合,比如股票市场整体收益也就是贝塔(Beta)项。杠杆经常被用来增强现有的投资收益。统计套利交易策略就是认为证券价格存在均值回复,所以就可以预测并利用这种错误的定价。可能会用到的高频交易策略一样需要技术分析,去发现现在证券价格中没有包含或者没有准确包含的信息。股票(权益)市场中性策略通常是让风险暴露不超过10%(不管是多头还是空头)。

(2)基本面增长——这些策略就是来分析股票标的公司的价值特性,看看有没有超过股票市场平均水平的收益增长和资本增值。这就要关注公司的财务状况,不仅要看绝对的量还有与其他相似公司对比,和市场指标相比。投资的目的就是识别出那些诱人的机会——公司的业绩在收益,利润,销量或市场份额增长等指标预期将超过相关的标准。

(3)基本面价值——这些策略的制定过程就是去找寻那些被认为是廉价被低估的股票。投资这样的股票很有诱人的价值。

(4)能源和材料——这些策略就是通过观察能源和材料这个板块的公司的生产经营的具体情况来发现潜在的投资机会,因为能源和材料供给和需求的变化是会影响到股价走势。持有这样的股票就是为了获得比投资整个股市更大的收益。能源和材料策略就是主要将注意力集中在这个领域中,维持大概50%的风险暴露,在各种市场周期下都是如此。

(5)科技和医疗板块——这些策略就是投资于证券市场的科技和医疗板块,通过考察公司的科技和生物技术的应用情况,药品的生产情况等来发现公司成长潜力。在这些板块维持一定的资金投放比投资于整个市场要好。尽管这些策略是细分在，但还是和总的市场增长趋势相关或者说市场状况会影响到医疗行业的增长情况。科技和医疗板块策略就是关注这个领域，在各个市场周期下都保持至少 50% 的风险暴露。

（6）偏卖空策略——这些策略就是去预测公司的价值特性，发现那些高估的股票。偏卖空策略在不同的市场周期下卖空的程度不一样。这个策略的特性就是基金经理维持一个卖空的比例，为了在市场下跌的时候战胜传统的投资经理。这样的投资可能是基本面或技术。经理是比一般的市场投资者有特别的侧重的，一直致力于发现高估的股票并进行净卖空操作。

（7）量化选股——这些策略就是用复杂的量化分析方法从股价数据中挖掘出未来价格的运动方式，找出股票间的相关性，进而挑选出要买卖的股票。这包括因子选股和统计套利交易策略。因子选股就是对股票之间的相关性做系统的分析。统计套利交易策略就是在认定股票价格会均值回复的基础上发现定价错误的股票。高频交易也是用技术分析的手段试图发现当前的股票价格中没有被充分或者准确包含的信息。量化选股策略在各种市场周期下都会有净头寸的风险暴露（不管是买多还是卖空）。

如果是使用多策略的经理一般在任何股票的资金分配上都不会有超过 50% 的风险暴露，这与权益对冲下面的各个策略不一样。

9.3.2 全球宏观（Global Opportunistic）

在 20 世纪 80 年代对冲基金重新崛起期间，最吸引公众注意力的战略类别或许是全球机会主义投资。这种方法通常被称为"宏观"投资，它与一些最著名的对冲基金经理有关。全球宏观的对冲基金经理极其广泛的投资授权和寻求识别国家或地区的宏观经济因素，国家或地区事件或政治活动和趋势产生的当前价格和潜在价值的差异，金融工具包括货币、大宗商品、股票和 ETF、固定收益和其他对各国中央银行的利率敏感的证券，以及各种金融衍生工具。一旦发现这种错误定价，宏观基金经理就会寻求建立多头或空头头寸，以从预期的未来市场发展中获利，这些发展将导致价格波动，最终消除差异。这些头寸经常被用来提高预期回报。

宏观对冲的基金经理主要分为两类。基本面宏观市场经济经理在实施投资计划时使用定性的技术和自由判断，投资决策是根据对冲基金经理对利率变化、汇率变动、股票市场方向和地缘政治发展的看法做出的。另一类宏观对冲实施系统性宏观对冲，使用趋势跟踪或其他基于计算机的建模程序。大宗商品的对冲基金和管理型期货交易的对冲基金，通常专注于大宗商品或期货合约的系统或主题交易，属于后一类。全球宏观对冲基金历来以进行高风险、高杠杆化的投资而闻名，这些投资通常是方向性的，而不是对冲性的。宏观方法的一个值得注意的例子是 1992 年的英镑空头。20 世纪 90 年代初，一些西欧国家加入了汇率机制（ERM），这是一个旨在减少汇率波动和增强货币稳定性的系统，作为最终推出单一欧洲货币欧元的先驱。欧洲汇率机制的基础是一种双边固定货币汇率制度，规定了高于和低于这些汇率的幅度,在这个幅度内,汇率波动将保持不变。这种安排是基于对汇率稳定的基本假设。英国于1992年加入欧洲汇率机制,但是由于宏观经济的因素,例如英国经常账户赤字的扩大和德国贴现率的增加,使英镑相对于其他货币被高估。最早的宏观基金经理之一乔治·索罗斯(George Soros)和其他对冲基金利用英国央行(Bank of England)维持英镑与德国马克(deutschemark)汇率不变的政策,通过与银行签订场外远期销售合同做空英镑。英镑的下行压力最终导致英镑贬值,英国退出欧洲汇率机制。宏观基金在现货市场买入贬值的英镑,以弥补远期销售的损失,获得了丰厚的利润,索罗斯也因此赢得了"击垮英格兰银行的人"的绰号。宏观管理人员所进行的杠杆化和方向性押注可以获得重大回报,正如1992年欧洲汇率机制的交易所证明的那样,但如果预期的宏观经济趋势没有实现,这种交易也可能代价高昂。两年后的1994年,许多对冲基金基于对欧洲利率将下降的预期,进行了大规模的无对冲押注,导致债券价格上涨。在美国联邦储备委员会决定提高美国利率之后,欧洲利率上升,造成重大损失。全球宏观基金曾在对冲基金领域占据主导地位,无论是管理的资产规模还是基金数量。然而,它们在整个对冲基金中所占的份额已经从1990年的71%下降到2006年的约11%,金融危机后有所回复,但已经不是主导的对冲基金策略。

　　投资经理使用的一系列宏观策略就是通过分析经济指标的变化情况对股票、固定收益类证券、货币和商品市场的影响。投资经理们用了各种各样的分析方法,有片段的和系统的分析,自上而下和自下而上的分析,量化和基本面分析,长期持有和短期持有分析。尽管很多策略用RV分析法,宏观策略和RV策略不一样的地方就是在于要预测投资工具未来的走势而不是分析证券间的价格差异。相似的地方是,宏观策略和权益对冲策略都会持有股票,然而前者强调是宏观经济指标而不是公司的基本面特性对股票价格有着最重要的影响。

　　片段式分析——这些策略主要依赖着市场数据、各变量的相互关系、相互影响,打算投资的人需要解析出这些信息。投资决策的过程主要是靠自上而下的宏观经济变量的分析。投资经理可能会在发达的市场,关注这些市场的绝对和相对水平,包括股票市场、利率水平和固定收益市场、货币和商品市场。通过寻找价差来交易,找出投资标的和投资经理持有时的价格和预期价格的不一致。投资组合的构建就是以投资经理对未来一段时间的投资工具的价值判断为准,这些会涉及反向操作和波动率操作。

　　系统性策略——这些策略的决策过程依靠数学方程、算法和技术分析手段,受单个投资标的的影响较小或者说几乎为零。策略是通过找寻市场的趋势和货币类资产间动量转换特性来寻求机会,这些常和主权信用类固定收益有关。通过量化分析的手段来分析资产收益率序列的统计特性和技术模式,关注高流动性的投资工具并持有比片段式分析和均值回复策略的更短的持有期。尽管一些策略寻求趋势反转模型,但大多数策略还是主要靠一些比较明显,可识别的交易行为来盈利。系统性货币投资策略不会在货币投资上持有超过35%的投资组合。

多策略组合包括但不限于片段和系统的宏观策略。策略经常包括所有权交易影响，在一些情况下包括不同的子策略，例如股票对冲和权益市场中性策略。投资策略通过系统分析、量化分析宏观经济变量的价值来预测，认为不同市场（并非需要高度相关，但是偏离了它们的历史的相关程度）的差异也会回归。这些策略关注某一类和某几类资产间的基本面的关联。投资持有期比趋势追踪和片面分析策略要长。

9.3.3 套利（Arbitrage）

套利策略，通常也被称为相对价值策略，旨在利用相关工具之间及其定价低效率进行套利。大多数套利机会的核心是确定两种预期价格将在一段时间内趋同的工具。套利者试图做多定价过低的工具，做空定价过高的工具。

对冲基金主导的一种流行的套利策略是可转换债券套利（convertible bond arbitrage）。可转换债券是既具有固定收益又具有股权特征的公司债券。它们通常包括具有转换功能的付息债券，投资者有权将债券转换为发行人特定数量的普通股。由于转换的特点使可转换债券比缺乏可转换性的普通债券的利率要低。这种转换功能可以被认为是一种嵌入在债券中的股票期权。因此，可转换债券的价值可以被视为受到三个因素的影响。首先，有价值的债券作为一个直接债券，忽略其转换功能。假设发行人没有拖欠债券到期利息和本金，这一支付流为债券的价值设定了一个有效的下限。其次，如果债券要转换为发行者的股权，它就有价值。这是计算当前市场价值的股票数量，其中债券是可转换的。最后，债券转换权本身的价值，实际上就是嵌入在债券中的期权的价值。考虑到期权的期限、执行价格、利率和标的股票的波动性等因素，转换债券的期权的价值可以在某种程度上与股票期权的价值相媲美。

可转换债券套利者交易技巧的一个支柱是一种被称为 delta 对冲（delta hedging）的策略。在这种情况下，delta 衡量的是可转换债券价格的变化，作为可转换股票的基础普通股的价格的变化。在传统的可转债交易中，对冲基金购买可转债，并卖空一定数量的可转债股票，相对于股票，债券可转换的数量被称为"对冲比率"，将抵消部分或全部的损失价值债券的标的股票价格的下降。可转换股的 delta 是决定做空股票数量的关键因素。"delta 中性"对冲将导致做空足够多的股票，从而由标的股票价值下跌引起的做空收益将完全抵消债券的损失。通过这样做，对冲基金将抵消相关股票变动对头寸价值的影响，使其在可转换债券的固定收益部分和嵌入期权方面都拥有长期敞口。该对冲基金从债券以及股票卖空所得收益中赚取利息。内嵌期权的价值会随标的股票的波动而波动，通过不时调整对冲基金的对冲比率，为对冲基金提供围绕期权头寸进行交易的赚钱机会。

第二种套利策略是统计套利（statistical arbitrage）。这种方法使用复杂的数学模型来识别相关证券的错误定价。本质上，它寻找的是这些证券的价格偏离其历史关系的情况。一旦确定，该对冲基金将创建一个多头和空头证券的投资组合，那些被视为相对于与其配对的头寸被低估的证券将被长期持有，而那些被视为高估的证券将被卖空。一般而言，预期是这些证券的价格将回归到其历史关系，多头升值，空头贬值。统计套利的对冲基金经理可能会寻求通过平衡其多空部分的美元权重，使其投资组合免受整体市场波动的影响。他们也可以在选择其股票的个别行业部门内扩大这种平衡。

并购套利（merger arbitrage），又称风险套利（risk arbitrage），是套利领域的第三种变体，旨在利用企业并购宣布后创造的机会来套利。通常是等并购的公告发布之后，目标公司的股票交易价格会低于收购公司的出价，因为存在合并可能无法完成的风险。在以股换股的交易，收购方用自己的股份换目标公司的股份，合并套利通过购买目标公司的股份和做空收购方的股份来获取差价。通过做多目标公司，套利者试图获取目标公司相对于合并价格的折扣价格。空头头寸保护交易不受收购人股票价格下跌的影响。如果合并按计划完成，套利者将收到目标公司股票的收购公司股票，并用这些股票来弥补其空头头寸。风险套利所产生的回报，在一定程度上是交易开始至完成时间的函数。此外，可以通过杠杆化头寸来提高回报率。风险套利中的风险源于这样一个事实：并非所有并购交易都能成功完成，原因往往是反垄断政府机构的介入、其他监管障碍、目标公司的防御行动或其他股东的反对，或者可能无法在并购协议条款规定的最后期限前完成。在这种情况下，目标公司的股价可能会跌至宣布合并之前的水平，而收购公司的股价通常会上涨，因为做空该公司股票的投资者会在市场上买入股票，以回补空头头寸。在这种情况下，两家公司股价之间的价差可能会扩大，导致套利交易双方都蒙受损失。通常情况下，合并的条款可能会相当复杂，从事这一战略的人必须能够评估交易的所有方面，无论是财务、法律还是商业性质，以便正确评估交易的风险。

固定收益套利（fixed-income arbitrage）是另一种套利策略。顾名思义，它试图利用固定收益市场中的错误定价来套利。固定收益套利由各种各样复杂的交易组成，这些交易可能涉及债券、期货、利率互换和期权。许多交易是基于收益率曲线的形状和预期的变化。收益率曲线描绘的是收益率（利率）与固定收益证券（通常是美国国债）在某一特定时间点的到期期限之间的关系。典型的收益率曲线随着期限的延长而上升，因为期限较长的债券通常支付更高的利率。然而，随着时间的推移，曲线的水平、斜率和曲率会发生变化。收益率曲线的形状和变化提供了建立有利可图的套利交易的机会。例如，一些对冲基金试图建立收益率曲线的模型，以确定某些债券的交易价格是否高于或低于它们相对于收益率曲线的应有水平。当这些定价错误的债券被识别出来时，该基金将买入定价过低的债券，并卖出定价过高的债券，因为它预期这些债券的价格将回到它们应该基于曲线结构的水平。当两种公司债券的信誉度不同，而它们的价格不能正确反映这种差异时，也会出现类似的机会，从而导致一种债券相对于另一种债券的定价过高或过低。

除了收益率曲线交易外，固定收益对冲基金还经常进行利差交易，利用两种工具之间的收益率差异。一个经典的交易包括"在逃"（on the run）和"已逃"（off the run）美国国债。新发行的"在逃"美国国债的价格往往略高,因此收益率低于旧的"已逃"债券,因为新发行的债券被认为流动性更强。虽然收益率差异可以用基点来衡量,但通过卖出"在逃"国债并利用出售所得购买"已逃"债券,仍有机会捕捉到这种差异。

由于许多固定收益套利交易涉及捕捉金融工具之间的微小价差,因此需要借助杠杆作用将这些结果放大为有意义的回报。杠杆一般通过回购市场获得。回购协议是一种证券借贷交易,其中一方同意在资金转移时向另一方出售证券,同时同意在未来某一日期以特定价格回购相同或等值的证券。在为固定收益交易融资的过程中,回购交易被设计成一种有担保的现金贷款,回购买方接受有价证券作为现金贷款的抵押品。借款人承诺在一个固定的日期和预定的价格回购证券,包括商定的利息支付给贷款人。在一定程度上,利率是根据回购交易标的证券的质量和流动性确定的。虽然可以使用很重比例的杠杆,固定收益经理同时也寻求保持低波动率:通过对冲利率变动或使用跨期交易,以及试图对冲投资组合内的其他风险,包括该对冲基金交易的金融产品的信用状况的变化以及哲学金融工具市场的流动性。

固定收益套利交易的对冲基金还采用了其他一些套利策略。比如 2008 年金融危机之前快速增长的一个信用套利策略。这种策略包括定向和对冲头寸的债券类证券和信用衍生品。信用套利交易包括做多/做空信用地位,信用工具之内(intra-credit)和信用工具之间(inter-credit)套利和信用波动套利,并经常利用信用违约互换(CDS)等产品,这些衍生品是指向持有人支付的金额的根据,是指定的违约事件的发生。做多/做空信用策略涉及做多和做空头寸,这些头寸反映了不同信用或信用组之间的相对价值观点。多头/空头信贷交易的一个例子是,对冲基金可能做多一家公司的信用违约互换,做空一家竞争对手的信用违约互换,或者做多一个行业领域内公司的互换组合,做空另一个行业相关的互换组合。信用工具内部和信用工具之间的套利为利用信用工具内部和信用工具之间的定价差异提供了各种各样的机会。信用工具内部是指在一个发行人的资本结构内进行多空交易,而信用工具间套利是指在不同发行人的不同信用工具之间进行多空交易。

信用工具的收益率通常超过无风险工具(如国债)的收益率。这种超额通常被称为信用利差,反映了为补偿信用工具违约风险而要求的保证金。因此,信用利差是衡量市场对金融工具信用风险的评估。信用波动套利通常涉及买卖信用价差期权,以利用这些价差的相对水平所表现出的定价效率低下而套利。

不良资产投资包括对陷入财务困境或破产的公司的债务、股票、证券和债权诉讼的交易。困境债券的交易价格通常低于其价值,这是由困境债券的投资者决定的。这些债券可以被购买和持有,直到发行人进行重组、摆脱破产或采取其他措施,应会导致这些证券升值。此外,困境也可能为资本结构套利提供机会,即发行者的一种证券与另一种证券存在定价错误。

9.3.4 事件驱动(Event Driven)

持有某公司证券的投资经理通常会关注当前或者未来的公司的交易信息,包括:并购、重组、财务困境、股权收购、股票回购、债务交换、证券发行，或者其他资本结构的调整。证券种类各种各样，包括高优先级的证券或者次级证券，还包括其他的衍生品证券。暴露的 ED 包括对权益市场、信用市场、公司自身发展特质等因素的敏感。投资这些就是用基本面特性来预测（不同于量化分析），这些公司的发展特性是独立于资本市场的外生的变量。

并购套利——这些策略是集中针对那些近来要和其他公司进行股权或股权相关交易的公司，发现其中的套利的机会。并购套利主要包括已经宣告要发生的交易，这种情况在股权宣告日的前后只会有限的风险或者根本没风险。董事会、管理层和从事这个并购协议的相关的机构会得到这样的机会，他们面临的风险是非常小的。所以在现有的情况下，已经宣告会发生交易，并购套利会使用超过 75% 的资金量。

特殊事件——这些策略就是关注那些有事情要发生的公司，比如发行证券、回购、变卖资产、拆分或其他的触发事件，并对这样的公司进行股权或股权相关的投资。这包括那些已经公告要发生的交易以及交易前后的事件，也包括那些没有正式宣告，但预期要发生的事件。这些策略在公司很长的一段生命周期里都可以使用，通过基本面研究可以发现包括危机、破产和破产后的证券发行、宣告的收购、公司拆分、资产变卖和其他影响到公司资本结构的事件。这些事件的发生很可能会导致公司交易或者影响到股东价值。这些策略主要集中在股权投资（超过 60%），也有一部分公司债务的投资，更包括破产后的权益暴露和重组诉讼。

危机/重组——这些策略关注公司的固定收益类投资，公司发行的信用债一般是折价（低于面值）的原因是要考虑到在债务到期前发生破产或财务危机的风险。经理们一般也参与这些公司的管理，他们通常和债权人商量证券和其他契约的交易，比如债务、权益或者混合证券的互换。经理关注处于困境的公司的价值和证券标的的资产，并购买公司的信用。投资组合绝大多数情况是那些可大众交易的投资工具；一些情况下是活跃的；另一些情况下，虽然还是大众交易的，但是流动性减弱了。和特殊事件策略相比，困境策略主要购买的是债务（超过 60%），也维持一些股权相关类的投资。

激进策略——这些策略就是试图去获得公司董事局的席位，进而影响到公司的决策方向。比如提出要拆分或者变卖资产，部分或者全部地企业资产剥离，分红或者回购股份，改变管理方法。这些策略就是利用现在处于或即将发生公司交易、证券发行或回购、资产变卖、拆分或其他事件的公司的股权和股权相关投资工具的机会。这些事件包括已经宣告要发生的和预期要发生的。激进策略和其他策略不一样的地方是，会在上面描述的激进事件中持有超过 50% 的投资组合。

私募发行——这些策略专注于那些私募的本来就是非流动的公司的股票或股票相关的投资工具。这个策略就是在还没有一个流动性市场的时候持有私人股权，直到新股发行或者破产诉讼的时候变现收益。经理用基本面分析证券发行公司的资产，可能在私募股权方面（包括规章 D 和 PIPE 交易）有超过 50% 的投资。

信用套利——这些策略就是投资一个公司固定收益证券，发现其中诱人的机会。这些证券就像银行债和其他债一样，包括高级和次级，几乎没有信用风险。

对冲基金往往有灵活的投资授权，因此能够及时采取新的和多样化的战略，提供潜在的有吸引力的回报。对冲基金也涉及直接借款、再保险和 ESG 投资等领域。在外围，人们可以找到更深奥的方法。最近 10 年，对冲基金行业也见证了人工智能/机器学习的最新技术在这个行业的迅速推广。使用人工智能/机器学习（AIML）的对冲基金正在实现长期的超群表现。许多对冲基金采用的策略不止一种。这些多策略套利对冲基金使基金经理能够在不同策略之间转移资本，以利用市场条件的变化，这种变化可能有利于一种策略而不利于另一种策略。因此，对冲基金行业的成熟不仅体现在基金数量和管理资产的增长上，还体现在策略的多样化上。

如前所述，2018 年全球对冲基金管理的行业资产（AUM）10 年来首次下降，但 2019 年对冲基金行业已经从 2018 年第四季度的下降中反弹，无论是流量还是业绩。尽管 2019 年上半年整体资金外流仍在继续，但外流速度明显放缓，而且整体表现强劲，足以再次出现扩张。2019 年标志着对冲基金行业在 2018 年表现疲弱后急需复苏的开始。利用全球股市的强劲上涨，对冲基金类资产 2019 年的回报率为 11.45%，随着业绩改善，资产管理规模（AUM）也水涨船高，所有投资策略在 2019 年年初至今的表现都是积极的，不过那些市场敞口（即贝塔系数）更高的投资策略表现更好。图 9-4 展示了 2018 年全年和 2019 年上半年对冲基金行业的业绩。

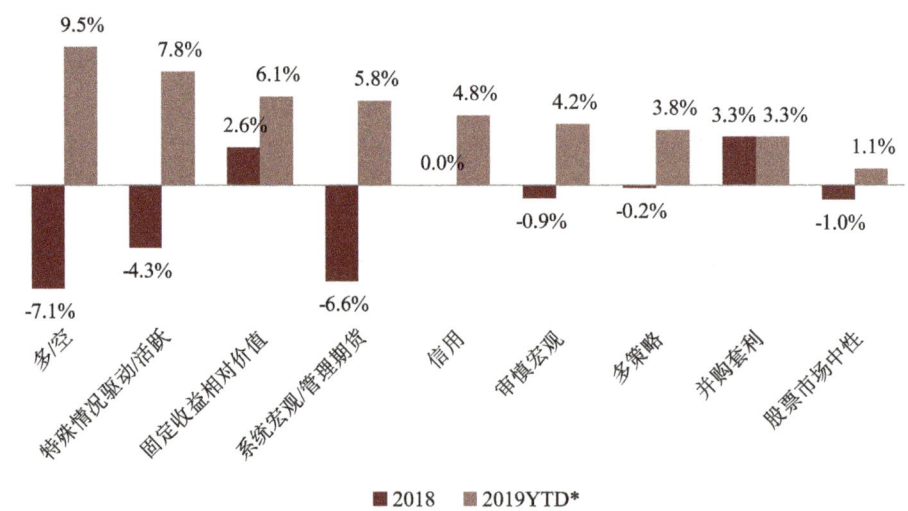

图 9-4　2018/2019 年对冲基金按照策略细分的表现

资料来源：HFR，Strategic Consulting analysis。

9.4 对冲基金的本质特征

如前所述,对冲基金不能被他们所采用的特定投资策略所定义。一些做风险对冲,而另一些对特定的投资方向押注。对冲基金采用杠杆的程度,也可以在一个非常广泛的频谱范围内操作。对冲基金所使用的金融工具和进行交易的市场也各不相同,随着金融工程师开发出获取投资机会的新机制,对冲基金往往走在利用投资机会和新技术的前沿。尽管如此,有一些共同的特点使人们能够将这些不同的投资方式归结为对冲基金的类别。有一种理论认为,可以用三个都以 A 开头的英文单词来描述对冲基金的本质特征:Alternative(另类投资),Absolute(绝对回报),Alpha(市场均值超额收益)。

9.4.1 Alternative(另类投资)

对冲基金被认为是几类"另类投资"之一。这与传统的股票和债券投资形成了对比。后者是投资领域中更大的一部分,由股票和固定收益证券的投资组合组成,这些投资组合多年来由普通股、债券和短期固定收益工具的多样化投资组合组成。最近,国际股票和债券也扩大了传统的投资组合。这些投资组合的组成部分的共同特点是,它们只在性质上做多,由在公开市场上活跃交易的工具组成。

相比之下,另类投资与传统投资不同,因为它们通常不在公开市场上交易,因此往往流动性较差,而且更难估值。此外,它们往往缺乏与更传统的资产类别相关的漫长的风险和回报的历史信息,因此需要更严格的分析,而这些分析可能与传统投资有显著的不同。另类投资的类别包括风险资本(VC)、私募股权、杠杆收购、自然资源和房地产等。对冲基金也包括在另类投资内,投资者通过私募的方式投资于合伙或离岸公司,没有可以随时交易的二级市场,赎回或撤回资本的能力往往是有限的:可以是在季度,半年度、年度的固定日期内赎回,而且有时进一步的嵌入在对冲基金的章程文件的其他条款来限制赎回。此外,由于缺乏公开市场,投资者无法获得一种现成的机制来评估其所持合伙份额或股份的价值,而提供估值信息的频率一般不超过每月一次。对比于传统的股票和债券的投资,大多数对冲基金没有足够长的历史来呈现历史记录的价值评估和预测未来的性能。而且,考虑到许多对冲基金采用广泛和复杂的策略,相比较于传统投资组合的评估,这些对冲基金策略的评估需要更专业的分析和说明。

9.4.2 绝对回报(Absolute)

除了这些使对冲基金成为另类投资的独特特征以外,它们采用的策略的回报特征也往往不同于更传统的资产类别。特别是,对冲基金所采取的策略通常被描述为本质上的绝对回报，而不是被认为是传统投资类别的相对回报的策略。绝对回报的内涵是用来描述对冲基金的回报的非相关性，即不管市场环境如何，对冲基金策略的回报是绝对的。这样的回报可能是一个固定的绝对回报目标，也可能是一些超过无风险利率的超额回报。相反，相对回报率是根据基准来衡量的，比如标准普尔500指数（Standard and Poors 500 index）等股票指数。在定义相对于基准的回报目标时，传统的基金经理试图捕捉他所投资的资产类别的风险溢价，因此回报将反映基础资产类别的业绩和波动性。

积极的回报虽然令人满意，但不能孤立地看待。对冲基金寻求在风险调整基础上产生有吸引力的绝对回报。实现这一目标的方法是，提供比股票和固定收益市场波动性更小且相关性更小的回报。一项投资或一个投资组合的预期回报可以理解为它在一段时间内将产生的回报的平均值。虽然投资者可以简单地选择期望回报最高的一项投资，但把所有的鸡蛋放在一个篮子里被认为是不谨慎的，因为典型的投资者在追求高回报的同时，也想要一定程度的回报确定性。因此，投资者需要在追求最大预期收益和最小化收益流的不确定性之间取得平衡。回报的不确定性水平被视为风险的衡量标准。这种风险通常被量化为收益的标准差。一个特定变量的标准差是对该变量在特定时间段内可能值的离散度的度量。因此，一项投资或投资组合的回报的标准偏差是衡量回报在一段时间内围绕平均或预期回报的分散程度。较高的标准差表明实际收益与预期收益之间存在较大的差异，通常被解释为波动较大，因此对投资者来说风险也较大。

诺贝尔经济学奖得主威廉·夏普（William Sharpe）提出的夏普比率（Sharpe Ratio）利用标准差来评估基金的风险调整回报率。该比率的计算方法是将该基金的年化超额收益（其收益除以将其资本投资于无风险投资，通常是90天期美国国债的收益，所能产生的收益）除以这些年化超额收益的标准差。因此，夏普比率提供了一种衡量单位风险超额回报的方法，即用标准差来衡量。在所有条件相同的情况下，投资者在比较两种投资时，会选择夏普比率较高的那一种。

尽管夏普比率考察的是回报率以及在产生此类回报率时所产生的相关风险，但它并未纳入有关这些回报率与其他策略或资产类别相关性的信息。相关性是一个统计术语，表示两个定量变量之间的关联。关联程度由相关系数衡量，相关系数的范围从+1到0到-1。如果两种证券完全正相关，则相关系数为+1，当一种证券的收益率较高时，另一种证券的收益率也较高。当它们完全负相关时，一种证券的回报相对较高时，另一种的回报则相对较低。

9.4.3 市场均值超额收益（Alpha）

对冲基金策略与股票和债券市场的长期回报相关性较低。这种相关性的缺乏意味着，对冲基金有可能成为一种有效的手段，使得投资组合多样化，并在不增加风险的情况下提高回报率。许多投资者已经认识到，对冲基金既可以在那些传统的只做多的投资组合可能不那么友好的市场上提供正回报，也可以加入此类投资组合以降低总体风险。

对冲基金能够在绝对回报和风险调整基础上提供有吸引力回报的基本前提是，对冲基金的策略是基于较高的技能。描述和量化经理技能对整体回报的贡献的一种流行方法被称为 Alpha。一个对冲基金的回报可以用下面的公式来表示：

Return = Alpha + Beta(X) + Epsilon

Alpha 代表回报中超越市场表现的部分；换句话说，这是由于经理的高于市场平均的技能。Beta 是一个乘数，当乘以市场的结果（x）时，它提供了投资组合在市场上的风险敞口所带来的部分回报。Epsilon 计量在回报中随机的无法解释的元素。近年来，人们进行了大量学术研究，分析对冲基金经理是否为投资者产生 Alpha，以及在多大程度上为投资者产生 Alpha，以及如何为投资者产生 Alpha。

从 2008 年金融危机之前的历史上看，对冲基金的前景基本上得到了证实，即它们所追求的投资策略能够产生具有吸引力的绝对正回报，且与传统股票和债券投资的相关性极小。以基金指数为代表的对冲基金的夏普比率（Sharpe ratio）高于股票或债券，与这些资产类别的相关性较低，这表明，如果将它们加入传统的投资组合，它们在提高整体风险调整后回报率方面具有潜力。2008 年金融危机以后，全球主要经济体的中央银行用零利率/负利率即量化宽松的方式对市场强行注入流动性，导致在过去的 11 年全球的固定收益和股票市场经历了强劲的牛市，同时也导致了对冲基金的价值发现的功能被削弱。尽管如此，对冲基金所管理的资产资产在过去 11 年中有 10 年达到了历史最高水平。在整个对冲基金投资者领域，投资者对该行业的信心有所改善。对于全球的对冲基金经理来说，2019 年标志着对冲基金行业在 2018 年表现疲弱后急需的复苏的开始。利用全球股市的强劲上涨，对冲基金类资产去年的回报率为 11.45%。除了整体表现外，2019 年上半年的战略结果出现了分歧。2020 年上半年，投资者继续从股票多/空策略中撤出资产，而并购套利策略再次获得资金流入。多重投资策略较 2018 年出现逆转，出现资金流入，而股票市场中性/量化投资策略出现自 2012 年以来的首次资金流出。

总体而言，全球对冲基金采用最多的策略还是琼斯创立的对冲股票的策略，而最近 5 年新设立的对冲基金中有超过 40% 采用了这种策略。在全球范围内，对冲基金的中心依然在美国。最近 5 年，新的对冲基金约 2/3 在美国设立，另外约 20% 设立在欧洲。

9.5　全球家族办公室对对冲基金的资产配置及策略采用

如前所述，传统的家族办公室的资产配置中不乏对冲基金的份额。但从 2015 年以来，对冲基金在家族办公室资产配置中的份额在持续下降。在 2017 年，对冲基金配置约占家族办公室平均投资组合的 6.2%，2018 年占 5.7%，而 2019 年，这个数字是 4.5%。过去几年由于市场波动加剧,使对冲基金的回报率低于预期,这对于对冲基金非常不利。而且,私募股权和公开市场股权的的平均回报持续超过对冲基金,家族办公室在配置多样化资产时,正在持续减少对对冲基金的投资。

2018 年,全球价值办公室投资的对冲基金所采用的策略和 2017 年有了很大改变。对冲股票的份额大幅下降,而事件驱动等稍有增加。按照区域对冲基金的策略分配比例如表 9 – 1 所示:

表 9 – 1

	全球	欧洲	北美	亚太	新兴市场
股票多/空	19%	18%	20%	15%	16%
全球宏观	13%	15%	10%	13%	16%
信用	13%	13%	13%	13%	14%
事件驱动	13%	9.4%	16%	6.3%	12%
不良资产	9.7%	8.3%	11%	6.3%	10%
量化	9.4%	13%	7.8%	13%	6.1%
市场中性	9.4%	9.4%	9.5%	6.3%	10%
相对价值套利	9.4%	12%	7.8%	6.3%	10%
只空策略	9.3%	4.2%	4.3%	6.3%	4.1%

资料来源:The UBS/Campden Wealth Global Family Office Survey 2018。

2017 年各策略在全球家族办公室对冲基金配置中平均的比例。(仅对冲基金持仓见图 9 – 5):

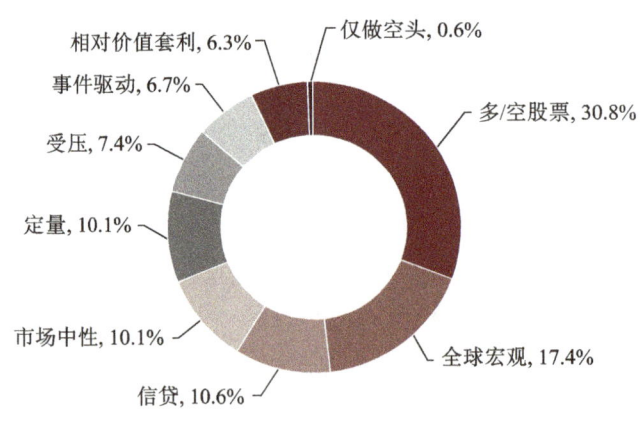

图 9 – 5

资料来源:瑞银/Campden Wealt《2017 年全球家族办公室报告》。

2017 年对冲基金策略配置在各区域的策略按比例在投资组合中的占比(仅对冲基金持仓)见表 9 – 2:

表 9-2

	欧洲	北美	亚太	新兴市场
多/空股票	34.2	31.4	15.2	21.0
全球宏观	16.0	11.1	30.0	38.7
信贷	6.8	17.1	6.9	8.4
市场中性	10.0	9.7	18.4	0.0
定量	13.8	7.2	4.6	19.3
受压	6.0	7.0	12.0	7.6
事件驱动	5.5	10.6	5.1	1.7
相对价值套利	6.5	5.6	7.8	3.4
仅做空头	1.1	0.4	0.0	0.0

资料来源：瑞银/Campden Wealth《2017 年全球家族办公室报告》。
注：请注意，新兴市场和亚太地区的结果可能受到样本数量较少的影响。

9.6　家族办公室对冲基金的投资过程及投资管理

9.6.1　分析当前的投资组合

无论家族办公室是否有一个现有的对冲基金的投资组合，还是正在开始一个新的对冲基金的资产配置，定义战略的第一个主要步骤是综合分析准确的市场信息，并将其与家族的愿景、目的和目标进行比较。这一过程旨在突出市场力量的基本面和复杂性，这些因素可能影响投资组合或单个对冲基金的投资。当然，对冲基金的投资管理的核心是策略、配置比例及投资经理的选择。这个步骤可以分为几个阶段：

- 分析现有对冲基金投资组合的策略的多样性配置；
- 考量现有对冲基金投资组合的历史回报；
- 进行市场分析；
- 考量现有投资管理的过程和程序。

下面我们还以第 5 章引用的那个家族办公室的投资政策陈述来做案例分析（略去与对冲基金无关的部分）。投资政策及其计划的战略性资产配置的目标和浮动范围如表 9-3 所示：

表 9-3

资产类别	基准	目标配比	范围
美国公开市场股权	Russell 3000	27%	
非美国公开市场股权	MSCI ACWI ex U. S. IMI	9%	
公开市场股权总计		36%	26%—46%

续表

资产类别	基准	目标配比	范围
私募股权	Russell 3000 + 3% —5%（rolling 10 year）	19%	14%—24%
对冲基金	3 Month T-bill Index plus 5%	4%	0—6%
美国固定收益	Barclay's Capital U.S. Universal Bond Index	17%	15%—21%
现金	Citi 6-month T-Bills Index	5%	2%—10%
固定收益总计		22%	15%—26%
房地产	NCREIF – 25 bps	15%	12%—21%
期货	DJ – UBS	2%	0—5%
RIETS	S&P 500	2%	0—5%
总资产		100%	

在分析家族办公室现有对冲基金投资组合的策略配置时，要仔细考量策略及其管理团队，及其历史上对投资组合中其他资产的相关性。进而为后续的考量家族办公室总的投资组合的合理性，及是否需要再平衡等提供依据。

下一步再考量投资组合中对冲基金总的历史回报，以及每一个对冲基金和历史回报。由于种种法律障碍，现有的家族办公室的关于对冲基金的实际投资组合无法在本书实例具体分析。所以本书以全球家族办公室的平均总回报分析代替。根据瑞银报告，全球家族办公室对冲基金在2016年基准表现是0.8%的回报，同期全球家族办公室的平均回报是7%。全球家族办公室对冲基金在2017年的基准回报约6%，同期全球家族办公室的平均回报15.5%。2018年第二季度到2019年第二季度，全球家族办公室对冲基金的基准回报是2.3%，同期全球家族办公室的平均回报是5.4%。由此可见，在家族办公室的投资组合中，对冲基金的回报不及家族办公室平均回报的一半。

下一步需要分析现在的对冲基金投资的宏观经济及金融形势，以便于下面的步骤对对冲基金的投资策略及投资组合做一个新的评估。在分析了现有对冲基金投资组合的地区和种类的多样性配置和考量现有对冲基金投资组合的历史回报后，就应该进行详尽的市场分析，综合考量准确的市场信息，并将其与家族的愿景、目的和目标进行比较。这一过程旨在突出市场力量的基本面和复杂性，这些因素可能影响对冲基金投资组合或对冲基金资产的现金流。如前所述，家族办公室的投资管理，总是主动投资和被动投资的结合。关于现在的对冲基金投资的宏观经济及金融形势在本章的前面以及充分论述，在此不再赘述。

再下一步，是考量现有对冲基金的投资管理的过程和程序。

（1）家族办公室关于对冲基金的投资政策

家族办公室可以投资于对冲基金的多元化投资组合，以降低基金的波动性，但不会实质性地降低基金的回报。对冲基金投资类别不是一个单独的资产类别，但是由以下独特的策略组成：①投资于家族办公室现有资产类别内或跨多个资产类别的证券；②有绝对回报目标；③包括运用杠杆和卖空等专门技术的能力，以及运用衍生品等工具的能力。

（2）项目管理

家族办公室已经意识到对冲基金投资策略需要专门的知识和专业知识，因此将雇用或聘请一个对冲基金的基金经理，将委托自由裁量权，以构建符合家族办公室投资政策的投资组合。内部雇用对冲基金的基金经理，或一个专业的外部投资经理，是用来识别、选择、实施和监测这些投资策略在一个很好的多样化的投资组合里被实施。

家族办公室通过一个特殊目的载体来施行对冲基金的投资。

（3）风险与回报目标

回报目标超过三个月期美国国债加 500 个基点。这一回报目标是扣除所有相关的对冲基金费用和母基金管理费。

此外，家族办公室将通过对冲基金研究公司等第三方提供的大量对冲基金的母基金的回报数据来衡量本家族办公室的项目回报。对该计划成功的衡量，使家族办公室能够确定该项目相对于其他对冲基金的母基金所增加的价值。

家族办公室的对冲基金投资组合的波动性预期将高于固定收益投资组合，但低于公开市场股票投资组合，对冲基金投资组合的波动性一般不到公开市场股票投资组合的一半。以收益率标准偏差衡量的实际波动率，预计在 3 年滚动周期内波动幅度在 5%—8%。该计划预计将与全球公开市场股票保持低至中等的相关性。

对冲基金组合可以包括四类投资策略的配置：①事件驱动型；②相对价值型；③股票对冲型和；④定向/战术型（包括全球宏观、大宗商品和货币）。多策略基金也可用于该计划。

（4）风险管理

与传统的公开市场策略相比，风险管理对冲基金策略通常包含更大的独特风险水平和数量。这些风险包括与投资相关的风险和运营风险。家族办公室的政策是识别和理解对冲基金投资策略的关键风险。如果对冲基金的风险不能被充分理解或识别，家族办公室将不会对该基金进行投资。如果现有对冲基金经理的风险增加到超出家族办公室对冲基金政策允许的水平，那么家族办公室对该基金的投资将被赎回。

鉴于对冲基金经理可能有权使用卖空、杠杆和衍生品，家族办公室的衍生品政策将不适用于对冲基金投资。家族办公室将投资于对冲基金，所使用的投资平台将家族办公室的负债限制在其承诺投资于该对冲基金的金额之内。总体来讲，风险的类型和家族办公室的缓解方法可以总结如表 9-4 所示：

表9-4

投资风险	缓解方案
非流动性——由于标的对冲基金持有的资产或证券,以及投资工具的条款,例如锁定期或赎回期导致的流动性风险。	家族办公室将只对那些预计将投资于流动性资产的对冲基金投资。此外,对冲基金投资组合的资产价值的大部分将投资于锁定期为1年或更短的对冲基金,锁定期满后,对冲基金投资组合资产价值的大部分将投资于至少每季度提供全部或部分赎回的基金。除了投资组合创建时的初始锁定期外,还将维持投资组合的流动性时间表,使投资组合大部分资产价值在1年内具有流动性。
透明度——许多对冲基金不提供现有资产及仓位的头寸信息	家族办公室将要求对冲基金持续披露头寸仓位的数据或风险暴露级别的数据。头寸仓位的数据包括该基金持有的所有证券及其金额。风险暴露水平数据的案例包括净股票敞口、该行业的净股票配置仓位,和按信用评级计算的净固定收益配置。此外,我们会经常与对冲基金联络,以了解基金的最大头寸仓位。
杠杆——所投资的对冲基金会使用杠杆,这使它们获得了比投资资本更大的金融风险敞口	家族办公室将不允许对冲基金在其投资组合中过度使用杠杆。适当的杠杆水平取决于所使用的策略类型和基金中所持有资产的风险。投资组合总的杠杆率将受到监控,以管理该组合的整体风险水平,而且杠杆率不得超过3倍。只允许从对冲基金经理管理的仓位头寸中使用杠杆,在母基金的层面不允许增加额外的杠杆。
量化风险——对冲基金面对着量化的市场敞口	对冲基金投资组合的量化风险,将透过风险量度系统来量度及管理。风险将在经理级别和投资组合级别进行评估,以维护在此政策内继续运行的程序(例如,beta和波动率级别)。该系统将用于识别投资组合中的意外风险,这些风险可以通过多样化来降低,并识别投资组合的变化,于是可以在保持项目目标的同时降低风险。 其他要使用的风险分析包括情景分析,以确定投资组合在某些不利的市场环境中可能如何变化,以及风险价值类型分析,以确定在严重的下行情况下可能出现的损失。
运营风险——对冲基金投资于一个于独立于家族办公室的结构比如有限合伙人等结构。因此,当资产脱离家族办公室的保管时,可能会产生额外的操作风险	家族办公室将只投资于治理结构优秀的对冲基金,家族办公室将对这些基金的进行运营尽职调查,审查确定其控制和合规环境足以进行投资。家族办公室将只投资于由独立第三方管理和托管、并由信誉良好的第三方审计的对冲基金。我们会定期检讨对冲基金的估值政策,以确保它们足够健康。

在仔细研究和考量家族办公室关于对冲基金的投资指南之后,就进入下一个步骤。

9.6.2 制订对冲基金的投资计划

分析并理解特定资产为何与投资策略相一致或不一致，有助于考量能够降低风险的替代的商业计划。这样的商业计划有以下功能：
- 构建灵活性
- 优化税收结构
- 保持决策透明度
- 建立关键基准
- 启用"假设"场景
- 定义机会
- 为战略和战术决策提供依据

因此，在这一个阶段，家族办公室对冲基金的投资经理需要做如下工作：
- 制定一个确定投资及回报目标制定
- 定位风险承受范围及程度
- 评估市场机会
- 仔细打磨一个书面的商业策略说明

9.6.3 关于对冲基金投资组合和投资配置的商业计划

下面的步骤是制订一个详细关于对冲基金投资组合和投资配置的商业计划这个阶段需要采取行动的具体细节如下：
- 继续调控投资回报
- 监督外聘服务提供方的表现
- 调控对冲基金资产的持仓比例
- 持续关注和维持相关对冲基金市场的信息和知识
- 提交家族办公室对冲基金投资的季度和年度报告

9.6.4 监控和报告

下面的步骤是继续监控和报告，直到条件成熟时形成具体的决策。

前后一致且透明的汇报和报告可以确保所有利益相关方的目标和行动的一致性，并为投资组合的表现明确责任和责任方。家族办公室的对冲基金投资组合的详细报告应按季度编制，并提交给主要利益相关者进行审查和讨论。这些报告应包括总体投资组合的投资表现和回报的简介以及每个具体对冲基金项目的投资表现和回报的简介。良好的季度报告还应突出重要的相关对冲基金市场信息和投资组合内的对冲基金项目层面的重要事项，如锁定期限的到期、赎回的到期等。

年度报告应总结上一年度的所有季度报告。年度报告还应基于对冲基金市场和投资前景的彻底而深入的分析，以及对相关对冲基金的风险及回报做彻底而深入的分析，来讨论下一年的投资策略。制定和实施这一策略的关键是保持与家族办公室既定目标的一致，并在必要时进行调整。

具体细节如下：

- 审阅并考量关键表现与业绩的指标
- 锁定在投资组合内能够减小成本和提高收益的事项
- 界定并计划未来的风险管理
- 评估第三方服务提供方的表现与业绩

9.6.5 重组微调（relign）、再平衡（rebalance）或者对投资政策进行修正

下面时做出具体决策的时候了：重组微调（relign），再平衡（rebalance）或者对投资政策进行修正（Amentment to Investment Policy Statement）。重组和再平衡对冲基金投资组合，以利用不断变化的市场动态实现资本的流动和优化，这对最大限度地提高投资回报和降低风险至关重要。

具体细节如下：

- 审阅、考量和修改家族办公室的投资策略
- 评估投资组合内重组和/或投资组合的再平衡对投资组合的影响：风险面层级、税务及连锁反应等
- 协助并购和处置
- 协助再融资等

第 10 章
家族办公室的资产配置及管理分论之五：固定收益篇

作为一个整体，固定收益投资者更应该被描述为"半空的杯子"，而不是"半满的杯子"，因为债券市场的牛市通常与当地的经济危机或地缘政治有关。当债券收益率下跌时，是因为投资者预期该经济或政治问题严重到需要世界主要经济体的中央银行去降息，这样就会对债券持有者有利，因为债券的价格会随着利率和收益率的下降而上涨。然而，尽管债券的收益率在 2019 年持续下降，但根据股票和公司债券（或信贷）投资者的数据，全球市场是相对健康的：股市强劲反弹，信贷息差（企业债券相对于风险较低的政府债券的收益率）被压缩至历史上最窄的水平。2008 年金融危机以来各主要经济体的中央银行总体上是采用了鸽派的金融政策，加上日本和欧洲大部分时间处在负利率的金融环境中，使得全球债券市场难以用传统理论来解释。

固定收益之所以对家族办公室的资产组合重要，是因为未来是不确定的，并且它是一种多样化的资产类别，可以为整个市场周期的投资者提供机会。在通缩的情况下，债券的表现往往会明显优于股票。而构建投资组合是因为我们并不具备完美的远见，即使出现相反的情况，债券收益率最终也会回归正常，但债券本身对投资组合回报的影响可能也很小。因此，固定收益可以在基于积累的投资组合中扮演多种角色：

- 以防御能力作为低风险回报的来源；分散股权风险；作为流动资金的来源；收入的产生；保护资本。

- 在寻求绝对回报的角色中，固定收益发挥不同作用的能力，在一定程度上反映出资产类别的多样性（相对于股票）。这种多样性反映了在一系列的因素中，包括发行人（政府与企业）、发行人质量（投资级与次级投资级、发达国家与新兴国家）、次级程度（高级担保债务与混合/次级债务）、证券类型（固定利率与浮动利率）、期限、票息与个人契约等。

固定收益作为一种防御性投资组合的稳定器，类似于投资组合的保险，在股票压力大的时期得到回报。虽然在如今的市场环境中，现金作为一种低风险的收入来源具有一定的吸引力，但它的作用不同于债券，因为在市场紧张时期，现金不提供"期权支付"。债券相对于现金潜在的短期表现不佳，可以被视为是在市场压力期间为从股票波动和"偿清"中获益的前景而支付的保险费。随着利率目前处于历史低位，许多投资顾问开始质疑固定收益在投资者投资组合中的作用。尽管以过去30年的标准衡量，利率处于低位，但在更长的时期内，10年期国债收益率低于5%是正常的。鉴于经济增长和通胀面临的结构性压力，低收益率可能仍将是常态，即使利率上升，也不太可能大幅变动。

10.1　把加息放在大背景下——解决加息担忧

债券价格与利率之间的反向关系是一个不可改变的事实，这种对利率/债券价格关系的简单拉锯式看法，导致人们过度担心利率上升可能会对投资组合产生的影响。即使利率上升，实际上也有利于当前债券持有人的长期利益，而且本金可以以更高的收益率再投资。尽管毫无疑问，利率上升可能会导致短期的按市价计值的损失，但没有人拥有完美的水晶球，能够百分百准确地预测未来，而试图过于巧妙地把握时机可能会损害更长期的结果。

从长期来看，债券市场出现结构性熊市几乎是不可能的。同样值得记住的是，如果市场预期利率上升，那么这些预期将已经在远期利率中得到了反映。如果未来利率如预期般上升，那么投资者的回报不会比现金差。在一个不确定的世界里，固定收益仍在投资者的投资组合中扮演重要角色，即使利率上升，投资者也没什么可担心的。然而近年来，活跃的固定收益的基金经理的业绩却令人失望。

被动型投资组合类似于一种动量策略，当市场在利率下降的推动下继续走高时，很难跑赢被动型买入并持有指数者。活跃的基金经理已开始警惕期限更长的固定收益基准所带来的风险上升，同时估值也变得昂贵起来。许多投资组合的投资组合定位已变得越来越具有防御性，但这在固定收益不断上涨的环境中是有害的。指数基金不出意料在这一领域的资金流入中所占的份额越来越大。那么被动型指数有什么危险？财力雄厚的央行不仅将利率压低（甚至是负利率），还扭曲了债券指数的构成。发行者则利用这种环境，发行了期限更长的债券。近年来，发达国家基准债券的期限不断延长，例如比利时、爱尔兰和阿根廷发行了100年期的债券。在考虑固定收益的回报时，应避免追逐过去，随着各国央行寻求剥离资产负债表，实现利率正常化，期限更长的固定收益基准看上去会越来越脆弱，所以被动固定收益投资的时代不会永远地存在下去。

固定收益对投资者有着重要的作用。它不但提供定期收入，而且随着时间的推移，使总回报率不断地上升。资产类别的多样性也为投资者提供了贯穿整个市场周期的机会。这些特征并没有因为利率上升的前景而减弱。虽然利率迅速上升可能会导致短期账面的损

第10章 家族办公室的资产配置及管理分论之五：固定收益篇

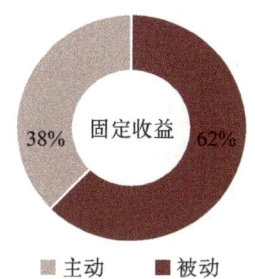

图 10 – 1　全球家族办公室对固定收益的主动管理和被动管理

资料来源：The UBS/Campden Wealth Global Family Office Report 2018。

Note：Figures may not total 100% due to rounding. EM = Emerging Markets

失，但这本质上是一种投资组合的保险，当股市表现糟糕时，固定收益通常表现强劲（最近几十年通常都是如此）。低产量并不会抵销这种好处。从更长期来看，短期的"账面损失"消失了，从长远来看，利率的上升实际上对债券投资者是有利的。

近年来，随着被动型固定收益指数变得越来越昂贵，但其表现却一直好于主动型基金经理。被动型指数基金的回报率也受到了这类资产期限延长的提振。然而，积极与消极的争论总是循环往复的，在固定收益领域更是如此，人们应该越来越清楚地看到，随着利率的正常化，长期低收益率的投资组合不太可能会继续跑赢管理更为积极的投资组合。

10.2　固定收益在家族办公室资产组合中的配置

2019 年，固定收益在全球家族办公室总的资产组合中平均占比 16.3%。其中对发达市场固定收益配置了 12%，对发展中市场配置了 4.3%。按区域划分，新兴市场的家族办公室对固定收益的配比最高，达到 23%；按增长策略划分，保值型增长策略的家族办公室对固定收益的配比最高，达到 22%；按照管理资产的规模来划分，中型的家族办公室（管理资产 2.5 亿—10 亿元人民币）对固定收益的配比最高，达到 18%。如表 10 – 1 所示。

表 10 – 1　2019 年固定收益在全球家族办公室的投资组合中按区域、增长策略及管理资产划分的百分比

资产类别	总计	区域				策略			管理资产		
		欧洲	北美	亚太	新兴市场	保值	平衡	增长	<2.5亿美元	2.5亿-10亿美元	>10亿美元
固定收益	16%	15%	14%	20%	23%	22%	17%	9.6%	15%	18%	14%
固定收益—发达市场	12%	12%	13%	9.6%	13%	18%	13%	6.4%	10%	14%	11%
固定收益—发展中市场	4.3%	2.4%	1%	11%	10%	4.4%	4.8%	3.2%	5.3%	3.6%	3.3%

资料来源：The UBS/Campden Wealth Global Family Office Survey 2019。

2018年，固定收益在全球家族办公室总的资产组合中平均占比16.2%。其中对发达市场固定收益配置了12%，对发展中市场配置了4.2%。按区域划分，新兴市场的家族办公室对固定收益的配比最高，达到24%；按增长策略划分，保值型增长策略的家族办公室对固定收益的配比最高，达到23%；按照管理资产的规模来划分，中型的家族办公室（管理资产2.5亿—10亿元人民币）对固定收益的配比最高，达到18%。如表10－2所示。

表10－2　2018年固定收益在全球家族办公室的投资组合中按区域、增长策略及管理资产划分的百分比

资产类别	总计	区域				策略			管理资产		
		欧洲	北美	亚太	新兴市场	保值	平衡	增长	<2.5亿美元	2.5亿-10亿美元	>10亿美元
固定收益	16%	16%	15%	15%	24%	13%	15%	23%	12%	18%	15%
固定收益—发达市场	13%	13%	14%	8.4%	16%	10%	11%	19%	8.1%	15%	13%
固定收益—发展中市场	3.2%	2.5%	1.3%	6.9%	8.4%	3.3%	3.1%	3.3%	3.8%	2.6%	1.9%

资料来源：The UBS/Campden Wealth Global Family Office Survey 2018。

2019年，全球家族办公室对固定收益的配置非常稳定，其中发达市场的固定收益的配置稍有下降，而对发展中市场的配置稍有上升。如表10－3所示。

表10－3　2018—2019年全球家族办公室对发达市场和发展中市场的固定收益类资产配置的变化

	年度变化（百分比）
固定收益	
固定收益-发达市场	▼ -0.7PP
固定收益-发展中市场	▲ 0.1PP

资料来源：The UBS/Campden Wealth Global Family Office Survey 2019。

对2020年固定收益资产在全球家族办公室中配置的展望：其中会对发达市场固定收益增加配置的占25%，减少配置的占17%；会对发展中市场固定收益增加配置的占19%，减少配置的占13%。

2019年，全球家族办公室资产配比中固定收益的平均回报为2.9%。其中北美的固定收益的回报最高，为3.8%；而欧洲由于整体还处于负利率的金融政策之下其回报率最低，为1.2%。

全球家族办公室固定收益类投资按照市场划分估计的基准回报在2015年表现最差，全部为亏损，其中发达市场公司类债券亏损4.2%，高收益债亏损4.7%，发展中市场亏

损 2.0%。2017 年表现最好,回报全部为正,其中发达市场公司类债券回报为 9.1%,高收益债 10%,发展中市场回报为 10%。如表 10-4 所示。

表 10-4 2015—2017 年全球家族办公室固定收益类投资按照市场划分估计的基准回报

资产类别		基准表现指数	2015年		2016年		2017年	
			回报	配置	回报	配置	回报	配置
固定收益-发达市场	BCOR	全球公司债指数	-4.2%	4.7%	4.4%	5.8%	9.1%	6.5%
	BHYC	全球高收益债T指数	-4.7%	4.7%	15%	5.8%	10%	6.5%
固定收益-发展中市场	BLCSV	全球新兴市场债券收益指数	-2.0%	3.4%	0.6%	3.4%	10%	3.2%

资料来源:The UBS/Campden Wealth Global Family Office Survey 2018。

从管理类型上看,对于固定收益类的资产管理,全球的家族办公室把一半以上的固定收益类资产外包给外部的投资经理来管理。

10.3 国际市场固定收益产品的基本知识

国际市场固定收益产品基本上是债券。下面简单介绍一些债券的基本特征特点:债券的价值、到期日、赎回功能、信贷质素、利息、价格(隐含收益率),以及税务状况。总之,这些因素有助于确定债券的价值,以及债券(或债券经理)符合家族办公室的投资目标。

10.3.1 债券到期收益率

债券的到期收益率是指购进债券后,一直持有直到期日可获得的收益率,它是能够使债券未来现金流入现值等于债券购入价格的贴现率。债券的本金 + 到期收益率是债券价值的基础。购进价格 = 每年利息 × 年金现值系数 + 面值 × 复利现值系数。

$$V = I \cdot (P/A, i, n) + M \cdot (P/F, i, n)$$

式中:V 为债券的购买价格;I 为每年的债券利息;n 为到期的年数;i 为贴现率;M 为债券的面值。

债券的价值

如果不考虑二级市场,债券的价值是指债券未来现金流入的现值。债券价值计算的基本模型是:

$$V = \sum_{t=1}^{n} \frac{I_t}{(1+i)^t} + \frac{M}{(1+i)^n}$$

式中：V 是债券的价值；I_t 是第 t 年的债券利息；n 现在至债券到期的年限；i 贴现率；M 债券的面值。

浮动利率债券的价格也是变动的，并不总等于面值，原因在于如果信用状况发生了变化，信用风险增加，市场则会对贴现率的期望增加，导致价格下降，以致于低于面值。

10.3.2 价格和收益率

债券投资者支付的价格是根据现行利率、供给和需求、信贷质量、到期日和税收综合考虑计算出来的。债券的收益率是债券赚取的回报，实际上是根据实际付出的代价和未来收取的利息支付来计算的。债券收益率主要有三种类型：目前的收益率，到期收益率和名义收益率。目前的收益率需要支付的价格为债券的价格，收益为债券现在的利息支付。到期收益率是指将债券持有到偿还期所获得的收益，包括到期的全部利息。到期收益率又称为最终收益率，是投资购买国债的内部收益率，即可以使投资购买国债获得的未来现金流量的现值等于债券当前市价的贴现率。名义收益率是金融资产票面收益与票面额的比率，即票面利率。因此，到期收益率和名义收益率比目前收益率能提供更多的信息。

有关债券价格对利率变动的方式即使是专业的投资者和金融记者也往往会误解。当目前的利率上升，未偿还债券的价格下跌时，现有债券带来的收益率需要符合新的更高付息。这个概念可以在收益曲线上看到，一般收益率曲线向上倾斜，在短期和中期之间显示了一个相当陡峭的收益率上升，而在中间和长期问题之间它显示了一个不太明显的上升。

如果收益率曲线陡峭，这意味着证券的短期收益率相对与长期是比较低的。如果收益率曲线为平，则意味着短期和长期利率之间的差异相对较小。收益曲线被认为是反转的产率曲线，这表明此时债券市场人士预期利率下降；有时倒收益率曲线是一个很好的指标，它意味着经济衰退就在眼前。

10.3.3 到期日

债券的到期日是指投资者本金将得到偿还的具体日期。债券的通常期限在 1 天至 30 年之间。债券到期范围一般分为三类：短期，中期和长期。短期债券到期时间在 5 年以内，而中期债券的期限为 5—12 年；长期债券的到期日为 12 年以上。债券的到期日是重要的，因为到期日会大幅影响价格和债券的投资回报。

10.3.4 债券的质量和信用评级

债券质量的范围既包括最高信誉评级的美国国债，这种信用有美国政府的支持，因此有充分的信心不会违约，又包括用于高度投机的低于投资级的债券（垃圾债券）。投资者和顾问有自己的方式来判断债券的质量，包括发行人的能力，使其定期利息付款和偿还本金的能力，以及依靠评级机构在他们发行债券时的风险评级，并在这些债券的存续期间一直留意事态的发展。这些机构给债券定利率主要考虑几个因素，其中包括发行人的财务状况和管理，定量和定性特征的债务，一般还款来源的利息及本金。表10-5显示了主要评级机构——穆迪投资者服务公司、标准普尔评级服务公司和惠誉机构（这些企业的问题可以从最近的次贷危机中查看）对一些债券的评级。

表10-5　　　　　　　　穆迪，标准普尔，惠誉的信用评级

信用风险	穆迪	标准普尔	惠誉
极优	Aaa	AAA	AAA
优秀	Aa	AA	AA
中上	A	A	A
中下	Baa	BBB	BBB
投机	Ba	BB	BB
非常投机	B, Caa	B, CCC, CC, C	B, CCC, CC, C
违约	Ca, C	D	DDD, DD, D

资料来源：穆迪，标准普尔和惠誉。

如表10-5所示，标准普尔、穆迪和惠誉可能给予的最高评级是AAA级。评级为BBB或以上的债券被认为是投资级债券，评级BB或以下的则被视为垃圾债券，或者被称为高收益债券。虽然垃圾一词意味着这些债券应该避免，但是有时这类证券可以且应该成为投资组合的一部分。投资的最佳时间是当高收益债券的利差扩大时，当垃圾债券支付的利息率远远超过其与美国国债长期平均息差时，投资者应该考虑它们。

10.3.5　利率

债券给投资者支付利息的方式通常是每年两次（即每半年一次），但也可以每月或每季度支付。而且，支付的利息率可以选择固定（即支付率在债券的整个生命周期都不会改变），也可以选择浮动（在债券的整个生命周期中与现行利率一起浮动），或者可以与本金在到期日一起支付。还有一种债券，称为付费实物债券，可以发行更多的债券，实际支付的利息是别的债券，这是一种创造性的高收益的融资形式。零息债券，不用定期支付利息，而是在到期日时支付所有利息及本金，通常每半年复利，以弥补目前零利息支付的损失。

10.3.6　债券赎回

许多投资者只专注于债券到期日，但是还需要关注有重大影响的功能、可以对债券投资的预期存续期产生影响的（比如赎回条款）。一些债券，特别是市政债券，规定允许（或在某些情况下需要）发行前的某日偿还本金的债券到期日。债券赎回最常见的原因是

因为当利息下降了，发行人有机会降低其利息成本。良好的债券经理注重的是资产随时能够购买到，而不是专注于到期收益率。有赎回条款的债券与没有赎回条款的债券通常必须提供一个更高的年回报率以弥补可能被称为债券到期前的选项。在相反的情况下，也有一些债券提出这样的规定，可能需要当投资者选择时，在指定的时间内发行人在到期日前回购债券。当利率上升时，投资者通常会行使该选择权以获得更高的收益。

10.4 国际债券市场概述

国际债券市场发展时间较长且品种丰富，对其梳理和研究可以为家族办公室提供更多的投资方向。发达国家的债券市场也可以分为国内债券市场和国际债券市场。各国的国内债券市场，按照发行主体的类型不同，大致可以分为三大类：公债、金融债、企业债。各国的国际债券市场，可以分为外国债券和欧洲债券两大类。两者均是发行主体在本国境外，不同的是外国债券是以发债市场所在国的货币计价，而欧洲债是以第三国的货币计价（欧洲债券是单独的名称，并非和欧洲相关）。对于国际债券，根据发行人地区、发行债券地区、计价货币、结算货币的不同，有着不同的命名。外国债券的命名就比较有特色，中国的外国债券（中国大陆以外的企业在中国发行的人民币债券）为熊猫债，美国的为扬基债，日本为武士债。欧洲债并没有特色的命名，如果以美元结算则称为欧洲美元债，以日元结算为欧洲日元债，表10-6为全球债券市场各地区及年份的余额。

表 10-6

	澳大利亚	加拿大	中国	欧盟(27国)	香港	日本	新加坡	英国	美国	总计	新兴市场	其他发达国家
2004	732.6	1179.4	637.1	14048.9	88.6	9896.1	106.2	3026.8	22382.3	190.6	717.1	53005.8
2005	770.0	1253.4	912.3	13190.0	94.9	9162.1	114.4	3156.0	24093.4	193.6	970.9	53911.0
2006	956.7	1327.5	1198.3	15894.0	99.0	9090.3	140.3	3989.6	26112.2	244.0	1097.5	60149.5
2007	1250.0	1543.1	1704.5	19311.7	104.3	9852.1	166.3	4706.5	28707.4	309.1	1336.4	68991.4
2008	1140.3	1369.8	2228.0	20256.2	102.7	12329.9	167.6	4099.8	30404.6	318.2	1271.0	73687.9
2009	1521.1	1669.2	2577.9	24098.0	151.0	12268.5	185.0	5280.7	31272.9	433.8	1462.7	80920.8
2010	1738.0	1863.6	3065.3	23322.3	183.8	14604.1	219.0	5210.0	32156.6	458.9	1696.9	84518.4
2011	1869.5	1980.5	3528.4	23464.1	212.1	15809.1	240.9	5587.0	32790.4	466.3	1717.8	87646.0
2012	2030.7	2169.5	4294.1	24306.2	251.5	14266.9	294.8	5929.1	33945.9	545.0	1972.3	90006.0
2013	1872.6	2237.8	4960.9	25005.9	304.4	11930.5	331.4	5851.3	34884.0	529.0	2031.3	89939.1
2014	1912.5	2202.2	5835.4	22079.3	344.8	10576.0	349.3	6169.9	36291.5	468.9	1940.3	88170.2
2015	1816.1	2708.8	7752.6	19879.5	373.7	10648.2	322.3	5891.1	37237.4	418.9	1986.6	89036.3
2016	1812.5	2902.3	9408.8	19388.6	405.2	11241.1	326.4	5427.5	38465.7	431.6	2194.3	92003.9
2017	1982.3	3237.8	11756.9	22138.6	474.6	11949.1	412.2	6027.4	39612.1	456.0	2554.6	100601.6
2018	1873.3	3143.2	12907.0	21446.1	501.8	12498.3	441.0	5747.8	41301.1	430.4	2499.3	102790.7

资料来源：国际清算银行（BIS）。

在国际债券市场中，最大的市场在美国，其次是欧洲，中国和日本分列第三和第四（见图10-2）。

◀◀◀ 第 10 章　家族办公室的资产配置及管理分论之五：固定收益篇

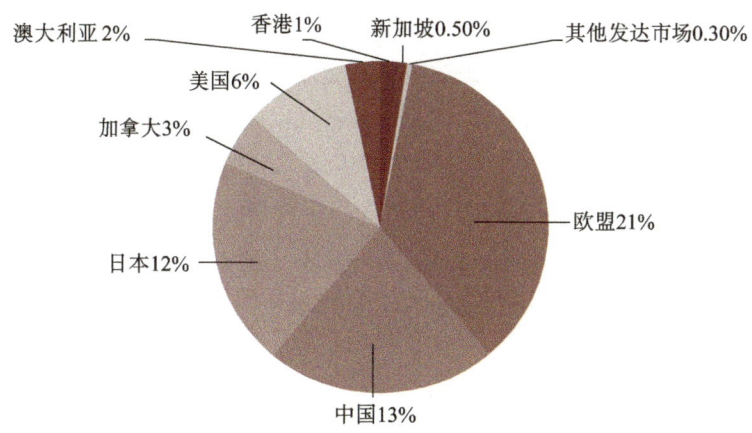

图 10-2　国际固定收益余额

资料来源：国际清算银行（BIS）（截至 2019 年三季度）。

10.4.1　国际金融市场中美国债券类资产

美国是全球债券市场规模最大的国家，截止到 2019 年年底，美国的存量债市规模达到 45.1 万亿美元，占全球债券市场 39% 的份额（见图 10-3）。债市投资者以机构投资者为主。美国债券的机构投资者主要为共同基金、退休基金、银行、保险公司、中央银行以及主权基金。美国机构投资者的类型多样化，以债券型共同基金为例，按照主力配置债券的评级，可以细分为高收益债基金以及投资级债券基金。

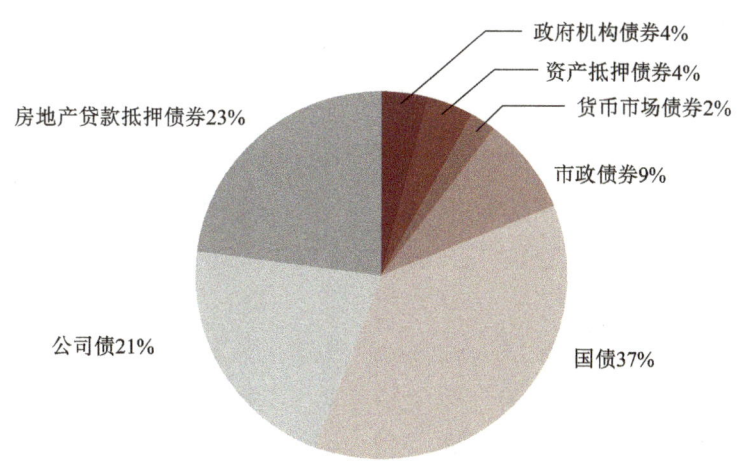

图 10-3　美国固定收益余额

资料来源：Bloomberg, Dealogic, Federal Reserve, Refinitiv, US Treasury, US Agencies, SIFMA estimates（截至 2019 年三季度）。

美国国债

美国国债是美国债券市场比重最大的品种，截至 2019 年年底，美国国债余额 16.7 万

211

亿美元，占美国债券市场36.9%的比例（见图10-2）。呈现出规模庞大、品种丰富、高流动性以及高信用等特征。美国国债按照期限分为短期国库券（Treasury Bills）和长期国债券（Treasury Bonds）。短期国库券的期限一般是3—6个月，长期国债券的期限从1年到30年，品种丰富。美国国债的发行量在2008年次贷危机发生后急剧上升，存量规模占美国总债券市场的比例也是呈逐年上升趋势，主要原因在于次贷危机之后，美国政府通过发行国债的方式进行财政政策的扩张，以弥补财政赤字。美国国债是最有代表性的避险资产之一，高流动性与高信用性使得美国国债受到外国及国际机构投资者的青睐（见图10-4）。

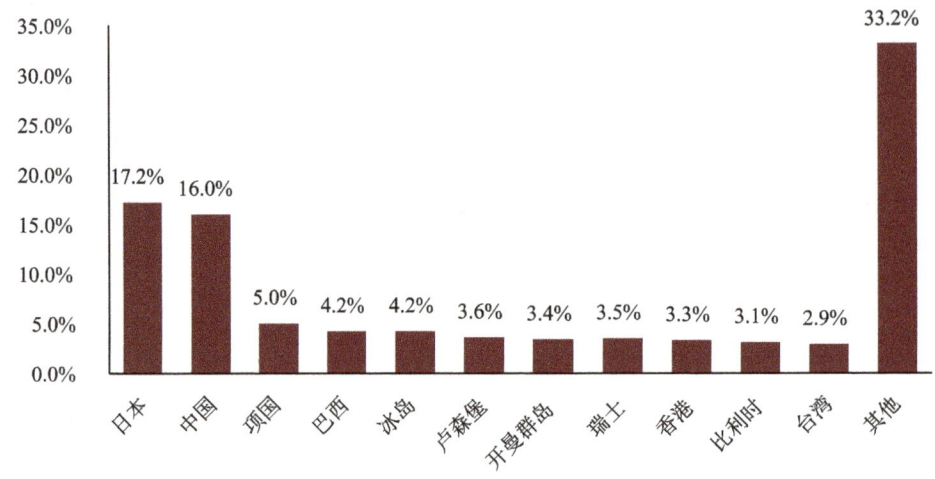

图10-4 美国国债持有人——国家

资料来源：US Treasury, New York Federal Reserve, Federal Reserve, SIFMA。

美国国债的投资者中，外国投资者占比最大并且常年维持在35%以上（见图10-5）；在次贷危机之后，美国开启了量化宽松政策，央行（美联储）开始大量买入国债，央行的持有规模比例自2009年之后快速上升，投资规模占比从2008年的6.5%上升至2015年三季度末的17.1%。

美国国债的收益率是美国经济的风向标，也是各国无风险利率参考的一个重要的指标。美国长期国债的收益率自2000年以来整体处于下行的态势中，特别是在实施量化宽松之后，美国10年期国债收益率下降到2.5%以下。

美国短期国债（Treasury Bills）：在一年或一年以内到期的国库券，不支付利息，到期日之前，他们以折扣价出售，而不是以它们的面值。通常发行短期国债到期日为28天、91天或182天，并每周进行拍卖。它们是最接近现金的物品并作为现金替代品存在。

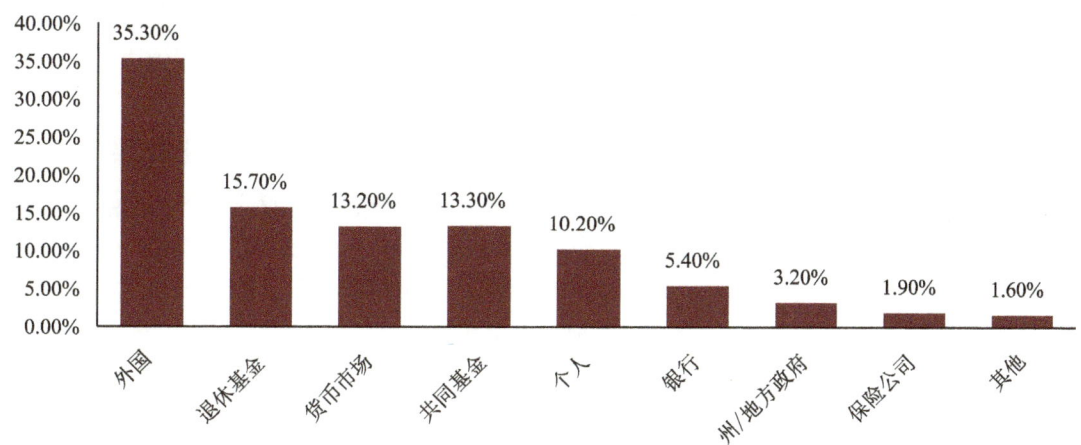

图 10-5 美国国债持有人——机构

资料来源：US Treasury，New York Federal Reserve，Federal Reserve，SIFMA。

美国中期国债（Treasury Notes）：2—10 年到期，每半年支付利息。它们通常到期日有 2 年、5 年或 10 年，由 1000 美元至 1000000 美元面额不等。美国中期国债在二级市场上的报价为百分比面值。一般被最广泛认可的美国国债为 10 年期国债，这是经常被用来作为代表美国政府债券市场的表现并传达债券市场的前瞻性的宏观经济指标。

美国长期国债（Treasury Bonds）：10—30 年到期，每半年支付一次利息。它们通常发行的到期日为 30 年。2001 年 10 月，美国联邦政府停止发行 30 年期国债（有时也叫长期债券），因为在 20 世纪 90 年代后半期政府支付了大部分联邦债务，10 年期国债取代长期债券作为美国债券市场的代表。和长期利率一样，长期债券的收益率现在是常用的指标。

TIPS（Treasury Inflation Protected Securities：财政通胀保护债券，是一类与通货膨胀指数相关联的债券。其发展历史比较短，于 1997 年 1 月 15 日由美国财政部首次发行，规模为 70 亿美元。TIPS 的利率是不变的，但将支付不同的利息金额乘以通货膨胀因素调整后的本金，从而保护持有人对抗通胀。美国财政部每年定期发行 5 年、10 年和 20 年期 TIPS，2010 年 30 年品种又重新推出。TIPS 发行的目的包括：完善金融市场产品结构，为养老基金等机构提供规避通胀的工具，培育投资者预期的形成，为货币政策当局提供一个观测市场通胀预期的指标，提高投资者对政府控制通胀的信心，减少政府整体债务规模融资成本等。

TIPS 在每个付息日，当期应付利息按照固定票息和劳工部公布的非季节性城市 CPI 同比增速调整后的本金计算。因此，可以认为 TIPS 的当期收益率仅由实际收益率构成（不考虑流动性溢价等）。而一般的固息债券的收益率均为名义收益率，因此，二者的利差可以作为衡量通胀预期的指标。

通胀预期具有适应性调整的特点：通胀预期领先于 CPI，即通胀预期上升能够推动 CPI 上涨；反过来当 CPI 处于上涨时，又会促使消费者的通胀预期上升。当 CPI 处于高位时，通胀预期也会位于较高水平。

TIPS 债券的利息从每年联邦征税支付，每半年支付一次。通胀调整也是每年课税。这个税收待遇的含义是，即抵御通货膨胀，TIPS 所产生的现金与通货膨胀有关且成反比，直到债券到期。例如，在一个时期没有通货膨胀，收到的现金将和一个非通货膨胀债券的持有人是相同的，收入减去税费优惠券支付。在一个通货膨胀期间，持有人收到相当于现金流量（调整通胀），但支付额外税项，经通胀调整本金。

美国市政债券

美国市政债券的发行主体是各州、郡或者各市政府。2019 年底，美国市政债市政债余额约 3.9 万亿美元（见图 10-6）。

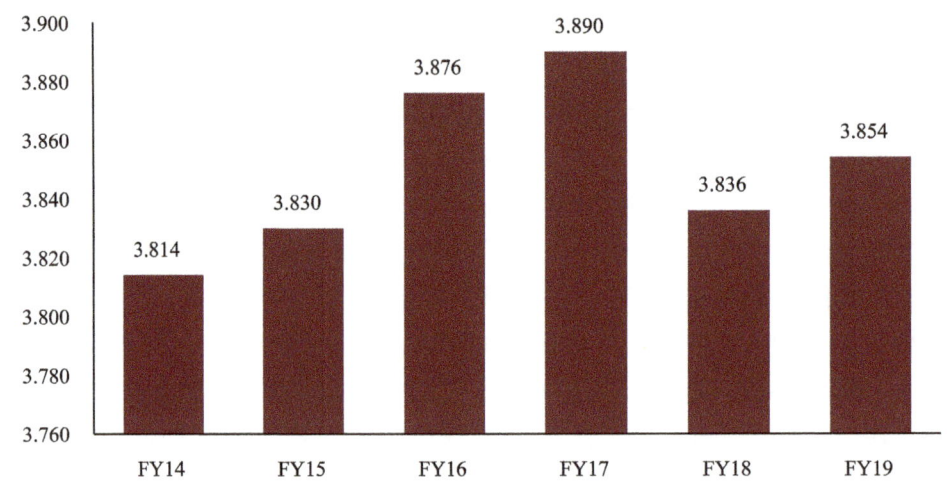

图 10-6　美国市政债券余额（10 亿美元）

资料来源：Refinitiv, Federal Reserve, SIFMA。

按照是否与项目相挂钩，市政债可分为两种，一般责任债（General Obligation bond）与收入债（Revenue bond）。一般责任债券是以发行人的一般税收权作为兑付保障的债券。由于与税收相关，一般责任债券的发行较为严格，甚至需要进行全民公决。收入债券是指为某个特定项目融资而发行的市政债券，其偿债资金通常来源于项目运营收入、政府补贴、指定的非从价计征税种的税收收入等。如果指定收入来源产生的收入不足以偿付收入债券的本息，发行人则没有义务为其寻找替代资金来源，此时债券通常会发生违约。图 10-7 为 2014 年到 2019 年美国市政债的发行方式及发行额。

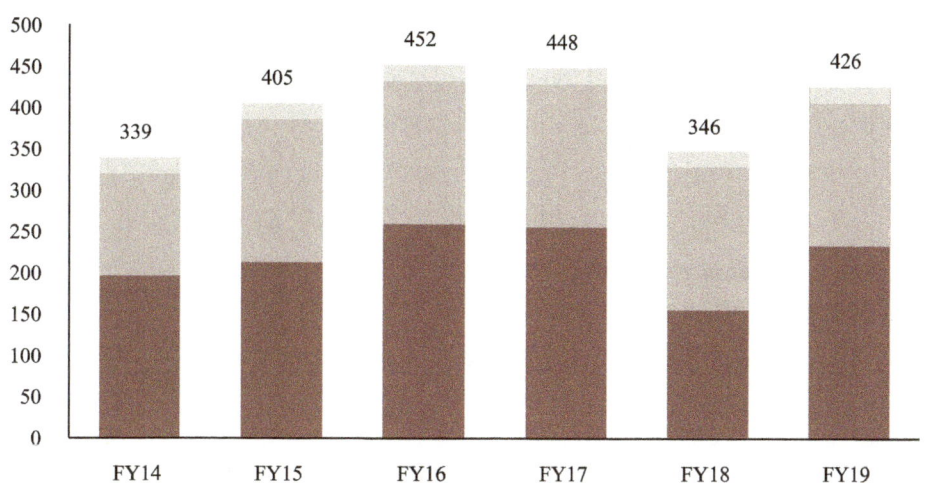

图 10-7 美国市政债券发行额（10 亿美元）

资料来源：Refinitiv，Federal Reserve，SIFMA。

由于美国是联邦制国家，地方政府发行市政债券具有独立的自主权，不需要上一级政府的批准或同意，也不需要向美国证券交易委员会（SEC）注册，美国金融业监管局（FINRA）的有关部门根据市政债券条例制定规则，负责对市政债券交易活动进行监管。这就赋予了地方政府发行债券独立、自由、平等的市场主体地位。但这并不意味地方政府在发债上可以为所欲为，各州的宪法或法律几乎无一例外对举债的规模、结构和用途做出严格要求和限制。一般来讲，通过市政债券获得的资金，是禁止用于弥补地方政府的财政赤字的，资金将主要用于公共资本项目的支出如道路、机场、港口、隧道、供水电气等基础设施建设，支持并补贴私人活动如养老院、学生贷款和工业发展等。

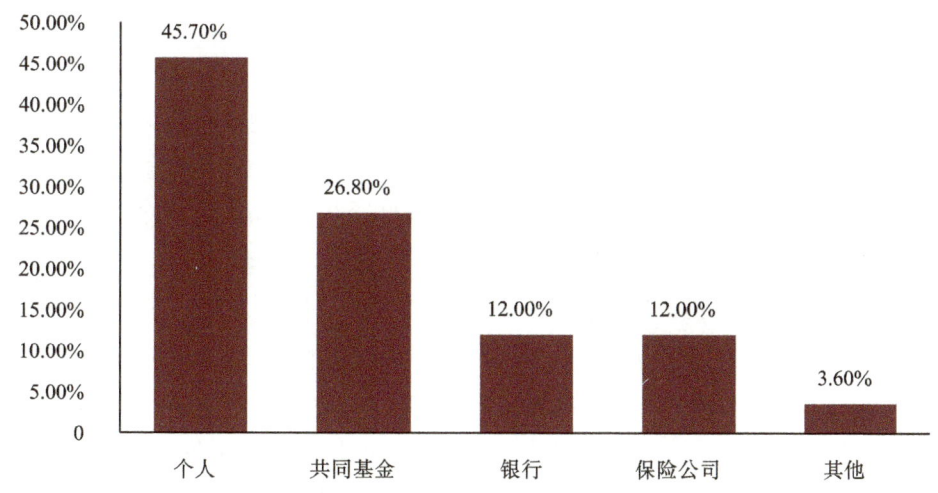

图 10-8 美国市政债券持有人

资料来源：Refinitiv，Federal Reserve，SIFMA。

美国市政债券发行的债务的资金用途一般以兴建学校，高速公路，医院和污水处理系统，以及许多其他为公众服务的项目为主。当投资者购买市政债券，会把钱借给承诺在一个特定的到期支付利息（通常每半年一次）的市政发行人。市政债券同时包含短期和长期两类。短期证券，通常被称为票据，通常在一年或一年以内到期，而长期证券，俗称债券，通常在一年以上的时间才到期。美国的市政债券以长期为主，最长可达30年。图10-8为美国市政债的投资人及比例。

美国公司债券

2019年年底美国债券市场公司债余额9.6万亿美元（见图10-9）。

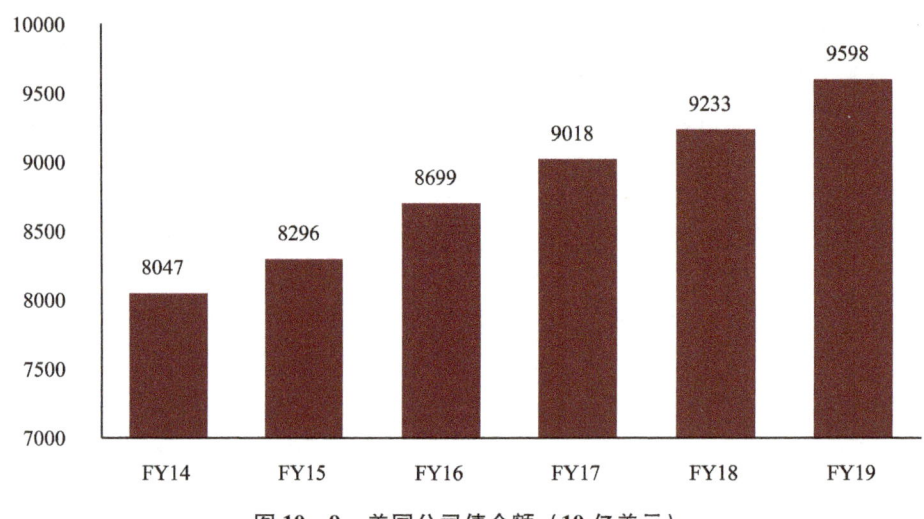

图10-9　美国公司债余额（10亿美元）

资料来源：Refinitiv, Federal Reserve, SIFMA。

美国公司债分一般分为投资级公司债、高收益债和可转换债券。其中投资级公司债占绝对主导地位。

美国投资级公司债美国投资级公司债是美国公司融资的主要渠道。投资级的债券发行量远大于高收益债券，但是高收益债的规模占比近几年有所提升。20世纪90年代投资级企业债券发行量不断上升；2000年网络泡沫危机爆发，公司债的发行受阻，投资级公司债券发行规模保持稳定；2008年美国次贷危机爆发，无论是投资级债券还是高收益债，公司债的发行规模大幅下降；2012年后，美国经济开始复苏，公司债的发行开始稳步上升。

美国投资级公司债一般分为的三组：短期的票据（期限为5年以内），中期票据和债券（到期日5—12年），长期债券（期限长于12年）。有五个主要的公司债券发行人：公用事业，金融服务公司，运输公司，工业公司，工业企业集团。这些发行人可以是国内或国外的实体（外国政府经常在美国发行债券）。做出任何投资决定的最重要因素之一是公司债券有担保或无担保。如果债券是抵押，发行人有承诺的具体资产（抵押物），一旦出现违约事件可以出售以还清债券持有人的债务。然而，大多数公司债券，却没有抵押物，

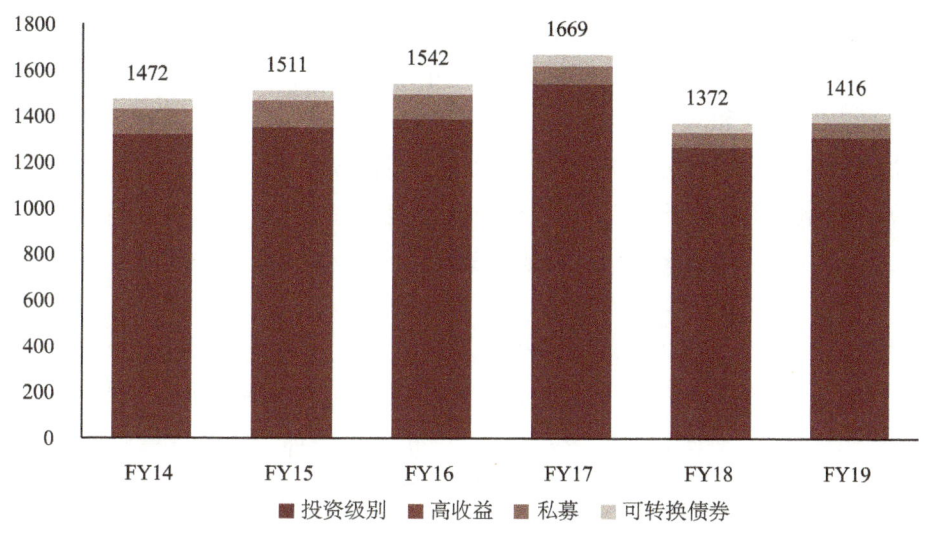

图10-10 美国公司债发行额（10亿美元）

资料来源：Refinitiv，Federal Reserve，SIFMA。

这意味着债务只由发行人的"信誉"来到期偿还利息和本金。债券通常有额外的保护，但是，一个不提供质押的债券，要求发行人提供随后的担保承诺，以确保其资产没有抵押给其他债券事件。信贷评级机构讨论使用较早前确定大公司的无抵押债券。

投资级美国投资级公司债与高收益债的收益率走势是有一定差异的投资级美国投资级公债券的收益率与国债收益率的相关性更大，而高收益债的收益率与国债的相关性不高。投资级企业债由于信用等级较高，信用风险及信用利差相对高收益债较小，其收益率与国债的收益率较为一致，相关性更大。按照1997—2015年的月度平均数据，高等级的美国投资级公司债的收益率与长期国债的相关性系数达到0.93。但是在经济低迷阶段，投资级美国投资级公司债债券的收益率与国债收益率也会出现反向的情形。以2008—2009年为例，金融危机爆发导致美国经济低迷，避险情绪叠加和美国的量化宽松政策导致国债收益率下行。然而金融危机的爆发致使违约风险加大，其信用利差达到历史高位，投资级债券的收益率反而上行。从AAA评级企业债与国债的利差曲线来看，基本维持在50bp左右。但是当金融危机（2008年为例）出现时，美国投资级公司债的信用风险加大，即使是AAA级的信用利差也会有显著的增长，推升美国投资级公司债的收益率上升。2010年至2014年中，AAA级的美国投资级公司债债与国债的利差基本为0，主要是由于美国的宽松货币政策导致流动性利差缩小。

美国高收益公司债市场诞生于19世纪70年代初，主要分为"明日之星"和"坠落天使"两种类型。"明日之星"主要是指那些中小型企业在快速成长阶段资金需求难以得到满足，为了获得融资，不得不以较高的融资成本发债。"坠落天使"主要指原来属于投资级别，但是由于公司经营状况的恶化，导致信用资质下降至较低的投机评级的债券。美国高收益债在诞生之后，经历了约15年的稳步发展，但是在1989年到1990年经历了一次大曲折。从1989年8月到1990年2月美银美林高收益债指数下跌8%左右。高收益债在1990年的回报是-4.4%,从1980年开始,10年来首次年回报率为负数。1990年,高收益债违约率上升到10%以上。造成这次大衰退的原因包括:(1)美国经济增速快速下行,经济的萧条使得很多发债公司出现亏损。(2)出于监管部门的要求,保险公司被迫抛售高收益债,从而抑制债券的供给和需求。(3)由于高收益债不断下跌,高收益债基金被大规模赎回。(4)高收益债的鼻祖,垃圾债之王米尔肯入狱,其所在的德崇证券进入破产程序。

1990年之后,高收益债市场能否继续存在一度被市场所怀疑。但是90年代中期,随着华尔街的大型公司进入该市场,高收益债市场开始复苏并重新进入了稳步发展阶段。在1992年年底,债券违约率回到了低于6%的正常水平。此外,随着债券一级市场的恢复,高收益债市场走出困境,涅槃重生。高收益债市场复苏的原因是由于美国经济开始复苏、货币政策的维持,以及部分企业经营转好所导致的。

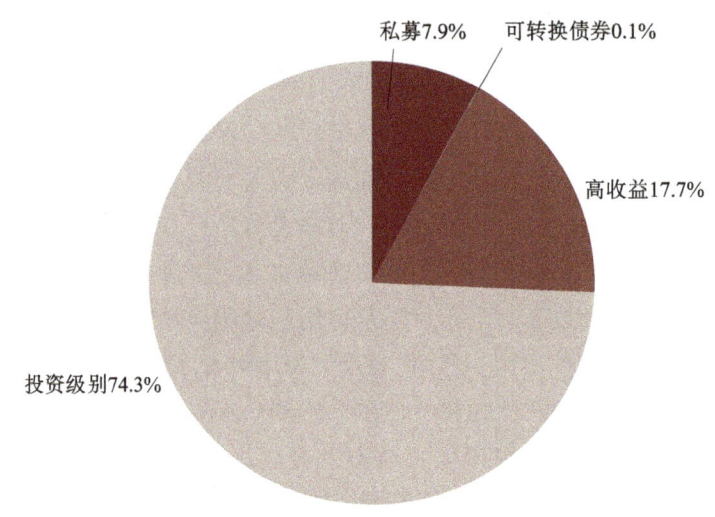

图10-11 2019年美国公司债发行额按类别细分比例

资料来源:Refinitiv,Federal Reserve,SIFMA。

非美国企业在美国发行的以美元计价的债券统称为"扬基债券"。据彭博统计,2015年年末存量扬基债有455只,余额为1084亿美元。其中,加拿大发行的扬基债存量规模最大有631亿美元,占比58.2%,英国、荷兰、开曼、德国紧随其后。中国发行的扬基债规模仅为1.25亿美元,占比很小。从行业层面来看,能源类行业占比最大,为27.2%;政府的存量扬基债规模位列第二,余额为204亿美元,为18.9%;其余金融、材料、工业行业的存量占比都达到10%以上。发行利率方面,扬基债的发行利率随着美国债券市场整体收益率的下行而不断下降,并且个券票息的分化也更加得多。在年限方面,扬基债的期限一般都较长,通常在30年左右。2015年存量的扬基债中,平均的到期年限为23.35年。

10.4.2 其他国际市场债券

全球债券,特别是新兴市场债券,已成为一种更好的投资,因为以前通胀波动性和特定国家的通胀风险减少了国际债券的投资。普遍减少的全球增长率的波动,间接弱化了在特定国家商业周期的风险,所有这些都驱使了更多的资金流向外国债券。那么什么是我们所说的外国债券呢?

外国债券的发行有大的主体,如政府或财团,并以外币买卖外商金融市场的标的。外国债券主要分两种类别:发达市场债券和新兴市场债券,并且每种包含两种类型的债券:政府和企业债券。政府债券是由国家和其机构发行的债券。外国公司债券发行的主要外币公司,类似微软或 IBM 在美国。投资外国债券有额外的汇率波动风险,导致投资的价值损失,因为货币投资货币贬值,本国货币也受到损失。全球汇率波动,通货膨胀,货币风险的结果将影响到。货币也分两种类型:一种是盯住美元的自由浮动的货币,货币价值直接与美元挂钩以保护它免受货币风险。另一种货币价值波动自由浮动,但是完全独立于美元,构成一个更大的风险。

其他发达市场债券的发行是在发达国家,如日本、法国、加拿大、德国等金融市场和政治制度稳定的国家。国外发达的债券,如美国债券,有各种各样的到期日和不同的信贷层级。一些是以美元计价的(这些被称为扬基债券),但大多数都是以本国货币计价。从长远来看,发行在国外发达国家债券的利差与国内相同债券几乎有类似信用质量和期限。然而,从短期来看,在全球债券市场,债券价格(隐含收益率)可以有很大的不同。更重要的是,汇率波动不合理,可以对回报产生重大影响。外国债券,特别是以非美元计价的债券,往往和美国债券有较低的相关度,使得外国固定收益品种成为良好的多元化工具。

日本债券市场介绍

日本债券市场是目前仅次于美国的全球第二大债券市场,日本的国内债券品种主要分为公债和企业债两大类。其中公债以国债为主,还包括地方债、政府担保债券和财投机构债券。企业债分为公司债和金融债两种,公司债又细分为普通公司债、资产担保型公司债和可转股公司债。日本债券的市场规模保持平稳态势增长,根据国际清算银行的数据,截至 2018 年底,日本国内债市规模已经达到 12.45 万亿美元,是继美国和中国之后全球第三大债券市场。从债券品种来看,公债在日本债券市场中的比重非常大,超过债券市场的90%,而国债作为公债中的主要组成部分,占所有债券市场规模的 80% 左右。

日本公债包括国债、地方债、政府保证债券和财投机构债券。国债是由中央政府发行的债券,在公债中占有绝对份额,也是日本债券品种中最主要的一类。1975 年以后,日本国债发行量急剧增加,加上大藏省放松了银行转售国债的限制,使得国债市场规模迅速扩大,目前已是仅次于美国的第二大国债市场,2014 年规模达到 872.9 万亿日元。国债根据发行目的不同可分为建设国债、特别国债(赤字国债)、替换国债。根据国债的期限不同,国债可以细分为5类，即长期付息国债、中期折价国债、中期付息国债、短期国债和政府短期债券。长期付息国债期限多为10年，此外还有可随时发行的6年期、15年期和20年期长期国债。国债的利率是固定的，面额有5万日元、10万日元、100万日元、1千万日元、1亿日元、10亿日元6种。中期折价国债于1977年开始发行，期限为5年。发行面值最低为5万日元，最高可达1亿日元，一般在奇数月发行，每年发行6次。中期付息国债于1978年开始发行，期限2—4年，利率固定，面值为5万—10亿日元，分2年、3年、4年3种。其最大特点是采用公募方式发行。短期国债和政府短期债券实际就是国库券和融资券，由于期限较短，因而将其划入货币市场工具。此外国债中还有农业土地证券、遗族国库债券、特别酬金国库债券、特别丧事国库债券等。但这些都是记名式交付国债，不能在市场上买卖。地方债是由都、道、府等地方政府和地方公共团体发行的债券，近年来不断上涨，2015年第三季度末达到58万亿日元，在公债中的比例不断上升，成为国债后的第二大组成部分。地方债根据发行方法可分为：公募债和非公募债。非公募债是以本地区金融机构为认购对象而发行的，也叫地缘债。发行形式分证券形式和借入证书形式两种，前者可以在市场上买卖，后者则禁止流通。政府担保债指日本政府所属的公团、公库、公司等机构发行的债券中，由政府担保其本息偿付的那一部分债券。期限为10年，面额10万日元，以公募方式发行。由于有政府担保，因而被认为是准国债，利率略高于长期付息国债。从1998年至2014年，国债在日本公债中始终占据着领导地位，且所占份额逐年上升。2014年，国债市场规模为872.9万亿日元，占公债市场规模的80.74%，而且占比在不断提高。日本10年期国债收益率是住房贷款及企业融资长期利率具有代表性的风向标，但在日本央行意外决定推行负利率加码货币宽松政策后，投资者纷纷加紧购入收益率相对稍高的国债，因此推高了价格，使得收益率随之骤跌。

从国债持有人结构上看，债券交易商为日本国债的主要持有人，持有数量占国债总金额的48.71%。其次为外国投资者，持有数量占国债总金额的24.57%，说明日本国债在国际债券市场中受到外国投资者的青睐。都市银行、信托银行以及地方银行分别以4.32%、3.31%、1.38%的占比紧随其后，成为国债投资者中的重要组成部分。

日本企业债根据发行人不同，分为金融债和公司债两大类。日本企业债在整个债券市场中的占比非常小，从1998年占比25%下滑至2014年的6%，其发行一直处于政府的高度监管之下，债券发行受到严格的限制，导致日本企业债市场发展缓慢，近年来收益率指数一直呈上升趋势。金融债是长期信用银行、东京银行、农林中央金库、商工组合中央金库等为筹措资金而发行的债券。分付息金融债和折价金融债两种。付息金融债期限一般为5年，东京银行还发行期限为3年的金融债，面额在1万日元以上，机构投资者是主要购买者。1981年，长期信用银行、农林中央金库、商工组合中央金库又推出新型付息金融债，主要面向个人投资者，购买限额每人不能超过300万日元，利息可享受免税优惠。折价金融债期限1年，面额1万日元以上，个人是主要的购买者。企业债券也可以按所含条款不同划分为普通公司债、资产担保型公司债和可转股公司债。普通公司债是传统的债券形式，可转股公司债是其条款中规定可以由持有人选择将债券转成发行公司的股票。

日本的国际债券武士债券是日元外国债券的别称，即非居民在日本市场上发行的以日元计价的债券。武士债券诞生于经济高速增长的背景下，日本政府希望武士债券的推出可以起到缓解日本经济面临的外汇储备快速增长、日元升值压力较大等问题的作用。20世纪60年代末期，战后的日本经济得到恢复，日本经常账户开始出现盈余并迅速增长，国际社会对日本开放国际资本市场的呼声愈发强烈。为应对国际要求，日本政府决定允许外国经济主体发行日元计价的债券，即武士债券。1970年12月，亚洲开发银行发行了第一笔武士债券。此后，武士债券市场的发展大致经历了三个阶段。萌芽起步期（1970—1983年）：该阶段日本国内债券市场整体落后，由于武士债券的开放对象仅限于超主权国家机构及与日本关系密切的主权国家，武士债券市场规模增长较为缓慢，年均发行规模不到3000亿日元。在其后的快速发展期（1984—2000年）：20世纪80年代，随着国际上汇率管制的不断放松和日本经常账户盈余的持续增长，要求日本金融市场开放的呼声不断增大。随后，以美日1984年协议为开端，日元债券市场对日本非居民发行者的准入标准不断放宽，武士债券得到了快速的发展，年均发行规模超过10000亿日元。在之后的平稳期（2000年后）：2000年以后，武士债券市场处于平稳状态，整体规模仅保持在年均1万亿日元左右。2015年年末，武士债券存量共2699支，共计68.37万亿日元。根据不同国家来看，美国发行的武士债券规模最大，占所有国家发行武士债券规模的22.7%。韩国、澳大利亚和法国以8.3%、7.9%和5.9%的占比紧随其后。根据不同行业来看，金融行业和政府机构发行的武士债券为重要组成部分，分别占比42.7%和41.4%，非必需消费占比4.5%，名列第三位。

欧洲债券市场

欧元区的债券市场也是以各国公债、金融机构发行的金融债以及企业债这三大类组成。欧洲债券市场以金融债和公债为主，非金融企业债规模占比偏小。欧元区的债券主要是以欧元计价为主，根据国际清算银行的数据，2018年年末欧盟27国的债券余额为21.45万亿美元，英国债券余额5.75万亿美元。从发行人分布来看，欧洲债券市场还是以金融机构发行的金融债券以及公债为主。在公债当中，央行发行的国债占比很大，在90%以上。由于欧洲的银行金融体系较为健全，企业间接融资较为发达，非金融企业的债券规模占比较低。欧洲地区的公债是各国政府等公共部分发行的债券，既包括中央政府部分，也包括地方政府公共部门和社保基金。欧洲公债绝大部分是中央政府发行。在欧元区内部，国别的差异性也较为明显，德国、意大利和法国是欧元区公债的发行前三，这种差异主要是与国家的经济量相关。以德国为例，德国公债主要分为联邦债券（Federal Bonds）、国库券（Treasury Notes）、五年期特别联邦债券（Five-Year Federal Bonds）、联邦储蓄债券（Federal Savings Bonds）、联邦国库金融票券（Federal Treasury Financial Paper）和联邦贴现券（Federal Discount Bonds）等种类。从期限上看，有30天、6个月、1年期到30年期等9个类别的债券。这9种国家债券又可分成长期和短期两类，2年期及2年以下的为短期国债，2年以上的为长期国债。长期债券除6—7年期的联邦储蓄券外均可上市交易；短期国债除2年期的联邦国库券可以上市交易外，2年期以下的债券均不能上市交易。

欧洲金融债券欧元区的金融债券按照发行人可以分为货币金融机构（MFIs）及非货币金融机构。在整个欧元区债券市场中，金融债券占比较大，占有重要地位。MFIs是欧元区中除各国中央政府以外最大的发行人。截至2015年年末，欧元区存量的金融债券余额（欧元计价）为5.72万亿欧元。其中货币金融机构发行的余额为3.27万亿欧元，非MFIs金融机构发行为2.45万亿欧元。最近，受到欧洲经济不景气以及欧债危机的影响，欧元区金融债券近几年较为低迷，无论是存量余额还是发行量都有所减少。特别是MFIs发行规模在近几年的发行量大幅萎缩。欧元区MFIs发行的债券余额整体要高于非MFIs的金融机构，但是各个国家的情况有所差异，像西班牙、卢森堡、荷兰等国家的非MFIs金融机构发行的债券余额要高于MFIs发行的债券余额。2005—2008年年初，欧洲整体经济发展良好，欧元区长期公债的收益率呈现上行趋势。2008年至今，受到金融危机等影响，欧洲经济增速下行，利率趋势向下。但是在这个阶段中收益率也出现过几次上升情况，比如2010年欧债危机爆发，使得10年期的公债收益率从2010年5月的3.2%上行至2011年2月份的3.55%。2013年欧元区经济短暂复苏，2013年欧元区当季不变价GDP比由一季度的−1.8%上升至四季度的0.5%，10年期公债收益率则由2013年4月份的1.64%上行到2013年12月的2.13%。2015年希腊债务危机再起，导致公债收益率由2015年1月的0.51%上行至2015年6月的0.96%。

新兴市场债券

发展中经济体在世界各地的迅速扩张为债券投资者寻求好处提供了机会。新兴市场是指那些被认为是发展中国家的市场，包括非洲、拉丁美洲、东欧、俄罗斯、中东、亚洲（除日本外）。根据国际清算银行的数据，截至2018年年底，新兴市场（比包括中国）债券余额为2.50万亿美元，中国债券余额为12.91万亿美元。

10.5 家族办公室固定收益投资的管理

与前面的机构资产类别类似，家族办公室固定收益投资的管理，也要经过五个阶段：
（1）分析当前的固定收益投资组合；
（2）制定关于固定收益的投资策略；
（3）制定关于固定收益的投资计划；
（4）持续的监控和报告，直到条件成熟时形成具体的决策；

第 10 章 家族办公室的资产配置及管理分论之五：固定收益篇

(5) 对家族办公室固定收益的投资组合做重组微调、再平衡者对投资政策进行修正。

由于投资管理的过程大同小异，本章不再赘述，只是把投资政策中固定收益部分描述一下。

固定收益投资政策案例

下面研究一个家族办公室固定收益的投资政策。家族办公室的固定收益组合有以下三个战略目标：

- 通过投资比股票、房地产或私人股本等其他资产类别风险更低的债券投资组合，来降低家族办公室总投资组合的风险。
- 获得超过基准指数的年化净收益：巴克莱美国通用债券指数（Barclays U.S. Universal Bond index）。投资委员会批准的目标回报率为 4.75%，基于整个市场周期的预期超额回报率为 1.25%，预期跟踪误差为 4.25%。
- 为支付家族年金和投资组合再平衡提供流动性。

固定收益组合将被分配到以下几个部分：

- 核心固定收益部分包括固定收益指数基金和相对于基准而言积极风险较低的策略的基金。预计这一层将提供最高水平的流动性。基金经理将主要投资于投资级、美元计价、固定利率的政府债券、公司债券、抵押贷款支持证券（MBS）、资产支持证券（ABS）和商业抵地产押贷款支持证券（CMBS）。
- 核心+：基金经理也将主要投资于美元、投资级债券，但他们将有更大的超越各自的基准的自由度。除了传统的主动型基金经理投资的固定收益产品，如利率和收益率曲线管理、固定收益内各种类配置和债券选择之外，核心+基金经理还可以灵活地在战术层面投资于非美元债券和评级低于投资级的债券。
- 高收益：基金经理将投资于评级低于投资级的债券。主要关注的是评级为 Ba/B 的美元计价债券，但基金经理也可以战术性地投资于评级为 CCC 的债券或非美国债券。
- 机会主义固定收益将被用于提高回报，并通过投资债券市场的非传统行业提供多样化。这部分将被细分为四个主要部门：企业信贷、证券化信贷、非美国信贷及其他项。

从上面的投资政策可以看出，核心和核心+基金经理可投资于巴克莱美国综合债券指数（Barclays U.S. Aggregate Bond index）所涵盖的固定收益市场的所有领域，该指数是衡量以美元计价、投资级别和应税债券市场的一个广泛指标。他们也可以投资于其他投资级别的部门，如市政债券、抵押贷款抵押债券（CMOs）和私募债券（美国证券交易委员会规则 144A 证券）。核心+基金经理也可以机会主义地投资于其他领域（外国债券、高收益债券和新兴市场债券，穆迪（Moody's）的最低评级为 B3，标准普尔（Standard and Poors）的最低评级为 B-。核心和核心+基金经理的业绩应以广泛的美国投资级债券指数（如巴克莱美国综合债券指数）来衡量。

家族办公室对国内高收益债券的战略配置应由专门从事该领域债券市场的投资公司进

行管理。高收益基金经理的业绩应以高收益债券的广泛指数来衡量，如美银美林全球高收益 BB/b 级指数。

非传统固定收益板块将是家族办公室固定收益组合中机会主义板块的合适投资。这个板块可能包括但不限于可转换债券、优先股、证券化投资、抵押贷款债券、次级债券、银行贷款、不良债务、私募和非美国债券。这些专门部门通常被认为是高回报投资，因此有可能提高投资组合的业绩预期。此外，这些板块的投资增加了投资组合的整体多样化，因为它们往往与其他传统固定收益证券不高度相关。机会主义投资经理的业绩应以符合经理人战略的绝对回报目标来衡量。

第 11 章
家族办公室的资产配置及管理分论之六：艺术品和大宗商品篇

就其本质而言，家族办公室是围绕家族及其所有成员的财富管理需求而打造的以家族为单位的定制性化的工具性的机构。对于世界上许多最富有的家族来说，家族办公室在他们的财富管理战略中扮演着至关重要的角色：管理家族的投资组合，重大的慈善事业，并在代际之间维持其核心价值观。因此，那些致力于培养私人艺术收藏的家族自然希望将自己的艺术管理与其他家庭财富结合起来。艺术品的大宗商品都是具有较为安全的投资性质，尤其是在最近十几年全球央行鸽派宽松的货币政策背景下。和艺术品一样，大宗商品和股票的相关度很低，为家族办公室的资产配置提供了更多的选择。家族办公室可以配置大宗商品对冲通货膨胀的风险，随着高通胀侵蚀固定收益债券的收入价值，推高收益率、压低价格，固定收益债券也会成为牺牲品，另外大宗商品可以用作潜在的投资回报风险矫正的金融工具。

11.1　家族办公室的小众类别的资产配置——艺术品篇

最近几年全球家族办公室对艺术品的投资有所增加。首先，文化艺术品收藏是家族和家族办公室不错的选择。艺术品往往具有历史、文化和学术的传世价值。其次，艺术品的收藏往往象征着一个家族的品位和社会地位。第三，如前所述，艺术品具有较为安全的投资性质。在最近十几年全球央行鸽派宽松的货币政策背景下，艺术品的唯一性和垄断性增加了艺术品的价值，尤其是高端稀缺的艺术品精品。第四，由于艺术品资产与传统类资产如股票和债券相关度较低，艺术品因此适合做家族办公室资产组合多样化配置的选项。最后，艺术品资产适合慈善和遗产传承安排。

11.1.1 艺术品投资简介

如前所述，自从艺术品存在开始，它就一直是由富有的家族作为赞助人资助的。从埃及的法老到雅典的政治家再到文艺复兴时期的金融家，艺术和财富一直享有一种共生关系。但直到最近几年，艺术才开始被视为一种投资资产，成为一种潜在的财富储存方式，而不仅仅是财富的一种表达方式。艺术品对投资者的吸引力之一是，艺术品和股票和债券等的相关度很低，因此在资产配置时投资艺术品可以使资产组合多样化。实际上，越来越多的投资者将艺术品市场视为传统投资资产的替代品。与此同时，许多学术研究试图确定这些年来艺术的回报。最近几年的研究报告表明，艺术品投资的回报低于公开市场股权，但高于债券和黄金。但有一份研究报告比较了英国艺术品市场112年来（1900—2012年）的艺术品投资的回报，名义的年化回报率为6.4%，实际的年化净回报率为2.4%，并不算高。除了一般的风险，艺术品投资的独特的风险如下：

信息的缺乏及估值的困难

在金融市场上，价格反映了关于某一特定资产的大量公共信息，买家可以依赖的研究资源不计其数。相比之下，有关收藏品的信息量可能非常有限。

首先，衡量艺术作品的表现受到一个事实的阻碍，那就是艺术作品并不是"可替代的"。与股票、债券和大宗商品等不同，每一件艺术品都是独一无二的实体，无法被其他艺术品所取代。可替代性问题产生的第二个问题涉及所谓的"选择偏差"。在艺术市场的语境中，选择偏见指的是艺术市场实际上是指一小部分昂贵、高调的作品的销售，而不是整个市场。佳士得（Christie's）和苏富比（Sotheby's）等大型拍卖行引用的数字与名家或卓越的作品有关，而与它们下面的不同等级的艺术品无关。中端市场的收藏家将面临不同的压力，可能比高端市场的收藏家更容易受到严峻的经济形势的影响。

流动性不足

转让一件艺术不能很快实现。找到合适的买家是件棘手的事，而最常见的转售渠道是收取高额费用的拍卖行和画廊。

其他费用及开支

购买并收藏一件有价值的艺术品可能会涉及很多额外的开支，而这些开支在电子交易股票或债券时并不存在。艺术品的搬运、储存、销售、保险和维护费用都很昂贵。

实体损坏的风险

另一个传统资产不会出现的问题是实体破坏。火灾、洪水和盗窃都是艺术品的潜在实体损坏的风险，还有许多其他的情况会导致珍贵的收藏品的价值下降到零。

没有现金流

债券定期支付息票，股票通常支付股息，但拥有一件艺术品在卖出之前不会产生任何收入。

11.1.2 全球艺术品市场简介

2019 年,全球艺术品和古董的销售额达 641 亿美元,同比下降 5%,略高于 2017 年的水平。三大市场为美国、英国和中国,继续占 2019 年的全球销售额的绝大部分,达 82%,同比下降 2%。美国是世界上最大的艺术品市场,占全球销售额的 44%。在经历了两年的脱欧的动荡后,英国在世界艺术品市场的份额 2019 年下降 9% 至 127 亿美元,占全球市场份额的 20%。2019 年在中国的总销售额下降了 10%,为连续第二年下降,至 117 亿美元,在全球市场份额中占 18%。法国是一个主要的增长国家,销售额上升 7% 至 42 亿美元,并将其全球份额从 6% 提高到 7%。

表 11-1　　　　全球艺术品市场:交易的价值和交易量

年份	价值($m)	成交量(m)
2009	$39511	31.0
2010	$57025	35.1
2011	$64550	36.8
2012	$56698	35.5
2013	$63287	36.5
2014	$68237	38.8
2015	$63751	38.1
2016	$56948	36.1
2017	$63683	39.0
2018	$67653	39.8
2019	$64123	40.5
Growth 2018—2019	-5%	2%
Growth 2009—2019	62%	34%

资料来源:The Art Market 2020, An Art Basel & UBS Report, Prepared by Dr. Clare McAndrew Founder of Arts Economics。

在全球艺术品市场的销售模式中,经销商模式仍然占了最大的份额,占了一半以上。2019 年画廊和经销商的预计销售额达到 368 亿美元,同比增长 2%。在这个市场上,找到新的买家是经销商最大的挑战。2019 年另一个值得讨论的特点是,代表女性艺术家的画廊同比增长8%—44%，而他们的销售份额也从2018年的32%上升到了40%。

在公开拍卖会上出售的艺术品和古董（不包括拍卖行内私下买卖）2019年的总额是242亿美元，同比下降17%，但仍在全球艺术品市场的销售模式中排第二。虽然公开拍卖的销售额下降了，私下销售额却在增加，其中销售额超过18亿美元有佳士得和苏富比。三大拍卖中心——美国、中国和英国在2019年保持了主导地位，三个国家的市场份额为84%，同比下降4%。法国是表现最好的市场之一，而且还在增长，其全球市场份额下降了两个百分点，达到7%。

2019年艺术展览会和博览会的销售额估计达到了16.6美元，与2018年基本持平。销售额的15%是在展览会和博览会之前（25亿美元）达成交易，64%是在期间（106亿美元）成交，21%的销售是展览会和博览会后的直接结果（35亿美元）。

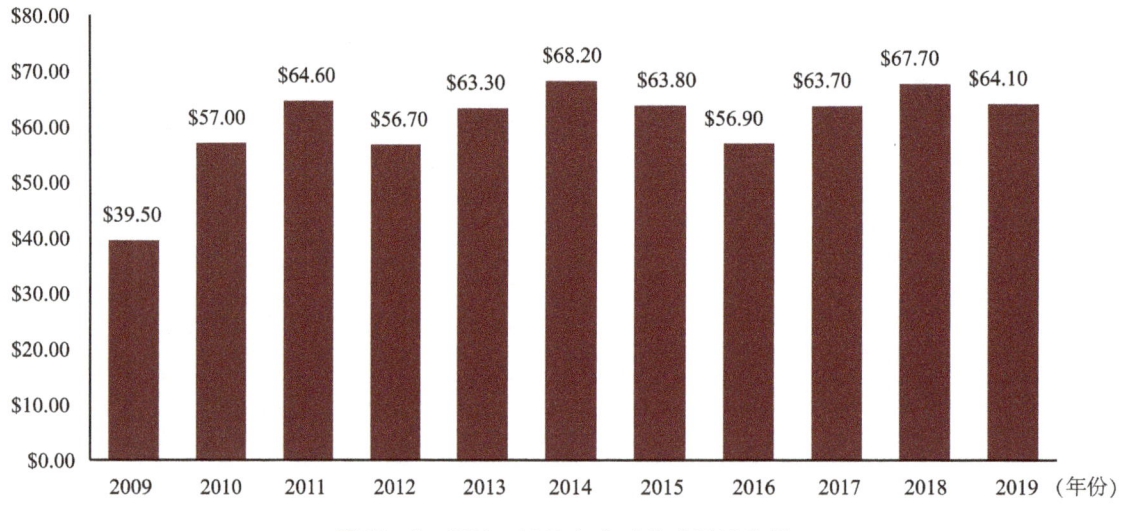

图11-1　2009—2019年全球艺术品销售额

资料来源：The Art Market 2020, An Art Basel & UBS Report, Prepared by Dr. Clare McAndrew Founder of Arts Economics.

在2019年，艺术品和古董的网上销售额为59亿美元，占艺术品市场销售额的1/10。对于在2019年进行在线销售的经销商来说，有一半以上的销售额是新客户的销售。二线拍卖行的网上销售中，新客户的比例占其网上销售额的1/3。有趣的是，大部分线上画廊交易买家和卖家相距1000千米以外，只有1/10是相距不到50千米的。

按艺术品的年代来划分，2019年销售中，现代艺术占的比例最高，达到43%，第二次世界大战之后和当代分别列第二和第三（见图11-2）。

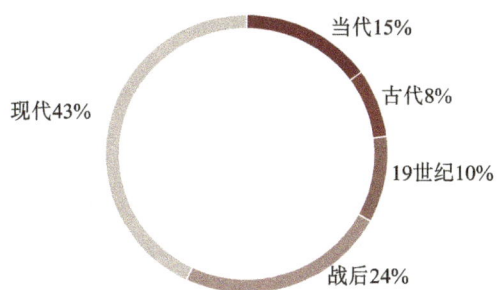

图 11-2 不同年代的作品的市场份额

资料来源：TheArt Market 2020，An Art Basel & UBS Report，Prepared by Dr. Clare McAndrew Founder of Arts Economics；Artprice.com。

11.1.3 致力于艺术品投资的家族办公室的特别投资管理

上面我们讨论了把艺术品作为一种普通类别的投资品种的投资管理，下面我们讨论一下那些致力于培养私人艺术收藏的家族和家族办公室对艺术品投资的管理。他们自然希望将自己的艺术管理与其他家庭财富结合起来。家族办公室可以提供治理和管理结构，处理家族艺术品收藏的复杂性，帮助家族避免未来的冲突，并建立家族办公室艺术品理事会来管理艺术品投资。艺术品理事会提供专业的服务，在家庭价值和愿景、艺术品的所有权和家族财富的保值增值之间取得平衡。家族艺术委员会是一个以艺术品收藏为中心的治理机构（见图 11-3）。

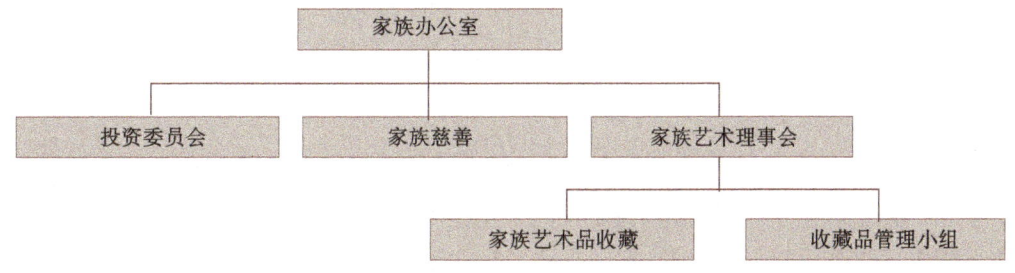

图 11-3 家族办公室艺术品财富管理

让家族办公室艺术委员会的一名委员担任家族办公室董事会的普通董事是一种明智的做法，这样可以确保家族办公室能够适当考虑到家庭收藏的战略和偏好。家庭艺术委员会还可以教育家庭成员和后代了解艺术藏品的历史。最重要的是，家庭艺术委员会是一个平台，在这个平台上，人们可以预测、谈论和解决家族办公室内部与收藏品有关的争论和冲突。因为随着时间的推移，家族办公室的艺术收藏会变得更加复杂，所以对家庭艺术委员会的需求往往是持久的。如果家族办公室能够事先为艺术品投资和收藏建立一套规则和程序，然后设法在矛盾和冲突出现时中立地加以应用，则更有可能做出原则性的决定。

11.2 家族办公室的小众类别的资产配置——大宗商品篇

大宗商品是用来制造消费者和企业购买的产品的原材料,这些产品包罗万象:从食品到家具,到葡萄酒和汽油,再到汽车和飞机等。大宗商品包括小麦和牛等农产品,石油和天然气等能源产品,以及黄金、白银和铝等金属。也有"软"的大众商品,或不能长时间储存的商品,包括糖、棉花、可可和咖啡等。随着大宗商品市场的发展,从农民把成批的小麦和玉米拖到本地市场销售的时代起,已经发生了重大变化。19 世纪,对农产品交易标准化合约的需求导致了商品期货交易所的发展。今天,期货和期权合约可以在世界各地的交易所进行交易,交易范围涉及大量的农产品、金属、能源产品和软的大众商品。这些标准化合约使商品生产者能够将价格风险转嫁给最终用户和其他金融市场参与者。自 20 世纪 90 年代以来,随着大宗商品期货指数的发展,以及随后以这些指数为基准的投资工具的发展,而大宗商品也演变成了一种资产类别。如今,投资者可以选择多种投资大宗商品期货市场的工具,从共同基金到 ETF,涵盖从单一大宗商品敞口到基于行业和基于更广泛大宗商品敞口的范围。

11.2.1 家族办公室资产组合配置大宗商品的原因

首先,家族办公室可以配置大宗商品对冲通货膨胀的风险。大多数资产类别在高通货膨胀和/或不断上升的通货膨胀时期表现很挣扎。随着高通胀侵蚀固定收益债券的收入价值,推高收益率、压低价格,固定收益债券也会成为牺牲品。

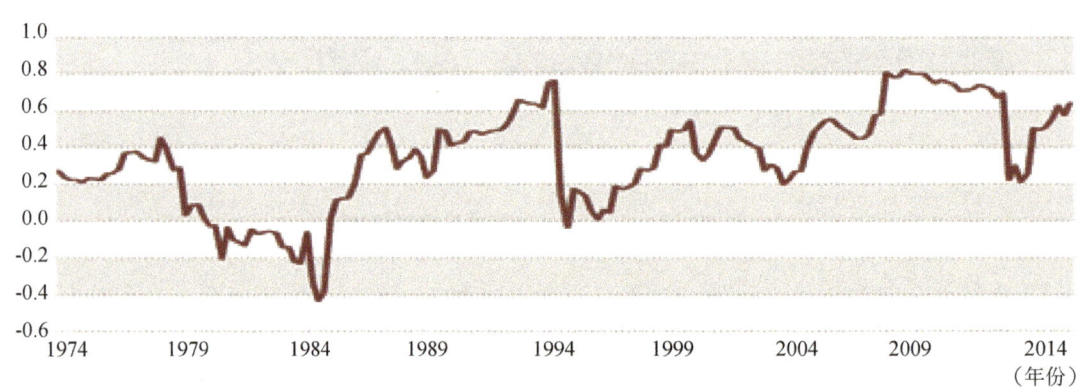

图 11-4 连续 20 个季度大宗商品和通货膨胀的相关度

资料来源:S&P GSCI, Datastream,从 1970 年第一季度至 2016 年第二季度。

当通胀温和时,股市表现最佳,但当通胀高企且企业难以将更高的投入成本完全转嫁给终端消费者时,股市就会陷入困境。相反,大宗商品在这样的环境下就是"明星"的资产类别。

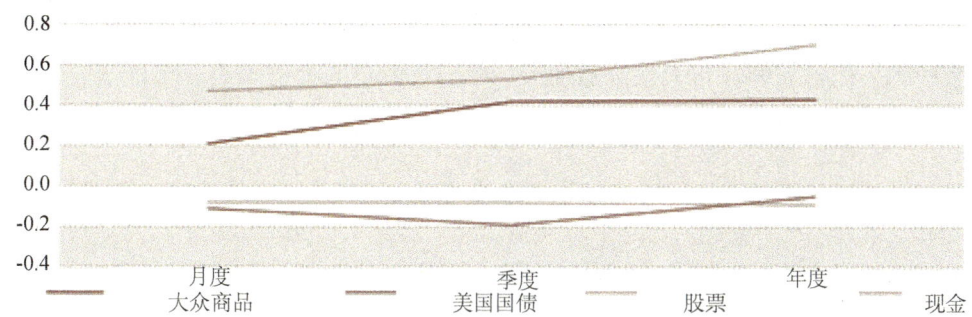

图 11-5　月度、季度、年度回报和通货膨胀的相关度

资料来源：S&P GSCI，MSCI Barclays 1972—2015 年。

从技术角度看，长期来看在大多数历史时期，大宗商品的价格与通货膨胀都是正相关的。换句话说，当通货膨胀上升时，商品回报率往往上升，而当通货膨胀下降时，商品回报率往往下降，这在一定程度上解释了自 2008 年以来的糟糕表现。从历史上看，它们一直是防范通胀上升的良好手段，这可以与股票和国债形成对比，当通胀上升时，股票和国债往往表现不佳。这不仅是一个潜在的有价值的属性，只是一个对冲通货膨胀的有效方式。

其次，家族办公室可以配置大宗商品来分散公开市场股权的投资风险。在股市下跌时，期待大宗商品升值是不现实的。平均而言，大宗商品的投资与股票不是负相关的，它们不是针对金融危机等所谓尾部风险的一种投资组合的保险产品，寻求此类保护的投资者应考虑采取更直接的保护形式，其中包括控制股票波动的多种资产产品组合、期权保护策略和尾部风险对冲基金。大宗商品与股票之间的关系差别很大，有时可能存在负相关，但平均而言，这两种资产类别的回报率之间存在微弱但正相关的关系（见图 11-6）：

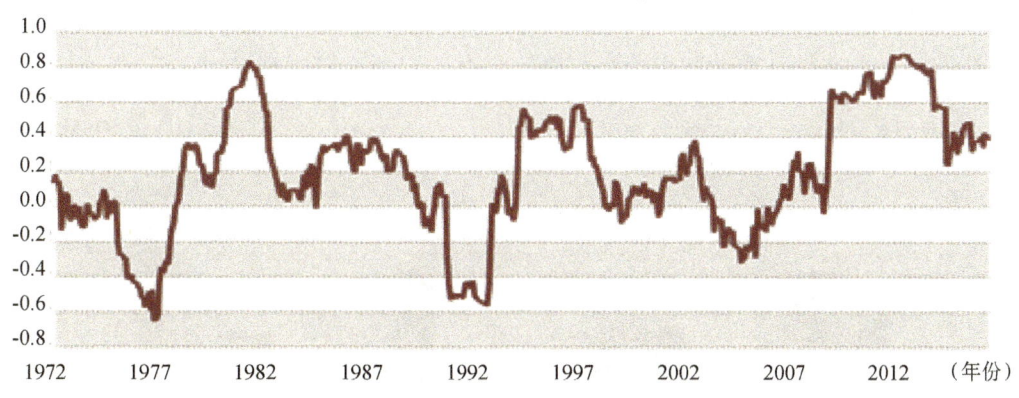

图 11-6　连续 24 个月大众商品和股票的相关度

资料来源：S&P GSCI，Datastream，从 1970—2016 年。

这种关系从直觉上讲是合理的，因为大宗商品价格和企业盈利增长都与经济增长和商业周期有关，尽管它们也明显受到一些特殊因素的影响。但随着持有期限的延长，这种关系将会进一步减弱。例如，季度或年度大宗商品回报率与股票回报率之间的相关性约为 0，这表明，从历史上看，在这些时间段内，回报率之间几乎没有什么关系。尽管没有负相关那么有吸引力，但这表明，将大宗商品加入一个偏重股票的投资组合，可能会带来显著的多样化好处。相比之下，股票与美国国债的关系几乎一直是负相关的关系。

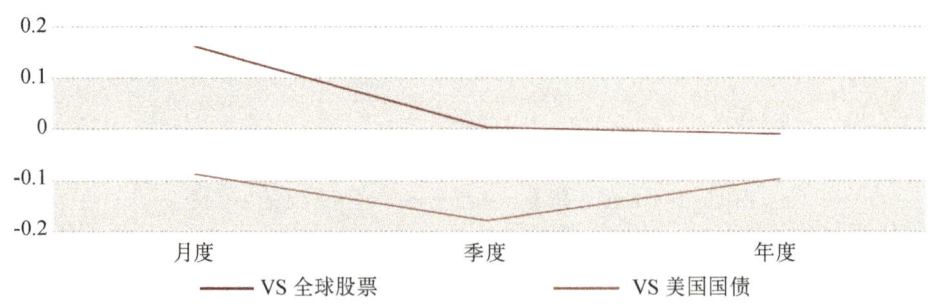

图 11-7　月度、季度及年度回报和大宗商品的相关度

资料来源：MSCI Barclays, S&P GSCI, 1972—2015。

最后，大宗商品可以被用作是潜在投资回报风险矫正的金融工具。即使在回报前景相对黯淡的情况下，也有理由将大宗商品纳入投资组合。比如，直到 2007 年年底，广受关注的 GSCI 大宗商品指数自 1970 年创立以来的年回报率约为 12%，波动性略低于 19%。相比之下，同期全球股市的年回报率接近 11%，但波动性略高于 14%。在风险调整后，回报率大致相当。这两类资产的夏普比率都略高于 0.3。然而，大宗商品的长期业绩记录受到近期经验的影响。在过去的 46 年里，GSCI 指数现在在表现方面落后于股票，并且表现出更大的波动性，夏普比率也随之下降。然而，高盛大宗商品指数（GSCI）在能源领域的集中度却很高；类似于彭博商品指数（Bloomberg commodity index）的更多样化投资组合的波动性，与股市的波动性更为接近。然而，彭博指数的历史记录较短，1991 年才建立，在此期间，这两种基准的回报率不仅落后于股票，也落后于现金。

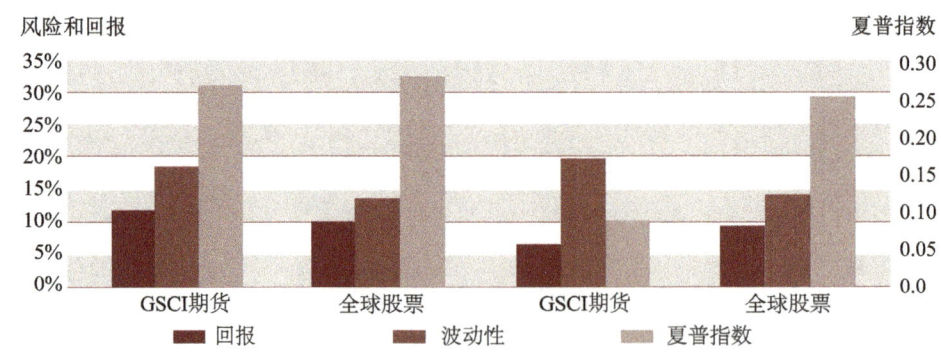

图 11-8　大众商品的历史表现

资料来源：Datasteam, GSCI and MSCI。

第 11 章 家族办公室的资产配置及管理分论之六：艺术品和大宗商品篇

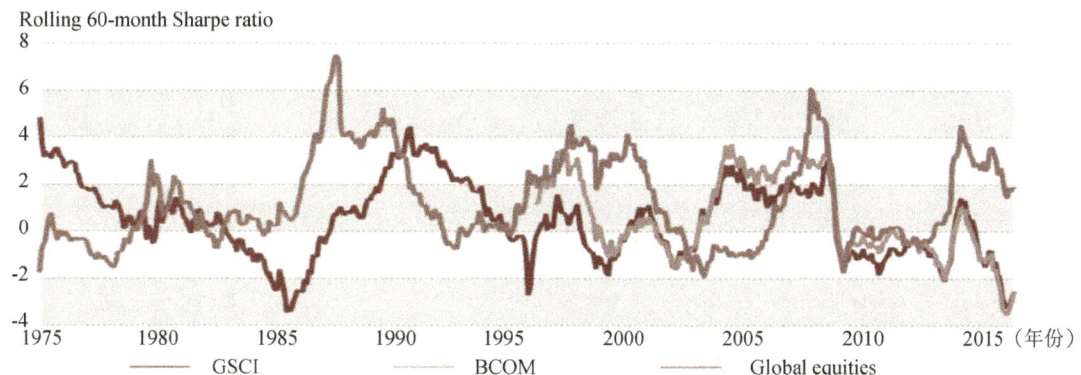

图 11-9 大众商品的历史回报

资料来源：Bloomberg，Datasteam，GSCI and MSCI。

在最好的情况下，长期的历史风险调整回报率看起来却并不太好，最近的经验数据也表现不良。然而，通过推断最近的过去来判断投资的未来前景，并不太可能是一种恰当的方法。长期回报更有可能从经历过一段时间的疲软后的购买中受益。

11.2.2 大宗商品的在家族办公室资产组合中的比例及回报

根据瑞银报告，2019 年大宗商品在家族办公室的资产组合平均占 3.2%，从大宗商品的细分领域来看，农产品平均占 1.4%，黄金及其他贵重金属占 1%，其他大众商品占 0.8%；从区域来看，亚太地区最高，平均占 5.2%，北美最低，平均占 2.3%；从增加策略的来看，保值型的最高，平均占 5.2%，增值型的最低，占 2.7%；而从管理资产的多少来看，差异较小，如表 11-2 所示。

表 11-2　　2019 年全球家族办公室按照大众商品类别、地区、投资策略及管理资产额度的配置比例

资产类别	总计	区域				策略			管理资产		
		欧洲	北美	亚太	新兴市场	保值	平衡	增长	<2.5亿美元	2.5亿-10亿美元	>10亿美元
大众商品	3.2%	2.6%	2.3%	5.2%	4.7%	5.2%	2.9%	2.7%	3.1%	3.0%	3.1%
农业大宗商品（农林等）	1.4%	1.1%	1.2%	1.5%	3.0%	1.1%	1.6%	1.2%	1.4%	1.4%	1.3%
金/贵重金属	0.8%	0.9%	0.1%	1.4%	1.1%	1.5%	0.7%	0.4%	0.5%	1.0%	1.0%
其他大众商品	1.0%	0.5%	0.9%	2.3%	0.6%	2.6%	0.6%	1.1%	1.3%	0.7%	0.9%

资料来源：The UBS/Campden Wealth Global Family Office Survey 2019。

2018年大宗商品在家族办公室的资产组合与2019年相比，有一些差异，平均占3.3%，从大宗商品的细分领域来看，农产品平均占1.8%，黄金及其他贵重金属占0.9%，其他大众商品占0.7%；从区域来看，新兴市场最高，平均占4.5%，欧洲最低，平均占2.9%；从增加策略的来看，保值型的最高，平均占54.6%，增值型的最低，占2.4%；而从管理资产的体量来看，管理资产在2.5亿美元到10亿美元之间的家族办公室最高，占4.1%，管理资产在10亿美元之上的最低，占1.3%，如表11-3所示。

表11-3　2018年全球家族办公室按照大宗商品类别、地区、投资策略及管理资产额度的配置比例

资产类别	总计	区域				策略			管理资产		
		欧洲	北美	亚太	新兴市场	保值	平衡	增长	<2.5亿美元	2.5亿—10亿美元	>10亿美元
大宗商品	3.3%	2.9%	3.4%	3.7%	4.5%	2.4%	3.2%	4.6%	2.6%	4.1%	1.3%
农业大宗商品（农林等）	1.8%	1.4%	1.7%	2.2%	3.3%	1.2%	1.9%	2.2%	1.4%	3.0%	0.5%
金/贵重金属	0.7%	0.4%	1.2%	0.1%	0.8%	0.4%	0.6%	1.1%	0.7%	0.5%	0.5%
其他大宗商品	0.9%	1.1%	0.5%	1.4%	0.4%	0.8%	0.7%	1.3%	0.6%	0.6%	0.3%

资料来源：The UBS/Campden Wealth Global Family Office Survey 2018。

2018年家族办公室的资产组合中大宗商品的回报中，农产品最高，达3.3%，其他大宗商品最低，为-2.1%，如表11-4所示：

表11-4　2019年全球家族办公室的大宗商品按类别和地区的投资回报

	全球	北美	欧洲	亚太	新兴市场
大宗商品					
农业大宗商品（农林等）	3.3%	2.8%	4.0%	2.9%	3.5%
金/贵重金属	2.5%	3.0%	2.5%	2.4%	2.5%
其他大宗商品	2.1%	-1.9%	-5.7%	0.0%	-1.0%

资料来源：The UBS/Campden Wealth Global Family Office Survey 2019。

与2018年相比，家族办公室资产组合中大宗商品2017年的平均回报要高得多，黄金及其他贵重金属最高，达313%，其他大宗商品最低，为-0.7%，如表11-5所示。

第11章 家族办公室的资产配置及管理分论之六：艺术品和大宗商品篇

表 11-5　　　　　　　2017 年全球大宗商品实际回报 VS 预期回报

	2017年基准回报	2017年预期回报	差异（预期回报和实际）
大宗商品			
农业大宗商品（农林等）	9.9%	5.9%	3.7pp
金/贵重金属	13%	3.2%	9.8pp
其他大宗商品	0.7%	4.3%	-3.6pp

资料来源：The UBS/Campden Wealth Global Family Office Survey 2017。

11.2.3　大宗商品的在家族办公室的投资实践——期货

家族办公室中的大宗商品投资通常使用期货合约来进行资产配置，因为家族办公室通常没有能力或意愿去储存实物商品。当一份期货合约即将到期时，为了避免被迫提取商品，合约必须终止并购买一份期限较长的合约。这就是所谓的"滚动"期货合约。当商品期货曲线向上倾斜时，即所谓的"期货溢价"，就会导致损失（因为远期合约比短期合约更贵）。相反，当曲线向下倾斜时，可以获得收益，而曲线被称为"现货溢价"。期货曲线的形状对大宗商品投资者的长期重要性存在相当大的争议。

研究报告发现，在 1959 年到 2014 年间的任意一个月里，平均约有 2/3 的商品市场处于期货溢价状态。如图 11-10 所示，该图显示大多数商品通常提供负的滚动回报：

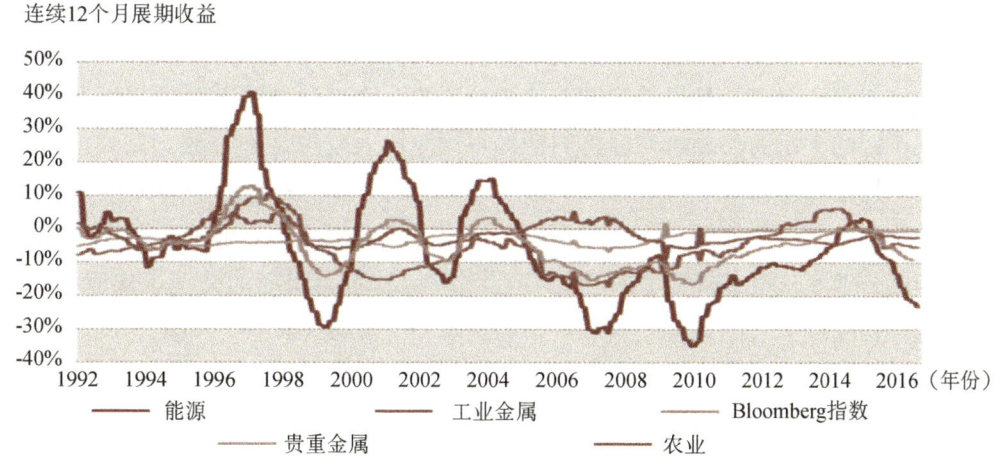

图 11-10　连续 12 个月展期收益

资料来源：Bloomberg Commodity Indices，Datastream。

然而他们还发现,这并不是投资者赚取风险溢价(回报高于美国国债)的障碍。当市场处于期货溢价状态时,大宗商品投资者在将大宗商品期货合约向前滚动时会面临额外的成本。从长期来看,滚动可能会拖累回报率,然而,这其中有两个重要的缓解因素。首先,虽然负滚动回报会拖累回报,但这并不意味着如果现货价格上涨,回报就必须为负。实际上,自彭博商品指数创立以来,滚动回报率与总回报率之间几乎没有什么关系,如图11-11所示。事实上,在历史上,当滚动回报为负的月份,平均总回报为正——在2000年前和2000年后的环境中都是如此。其次,积极管理型基金和一些另类商品指数可以通过更有效的曲线和行业定位策略,并完全限制或避免负滚动回报。

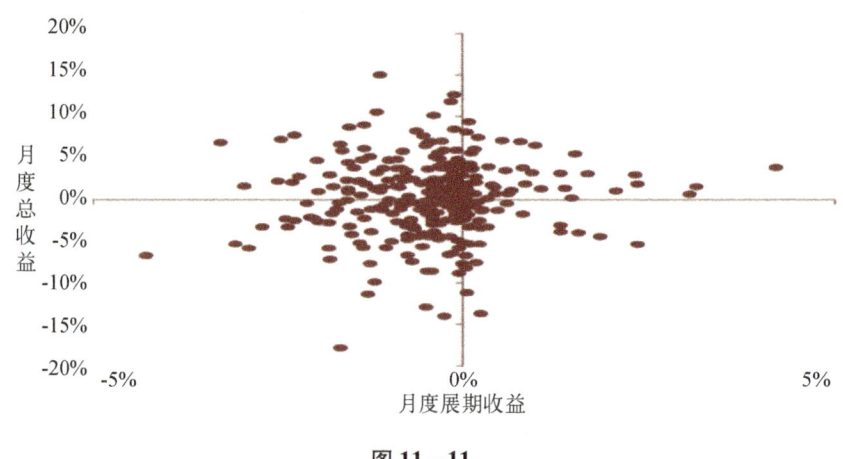

图 11-11

资料来源:Bloomberg Commodity Indices(1992-2016),Datastream。

总体而言,大宗商品市场为积极管理的基金经理提供了投资工具。首先,大量的资金投资于被动基金,跟踪众所周知的基准指数,资产组合以一种机械的和有据可查的方式进行再平衡。这些基金每个月都以规定的方式进行买卖,为主动型的基金经理创造了获利机会。其次,不同的大宗商品领域在经济周期的不同阶段表现得并不一致。例如,从历史上看,在经济周期经济扩张和放缓阶段,能源等大宗商品的经风险调整的回报率却相对较高,而工业金属在复苏阶段的早些时候则表现突出。相比之下,农业通常被视为与经济周期联系最少的行业。这些差异是在许多市场受到独特基本面驱动的情况下出现的。例如,农作物产量往往受到天气的影响,这一因素与全球对工业金属的需求完全无关。主要商品部门之间这种相对较低的相关性创造了通过部门选择增加价值的机会,如图11-12所示:

大宗商品投资主要是利用期货投资。如上所述,当曲线向上倾斜时,将短期合约转为长期合约会有损失。当期货曲线向下倾斜时,情况则正好相反。专注于那些有向下倾斜曲线的市场是一个有利可图的策略。

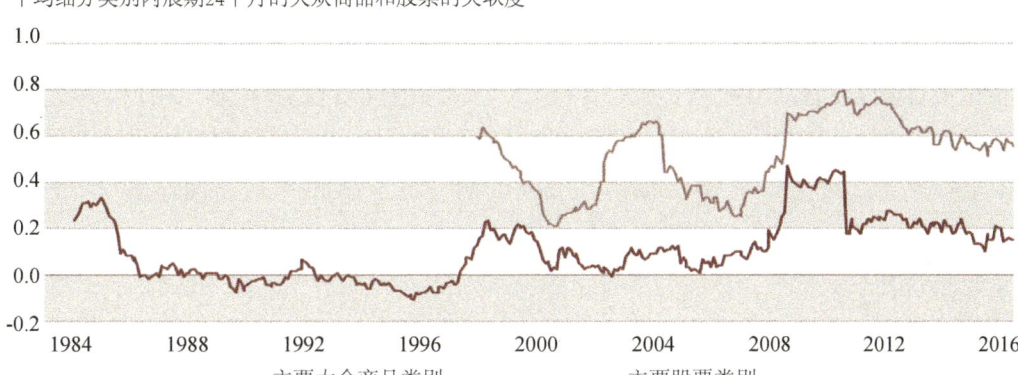

图 11-12　平均细分类别内展期 24 个月的大宗商品和股票的关联度

资料来源：Datastream，GSCI，and MSCI。

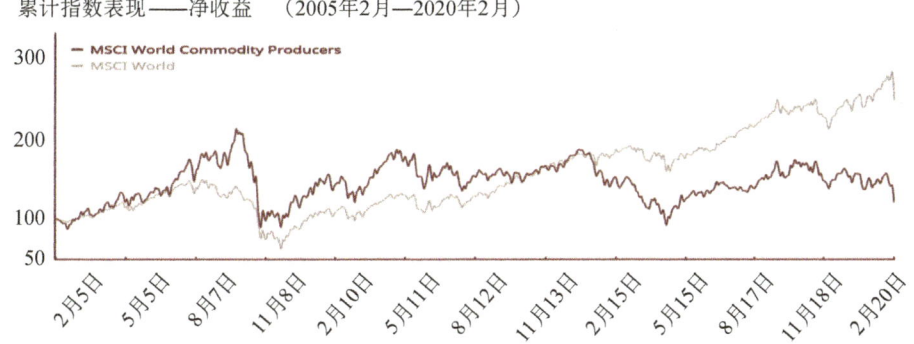

图 11-13　累计指数表现——净收益（2005 年 2 月至 2020 年 2 月）

资料来源：Datastream，GSCI，and MSCI。

11.2.4　大宗商品的在家族办公室的投资实践—其他投资工具

如前所述，在过去从大宗商品敞口中获取全部利益是一项挑战。对于大多数投资者来说，投资于实物商品——一桶石油、一群牛或一蒲式耳小麦——是不切实际的，因此投资者倾向于通过购买大宗商品相关股票，或通过管理的大宗商品期货账户，通过大宗商品交易顾问（CTA），来寻求大宗商品敞口。然而，这些投资策略可能并没有抓住投资组合中大宗商品风险敞口的潜在多样化和其他好处。例如，与大宗商品相关的股票不一定反映大宗商品价格的变化。如果一家石油生产商已经在远期基础上出售了其供应，那么这家生产商的股价可能不会从油价上涨中完全受益。大宗商品相关的股票回报也会受到发行人的财务结构或无关业务业绩的影响。事实上，与大宗商品市场相比，大宗商品相关的股票与股市走势的关联度可能更高。CTA 管理的期货账户也可能不会提供历史大宗商品指数表现所暗示的大宗商品敞口带来的好处，因为这些账户往往反映了基金经理在正确的时间选择正确的大宗商品的技能，而不是大宗商品市场的内在回报。以大宗商品期货指数为基准的投资工具的出现，为投资者提供了另一种获得大宗商品敞口的选择。根据商品期货指数管理的投资工具与 CTA 管理的期货账户不同。相反，大宗商品指数的基础敞口提供了对多种大宗商品的敞口。例如，彭博商品指数（Bloomberg Commodity Index）追踪能源、牲畜、谷物、工业金属、贵金属和"软"商品等 7 个类别的 22 种不同商品的期货价格。指数构成的变化是由预先设定的规则决定的，而不是由基金经理自行决定的。

另外，投资大宗商品的基金是进入该行业的一个简单途径，特别是被动型基金在过去几年里也越来越受欢迎，ETP（交易所交易产品）成为一种间接或直接获取大宗商品的可行方式。基于股票的商品交易所交易基金投资于商品公司的股票，而交易所交易商品（ETCs）是跟踪商品或一篮子商品价格的工具。它们可以用所持大宗商品本身作为实物担保，也可以利用与其他金融机构的互换来提供风险敞口。然而，ETF 只跟踪石油期货等指数，因此回旋余地很小。ETCs 还允许投资者"做空"或"杠杆化"他们的投资，允许投资者押注股价下跌或上涨。家族办公室在这方面应该谨慎，因为尽管有潜在的收益，也可能会有巨大的损失。

11.2.5　大宗商品的在家族办公室的投资实践——投资政策陈述

家族办公室为了使其投资组合多样化，对大宗商品进行了配置。大宗商品历来表现出与股票和债券的低相关性，因此对大宗商品的投资有望降低家族办公室整体基金的风险。投资大宗商品的第二个好处是，它们与通胀呈正相关，因此可以对冲通胀风险。

家族办公室利用大宗商品经理来实施多样化的、风险可控的积极策略，这些策略有望带来相对于大宗商品基准的一致的出色表现。例如，基金经理有权在最适当的时间执行期货滚转。他们还可以灵活地将抵押品投资于一个固定收益证券投资组合，预计其表现将好于指数中假定的 3 个月期美国国债。家族办公室通过采用积极的管理策略来实现其大宗商品敞口，并预计在 5—7 年的滚动周期内，该大宗商品综合指数的表现将超过基准指数（扣除费用）。预期回报和风险的目标是：超过基准的超额回报：50—100 个基点，跟踪误差相对基准：3%—4%。

家族办公室的大宗商品市场表现基准是道琼斯—瑞银大宗商品指数（DJ - UBS）。该指数由能源、金属、农业和牲畜市场的现货商品期货合约组成。DJ - UBS 指数构建规则通过设定行业权重的最低位来管理多样化、风险和流动性。使用 DJ - UBS 指数的衍生品包括实物商品的期货合约。指数的权重是基于流动性和每一种商品的市场价值。家族办公室的投资经理们将利用衍生品来获得这一指数的敞口。

家族办公室的经理人将投资于期货、掉期和期权等衍生品,以获得大宗商品市场的敞口。基金经理也可以使用衍生工具来管理基础抵押品(固定收益证券的投资组合)。所有投资于衍生品的经理人都必须遵守家族办公室的衍生品投资政策,风险管理是其首要目标。

第 12 章
家族办公室的资产配置及管理分论之七：
ESG 与影响力投资篇

12.1　影响力投资简介

一般认为，影响力投资是 ESG 投资的一个特殊种类，是指公司、组织和基金会以在获得经济回报的同时产生可衡量的社会与环境影响为目的的投资。影响力投资的主要特征是商业和慈善之间的一种平衡，同时也提供一系列广泛的选择。目前有一些策略在寻求造福社会的同时强调经济回报，以社会和环境影响为优先，可以接受从低于市场回报率到仅仅收回投资本金之间的不同程度的经济回报（一些影响力投资保证偿还本金）。2007 年，洛克菲勒基金会提出影响力投资的资产配置类别。在慈善领域，洛克菲勒基金会（Rockefeller Foundation）、奥米迪亚基金会（Omidyar Foundation）、比尔及梅琳达·盖茨基金会（Bill&MelindaGatesFoundation）、彭博慈善基金会（BloombergPhilanthropies）、福特基金会（Ford Foundation）等各大跨国基金会都先后踏入这一领域。在金融领域，一些大型金融机构，如高盛集团、美国美林银行、瑞士银行、贝莱德集团和摩根士丹利都已介入影响力投资的领域。

影响力投资的资产类别主要包括现金及现金等价物、股权投资、债券投资、公益信托等。现金及现金等价物投资方式主要是把现金资产投入社区银行以及本地金融机构，而这些机构再从追求社会或环境目标的公司或组织选择投资标的；股权投资主要投资于第三方管理的基金，由基金再选择投资对社会或环境产生积极影响的企业。私募股权投资是目前比较主流的影响力投资模式，受到家族办公室以及超高净值家族人士的青睐；债券投资则是由政府、企业或金融机构发行的从短期到长期的债券，主要目的在于为在社会或环境方面有发展优势的企业或项目提供投资支持；最后，公益信托是受益人为实现社会公众利益而设立的信托。影响力投资是以市场的手段助力于社会和环境问题的解决,其本质实际是把风险投资和创业的理念延伸到公益慈善领域,从而实现社会效益和经济效益共赢的投资模式。

影响力投资不完全是慈善,但却是善用慈善资本的有力工具。投资回报可以被重复利用来增强影响,给捐赠者留下更多的自由和灵活性。捐赠者可以在追求影响力的同时尝试用创意的方法来实现经济回报,非营利机构和营利机构都是可以支持的对象。捐赠者利用影响力投资为他们的慈善策略注入新的生命力。2010 年,J. P. 摩根和洛克菲勒基金会出版的一份报告中说明影响力投资已成为一个新兴的资产类别,并预测到 2020 年时市场规模将增长到 4 千亿美元。其实,影响力投资投资的发展速度已经超越了那份报告的预测。根据 GIIN2018 年的一份报告,2018 年底,全球影响投资市场的规模为 5020 亿美元。根据 GIIN 2019 年的的调查,约一半的影响力投资配置于发达国家市场,而另一半则配置于新兴市场。见图 12 - 1。

图 12 - 1　影响力投资按照所管理资产和回应人数的地域分布

资料来源:GIIN。

根据 GIIN 的调查,从产业部门的角度来看,配置最多的产业是能源,其次是小微金融和其他金融。见图 12 - 2。

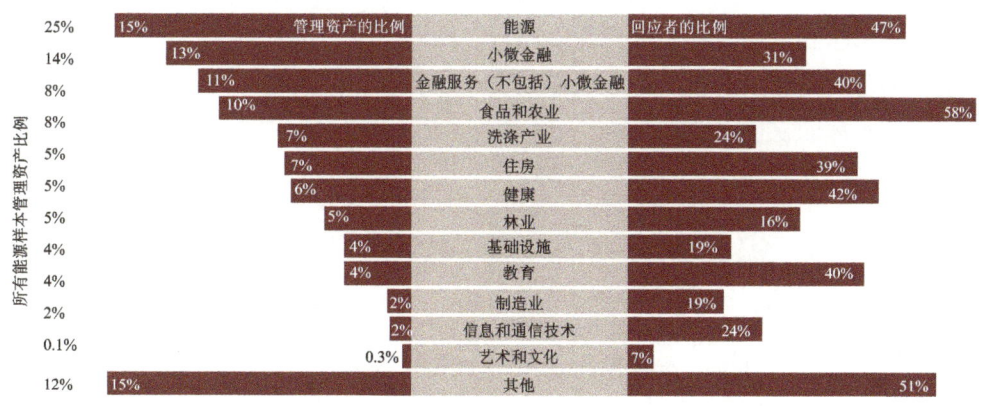

图 12 - 2　影响力投资按照所管理资产和回应人数的产业分布

资料来源:GIIN。

12.2 ESG 投资简介

影响力投资和 ESG 投资有重叠的地方,但也是有比较明显的区别。影响力投资是结果导向的,以产生可衡量的社会与环境影响为目的,而狭义的 ESG 的主要的要求是程序。一般来讲,广义的 ESG 投资是环境、社会和公司治理因素与投资过程和决策的结合,包括影响力投资和可持续发展投资(Sustainable Investing),而可持续发展投资和 ESG 投资非常相似,在有些语境中可以互相代替。在下文中本章将详细讨论这个主题。按照不同的统计口径,相关报告估计 ESG 在全球的存量资产在 30 万亿美元到 80 万亿美元,这是一个了不起的成就。ESG 开始于 2004 年 1 月前联合国秘书长科菲·安南写信给 50 多个全球主要金融机构的首席执行官们,邀请他们参与联合倡议和支持的联合国全球契约,并获得了国际金融公司(IFC)的支持。ESG 因素涵盖了一系列传统上不属于财务分析,但可能具有财务相关性的问题,如企业如何因应气候变化,如何更好地参与水资源管理,如何有效注意健康和安全政策以防范事故,以及如何管理他们的连锁店,如何对待他们的员工,是否有一个企业文化来构建信任和培养创新等。在国际金融交易中的评估中考虑环境、社会和公司治理(ESG)的标准,可以产生长期的有竞争力的财务回报和积极的社会影响。资产所有者及其他利益相关者越来越关注资产管理公司(如私募股权公司)评估 ESG 风险的方式,以便为国际并购决策提供信息,并随后来管理这些风险,以保护投资价值。另外,ESG 投资还应考虑大趋势(如气候变化)的影响,正在形成的法规或自愿准则(如英国现代奴隶制法案)等,以及更广泛的利益相关者对透明度的要求。

越来越多的人认为 ESG 因素对公司的财务业绩有实质性的影响。最初的研究表明,金融市场会鼓励在 ESG 方面表现良好的企业,而 ESG 得分较低则是特质性风险增加的一个指标,因为这意味着企业的管理效率低于同行。随着,金融市场越来越形成共识,强 ESG 因素是企业估值的正面因素,并符合机构投资者的利益。而最近一些研究表明,ESG 因素对公司的盈利总体而言也有正面影响。

12.3 家族办公室在 ESG 投资领域的资产配置

从某种意义上讲,可持续发展投资和 ESG 投资是等同的,可持续发展投资是在投资过程中考虑环境、社会和治理(ESG)因素的一种投资方法,有三种不同的途径,可以单独使用,也可以组合使用:

(1)排除法——排除与 ESG 投资价值不一致的投资;

(2) 整合法——将 ESG 因素纳入传统投资流程之中；

(3) 影响力投资——投资的目的是产生可衡量的环境或社会影响，同时提供有竞争力的财务回报。目前有超过 1/3 的家族办公室现在从事 ESG 投资。最常采用的方法是"主题投资"（如清洁能源、性别平等、卫生保健和清洁水资源等），62% 的家族办公室表示已经采用了这种主题投资的方法，另外 46% 的家族办公室表示已经采用了"将 ESG 因素纳入分析和评估"的方法。见图 12 - 3。

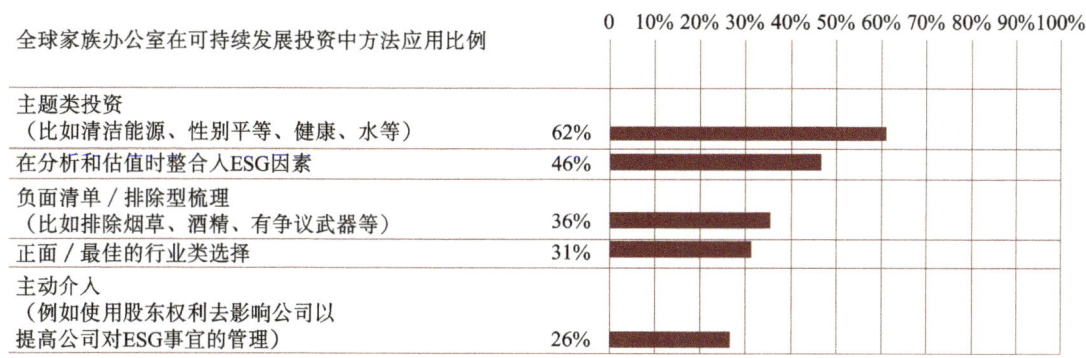

图 12 - 3　全球家族办公室在可持续发展投资中方法应用比例

资料来源：The UBS/Campden Wealth Global Family Office Survey 2019, P. 193。

在参与 ESG 投资的家族办公室中，平均把投资组合中有 1/5 用于了可持续发展投资。其中略高于半数的相关家族办公室目前将不到 10% 的投资组合用于可持续发展投资，1/3 的人投入了 10%—49% 或更多的资产，见图 12 - 4。

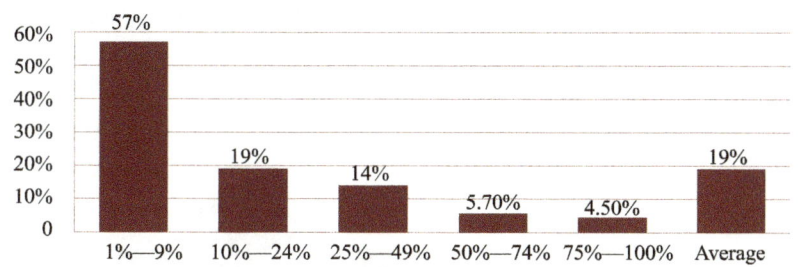

图 12 - 4　参与可持续发展投资的家族办公室对可持续发展类资产的配置比例

资料来源：The UBS/Campden Wealth Global Family Office Survey 2019。

在参与 ESG 投资的家族办公室中，气候变化的主题投资是最受欢迎的投资种类，如碳排放管理，风能和太阳能投资等，获得了 62% 的相关家族办公室的投资；卫生和健康类次之。如资助改善发达/发展中国家人民健康和社会保健的项目，获得了 51% 的相关家族办公室的支持；人文关怀排第三，如保留和发展员工，工作场所安全，网络安全等，获得了 48% 的支持。如图 12 - 5 所示。

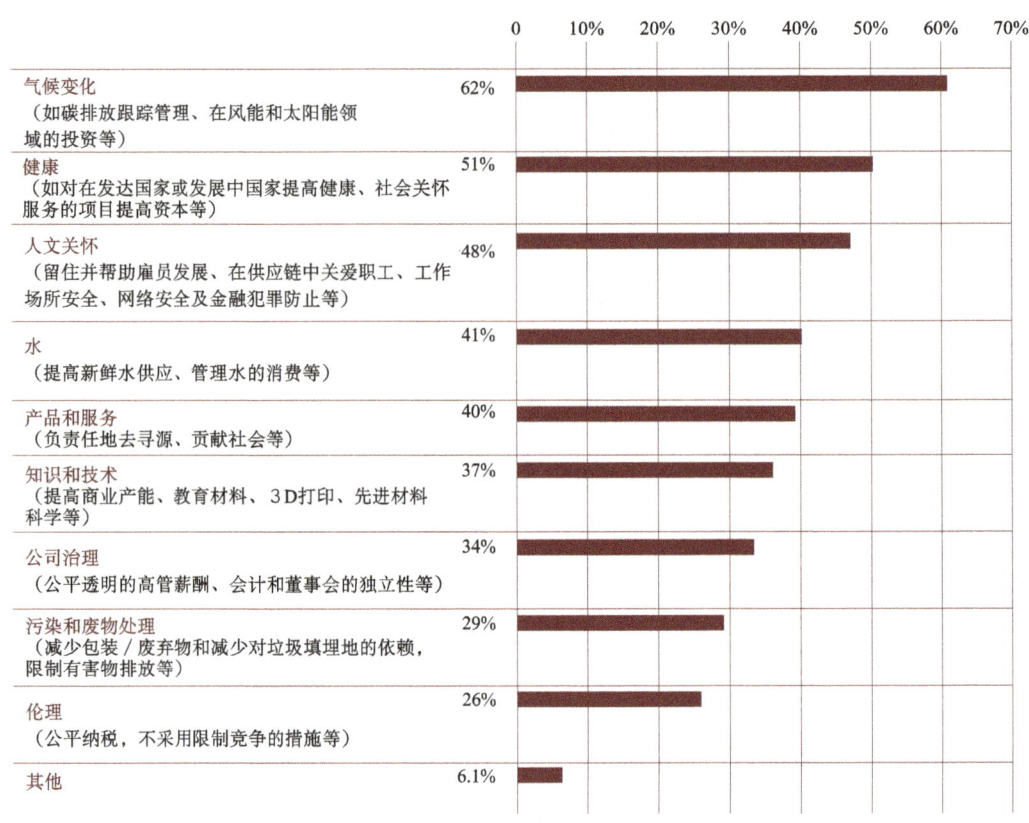

图 12-5　全球家族办公室对 ESG 事项的支持比例

资料来源：The UBS/Campden Wealth Global Family Office Survey 2019。

在参与 ESG 投资的家族办公室中，有 85% 的 ESG 投资达到或超过了家族办公室的预期。在过去的一年中，与传统的同类投资相比，可持续投资业绩绝大部分都达到了预期，其中有 16% 甚至超过了预期。见图 12-6。

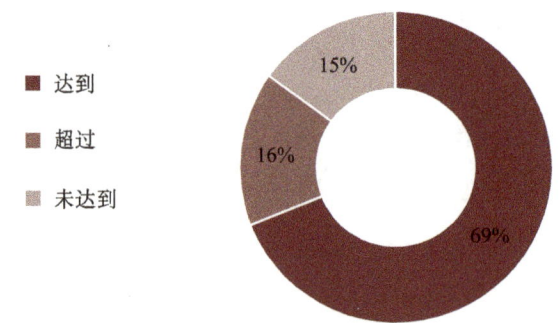

图 12-6　对比于传统投资，全球家族办公室可持续发展投资的回报和预期回报的差异

资料来源：The UBS/Campden Wealth Global Family Office Survey 2019。

已经参与 ESG 投资的家族办公室相信，他们在这方面的资产配置将继续增长。预计在未来五年内,他们平均投资组合的32%将致力于ESG投资。有趣的是,有超过1/4的家族办公室还声称,他们的资产组合中50%或更多的将配置于ESG资产,这比目前的19%有了大幅增长。

12.4 家族办公室对影响力投资的资产配置

目前,全球有25%的家族办公室从事影响力投资。其中绝大多数将不到10%的资金配置到该类资产上,而所有参与影响力投资的家族办公室的平均配置比例为14%。见图12-7。

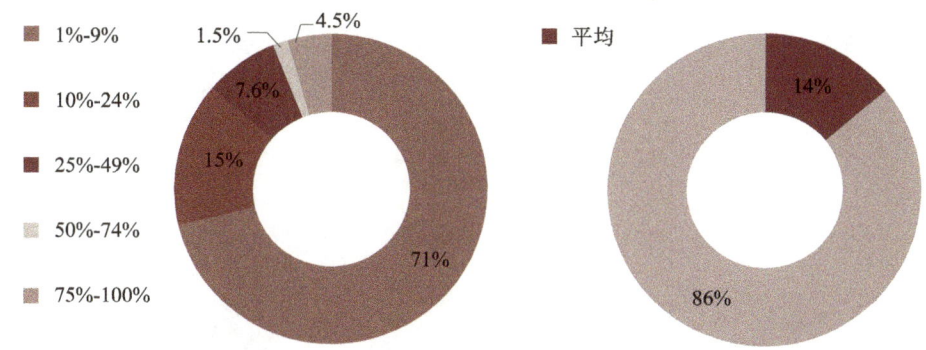

图12-7 参与影响力投资的全球家族办公室在影响力投资中的资产配置比例

资料来源:The UBS/Campden Wealth Global Family Office Survey 2019。

家族办公室参与影响力投资最常见的投资工具有:直接私人股权投资、房地产和私募股权基金,见图12-8。

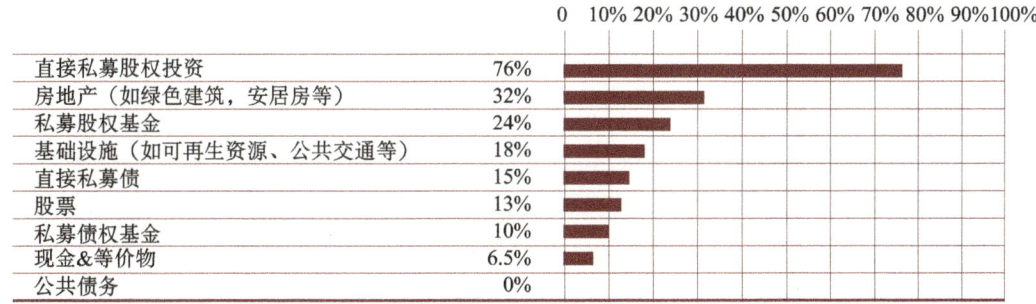

图12-8 全球家族办公室影响力投资参与最多的投资工具及比例

资料来源:The UBS/Campden Wealth Global Family Office Survey 2019。

最常见的投资领域是教育、农业/粮食和能源,见图12-9。

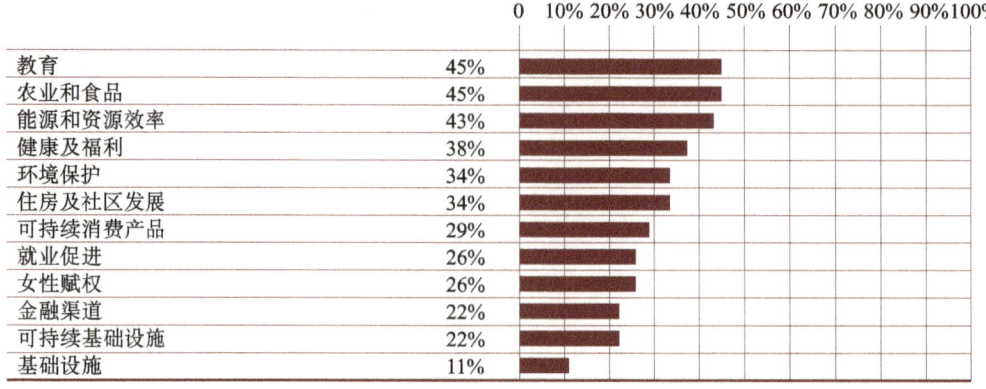

图 12-9　全球家族办公室影响力投资参与最多的投资领域及比例

资料来源：The UBS/Campden Wealth Global Family Office Survey 2019。

根据资料显示，81% 的做影响力投资的家族办公室在业绩方面达到或超过预期，对于绝大多数家族办公室来说，与过去 12 个月传统的同类投资相比，61% 影响力投资达到预期，20% 超出预期，见图 12-10。

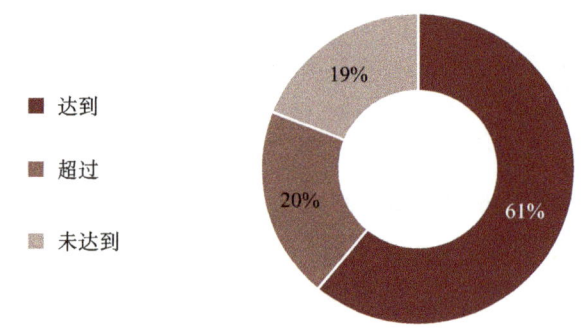

图 12-10　全球家族办公室影响力投资的回报和预期回报的差异

资料来源：The UBS/Campden Wealth Global Family Office Survey 2019。

虽然一些家族办公室认为，他们必须接受较低的回报才能从事影响力投资，但这种假设正在开始消失。有 1/3 的家族办公室认为 ESG 投资还不够完善，而目前进行的 ESG 投资和影响力投资的家族办公室中，有近 2/5 的家族办公室对现有的投资方式感到满意，有相当数量的家族办公室表示，在试图投资这一领域时面临障碍。1/3 的家族办公室认为，ESG 投资和影响力投资还没有建立到足以进行投资的程度（例如，缺乏知名公司，而且这些投资的历史记录很短）。近 1/4 的家族办公室担心他们的投资会比传统投资产生更低的回报，而超过 1/5 的家族办公室发现他们的投资影响很难衡量。见表 12-1。

表 12−1　　　　　　家族办公室对可持续发展和影响力投资的壁垒

壁垒	比例
我对现有的投资方法和满意	39%
这些投资还没有足够成熟（如缺乏成功案例、缺少知名公司等）	33%
我担心较低的回报	24%
难于知道它们能有何种真正的影响	22%
我对它们不足够了解	16%
它们的投资机会聚焦的不是我最关注的价值	14%
我从未得到一个可持续发展/影响力投资的要约	12%
我更细化尽力做好我目前的投资，同时对慈善进行捐赠或对我支持的事业做志愿者服务	10%
我不想卖掉我现有的投资，还要交税，然后再去做可持续发展/影响力的投资	10%

资料来源：The UBS/Campden Wealth Global Family Office Survey 2019。

12.5　ESG 投资的最新进展

由于 ESG 投资和绝大部分家族办公室的理念、哲学和愿景的相似度及相关度都比较高，本章最 ESG 投资做一些深度探讨。

最近 10 年，ESG 投资越来越成为金融领域的主流投资方式，机构投资者、包括家族办公室也在投资决策过程中接受 ESG 因素日益增长的重要性。世界一些主要的机构投资者已经通过将 ESG 整合到他们的投资组合中，并增加他们在与 ESG 相关的投资中的投资组合分配，展示了对 ESG 投资的承诺，比如摩根斯坦利、巴克莱、贝莱德等主流金融机构。但每个投资者机构，包括家族办公室，都有其具体的投资目标和策略、自己的法律授权、以及受益人和所在社会对其独特的期望。因此，ESG 投资没有单一的动机，也没有普遍遵循的单一策略或一套通用方法。

家族办公室必须能够协调在 ESG 问题上的决策与对客户（一般是家族）的义务，并使投资产生积极的社会目的。对于大多数家族办公室来说，他们主要的目标依然是财务业绩。除了财务目标之外，一些投资者还有非财务目标（如伦理、宗教、政治、文化价值观和偏好），另外，声誉/品牌的动机也会起到一定作用。将 ESG 视为需要考量的风险因素，应该有助于在一段时间内获得更稳定的回报。然而，因为对 ESG 的考量可能会缩小潜在的投资范围，又可能会降低回报。此外，财务目标的优先性甚至排他性并不妨碍在分析和管理投资时考虑非财务因素，所以使得家族办公室对长期趋势会有更好的理解。

投资者的动机往往是由风险管理驱动的，即环境、社会或治理风险的相关性。风险方面自然是保险公司和其他低风险投资者的主要关注点。然而，一些投资者也将 ESG 视为一个寻求"超额收益"的投资机会。例如，ESG 分析可以提高对长期趋势的理解。一些投资者甚至在绿色和社会领域找到了新的投资目标。在实践中，ESG 投资者大致可分为三类：

（1）对于众多投资者（可能是大部分）来说，唯一的目的仍然是投资回报的财务业绩，但他们相信 ESG 因素会对投资风险和回报产生重大影响。

（2）越来越多的投资者寻求在不妨碍财务目标的情况下，将某些非财务目标（如伦理、宗教、政治、文化、社会价值观和偏好）结合起来。

（3）某些投资者愿意并能够牺牲部分或全部财务回报，以实现其他社会或环境效益（影响力/社区投资；慈善投资）。

各种组织已经为所有类型的投资者提供了大量的 ESG 指南，而专注于 ESG 及其相关的国际组织和非政府组织越来越多。除了资产所有者日益增强的 ESG 投资意识外，商界领袖和政治家也越来越重视气候变化、自然灾害、收入不平等和水资源短缺等环境和社会因素带来的投资风险。根据世界经济论坛（WEF）近 15 年来每年发布的《全球风险报告》，环境危害在未来发生的频率和潜在影响方面都在增加。同样，社会不稳定和非自愿移民的风险（例如，自然灾害造成的环境难民人数的增加）对政策制定者来说非常重要，因为它们与其他全球风险有着如此紧密的联系。因此，未来几年投资者对 ESG 的接受程度将继续上升，ESG 投资将会全面提速。见图 12-11。

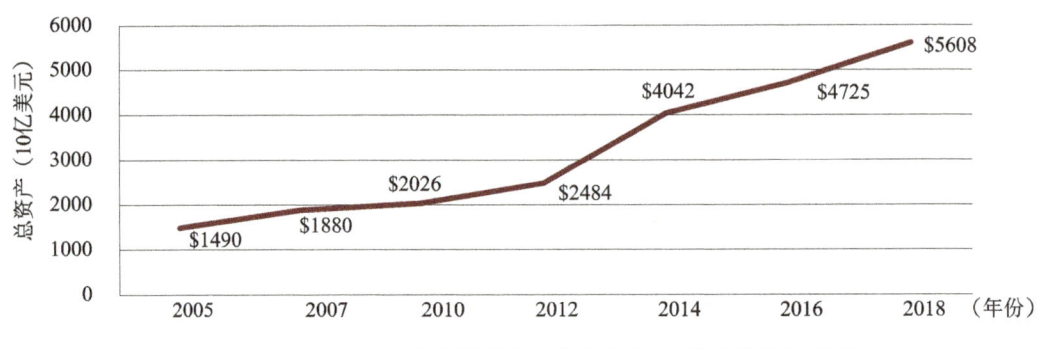

图 12-11 2005—2018 机构投资人报告的 ESG 整合资产的增长

资料来源：US/SIF。

12.5.1 关于 ESG 的术语

ESG 这个缩写词代表环境、社会和公司治理。但在 ESG 领域，术语和定义还没有统一的标准。关于 ESG 的术语有多种：可持续发展投资、负责任投资、社会责任投资（SRI）和影响力投资等术语有时会被误解和错误地用作 ESG 同义词。更加混乱的是，"SRI"最近不仅被美国 SIF（可持续和负责任投资论坛）用作"社会责任投资"的首字母缩写，而且还被用作"可持续、负责任和影响力"投资的首字母缩写。

可持续发展投资和负责任投资（以及美国 SIF 定义的 SRI）是涵盖所有具有 ESG 特征的

投资的总括性术语。有一种分类比较合理：把 ESG 投资分为整合类和主题类。见图 12-12：

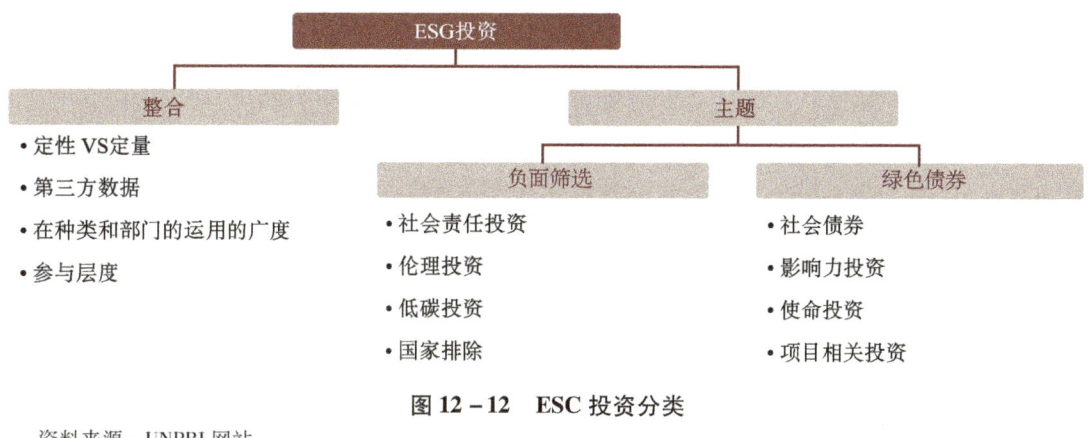

图 12-12　ESC 投资分类

资料来源：UNPRI 网站。

12.5.2　整合类和主题类

整合类的 ESG 投资包括整个投资过程中的 ESG 分析与整合，即在投资过程和决策过程中考量 ESG 的因素。整合类的 ESG 投资不强调任何特定的因素，因此其实现的具体细节在投资经理之间可能有很大差异。例如，一些方法可能完全是定性的，而其他方法可能是定量的，一些方法可能使用第三方评级数据，一些方法可能将 ESG 应用于某些资产类别或行业，一些方法可能比其他方法更积极地参与 ESG 问题。考虑到不同方法之间的巨大差异，为了选择合适的合作伙伴来实现他们的目标，投资者理解他们的潜在的投资经理如何定义和合并 ESG 是非常重要的。

与整合类的 ESG 投资不同，主题类 ESG 投资寻求实现具体的主题，特别是在环境和社会问题类别内，例如气候变化、多样性或经济平等。主题类的 ESG 投资可进一步细分为两类：负面筛选或正面筛选。

12.5.2.1　负面筛选或正面筛选

负面筛选试图通过排除一个或多个特定的资产类别来对世界产生积极的影响。其中一种常见的、长期使用的投资形式是社会责任投资（SRI），通常会限制对酒精、烟草、枪支、游戏或化石燃料等行业的投资。

正面筛选旨在通过对特定投资的资产类别来对世界产生积极的影响。这些战略有时被称为"影响力投资"，它们坚持特定的可持续发展目标，如清洁能源、低收入住房、少数民族拥有的小型企业或前沿经济体中的微型企业。在固定收益领域，投资选择包括绿色债券和社会责任债券。

12.5.2.2　ESG 投资的方法详述

投资者们正在使用一系列的方法将 ESG 的因子考虑纳入他们的决策,上面的分类并不能完全涵盖这些方法。传统上,它们被用于股票投资,但也被用于固定收益和其他资产类别。这些方法并不是互斥的,通常是结合使用的。此外,各种 ESG 方法可以采用主动或被动的投资风格来实现。ESG 投资中,整合、主动参与和筛选约 99% 的资产,剩下的 1% 为主题投资和影响力投资。

负面/排他性筛选:出于伦理、法律或其他规范和标准(如人权、劳动条件、腐败),此类涉及将被视为不可接受的特定活动或行业(例如有争议的武器、烟草、化石燃料)的证券排除在外。

正面筛选/最佳选择:这是一种积极的选择,对于那些 ESG 表现优于同行的公司或国家进行考量并优先投资。它可以在已采用 ESG 措施上考量,也可以从 ESG 发展潜力(ESG 势头)上实施。

主动拥有/投票/参与/管理:这指的是与公司或国家就 ESG 问题进行对话,并行使所有权(包括投票权)和"发言权"(特别是在投资者没有投票权的情况下)以产生积极影响。这是除"退出"对 ESG 消极的投资的的另外一种选择。一些投资者还喜欢在政治上对 ESG 主题做更广泛的游说。

ESG 整合:这是在投资分析、投资组合构建和风险管理中系统地包含 ESG 风险和因子。不同的投资机构正在以不同的方式实施这一战略。

主题投资:若干投资主题以 ESG 问题为基础,包括清洁技术、可再生能源、能源效率、可持续林业和农业、水资源、教育、卫生和多样性;更广泛的气候投资正受到越来越多的关注。

影响力投资:如前所述,这种投资的目的是产生可衡量的社会和环境效益,同时获得经济回报。影响力投资者通常预先设定目标,制定并监督投资,然后衡量事后结果。它们试图在经济与社会回报之间取得平衡,但重点各不相同,取决于具体的影响项目/基金。影响力投资有不同的方法。早期的发展更多地以"社区投资"的方式进行,即由小型基金进行投资,以资助市政/区域内较小的社会或环境项目。作为一个新的发展,影响力投资也延伸到非专业投资者。主流投资者现在觉得有必要衡量自己投资组合的"影响",但通常不会被迫放弃财务回报。

虽然社会责任投资已经存在了几十年,但随着与 ESG 相关的信息披露水平和质量的提高,使投资人及其他金融机构能综合和积极地筛选投资,促进 ESG 在投资过程中的更广泛采用。ESG 投资的迅速发展,对于全球化产生的负面影响产生了对冲作用。

12.6 ESG 投资的投资回报

对于 ESG 投资，最常见的一个误解是，家族办公室采用 ESG 需要牺牲经济效益。比如，2019 年一项针对美国机构投资者的调查显示，47% 尚未进行 ESG 投资的机构表示业绩担忧是他们抛弃 ESG 项目的主要原因。相反，实证研究表明，ESG 与企业财务绩效之间存在正相关的联系。自 20 世纪 70 年代以来学者和投资者发表了 2000 多篇实证研究报告，对这一关系进行了实证分析。这些研究的结果与许多投资者的普遍看法相悖：ESG 与收益之间明显存在正相关关系（Bassen, Busch and Friede, 2015）。同样，有大量的证据支持 ESG 在股票表现中的价值。在过去 5 年中，新兴市场 ESG 资质较高的公司与 ESG 资质较低的公司相比，新兴市场 ESG 资质较高的公司平均表现比后者高 14.4%，发达市场 ESG 资质较高的公司平均表现比后者好 5.2%。在负收益的时候，ESG 指数基本表现得比非 ESG 指数要好。如图 12-13 所示。

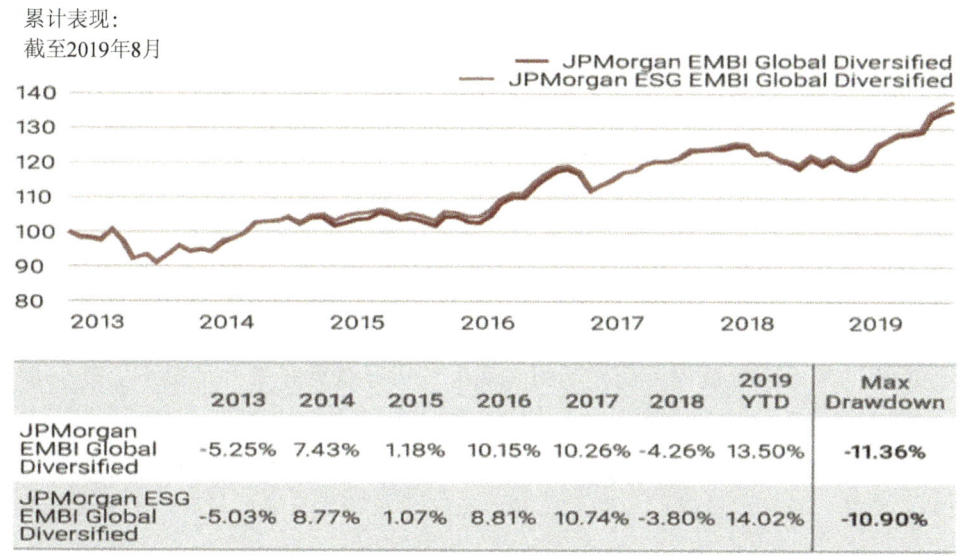

图 12-13　2013—2019 年新兴市场固收指数

资料来源：JP Morgan。

图 12-14 将一系列晨星创投指数与其对应 ESG 指数进行了比较（跨度至少 3 年至 2019 年 10 月 31 日）。ESG 指数在每个资产类别中的表现都更好。

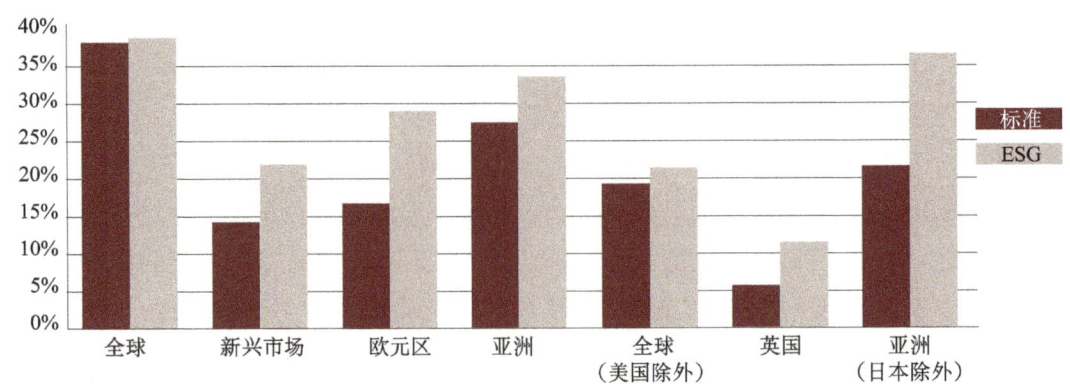

图 12-14 晨星创投指数与其对应 ESG 指数的比较

资料来源：Morning Star Open Indexes（2019）。

12.7 ESG 投资的国际监管

监管可能是 ESG 投资的驱动因素，也可能是一种障碍。例如，欧洲正在提出一种相对规范的做法，而亚洲对监管的解释则更具有自愿性。在北美，缺乏对现有法律的解释仍然被一些投资者认为是 ESG 进一步整合的一个障碍。

12.7.1 ESG 投资及投资者信托责任

关于 ESG 投资是否违反了投资者信托责任问题充满了争议。从最初的裁决即要求受托人在为受益人的利益行事时只能考虑财务回报开始，随着时间的推移，司法解释的发展使得对其他因素的考虑不再被视为受托违约。现今，指导意见在某些情况下更进一步要求受托人将 ESG 因素纳入他们的投资决策。例如，联合国环境规划署出版物（unep 2015）得出的结论是："未能考虑所有长期投资价值驱动因素，包括 ESG 问题，是信托义务的失败。"

12.7.2 主动型所有权示范法（Stewardship codes）

主动型所有权本身并不构成 ESG 的一体化，但通常是 ESG 投资战略的一部分，需要通过与被投资公司接触来提高组合投资的价值，并通过与 ESG 实践（如董事会构成或"负责任"行为的其他方面）进行对话。管理规范通常是自愿的，或者是在"要么遵守要么解释"的基础上实施的，可能由监管机构引入，也可能由行业机构引入。欧洲可持续投资论坛（Eurosif）等组织在鼓励良好的管理实践方面也具有影响力。

表 12 – 3　　　　　　　各国主动型所有权示范法（Stewardship codes）

Jurisdiction	Name of code	Year	Regulator/industry/other
Canada	Principles for Governance, Monitoring and Shareholder Engagement	2012	Industry
EU	Code for External Governance	2011	Industry
Finland	Each pension fund must publish its own stewardship code		Industry
Hong Kong	Principles of Responsible Ownership	2016	Regulator
Italy	Stewardship Principles for the Exercise of Administrative and Voting Rights in Listed Companies	2015	Industry
Japan	Principles for Responsible Institutional Investors	2014	Regulator
Kenya	Draft Stewardship Code for Institutional Investors for Public Exposure	2015	Regulator
Korea	Draft Stewardship code pending		Industry
Malaysia	Code for Institutional Investors	2014	Industry
Netherlands	Best Practices for Engaged Share Ownership	2011	Industry
South Africa	Code for Responsible Investing	2011	Industry
Switzerland	Guidelines for Institutional Investors, governing the exercise of participation rights in public limited companies	2013	Industry
Taiwan	Stewardship Consultation	2015	Stock Exchange
United Kingdom	Stewardship Code	2012	Regulator
United States	DOL Interpretive Bulletin IB 2016-01 provides guidance on proxy voting activities by private pension plan trustees abd specifically references the consideration of ESG issues.	2016	Regulator

资料来源：OECD 及 BlackRock。

12.8　关于 ESG——影响力投资的步骤

由于每个家族办公室的动机、运作环境和影响力投资目标都很独特，因此没有一个标准可以适用于所有的家族。那么家族办公室如何帮助高净值人群和财富家族客户进行影响力投资呢？下面给出五步建议以指导家族办公室参与影响力投资：

（1）建立一个清晰的愿景。在家族办公室理解影响力投资的挑战和机遇之前，必须对客户的影响力偏好、财务目标、核心价值和未来期望有清晰的了解。

（2）决定如何参与和调动资源。如果让家族办公室立即拨付很大一部分资金来做影响力投资是不太可行的。比较好的办法是先审视机构的内部能力（考虑可用的资源、知识和专长）来循序渐进地推进。比如可以先调拨一部分资金进行试水，或者在战略上把影响力投资纳入整个投资组合体系中。

（3）制定投资指南。正式的投资指南可以帮助家族办公室确保投资的顺利进行。家族办公室可以更新已有的投资政策和指南，增加影响力投资的目标和评估标准，从而平衡各家族成员感兴趣的影响力领域和投资目标，使得财富的代际交接更加平稳。

（4）实施投资战略。根据投资指南来构建影响力组合模型并调拨资金。影响力组合的模型建设是基于影响力的目标，以及传统投资对风险承担、回报目标、现金清算和适用需求情况来决定的，也可以根据资产的配置、影响力的类别或地区，以及直接投资等几个主题来进行建模。

（5）定期评估投资组合和调整战略。在执行投资战略的过程中，家族办公室应该定期回顾成功和失败的经历，总结经验教训并不断调整和改善投资指南。清晰且明确的影响力与投资组合目标能够促进整个评估过程的进行。基于评估结果，家族办公室可以改善其投资战略，并更新影响力和投资组合的目标。

12.9 关于影响力投资的案例分析

下面是对北美某单一家族办公室负责人访谈录。

你们是如何开始影响力投资的？

我们的家族，从我的祖父母那一辈开始，就经常参与美国的一些慈善项目，因此我们设立了一个家族基金会。但是，直到我们与美国一些从事影响力投资的团体紧密合作之后，我们才积极参与到影响力投资这个领域。我太太本身就是一名非常成功的影响力投资者，她成立了一个团体，将我们所在地区最富有的20个家族的资金汇集到一起进行投资。因此，可以说我们是通过与其他积极参与影响力投资的家族进行合作，才真正进入影响力投资领域的。

在影响力投资方面，你们采取了什么策略？

我们的影响力投资和盈利性投资是混在一起的，并没有加以区分。我们特别关注盈利总额在100万到500万美元之间的公司。为了寻找投资目标，我们选聘一些很有潜力的MBA学生，付给他们两年的钱，让他们去做市场考察，选出他们认为最有盈利前景的影响力投资。

这些学生做完市场考察，把他们的考察结果提交给我们，然后我们进行投资评估。如果我们决定进行投资，那么我们就会使用银行贷款把这个目标公司买下来，然后帮助公司创业者和MBA学生进行运营。随后我们可能会通过追加投资和补强收购等方式帮助他们实现业务增长。目前我们已经完成了80项这样的投资，其中25%是与影响力相关的。

你们是如何识别影响力投资机会和一般投资机会的？

我们的投资团队中，有四个人专门负责投资方案审查，每周审查五到六份。也就是说，我们有一套积极寻找交易的制度。我认为很多家族在这方面可能没有采取正确的做法。他们的投资活动是偶然性的，或者坐等机会送上门。这意味着他们看到的投资机会很可能是最糟糕的交易。

为了积极寻求交易目标，我们动用了私募股权投资网络，并广泛宣传我们的简介和投资选择标准。也就是说，我们积极投身于市场，以寻找盈利投资和影响力投资机会。随着时间的推移，我们认为盈利投资和影响力投资之间的界线将会越来越模糊。

你们通常投资什么类型的项目？

我们曾投资过一家从事除霉修复的初创公司，投资期约为 8 年，获得了 10 倍的投资回报。这项投资被明确归类为影响力投资，因为该业务既实现了盈利，又在垃圾治理方面产生了积极的社会影响。

从上面的案例中可以看出，参与影响力投资的家族办公室经常提到，但很难寻找到既能盈利又能产生积极影响的交易。上面这家北美某单一家族办公室，采取的解决方案是积极寻找此类交易，并结合他们的传统投资进行考虑。

12.10　家族办公室 ESG——影响力投资的未来

ESG 和影响力投资可以说是增长最快的领域之一。据 GIIN 估计，2018 年度 229 年全球领先的影响力投资者组织集体管理超过 2280 亿美元资产。因此，ESG 投资可能会成为家族办公室未来投资的主流方式。近年来从事 ESG 和影响力投资的家族办公室数量正在稳步增长，然而，这些流行起来的概念以及它们的含义和范围却缺乏明确性，给投资者带来了挑战。因此，随着家族办公室对 ESG 和影响力投资的更多了解，在其资产配置中，ESG 和影响力投资的份额也会稳步增加。

第 13 章
家族办公室的资产配置——总结篇

在前面几章分析了家族办公室对主要类别资产的配置后,我们来做一个总结:家族办公室是超高净值家庭的一种投资方式,资产配置由经验丰富的专业人员操作,家族办公室通过投资传统类别资产和另类投资使其投资组合多样化。家族办公室如何做出和执行投资决定,以及外部投资经理、外部投资顾问和内部工作人员的授权许可范围是一个非常复杂的全局性问题。把家族、家族办公室以及投资界连接在一起的最重要的法律文件,是家族办公室的投资政策陈述(Investment Policy Statement),即家族办公室的投资管理和资产配置,是以投资政策陈述为中心来进行的。

13.1 家族办公室的投资政策陈述——概述

一个没有投资政策陈述的家族办公室是很难存在的。一个合格的家族办公室的投资政策陈述对于任何家族办公室来说都是一个关键的家族办公室治理、投资管理及资产配置的至关重要的工具。它为做出合理和深思熟虑的投资与资产配置决策提供了一个框架。在其他的投资机构,投资政策陈述通常由董事会来制定或修正。因为家族办公室的功能远远超出了投资一项,所以大型的家族办公室一般会把对投资政策陈述进行修订或修改这项功能委托给投资委员会,但保留随时介入的权力,也有的家族办公室由负责资产配置的投资委员会再平衡,但保留对投资政策陈述修改和修订的权力。为了论述的方便,除非另外说明,本章将假定家族办公室已经把对投资政策陈述的修改和修订的权力委托给投资委员会,但保留随时介入的权力。

13.1.1 投资政策陈述的功能

一般来讲,家族办公室的投资政策陈述的功能主要如下:

（1）一个清晰而科学的投资过程：一份书面的投资政策陈述可以促使相关专业人士在深思熟虑后做出明智的决策，并可以有效抑制住投资决策中情感层面（比如冲动）的问题。一个反映审慎思考和共识的投资过程，将为投资委员会能在动荡的金融市场中提供更大的"持久力"。正式的投资政策在管理投资委员会成员的离题观点方面也很有效率。

（2）相关法律法规的合规管理：一份书面的投资政策陈述有助于确保相关人员能遵守适用的法律、法规和条例，包括对多样化的需求。家族办公室应至少每年审查一遍其现有的投资政策陈述。

（2）良好的治理结构：投资政策陈述可以提供有关各方（如董事会、投资委员会、工作人员或投资顾问）确切角色和职责的正式文件。它还是家族办公室的最佳投资实践的智库型文件。

（4）投资制度和机构的连续性及历史档案：虽然投资委员会的组成会改变，但投资政策陈述的持久性和连续性是不断变化的投资委员会之间的重要连接及连续性的保证。

13.1.2 投资政策陈述的要求

虽然每个精心制作的投资政策都有许多独特的规定，但好的投资政策会有一些共同的特征：

- 全面而灵活：投资政策陈述应是全面的，但不应过于详细。因为如果在投资过程中涉及的各种要求难以被遵循，则会影响到家族办公室的正常运作和良性循环。投资经理不应过分受限于细分领域资产类别水平的回报目标，不应过分受限于具体资产类别比例的范围，不应受到资产退出时限的过度限制，也不应受到非传统基准等规定的过度约束。
- 符合法律的标准：家族办公室的投资政策陈述应确保家族办公室的投资管理和资产配置符合相应的法律标准。
- 具备关键的治理和投资元素：家族办公室的投资政策陈述应该指出和解决关键的治理问题和投资元素，如：（1）家族办公室的投资目标和投资约束，（2）家族办公室的投资策略和衡量的参数，（3）家族办公室关键的治理问题。

13.1.3 投资政策陈述的主要组成部分

家族办公室的目标和约束：家族办公室的投资政策陈述应提供家族办公室的背景、其任务和可能面临的限制。投资政策陈述应包括足够的资料，使所有相关方，包括现任及未来的董事会及投资委员会成员、职员及投资专业人士，能够在适当的背景下了解投资策略。这个部分的投资政策陈述包括如下内容：

- 资产池的目的：家族办公室的使命和目的是什么，即除了对家族办公室所管理的资产池的保值增值，同样重要的是这些资产支持哪些家庭、人员和活动。

- 时间跨度：有一些联合家族办公室希望在有限的时间内运作，但几乎所有的单一家族办公室的设计为永久存在。投资政策陈述应明确规定投资的时限。
- 支出需求：投资政策陈述应该规定家族办公室的预期支出需求，因为这些需求以及家族办公室的投资时限将对投资策略产生重要影响。
- 投资约束：投资政策陈述应包括任何潜在的投资约束，如非流动性资产的比例约束和杠杆的使用及约束等，在制定整体投资策略时需要考虑这些投资约束和需求。

13.1.4 投资政策陈述的投资策略及参数

家族办公室投资政策陈述中的投资部分应该在回报和风险之间获得平衡：平衡家族办公室的投资回报目标和获得所需目标回报所需承担的风险。投资委员会的审议过程应该包括使用各种资产配置模型和模拟分析，特别关注"下行"风险。重点包括：

（1）目标回报：投资组合的目标回报将取决于家族办公室的支出需求、时间跨度和风险承受能力。根据宏观策略的不同（下文将详述），家族办公室通常的目标回报率在3%—6%（包括通货膨胀及扣除所有成本和费用）。这一回报能够满足家族办公室的基本需求：每年支出所有资产池2%—5%，同时随着时间的推移保持资产池的价值。

（2）战略性资产配置：一般来讲，家族办公室做出的最重要的投资决策是战略资产配置的选择，即投资组合在一段时间内对各个行业的长期权重。战略性资产配置的模型可以为既定资产配置的预期风险和收益进行量化。投资委员会可以使用这种方式来衡量其对任何风险/回报权衡的舒适度。既定的战略性资产配置应以百分比目标和允许的配置比例范围来表示。表13-1是本书一直引用的投资政策陈述范本的战略性资产配置。

表13-1

资产类别	基准	目标配比	范围
美国公开市场股权	Russell 3000	27%	
非美国公开市场股权	MSCI ACWI ex U.S. IMI	9%	
公开市场股权总计		36%	26%—46%
私募股权	Russell 3000 + 3%—5%（rolling 10 year）	19%	14%—24%
对冲基金	3 Month T-bill Index plus 5%	4%	0—6%
美国固定收益	Barclay's Capital U.S. Universal Bond Index	17%	15%—21%
现金	Citi 6-month T-Bills Index	5%	2%—10%
固定收益总计		22%	15%—26%
房地产	NCREIF-25 bps	15%	12%—21%
期货	DJ-UBS	2%	0—5%
RIETS	S&P 500	2%	0—5%
总资产		100%	

(3) 确认风险承受能力：一旦设定了战略性资产配置，在投资政策陈述中正式确认投资委员会了解与所选配置相关的潜在风险。

(4) 策略性资产配置：在实践中，家族办公室的投资经理往往会偏离长期的战略性资产配置，以利用某些市场动荡或其他正常经济周期之外的市场机会（例如，在收益率高时购买更多高收益公司债券）。对于投资政策陈述来说，重要的是不仅要认识到并明确允许这种对战略性资产配置的偏离，还要对其进行约束。

(5) 执行：随着对ETF等被动投资工具的使用变得越来越流行，在投资政策陈述中说明投资委员会是偏向于主动型投资经理还是被动型投资经理，还是倾向于两者兼而有之。

(6) 限制：家族办公室的投资政策陈述中应明示任何投资限制，同时应该仔细评估限制列表，以避免意图之外的投资限制。例如，如果禁止使用衍生品，那么对于某些混合的投资产品，可能会允许组成要素豁免，这可以保证使用衍生品的对冲基金投资组合仍然是被允许的。

(7) ESG因素筛选：一些家族办公室试图把ESG因素整合进投资过程即投资决策中，因此避免投资某些类型的证券，如烟酒股。但这种筛选一般要有一定的要素豁免。因为，如果把这些筛选机制绝对化，则会禁止在投资组合中使用混合投资工具（包括共同基金）。共同基金对有些证券的的基础持有量，不应该由单个家族办公室所希望的限制来控制，而一般情况下，家族办公室也不会因为这些混合投资工具没有达到一定的ESG标准而排除资产配置。

(8) 投资基准/投资及投资组合的监测：为了评估家族办公室的投资组合的投资业绩，投资政策陈述应指定与战略性资产配置一致的适当基准。关于这些基准的决策可以与投资顾问一起制定，每个经理也应该被分配到一个基准。

(9) 其他注意事项：关于投资战略的任何其他的注意事项都应在投资政策陈述中加以强调。这些可能包括独特的投资目标，如收入要求、短期和长期流动性需求、投资组合中重要的非金融资产的存在、保持投资组合中某一部分单一化（非多样化）的决定、以及对稳定的渴望和其他因素等。

(10) 治理结构问题：家族办公室的治理结构问题，最重要的是要包括关于如何做出和执行投资决定的一般性指导，以及外部管理人员、外部投资顾问和内部工作人员的授权许可范围。由于每个家族办公室都以一种独特的方式分配与投资与资产配置相关的角色和职责，因此明确每个角色的职责是很重要的。

(11) 董事会：家族办公室的董事会负责保护家族办公室的资产。在履行这一职责时，董事会应制定和采纳投资政策陈述，并可选择将投资管理责任（如家族办公室的章程容许）授权给投资委员会，由投资委员会负责执行、监控及定期检讨投资政策陈述。

(12) 投资委员会：董事会在考虑投资委员会的组成时，应考虑投资委员会的适当规模、成员的必要专业知识及技能（个人素质和专业资格）以及任何利益冲突的问题。所有的决定都应该记录在案。投资委员会应该定期向董事会报告，并持续监控利益冲突。

（13）外部投资顾问：投资顾问的一般职责包括：提出资产配置建议，通过将资产分配给投资经理来实施家族办公室的资产配置，评估和监控管理者的绩效，战略性资产的再平衡，以及参加与组织董事会和相关内部工作人员的会议等。

（14）内部工作人员：在投资政策陈述或投资委员会章程中应该明确列出家族办公室的工作人员的工作范围，一般包括执行法律文件和合同，对投资活动的常规管理，对外部投资顾问和投资经理的管理、考核和监督，以及保管投资活动的摘要和档案等。

13.2　家族办公室的投资政策陈述专论之一——宏观增长策略

如上文所述，根据宏观增长策略的不同，家族办公室通常的目标回报率在3%—6%。这一回报能够满足家族办公室的基本需求：每年支出所有资产池的2%—5%，同时随着时间的推移保持并增加资产池的价值。

家族办公室回报率的差异，是由其宏观增长策略所决定的。家族办公室最常见的是采取一种平衡、保值与增长并重的投资策略。目前，有超过一半的家族办公室选择了平衡的策略（balanced approaches）。这种策略通常受到青睐，因为尽管家族办公室拥有敏锐的头脑和利用高风险投资的意愿，但它们通常更希望自己的财富能世代相传下去。另外，还有一小部分的家族办公室采用了增长（growth）的宏观策略和保值的策略（preservation）。不同地区的家族办公室宏观增长的投资策略存在显著差异，在北美，家族办公室更倾向于采取以增长为导向的投资策略。在新兴市场地区，平衡的增长策略非常受欢迎，保值的策略比增长的策略更加普遍。亚太地区也显示出平衡方法的优势，对保值策略的偏好超过了增长的策略。

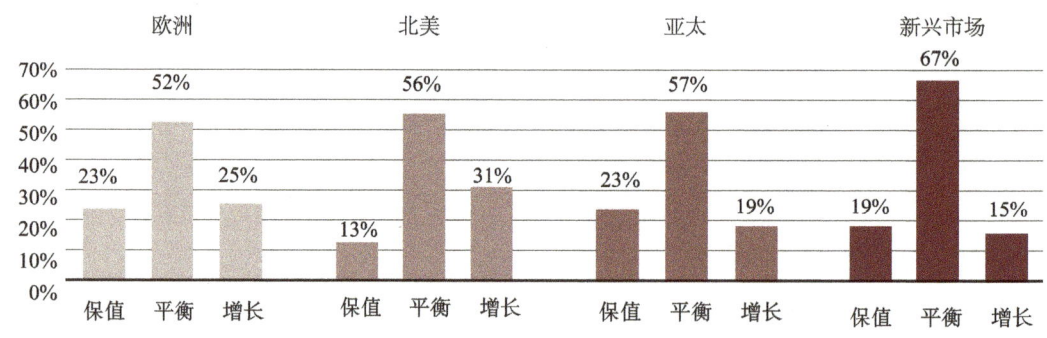

图13-1　2019年全球家族办公室按照区域比较的投资策略

资料来源：The UBS/Campden Wealth Global Family Office Survey 2019。

如图 13-2 所示，以家族办公室所管理的资产规模来比较，差异并不明显。

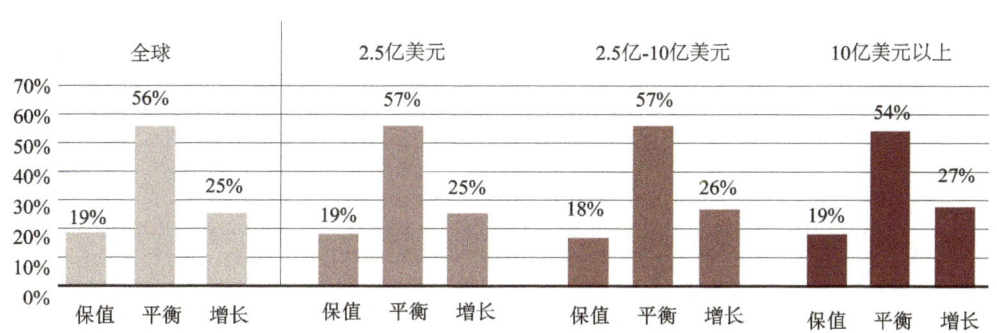

图 13-2　2019 年全球家族办公室按照所管理资产规模比较的投资策略

资料来源：The UBS/Campden Wealth Global Family Office Survey 2019。

2018 年，跨地区增长的投资策略也存在显著差异。亚太和北美地区的投资者声称，他们最愿意实施以增长为导向的战略，而近 80%（79%）的欧洲家族办公室报告称，他们更愿意采取保守或平衡的方式。见图 13-3：

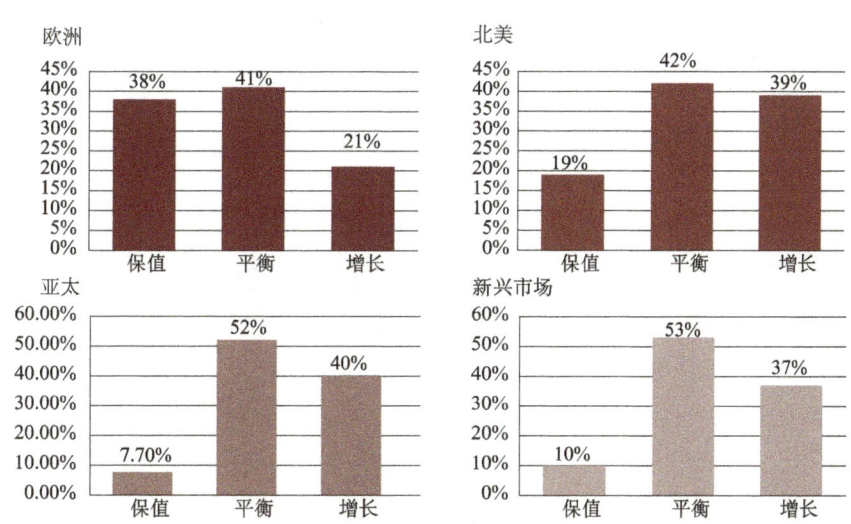

图 13-3　2018 年全球家族办公室按照区域比较的投资策略

资料来源：The UBS/Campden Wealth Global Family Office Survey 2018。

13.3　家族办公室的投资政策陈述专论之二——投资管理模式的类型：主动 Vs 被动 & 内部 Vs 外包

如前所述，随着对 ETF 等被动投资工具的使用越来越流行，在投资政策陈述中说明投资委员会是偏向于主动型投资经理还是被动型投资经理，还是两者兼而有之，是很有必要的。在实践中有两个方面的内容不容忽视,即内部管理(In House)与外包(outsource)的选择,和主动性管理还是被动管理。

由于不同资产类别的性质及家族办公室所具备的技能组合,对冲基金的外包比例最高,固定收益和公开市场股权次之。同时,它们倾向于在内部管理私募股权投资。见图13-4。

图13-4 2018年资产管理

资料来源:The UBS/Campden Wealth Global Family Office Survey 2018。

管理模式方面,在公开市场股权领域,有3/4的家族办公室采用积极的管理模式,在固定收益领域,有63%的家族办公室选择积极的管理模式,37%的家族办公室选择消极管理模式。见图13-5。

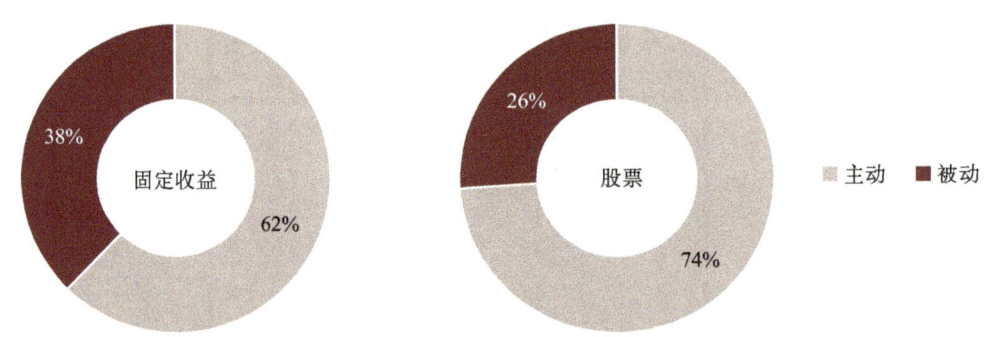

图13-5 全球家族办公室对固定收益和股票的主动管理和被动管理

资料来源:The UBS/Campden Wealth Global Family Office Report 2018。

下面我们来分析一下私募股权的管理模式。根据瑞银2017年报告,私募股权基金在私募股权的投资组合中占比最高。如果仅看私募股权的投资组合,很显然通过基金账户进行的投资占比最大(37.9%),其次是主动管理(22.3%)和被动股东模式(18.9%)(见表13-1)。根据跨区域分析显示,欧洲(44.8%)和北美(43.0%)地区的家族办公室比亚太地区(22.9%)和新兴市场(16.5%)的基金投资比例更高。这种差距可能是区域之间资本市场发展程度的差异所导致的。其他的几种投资方式，包括早期阶段的风险资本、联合投资和投资银行交易，在私募股权投资组合中的配置都相对较低，占比分别为9.1%、9.0%和2.7%。

表13-1　2017年募股权投资配置在投资组合中的占比（%），仅私募股权持仓

	配置比例
私募股权基金	37.9
主动管理角色	22.3
被动股东角色	18.9
早期阶段的风险资本	9.1
联合投资、俱乐部和办公室—办公室交易	9.0
投资银行联合进行的交易	2.7

鉴于发展中市场投资机会较多，新兴市场（69.2%）和亚太地区（63.9%）的家族办公室更多地采用直接投资方式，比例明显高于北美（48.1%）和欧洲（44.3%），见表13-2。

表13-2　2017年私募股权投资配置，按地区在投资组合中的占比（%），仅私募股权持仓

	欧洲	北美	亚太	新兴市场
私募股权基金	44.8	43.0	22.9	16.5
主动管理角色	20.6	17.3	26.4	42.9
被动股东角色	14.9	22.7	26.2	16.1
早期阶段的风险资本	8.8	8.1	11.3	10.3
联合投资	8.6	8.4	4.7	12.9
投资银行联合进行的交易	2.3	0.6	8.5	1.3

2018年和2019年，家族办公室都降低了私募股权基金在私募股权投资领域的资产配置比例，而逐步增加了直接投资的比例。

13.4 家族办公室的投资政策陈述专论之三——投资管理中杠杆的使用及约束

在家族办公室的投资政策陈述中应该包括潜在的投资约束，例如杠杆的使用及约束等，在制定整体投资策略时也需要考虑这些投资约束和需求。关于投资政策的陈述，既包括了对家族办公室总体的杠杆水平的约束，也包括对家族办公室投资的资产或项目的杠杆约束。

在前面的章节论述过，家族办公室的政策陈述对家族办公室所投资的资产或项目中，会约束杠杆的使用。例如，我们在前面提到的对冲基金领域引用家族办公室的投资政策陈述范本中，有限制被投资方杠杆的约束；而在房地产领域引用的家族办公室的投资政策陈述范本中，有限制家族办公室的房地产专类的投资组合中的杠杆的约束。

对冲基金：家族办公室将不允许对冲基金在其投资组合中过度使用杠杆。适当的杠杆水平取决于所使用的策略类型和基金中所持有资产的风险。按照所引用的投资政策陈述的范本，投资组合总的杠杆率将受到监控，以管理该组合的整体风险水平，而且杠杆率不得超过 3 倍。只允许从对冲基金经理管理的仓位头寸中使用杠杆，在母基金的层面则不允许增加额外的杠杆。

房地产：按照所引用的投资政策陈述的范本，房地产投资组合的杠杆率不得超过该项目总资产的市场价值的 90%。所有借款均不得向房地产投资组合外的资产追索，更不得向家族办公室追索。

本节只讨论投资政策陈述对家族办公室总体的杠杆水平的约束。

2019 年，有 1/5 的家族办公室出于对经济衰退的担忧，已经减少了他们杠杆率，而只有 12% 提高了杠杆率，见图 13-6。

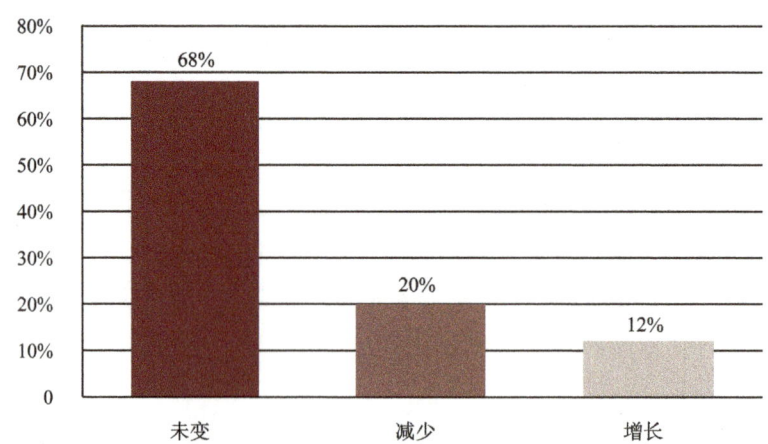

图 13-6　2019 年全球家族办公室在过去的 12 个月内关于贷款的变化

资料来源：The UBS/Campden Wealth Global Family Office Report 2019。

关于变更杠杆率的因素中,战术性的资产配置的机会占比最大,达 26%,减少总体市场敞口排第二,占 23%。见图 13-7。

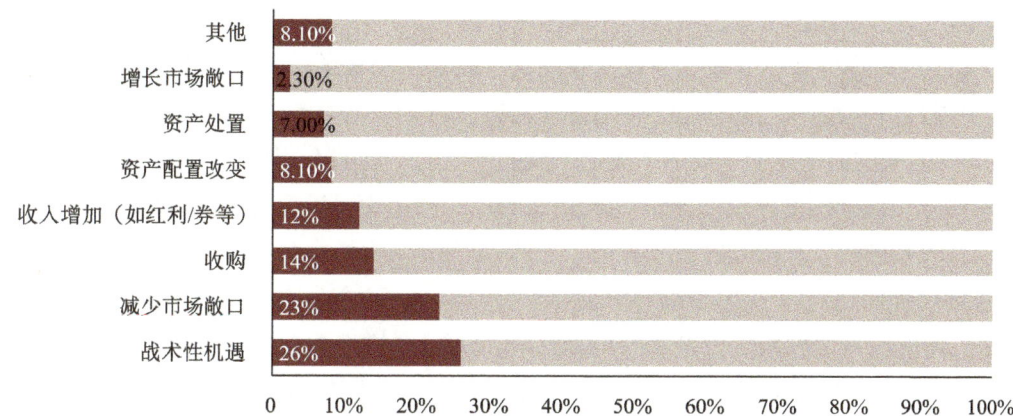

图 13-7　2019 年全球家族办公室变更杠杆率的原因

资料来源:The UBS/Campden Wealth Global Family Office Report 2019。

2019 年全球家族办公室的平均投资组合杠杆率为 14%,而在一年前的 2018 年是 17%。在投资组合中,房地产中的杠杆率最高,其次是私募股权。

现如今,有 3/4 的家族办公室拥有 1 到 3 家银行作为贷款行,其中最常见的是 1-3 家银行作为家族办公室的贷款行,见图 13-8。

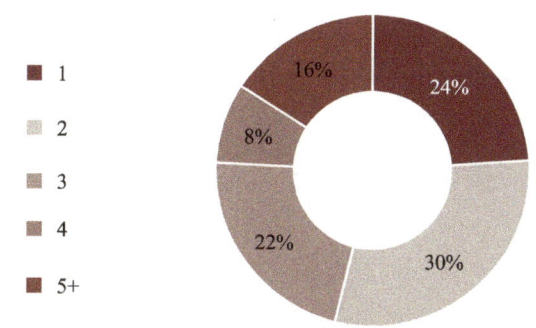

图 13-8　家族办公室维持借款关系的银行

资料来源:The UBS/Campden Wealth Global Family Office Report 2019。

家族办公室在选择贷款银行时考虑的最重要因素是成本,其次是贷款与价值之比及贷款的灵活性。

13.5　家族办公室的投资政策陈述专论之四——具体细分领域投资决策的过程

在前面几章我们详细探讨了家族办公室资产配置中主要种类资产的配置,在具体资产类别的细分领域投资决策一般分为 5 个步骤，每一个步骤都围绕着投资政策陈述来进行的。

13.5.1 分析当前细分领域资产的投资组合

家族办公室的在每一个细分领域投资决策的成功，都依赖于该领域的投资经理对家族愿景的清晰理解和承诺。为了确定一个符合家族目标的细分领域投资策略，一个纪律严明和经过充分研究的方法是最重要的。无论家族办公室是否有一个现成的投资组合，还是正在开始一个新的细分领域的资产配置，定义战略的第一个步骤是综合分析准确的市场信息，并将其与家族的愿景。和目标进行比较。这一过程旨在突出市场力量的基本面和复杂性，其因素可能会影响到投资组合或单个细分领域资产的现金流。这个步骤可以分为几个阶段：

（1）分析现有细分领域资产组合的地区和种类的多样性配置：在分析现有细分领域资产组合的地区和种类的多样性配置时，要仔细考量每一个家族办公室的投资组合中每一个细分领域资产组合的项目，以及其历史上对投资组合中其他资产的相关性，进而为后续考量家族办公室总的投资组合的合理性，以及是否需要再平衡等提供依据。在这个阶段，应更多地从宏观层面回顾过去的成功的经验和失败的教训。

（2）考量现有细分领域资产组合的历史回报：下一步再考量一下投资组合中细分领域资产组合的历史回报，以及每一个细分领域资产组合项目和历史回报。由于在前面几章已经充分论述，在本章略去这一部分的内容。

（3）进行市场分析：接下来需要分析一下目前的细分领域资产组合的宏观经济及金融形势，以便于下面的步骤对细分领域资产组合的投资策略及投资组合做一个新的评估。在分析了现有细分领域资产组合的地区和种类的多样性配置和考量现有细分领域资产组合的历史回报后，就应该进行详尽的市场分析，综合考量准确的市场信息，并将其与家族办公室的愿景、目的和目标进行比较。如前所述，家族办公室的投资管理，总是主动投资和被动投资的结合。

（4）考量现有投资管理的过程和程序：再下一步，就是考量细分领域资产组合现有的投资管理过程和程序。如前所述，家族办公室一般都有各大类资产类别投资政策陈述的内容（见上面投资陈述范本中的附件 A – G）可以查阅和考量。

13.5.2 制定细分领域的资产组合的投资策略

投资经理应该提供一个清晰、周到而不甚复杂的方法来实现家族办公室的目标和投资策略。投资策略是投资经理去实现家族办公室资产组合的指引。它反映了家庭的愿景，强调了机会，并定义了一个清晰的起点和终点。尽管通过个别交易产生短期回报的机会可能会不时存在，但制定清晰而稳健的策略是为了确保投资决策符合长期一致的愿景和投资哲学。

分析并理解特定资产为何与投资策略相一致或不一致，会有助于考量能够降低风险的商业计划。通过强调减轻风险和实现家族办公室的细分领域资产组合投资策略特有的目标，投资经理可以把这些力量转化为风险因素，而这些风险因素从本质上影响了如何正确构建敏捷投资组合和资产配置的商业计划。这样的商业计划有以下功能：
- 资本保值
- 构建灵活性
- 促进遗产规划和继承目标
- 优化税收结构
- 保持决策透明度
- 建立关键基准
- 启用"假设"场景
- 定义机会
- 为战略和战术决策提供依据

因此，在这一个阶段，家族办公室的细分领域资产组合的投资经理需要做如下工作：
- 制定一个确定的投资及其回报目标
- 定位风险承受的范围及程度
- 评估市场机会
- 仔细打磨一个书面的商业策略说明

13.5.3　制定细分领域的资产投资组合的商业计划

下面的步骤是制定一个详细的、关于细分领域资产的投资组合和资产配置的商业计划。在投资组合这个层面上，"商业计划"包括在考量细分领域资产组合市场趋势和宏观经济因素的情况下，确定哪些资产类别和地理区域的细分领域资产可能会帮助家族办公室实现的投资目标。这可能会导致一个投资决策，即一些投资组合现存的资产应该被出售或以此为基础进行融资，并将推动有关收购和投资组合其他管理策略的决策。

与整体投资组合的投资策略同样重要的是，投资组合中每个特定资产的商业计划也是必须的。这包括对即将到期的资本支出或债务到期的具体计划，理解当地细分领域的资产组合市场的动态和逻辑，并将投资组合内具体的细分领域资产组合与这些动态和逻辑联系起来，并进行重新配置的计划，准备财务预测报告，以及计划"如果"的情景下如何去处理。这种积极主动的方法帮助家族办公室办公室在不可避免的资产配置层面的问题变得更为严重之前还好地解决它们。这个阶段需要采取行动的具体细节如下：
- 继续调控投资回报
- 监督外聘服务提供方的表现
- 调控该细分领域资产的持仓比例
- 持续关注和维持该细分领域资产和市场的信息和知识
- 提交家族办公室该细分领域资产投资的季度和年度报告

13.5.4 继续监控和报告

下面的步骤是继续监控和报告，直到条件成熟时形成具体的决策。

监控和报告

前后一致而且透明的报告可以确保所有利益相关方的目标和行动的一致性，并为投资组合的表现明确其责任和责任方。家族办公室的细分领域资产组合的详细报告应按季度编制，并提交给主要利益相关者进行审查和讨论。这些报告应包括总体投资组合的投资表现以及回报的简介和每个具体细分领域资产项目的投资表现以及回报的简介。良好的季度报告还应突出重要的相关细分领域资产市场信息和投资组合内的细分领域资产项目层面的重要事项。

年度报告应总结上一年度的所有季度报告，还应基于细分领域资产市场和投资前景彻底而深入地分析，以及对相关细分领域资产的地理位置、资产类别和投资风险彻底而深入地分析，讨论下一年的投资策略。制定和实施这一策略的关键是保持与家族办公室既定目标的一致，并在必要时进行调整。具体细节如下：

- 审阅并考量关键表现与业绩的指标
- 锁定在投资组合内能够减小成本和提高收益的事项
- 界定并计划未来的风险管理
- 评估第三方服务提供方的表现与业绩

13.5.5 对细分领域资产组合的重组微调（relign）和/或再平衡

下面是做出具体决策的时候了：重组微调，再平衡或者对投资政策陈述进行修正（Amentment to Investment Policy Statement）。重组和再平衡细分领域资产组合，以利用不断变化的市场动态实现资本的流动和优化，这对最大限度地提高投资回报和降低风险是至关重要的，具体细节如下：

- 审阅、考量和修改家族办公室的投资策略
- 评估细分领域的资产组合内重组和/或对投资组合的再平衡对投资组合的影响（风险面层级、税务及连锁反应等）
- 对细分领域的资产组合进行重组微调，再平衡或者对投资政策陈述进行修正
- 根据内部雇员的表现和业绩，维持或重新分配与细分领域资产组合相关的投资任务和或/职责
- 根据第三方服务提供方的表现和业绩，维持、终止或重新分配与细分领域资产组合相关任务和或/职责
- 协助并购和处置
- 协助再融资

第 14 章
家族办公室在中国

按照以购买力平价计算的人均国内生产总值来衡量，中国内地人均 GDP 较 40 年前猛增了 2400%。中国非同寻常的经济增长速度和迅速发展的金融基础设施建设，推动了超高净值人士数量的急剧增加。经过了多年的资产高速增长后，中国的超级富豪们对资产管理的心态发生了改变，慢慢地从财富增长向资产保值转变，家族办公室也因此成为了最优先的选项之一。此外，这些财富创造者目前大多在 55 岁左右，并已经开始考虑继承和传承规划问题。虽然有许多拥有巨额财富的中国家族正在使用家族办公室服务——主要目的是为了财富保值，但他们也面临着各种挑战，包括来自招聘人才和寻找外部服务提供商等。大多数目前尚未使用家族办公室服务的家族均表示对家族办公室服务感兴趣，而且在感兴趣的家族中，大多数正在积极采取措施建立或加入家族办公室。但是，家族办公室在中国的发展也有很多障碍。尽管过去 20 年来积累了大量财富，但对于如何建立相关业务或如何创造财富的讨论并不多。在中国传统上，对于财富的讨论都是相当保守的，这一点已经根深蒂固。

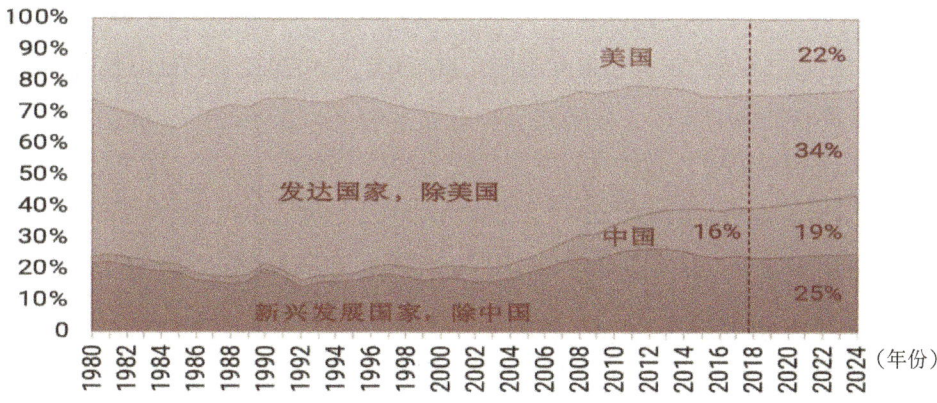

图 14-1 按名义美元计价的全球 GDP 划分

资料来源：IMF《世界经济展望》，2019 年 4 月。

家族办公室的服务无疑在中国有巨大的需求，尽管在一些金融市场成熟以及法律和税务结构先进的地区，家族办公室可以发挥其独特而不可替代的作用，但不幸的是，在新兴市场国家，往往不具备成熟的金融市场以及先进的法律和税务结构。在很多新兴市场国家，尽管积累了巨额的财富，但家族办公室的服务和该地区所拥有的财富是不成比例的，中国也是如此。家族办公室在中国的发展，有很大的机遇，也有很多的障碍。在设立家族办公室时，中国的超高净值家族将面临着把家族办公室设立在境内还是境外的两难处境。遗憾的是，中国的超级富豪们对在本国设立家族办公室的决定很犹豫。

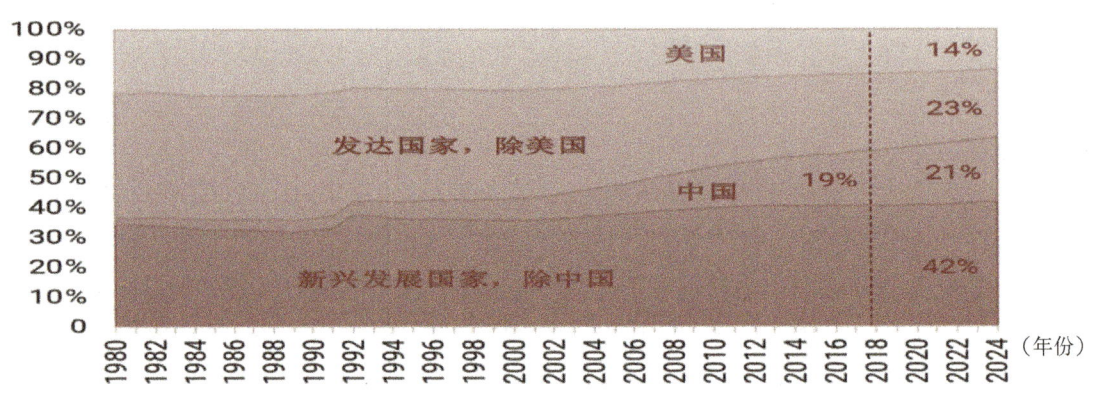

图 14-2　按购买力平价的全球 GDP 划分

资料来源：IMF《世界经济展望》，2019 年 4 月。

中国家族办公室的数量统计是很困难的事情，因为他们中有相当一部分甚至不会对外称为"家族办公室"，也不会在家族企业之外另外设立办公室。在中国，大多数已经在本地设立的家族办公室，基本都是以家族企业的一部分的形式而存在，即以内置型家族办公室的模式存在。金砖四国的家族企业的 CFO 可能也变成家族办公室的 CFO，而在中国，这种现象最为明显。即使是他们设立在海外的家族办公室，也往往采用信托的形式，在一定程度上实现了保密的要求。整体而言，中国的富裕家族强调家族办公室（乃至家族本身）极为多样化，包括结构和复杂程度方面。尽管如此，由于超高净值家族的第一代即企业家/财富创造者目前依然健在，充满活力且喜欢亲力亲为，因此这一事实从根本上塑造了家族办公室领域的特征。

14.1　中国超高净值家族的发展及地域分布

目前，中国（包括中国大陆、香港和台湾）仅次于美国，拥有全球第二大数量的以美元计量的百万富翁，占全球总数的 12%，达 550 万人。自 2000 年以来，中国和其他新兴经济体的百万富翁人数增长最快，不过基数要小得多。2014 年，中国的百万富翁人数超过了日本，到 2019 年又增加了 150 万人，如图 14-3 所示。

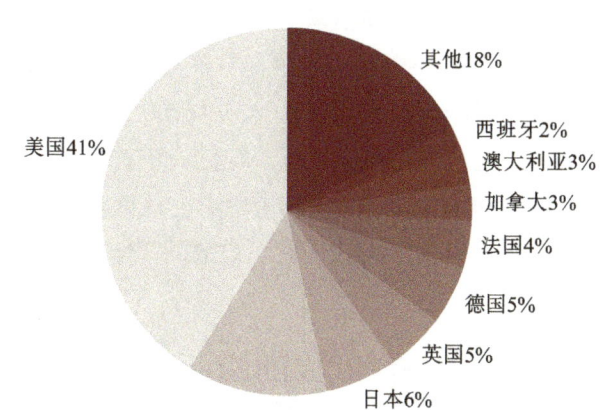

图 14-3　全球美元计的百万富翁的比例

资料来源：© Arts Economics（2020）with data from Credit Suisse。

尽管财富总量的增长一直是百万富翁（以美元计量）人数增加的关键推动因素，但在中国，财富分配的变化也是一个关键因素。尽管中国中产阶级的扩张幅度最大，但富裕阶层（即中上阶层）的人数也大幅增加，占总人口的比例从 2010 年的 3% 升至 2018 年的 11%。过去 5 年，中国国内生产总值（GDP）持续增长的很大一部分来自这些以城市为主的消费者，它们也成为了全球消费增长中最重要的部分之一。

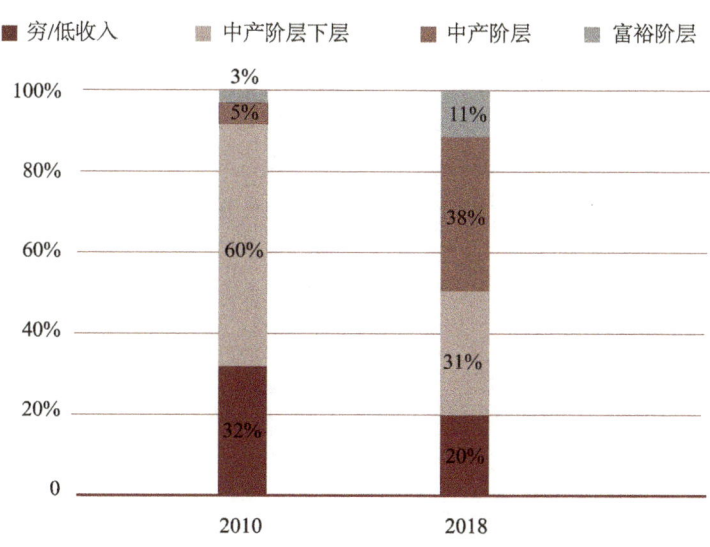

图 14-4　中国收入阶层分配的变化

资料来源：© Arts Economics（2020）with data based on McKinsey estimates。

目前，中国大陆地区拥有亿元资产的超高净值家庭数量达到 11 万户，其中拥有亿元可投资资产的超高净值家庭数量达到 6.5 万户。从省市分布看，北京、广东、上海、浙江的超高净值家庭数量最多,均超过 1 万户。北京仍然是拥有最多亿元资产超高净值家庭的地区,其中拥有亿元可投资资产的超高净值家庭数量有 11700 户;广东省第二,亿元资产超高净值家庭达到 17400 户,增幅 10.8%,其中拥有亿元可投资资产的超高净值家庭数量有 10200 户;上海第三,亿元资产超高净值家庭达到 16700 户,其中拥有亿元可投资资产的超高净值家庭数量有 9840 户;浙江省排第四,有亿元资产超高净值家庭 13500 户,其中拥有亿元可投资资产的超高净值家庭数量有 7950 户。从区域分布看,华东区域的超高净值家庭数量最高,达到 4.9 万户,占大陆地区总户数的 37%。

14.2 中国超高净值家族的职业分布与发展趋势

14.2.1 超高净值家族的职业分布

从亿元资产超高净值家庭构成来看,企业主是最主要的群体,占比达到 80%,其中炒房者在这部分人中的占比保持 15%,职业股民占这部分人的 5%。

《胡润百富榜》的上榜标准连续六年保持 20 亿元,根据 2018 年数据统计,共有 1893 位企业家上榜,平均年龄 55 岁。在这些上榜企业家中,有 132 位 80 后企业家的财富达到 20 亿元,有 17 位个人财富超过 50 亿元的接班人,平均财富达 273 亿元。这说明中国的一代企业家已经到了财富交接的年纪,而年轻的企业家,包括二代企业家正在崛起。从上榜企业家所属行业分布上看,制造业,包括智能制造、机械制造、日用品、家具、塑料制品、家电、工业电器产品等,仍是他们从事最多的行业,但人数占比从 2017 年的 27.9% 下降到 26.1%。房地产行业上榜人数占比与 2017 年基本保持一致,排名第二。金融投资行业上榜人数保持稳定上升,人数占比从 2017 年的 10.9% 上升到 11.6%,超过 IT 行业位居第三。

14.2.2 投资偏好

数据显示,尽管目前面临着较为复杂的投资环境,仍有超六成的超高净值人群认为自己依旧会秉持"积极投资"的理念进行投资活动。不动产依然是超高净值人群个人未来三年投资方式的首选;除此之外,还有 22.6% 的受访者表示未来或会增加海外投资;受国内股市行情低迷影响,股票投资冷淡,仅有 10.7% 受访者选择继续投资股市。"资产配置、分散风险"是超高净值人群进行海外金融投资的最主要目的,占比高达 71.8%;其次是财富的"保值、增值""为子女境外留学做准备"和"为将来个人养老做准备"。

14.2.3 国内监管环境的变化

国内政策制度的完善推进了家族办公室的发展进程，也使企业家对专业机构的境内外法律和税务服务需求增加。目前国内的监管环境有两个变化：

①CRS在中国落地。2014年7月，经济合作与发展组织（OECD）正式推出"共同申报准则"（Common Reporting Standard），简称CRS。CRS旨在建立普世性的税务申报准则，目标是通过加强全球税收合作，打击利用跨境金融账户进行的逃税行为。截至目前，全球已有100多个国家承诺实施CRS标准，中国于2018年9月1日进行了第一次CRS金融信息交换。CRS的核心是税务居民身份，而不是法律居民身份，主要波及已经移民海外或在海外有融资产配置的人群。CRS数据的交换提高了超高净值人群海外金融资产透明度，从而引发相应的外汇管制和纳税问题。超高净值人群需要及时调整传统税务筹划理念，依靠专业机构加强涉税事项的合法合规处理，有效规避税务风险。

②国内加强各项税制监管。一方面，受访企业家们认为持续优化的税收营商环境，让企业切实感受到改革降负的红利，为企业的高质量发展注入活力，从而增强了他们对家族财富可持续发展的信心。另一方面，根据其他国家的先进立法经验，以及我国进行二次分配、鼓励创业等现实需求，推出遗产税符合长远规划。2013年2月5日，国务院批转发展改革委等部门《关于深化收入分配制度改革的若干意见》中，第四部分第15条明确表明：研究在适当时期开征遗产税问题。这一趋势也引发了超高净值人群的关注，他们希望能有可信任的财富管理机构给予专业的建议，并提前做好家族财富管理的相关规划。

14.2.4 代际传承的压力

家族内部代际传承困局——科学的代际传承规划是家族财富可持续发展的内在保障，企业家们面临着代际传承的困局，缺乏专业、以及可信赖的财富管理机构来提供有效的解决方案。目前，中国第一代企业家正处于家族财富交接的高峰期，随着年龄的增长以及未来的不确定性，目前，他们对家族财富可持续发展也愈发关注。家族企业是家族财富传承的重点所在。中国大多数民营企业发展时间短，仅处于家族第一代成员实际控制或第二代成员接班的特殊时期，在财富代际传承方面的经验较为缺乏。因文化背景、制度等因素的差异，欧美发达国家相对成熟的家族传承经验难以直接复制到中国境内。随着"接班潮"的临近，代际传承已成为中国企业家普遍关注的问题。代际传承困局主要体现在以下两大方面：

①基于自身的教育文化与生活背景，一代企业家普遍专业经验少且缺乏合理的家族财富长期规划意识，传承计划的方向不明确。

②代际矛盾：主要体现在第一代企业家与子女之间因代际价值观认同差异、事业认同差异以及继承能力认可差异所造成的代际传承意愿矛盾。

代际价值观认同差异：绝大多数的一代企业家子女和父辈有着完全不同的生活背景、教育文化背景，这导致双方在价值观上存在明显的差异。

事业认同差异：子承父业还是开拓新事业，是企业家子女普遍思考的问题。中国的一代企业家多从事制造业，面临转型升级的挑战，而随着新经济的发展，企业家的子女们在事业上有更多的选择，部分子女对父辈从事的行业兴趣不高。

继承能力认可差异：更多体现在一代企业家对子女胜任能力的担心，他们对于子女现阶段能否顺利继承其衣钵仍存有疑虑。

面对以上代际传承的困局，企业家们可信赖与选择的财富管理机构有限。从家族长远发展来看，家族财富传承需要客观理性的处理方式，选择专业机构来协助管理家族财富是企业家的必然选择。企业家们希望有可信赖的专业机构帮助他们制定家族财富传承计划，满足他们的个性化需求。

14.3 家族办公室在中国的发展机遇和挑战

如前所述，中国（包括中国大陆、香港和台湾）不仅拥有全球第二大数量的以美元计量的百万富翁，中国以美元计量的亿万富翁数量也居世界第二，而且占世界亿万富翁的比例也一直在增长（2019年略有下滑），如图14-5所示：

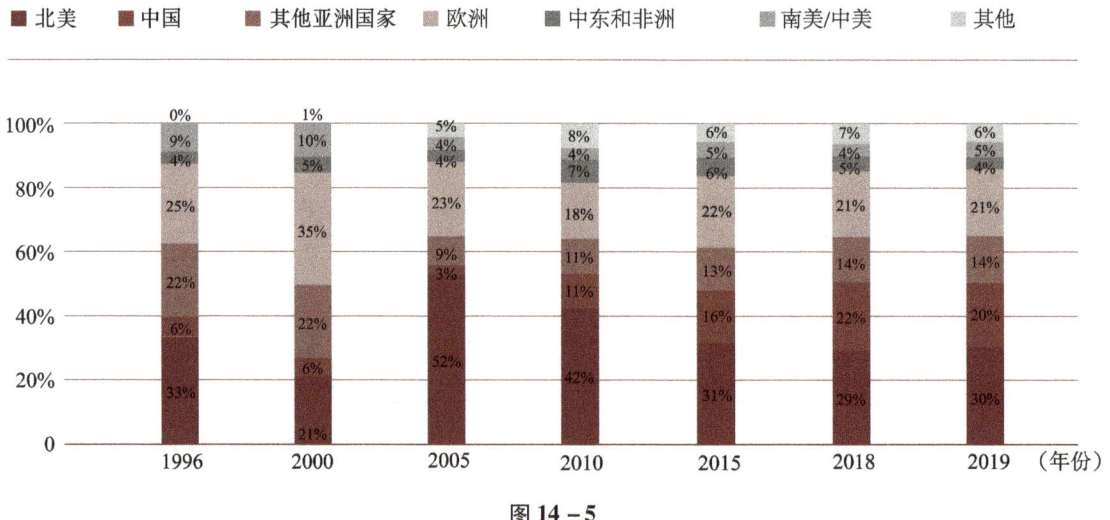

图14-5

资料来源：© Arts Economics (2020) with data from Forbes。

中国的家族办公室的前景非常广阔。2019年，中国以美元计量的亿万富翁数量占亚洲在60%，其所拥有的资产占亚洲亿万富翁总资产的70%，而大多数目前尚未使用家族办公室服务的中国的超高净值家族均表示对此感兴趣，而且在表示有兴趣的家族中，大多数正在积极采取措施建立或加入家族办公室。

14.3.1 有待建立一个有充分投资产品的成熟金融市场

其实，这不是中国一个国家的问题，而是整个新兴市场国家的问题。通过全球上市股票的份额的视角来看待新兴市场，或许低估了它们的重要性。尽管新兴市场仅占全球自由流通股的12%（根据MSCI ACWI IMI指数），但截至2019年2月28日，它们占全球总市值的24%，全球GDP的39%，全球企业收入的42%。全球化对新兴市场的总体变革性影响，以及这些市场在全球经济中所扮演的角色的变化，也可以通过过去15年全球公司从新兴市场获得的收入份额不断增加来说明。

中国缺乏一个有充分投资产品的成熟的金融市场，首先表现在家族资产的构成上。中国证券类资产约在4.5万亿人民币，而银行类资产为250万亿左右，流动性强的证券类资产严重不足。在有家族办公室服务的家族中，其金融资产中的私募基金的份额都远远超过公开市场股权。在中国，超高净值家族的财富主要存在于经营业务之中。平均而言，经营业务占45%，金融工具和房地产分别占27%和21%，其余部分是收藏品或其他硬资产，包括艺术品、汽车和葡萄酒等。而上面排名前三的类别，都是流动性严重不足的投资产品。特别是超高净值家族的经营业务，基本是没有流动性的家族企业。

在占家族办公室中所服务的超高净值家族的资产有45%是其经营业务。其中有1/3的家族财富起源于房地产行业。在过去的20年，随着中国成为世界制造业中心并向全球供应链上游移动，人民收入水平增加，他们对房地产有很大的需求并购买房地产，而那些收入较高的人士通常可能拥有多套物业。紧随房地产之后的是非必需消费品和工业品。非必需消费品包括零售、服装和纺织品，而工业包括设备制造。

而且，大多数家族都会保持对他们企业的控制权。有相当一部分家族表示，他们目前在核心经营业务中拥有多数股权，或实际上拥有全部所有权。这些家族企业还被牢牢控制在了家族手中。最普遍的是房地产企业，加上家族持有化资产中第三大类别的资产是房地产（即这些家族直接持有的房地产），所以，这些家族所持有的资产的流动性极差。这也是缺乏一个有充分投资产品的成熟金融市场的直接体现。

从家族办公室直接管理的资产结构上看，其投资组合的一半以上配置给了三类资产：固定收益、股票和房地产，其中固定收益是投资比例最高的资产类别。其余部分包括对私募股权的配置，比公开股票市场的股票更受欢迎。这在中长期的流动性较好的资产配置上明显低于国际平均值。

在有些情况下，家族办公室将其投资组合的一半都配置于私募股权直接投资、私募股权基金或两者结合。实际上，有很多中国家族办公室都是专门为了进行私募股权投资而设立的。固定收入的大量配置尤为引人注意，特别是考虑到目前增长型投资策略明显受欢迎的情况下。固定收益包括海外或外币计值的债券和非传统债券以及债券策略。就公开市场而言，一种常见的方法是着重于评估宏观环境、选择策略和挑选投资经理，即不会积极进行股票买卖。就不同财富规模的资产配置差异方面，较富裕的家族在私募股权、对冲基金和现金方面的配置比例更大；富裕程度相对较低的家族对固定收益和房地产的配置比例更大。有趣的是，初始财富源自房地产行业的家族与源自其他领域的家族之间，对房地产配置的差异可以忽略不计。以上这些资产配置的状况说明，中国目前还处于一个缺乏成熟和充分投资产品的金融市场。

14.3.2 中国的法律和税务结构有待提高

从中国的法律结构来看，总体的投资顾问、投资咨询、证券发行、中小股东保护、知识产权保护、物权保护乃至宪法对私有产权的保护方面，均有待加强，否则对家族办公室的设立及运营，都会形成阻碍。

投资顾问制度

和美国的投资顾问制度相反，中国对投资顾问制度是负面清单式管理，即除了法律规定需要批准、申报和/或披露的投资顾问之外，其余的部分没有专门的监管。而美国是豁免制度，即除了法律规定了豁免之外的投资顾问，均需要批准、申报和/或披露。

比如，美国1940年生效的 Investment Advisor Act 在其 Section 203（b）3 中规定了私人投资顾问豁免（Private Advisor Exemption），基本上豁免了对冲基金的注册、申报和披露义务。但是多德—弗兰克法案废除了私人投资顾问豁免。所以，除了符合多德—弗兰克法案新规定的豁免，或 Investment Advisor Act 没有被废除的豁免，美国所有从事投资顾问或咨询的机构或个人均需按照 Investment Advisor Act 申报、披露和/或申请批准。但在中国基本是负面清单制度，如除了法律规定的从事证券类的投资咨询，或保险类的投资顾问等之外，基本没有投资顾问类的法律监管。

证券发行制度

与美国的投资顾问制度相反，中国对证券发行制度是负面清单式管理，即除了法律规定需要批准、申报和/或披露的证券发行之外，其余部分没有专门的监管。而美国是豁免和例外制度，即除了法律规定了豁免和例外之外的证券发行，均需要批准、申报和/或披露。

比如，美国最常见的证券发行注册例外是 Section 4（2）of Securities Act of 1933、美国证监会（SEC）颁布的 Regulation D 和 Regulation S，Rule 506 等规定的符合条件的私募例外。除了私募例外与其他一些豁免，美国所有的证券发行都需要美国证监会的注册（其实就是批准）。在中国，除了在上海及深圳证券交易所上市及私募基金的募集等几种需要注册或批准之外，在其他各种交易所等发行证券，以及公司自身进行私募，都基本不受全国性监管机构（如中国证监会）的监管。

缺乏有效的监管导致了投资顾问与证券发行市场鱼龙混杂，就会给一些缺乏诚信和/

或缺乏专业的人士提供了机会，损害了投资人的合法权益。另外，中国在公开证券市场上对中小投资人的保护制度上，以及物权法和宪法对私有产权的保护上也略有不足。

(1) 公开证券市场上对中小投资人保护制度

首先，从证券监管的角度，在证券发行阶段，《中华人民共和国证券法》着重证券发行，未能建立证券发行阶段投资人保护的有效机制。其次，在证券交易阶段，《证券法》过分注重交易安全、对中小投资人保护不足。《证券法》是对于证券交易中的交易安全而制定的，主要是对于证券交易过程中将会出现的问题进行预防与解决。但是在这个过程中，《证券法》忽略了对于中小投资者的法律保护。立法机关虽然对《证券法》进行了几次修订，但《证券法》对中小投资保护的内容仍然模糊不清，不能形成有效的保护，往往还损害了中小投资者的利益。最后，在私法救济的部分，缺乏有效的集团诉讼制度及惩罚性赔偿制度，不能有效阻止一些缺乏诚信和/或缺乏专业的人士欺诈等行为，从而损害了投资人的合法权益。

(2) 物权法对私有产权保护的不足

《中华人民共和国物权法》关于非公有制经济产权的规定主要还是停留在原则的阐述上，有些重要的问题则未予规定，缺乏具体化、系统化的具体规则。比如物权法第3条虽然将公有制经济和非公有制经济置于一起，表明物权法在产权问题上，将非公有制经济与公有制经济一视同仁，但该条仅仅是对宪法中相关规定的进一步宣示。另外，物权法的有些规定并不完备。比如物权法第66条从保护私人产权出发，规定不得"侵占、哄抢、破坏"私人合法财产，但是在实践中，针对非公有制经济的主要危害并非仅仅是侵占、哄抢、破坏这三种形式。众所周知，许多危害非公有制经济产权的行为往往是行政机关在行政执法名义下，对非公有制经济产权的任意干涉。对如此重要的问题，物权法没有任何规定。同时，物权法没有针对侵害私人财产的这三种行为设计相应的救济制度。其次，《物权法》对私人所有权的限制性规定较多，而对国家所有权则限制较少。物权法第7条规定，"物权的取得和行使，应当遵守法律，尊重社会公德，不得损害公共利益和他人合法权益。"这是对物权的一般性限制条款，对非公有制经济产权主体完全适用。但实际上，该条规定对国家所有权难以适用，因为从所有权取得来说，国家所有权本身就是由法律规定而直接取得的。从所有权行使来看，国家所有权的行使方式为国务院代表国家来行使。当国务院代表国家行使国家所有权时，按照物权法的规定，没人能对国家所有权的行使是否损害了公共利益做出判断。此外，国家所有权的享有也很少受到限制，表现为国家基于公共利益的需要，可以征收私人的不动产，而且遗失物、漂流物、埋藏物、隐藏物在法定期间无人认领的，归国家所有（物权法第113条、第114条）。从这些规定中可以看出，对私人所有权的限制恰好是国家所有权的取得方式。另外，由于物权法第42条规定，"对于专属国家所有的动产和不动产，任何单位和个人都不能取得所有权"，这使物权法第106条的善意取得制度对国家所有权的适用没有空间。从物权法第七章关于相邻关系的规定来看，国家所有权也难以适用相邻关系。

（3）宪法对私有产权保护的不足

《中华人民共和国宪法》第12条规定："社会主义公共财产神圣不可侵犯。国家保护社会主义的公共财产。禁止任何组织或者个人用任何手段侵占或者破坏国家的和集体的财产"，2004年宪法修正案将原宪法第13条修改为："公民的合法的私有财产不受侵犯"，从它们的措词上就可以明显看出宪法把公共财产放在优先保护的位置，侵犯公共财产权的行为将会得到严厉的追究；而对于私人财产却没有禁止侵害的规定。据此制定的刑法也存在歧视私有财产权的问题。我国刑法对私人财产的保护和对公共财产的保护，从保护范围、适用标准到量刑幅度，差别很大。同样是侵犯财产权，但对侵犯私人财产和侵犯公共财产却区别对待，量刑不一。缺乏有效的宪法的司法救济手段和国家赔偿制度。比如，世界大多数国家在私人利益与社会公共利益发生冲突时都采取社会公共利益优先的原则，当社会公共利益需要时，应当允许对私人财产权实行征收。但是由于我国的法律法规还不完善，对公共利益并没有做出准确的界定，实践中政府借社会公共利益需要之名侵犯私人财产权的行为在实践中屡见不鲜，现在引起广泛争议的强制拆迁和集体土地征用就是典型的例子。最重要的一点是，在中国还不存在宪法的司法救济，使宪法的很多对私有产权的规定停留在纸面上。

14.3.3 中国的家族办公室领域的专业人才严重不足

在中国建立家族办公室结构、招聘人才和寻找服务提供商是家族办公室面临的主要挑战。目前家族办公室所面临的挑战中，除了建立家族办公室结构之外，招聘外部人才和寻找经验丰富的服务提供商（即能够提供家族办公室所需的个性化服务）是所面临的中心问题之一。中国的家族非常注重如何能够客观地解读相关的监管政策，并从中找出相关的投资机会，所以做出规划以应对监管的不确定性也是尤为重要的。其实，中国建立家族办公室的前三大挑战，其实都可以归结为一条：中国的家族办公室领域的专业人才严重不足。

在寻找服务提供商时，来自认识的专业人士，以及家人和朋友的推荐是最受欢迎的途径。信任、机密性/安全和声誉关键的考虑因素。而这些也可以归结为一条：在中国也并没有形成一个有效市场化的家族办公室的人才市场。如前所述，在家族办公室产业发达的国家，如美国，家族办公室的管理团队一般需要10到20年以上的行业经验（不同的职位对经验的要求不同，比如对CEO一般要求20年以上的经验），远远超过其他金融行业对高管的要求。这是与家族办公室对高管的特殊要求所决定的。随着家族办公室这种模式越来越流行，家族办公室高管在市场上也越来越紧缺，CEO的平均薪酬也大幅上涨。例如，从2016年到2017年，家族办公室CEO的平均薪酬由334000美元攀升至367000美元的薪酬水平。但在2016年至2017年期间，家族办公室的CEO与基本薪酬的比例变化不大（相当于薪酬的29%—47%），证明他们的业绩并没有大的改变。2018年，CEO的基本薪酬增长了11%，而2019年，CEO的基本薪酬增长了3.7%，无疑和家族办公室投资回报是正相关的。COO（首席运营官）的平均薪酬由195000美元攀升至215000美元，上涨了约10%。，CFO（首席财务官）的平均薪酬基本从199000美元提高到213000美元，涨幅为6.8%。在2018和2019年，COO和CFO的薪酬上涨百分比基本和CEO相当。然而，中国家族办公室的薪水却远低于全球平均水平和亚太区平均水平。通过将本研究收集的数据与《2019年全球家族办公室报告》中所载的薪酬数据进行比较，可以证实这一点。2019年，中国首席执行官、首席投资官、首席运营官和首席财务官的平均基本工资为865000元人民币（约占全球平均水平的38%）、660000元人民币（36%）450000元人民币（30%）和410000元人民币（29%）。

中国家族办公室高管的基本工作只有全球平均水平的1/3，这其实比较容易理解：国外家族办公室产业发达地区的的家族办公室的高管，一般需要十几年乃至20年的经验，而家族办公室在中国属于新生事物，其专业人士还没有形成规模，成熟的人才市场也并未形成。大多数家族表示他们很难找到外部服务提供商。一些家族解释说，这可能是因为市场上存在大量经纪人，但却没有公司为经纪人的水平提供建议，也没有公司为特定交易的最佳服务提供商提供建议。每个人都声称可以做到这个做到那个，但是家族并没有时间对他们每个人进行尽职查。实际上，中国单一家族办公室领域已经有很大的发展，部分是由于缺少能够区分和满足家族需求的服务提供商，另外，对外部服务提供商不当使用其信息也是许多家庭的担心，所以寻找合格外部服务提供商是一个挑战。要考虑的一个因素是，财富创造者一般都具有非常高的自力更生能力，并且会亲力亲为，这会使他们不愿寻求他人帮助。但随着财富和权力的转移，这些情况可能会发生重大变化。比如，第二代通常在国外接受教育，并且英语流利，他们通常具有一些专业的工作经验。可能拥有不同于父母的期望，并在服务提供商方面有更多的经验和信任。

14.4 中国家族办公室的运营模式

如前所述，传统上根据家族办公室的运营模式的不同，家族办公室可以分为服务外包型（Outsourced Model），通才式专家型（Expert Generalist Model），和机构式服务提供型（Institutional Offering Model）。下面再简单回顾一下：

服务外包型（简称为"管理型"）在这种类似的家族办公室中，一个人来总负责家族办公室，而将80%的家族办公室的服务外包给外部的机构。这个负责人可能有能力去管理一个投资组合，选择基金管理人，或调查重要决定的税收后果，但他基本上是一个外部服务的管理人。他和另外少数几名全职员工承担着协调和平衡各个服务提供商，以确保信息在各方之间无障碍地传递。在一个服务外包型家族办公室中，顾问和投资管理服务通过与外部服务提供者之间的合同契约来管理，这种类型的家族办公室是典型的直接通过雇用员工提供一些簿记、税务和管理服务的。这个模式的好处是费用低，但对全职员工（特别是那个负责人）要求很高。一般情况下这个类似的家族办公室提供的直接服务如下：

- 簿记
- 集中保管的监督
- 强化财务报告的传递
- 基金池账户的协调

通才式专家型（简称为"混合型"）：这种模式要求家族办公室的主要负责人对家族办公室各种金融和非金融服务了如指掌。该主要负责人一般被称为通才式专家，指他们对家族办公室的每一种服务都有深度了解，恰如其分地知道何时该雇用一个员工，何时该外包某种服务，但同时他们自己又在某些行业有非常深的造诣，能够提供非常有价值的服务。在这种模式下，该通才式专家（一般有15年乃至20年以上经验）负责总体运营的同时还会提供非常专业的服务，而另外几个资历浅一些的专业人士和一些外部机构提供其他的服务和解决方案。除了外包型家族办公室提供的直接服务之外，通才专家型的家族办公室提供的直接服务一般包含如下：

- 税务合规
- 预算和现金计划
- 个人账户的协调
- 个人证券
- 支付账单
- 资产配置

机构式服务提供型（简称为"综合型"）：这种模式从通才式专家型模式只有一个通才式专家，变为雇用4到7位通才型专家，在国际税收、信托、跨带传承、人寿保险、投资组合管理、风险管理等领域有15年乃至20年以上经验。这个类型的家族办公室被设计用来为那些希望对隐私、证券等达到很高控制度的家族服务。所有的功能，包括管理、税务、法律、风险管理以及核心的投资管理都通过内部雇用的方式来提供。特别是投资管理活动，例如对冲基金、风险投资、私募股权等，或者是新兴市场投资的外部来源也取决于家庭的目标和预算。除了通才专家型家族办公室直接提供的服务以外，机构式服务提供型家族办公室还直接提供以下的服务：

- 投资政策的监督
- 投资管理者的选择
- 税后业绩的测量和分析
- 资产配置策略的再平衡
- 财富转换

- 大宗采购的执行
- 信托责任
- 慈善事业的管理和合规
- 慈善赠款的协调
- 慈善项目的分析和评价
- 每一个家庭成员不同行为的整合

中国的家族办公室也是以内置性的单一家族办公室为主。在这种情况下，通才式专家型（简称为"混合型"）应该是主流的运营模式。基本没有机构式服务提供型（简称为"综合型"），因为这种模式和内置性的单一家族办公室是不相容的，而且无法提供中国的家族办公室所必须的私密性。而服务外包型（简称为"管理型"）也并不多的，因为在中国，决策者通常会自己做出每一个决策，很少会将整个投资授权或相关决策下放给投资经理或第二代。即使是第二代，也必须获得实际决策者的批准。如果决策连下放给投资经理或第二代都不可以，外包就更加难了。

14.5 投资管理

家族办公室的投资管理模式比较常见的有：投资委员会的管理模式；CIO + 投资顾问委员会模式；外包型 CIO + 投资顾问委员会模式

（1）投资委员会的管理模式

大型家族办公室往往采用投资委员会（Investment Committee）模式进行家族办公室治理结构中的投资管理。投资委员会寻求创造一个顶级表现的投资组合，其成员一般由家族办公室董事会任命，一般由家族办公室的 CEO、CIO、风险控制负责人和行业专家组成。

（2）CIO + 投资顾问委员会模式

家族办公室中内部都设有 CEO 或类似职位，但 CIO 就不一定了，一些家族办公室把 CIO 的服务也外包给了其他金融机构。小型的家族办公室一般不设置投资委员会，因为投资委员会的组成人员一般是全职雇员，成本太高。所以，CIO + 投资顾问委员会的投资管理治理模式是很多小型家族办公室的最优选择。投资管理的 CIO + 投资顾问委员会模式一般对应的为才式专家型家族办公室。

（3）外包型 CIO + 投资顾问委员会模式

传统上的家族办公室都会在内部推动投资进程：包括尽职调查、投资经理选择，以及具体的投资决策等。但是，考虑到成本，一些家族办公室从设立时起就把 CIO 的功能外包给了外部其他机构。也有一些家族办公室在运行一段时间后才外包其 CIO 功能，另外一些家族办公室则相反，外包 CIO 功能一段时间后在其内部设立 CIO 职位并聘用合适的人才担任 CIO。投资管理的外包型 CIO + 投资顾问委员会的模式一般对应的是服务外包型家族办公室。

中国的家族办公室也是以内置性的单一家族办公室为主。在这种情况下，投资委员会模式和 CIO + 投资顾问委员会模式为主流的运营模式，而外包型 CIO + 投资顾问委员会并不多见。

14.6 资产配置

如前所述，在家族办公室的投资管理实践中，资产组合中有三种资产配置的模式经常被采用：存量运营企业沙盒模式（The Operating Business Sanbox Model），多样性机构投资模式（The Diversified Institutional Model），混合模式（The Hybrid Model）。其介绍如下：

- 存量运营企业沙盒模式（The Operating Business Sanbox Model）

这种模式适用于家族资产集中于一个工业产业或工业部门的家族，并且该家族对特定的工业产业或工业部门有很强的信心、经验、专业和人脉。因此把投资继续集中在该工业产业或工业部门是符合金融逻辑的。这种模式可以发挥其超高净值家族本身在某一工业产业或部门的专业优势和规模优势，因此在内置型家族办公室中，该模式很为常见。一些单一家族办公室采用了这种模式，而联合家族办公室则很少采用这种模式。

- 多样性机构投资模式（The Diversified Institutional Model）

多样性机构投资模式是指把家族办公室资产的 60%—90%，配置在不同产业和部门的公开股权投资、私募基金、非传统（另类）资产、对冲基金不动产、固定收益产品和大众商品等多种金融产品中。此模式应用于绝大多数的家族办公室中。因为这种模式可以充分发挥家族办公室中金融专家的专业优势。

- 混合模式（The Hybrid Model）

这种模式是把存量运营企业沙盒模式（The Operating Business Sanbox Model）和多样性机构投资模式（The Diversified Institutional Model）相结合起来。家族本身在某一产业或部门有信息、专业或经验优势，又想适度分散投资，其家族办公室往往会采用这种模式。

如前所述，大多数家族企业都被牢牢控制在了其家族手中，其中，45% 的家族在核心经营业务中拥有多数股权，37% 家族实际上拥有全部所有权。中国的家族办公室也是以内置性的单一家族办公室为主，采用的主流运营模式为存量运营企业沙盒模式（The Operating Business Sanbox Model）。这是由家族企业转型为家族办公室的发展初期常见的形式。而多样性机构投资模式并不常见，（The Diversified Institutional Model）因为在中国，家族办公室还在发展的初级阶段。

14.7 资产配置与国际化

在中国，很多家族办公室是专门为了进行私募股权投资而设立的，在某些情况下，家族办公室将其投资组合的一半配置于私募股权直接交易、基金或两者结合。在当前动荡不定的全球市场环境中，与相对具吸引力的回报和多元化裨益的推动下，中国的家族办公室对私募股权和房地产的配置有所增加，平均投资组合在不同资产类别之间正在实现多元化，其中，固定收益是持有比例最大的资产类别，而且相对于公开市场，它们更加青睐私人市场。其余部分包括对私募股权的配置，其中包括对直接投资和基金投资的配置，并且比公开股票市场更加受欢迎。固定收入的大量配置尤为引人注意，特别是考虑到目前增长型投资策略明显受欢迎的情况。固定收益包括了外币计值的债券和非传统债券。就中国平均投资组合与全球平均投资组合的差异而言，前者在固定收益、房地产投资信托和现金方面的配置比例较大，而在股票和直接房地产的配置比例较低。

中国有各种监管资本流出的规章制度，并且在最近几年，并购和房地产交易的某些限制更是加强了。展望未来，一方面，经济增长正在放缓、人民币汇率持续波动、中美贸易紧张局势仍在继续。另一方面，随着中国制造业的不断发展，企业将继续在国外开展业务。对此，中国出台了明确的指导方针，概述了鼓励和不鼓励的交易，而"一带一路"倡议主要涉及在中国与发展中国家之间建立基础设施联系。在这种背景下，一些家族办公室表示他们在海外投资方面具有丰富的经验，但另一些家族办公室则表示他们将重点放在国内投资上。在这方面，投资经验的丰富程度与管理资产规模似乎并非只是简单的关系。但是，就家族是否至少考虑国际投资方面，绝大多数表示愿意这样做。

中国的家族办公室具有冒险精神，即在国内投资方面具有较高的风险承受能力，但也同时积累了大量中国相关问题的知识。但是，他们在海外投资中的风险承受能力要弱得多，例如，他们更倾向于在成熟市场投资并持有现金、传统的固定收益或房地产。

国际化

中国的富豪们为了子女的教育以及毕业以后的发展，一般会在美国建一个子公司，在法律和财务上做好框架，直到有商业上的必要时，才会注入资金。在中国当然有很多商业机会，但有时为了资产的安全性，他们也会跨过太平洋去美国投资。另一个考量是保密性。所以，保密性最好的资产运营方式——信托，往往成为了他们在美国的选择。

在设立第二个分支机构方面，中国香港是最受欢迎的地区，新加坡和美国紧跟其后。一些家族选择纽约，有的则选择加利福尼亚州的硅谷。这些发现大致上与《2018年全球家族办公室报告》相吻合，该报告发现40%的亚太地区家族办公室在亚洲设有第二分支机构，而20%在北美设有第二分支机构。和俄罗斯富豪类似，中国的富豪在美国设立的家族办公室更看重美国的房地产投资,典型的像在纽约和加州投资豪宅。从历史比较的角度,现在的中国的富豪更像 1980 年代美国的投资人,投资集中在房地产、餐饮宾馆等产业。

尽管中国在金融市场的成熟度以及法律和税务结构方面有很大提高空间,但由于中国以美元计量的百万富翁和亿万富翁在 2019 年已位居世界第二,且大多数目前尚未使用家族办公室。因此,中国的家族办公室产业的前景异常广阔。

第 15 章
家族办公室的慈善管理

无论从哪个方面来观察，慈善都是一项巨大的事业。仅仅在美国，平均每年就有个人、基金会或企业自愿捐赠超过 4000 亿美元来用于各种公益事业。慈善事业是加强家庭纽带和促进世代传承的理想方式。但如果把慈善事业归结为纯粹出于对人类的爱而进行的投资，那么以盈利为目的企业认为它仅仅是超级富豪的崇高追求，就不足为奇了。然而，对于家族办公室来说，它应该从一个更全面的和更开放的角度来看待慈善事业：慈善不仅是对作为一个整体社会的投资，更是作为一个家庭和员工都具有参与感的有意义的事业，一个长期、健康和可持续的事业。当这一事业成为家族文化和战略的一部分时，往往会团结起一个领导团队，并在整个组织内外产生共鸣。慈善事业是探索和建立共同目标文化的绝佳途径。正如全球慈善组织的总结："慈善把你和你的价值观联系起来，让你为这一代和未来的几代人积极地影响这个世界。"

英国慈善领域的专家 Juliet Valdinger 分享了她的一些有价值的研究，这些研究不仅鼓励了家族企业中的多代慈善事业，也强调了家族办公室在这一领域提供必要的支持和指导的重要性。

- 62% 的投资者认为，慈善事业对教育下一代家庭价值观和遗产、财富存在的原因、如何尊重财富并明智地使用财富很重要。
- 67% 的千禧一代投资者更可能将社会责任投资视为他们自身价值和信仰的自然表达。
- 拥有指导他们进行慈善计划的投资顾问的客户对其顾问的满意度要高出平均满意度 40%。
- 帮助引导客户努力产生正面社会影响的投资顾问正以一种非常个人化和有意义的方式赋予他们权力——44% 的投资者希望从他们的顾问那里获得更多的慈善规划指导。

洛克菲勒慈善顾问公司（Rockefeller Philanthropy Advisors）分享了有说服力的评价："特别是对父母和祖父母而言，家庭慈善事业可以呈现出当前和未来的诱人组合。与所爱之人共同的有意义的经历可以在此时此地分享，而给予的遗产是为未来几代人建立的。"的确，单靠慈善事业无法纠正这个世界上所有的错误，但随着家族办公室对慈善和影响力投资新焕发的光彩，它可能会成为持续捐赠的礼物。

15.1　家族办公室对慈善事业的捐赠现状

慈善对于家族办公室的意义，除了上面已描述的，还有很重要的一点：慈善事业可以教会家族下一代有关财富的知识。慈善捐赠和组织可能是教育年轻家庭成员了解家庭运作的有效方式。它可以帮助学习项目来源、计划、预算、绩效和更广泛的管理技能，还可以教给他们有关家庭价值观的基本知识和家庭遗产的内涵，以及回馈社会的一般需求。由于这些原因，有许多家族办公室目前在慈善事务上在与下一代合作。

西方的富有家族有着悠久的慈善捐赠传统，绝大多数的家族办公室都拥有慈善项目和家族基金会。然而，这些家族也通过其他渠道支持慈善事业，有近一半的家庭直接向慈善事业捐款，一半的家族通过慈善机构捐款或通过捐赠者提议基金捐款。作为富有家族参与慈善事业的渠道，有70%的家族办公室参与了慈善活动

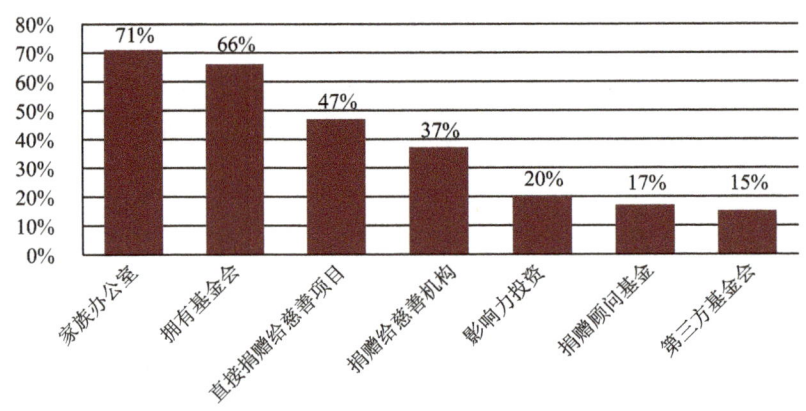

图15-1　家族做出慈善捐赠的方法

资料来源：The UBS/Campden Wealth Global Family Office Report 2019。

目前，近一半的家族办公室表示对自己的捐赠有明确的策略和重点，比如"有时限的"或"永久捐赠"的策略。全球家族办公室在过去12个月平均慈善捐款为640万美元。然而，只有相对较小比例的家族办公室提供了5000万美元或更多的资金。大多数的家族办公室每年的捐款不足100万美元。

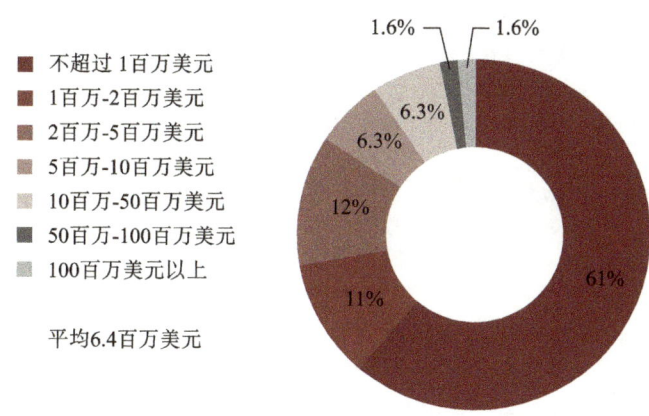

图 15-2

资料来源：The UBS/Campden Wealth Global Family Office Report 2019。

另外，就捐赠数额而言，北美的家族办公室的捐赠超过了欧洲的家族办公室，平均以 750 万美元的慈善捐款居首。欧洲的捐赠水平紧随其后，为 600 万美元，而新兴市场的平均捐赠水平为 360 万美元，亚太地区最低，为 270 万美元。对于亚太地区家族办公室的慈善捐赠偏低的原因是大部分的财富是最近创建的，所以这一代最初的财富创造者都还在忙着操作业务，而不是能够受益于遗留的财富。一旦亚洲有更多的下一代人加入进来，他们将从第一代创建家族企业的努力中受益，将更多的时间和金钱投入到慈善事业上。同样需要指出的是，上面这些数字代表的是富有家族通过家族办公室对慈善事业的捐赠，而这些家族也通过基金会等渠道进行捐赠，所以家族捐赠的数额会更高。

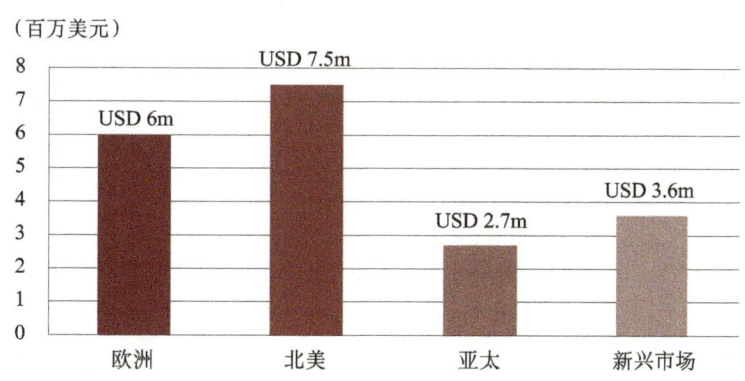

图 15-3 全球家族办公室按照区域细分的平均捐赠额度

资料来源：The UBS/Campden Wealth Global Family Office Report 2019The causes philanthropically supported。

在捐赠投入领域方面，教育和健康是这几年最受支持的事业，教育是家庭支持的首要事业。几乎所有的受访者（90%）都把钱用于教育和健康，其次用于经济和社会影响，以及环境事业。

教育和健康 （比如儿童发展，小学/初中教育，更高教育，健康）	90%
经济和社会影响 （比如普惠金融，创业精神，经济和社会发展，研究（包括科学研究），艺术，文化，体育）	45%
环境 （比如气候变化、保护和动物权利，食品安全/农业）	33%
政治和民权 （比如人权/权利，宗教事业）	17%
冲突和和平 （比如国际和全球事务，和平/冲突解决，救灾）	11%
其他	4.9%

图 15－4

资料来源：The UBS/Campden Wealth Global Family Office Report 2019 The causes philanthropically supported。

家族办公室在慈善事业中也存在一些问题，它们尝试捐赠时所面临的最大的挑战包括如何最好地识别需要支持的优秀组织如何有效地衡量影响力，以及如何扩大成功的项目的建捐赠等。如图15－5所示：

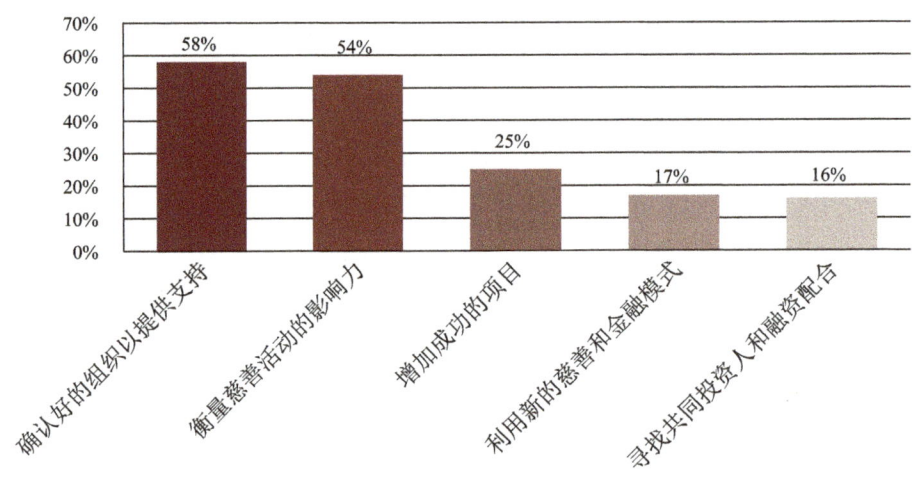

图 15－5　家族在慈善事业中面对的最大的挑战

资料来源：The UBS/Campden Wealth Global Family Office Report 2019 The causes philanthropically supported。

15.2　家族办公室在慈善事业中的视角及机遇

15.2.1　看待慈善的独特视角

从本质上来讲，家族办公室是一个非常专业而有效率的投资机构，同时往往是超高净值家族总体治理结构的一部分。因此它们会用一种独特的视角去看待家族办公室在慈善事业中存在的问题。在看待慈善事业中存在的问题方面，家族在尝试捐赠时面临的挑战包括：如何最好地识别需要支持的优秀组织，如何有效地衡量影响力，以及如何扩大成功的项目的建捐赠。

他们的疑虑并不仅仅是上面这些，还往往会从经济效益的视角来看待慈善，家族办公室的一个高管曾说："人们有时看到慈善事业运转得很糟糕，很多钱基本上都被浪费了，而这些钱本可以更好地利用起来。"

15.2.2 慈善与家族传承

也许慈善对于家族办公室最独特之处在于，家族办公室在考虑传承时，慈善常常被用作一种强化家庭价值观的工具。接班计划不是一蹴而就的，运用良好的慈善策略可以为集体决策奠定基础，同时也为后代灌输家庭价值观。另外，它还提供了一个独特的机会：让下一代参与决策制定，并引入一个持久的治理框架。在某些情况下，框架将由法律结构驱动，例如家庭基金会的条款，或注册慈善机构的法律要求。一些家庭已经采纳了包含家庭慈善管理原则的《家庭宪章》，在大多数情况下将适用一些原则，如制定家庭慈善战略是家庭成员参与反映其文化或宗教价值观、兴趣和专业知识的压倒一切的战略的机会，从而为慈善捐赠提供一个持久的框架。

该战略一般包括：
- 定义慈善目标、事业和部门——传统的公共健康、教育或扶贫、日益国际化的发展、人权、可持续性、环境、企业家精神或多样性；
- 与公共或私人组织合作；
- 单项捐赠或多年参与；
- 影响力投资；
- 持续参与的程度；
- 沟通和宣传；
- 限制和禁止事项；
- 终止。

当然，财务参数可以被构建到慈善载体的结构中（例如，一个简单的信托需要每年的收入分配）或作为指导。除了慈善活动，超高净值家族可能还会申请捐赠和参与运营。

15.3 家族对传统慈善事业的内部治理

和家族办公室的投资管理类似，超高净值家族对慈善的治理也分为两个阶段。一个是宏观阶段，从家族文化中的价值观到家族愿景，再从家族愿景到策略。另一个是具体实施阶段，如拟定捐赠计划，决定具体渠道等具体事项。在决定如何让家庭成员参与捐赠策略时，需要考虑他们的年龄、独立程度、优势和兴趣。

15.3.1 家族价值观及慈善捐赠的优先顺序

许多家族渴望通过各种方式传递一份文化和价值观的遗产。所以除了家族有形财富的传承，许多家族也会对慈善事业建立一个完整的捐赠传统，家族文化和价值观遗产可以在家族内部乃至社会上继续存在。家族慈善家在培养下一代慈善领袖方面也处于独特的地位。家族慈善事业可以通过多种方式不断深化的关系来培养领导力。家族对慈善事业的参与也是凝聚家族共识的过程，是家族文化和价值观的反映。这个凝聚共识的过程通常伴随着对家族历史、价值和愿景的分享，让家族的年轻成员成员了解他们是谁，他们想要实现的目标是什么，而这些价值、愿景和目标都要落实为行动。最后，这些家庭成员通常会把这些价值、愿景和目标落实为慈善捐赠比较宏观的优先顺序。

15.3.2 家族使命

下一个步骤，是讨论家庭使命的宣言，并确定他们之间的共同目标和优先事项。也可以在讨论中确定相互冲突的目标，并在提出新观点时优先考虑它们，将最重要的目标融入到整个家庭的慈善事业中。比如，家族的慈善方式和整体使命是什么？如何资助慈善事业？怎样才能最大限度地提高与捐赠相关的税收优惠？对家庭给予的时间范围是什么？家族捐献方式涉及的行政管理由谁来处理？

富有成效的第一步是创建一个使命宣言，重点在放在对家庭最重要的慈善部门。例如，年长的家庭成员可能希望专注于艺术，而年轻的家庭成员可能更喜欢社会责任。进行坦率、公开的对话，尽早解决潜在的冲突。一个金融顾问、慈善顾问，或者捐赠者建议基金等可以帮助促进一个富有成效的家庭会议来审查这些问题。不管选择哪种方式来支持慈善事业，建立一个持续的过程来讨论家庭捐赠是关键。家庭因孩子、婚姻、离婚和死亡的增加而改变。随着一个家庭的组成发生变化，其捐赠的优先顺序和对家庭慈善项目的兴趣程度也会发生变化。

15.3.3 决定具体慈善策略和支持的具体慈善项目，制定慈善计划，选择捐赠主体和方式

从开始选择何时何地给予，到为集体做出这些决定制定基本规则，并考虑到每个家族成员希望在捐赠过程中参与到什么程度，并选择一种不仅能推进家族目标，而且能让个人在慈善过程中发挥他们想要的积极作用的方式。除了直接捐赠，家族还有其他一些选择。

下面是除了直接捐赠之外常见的几种捐赠主体或渠道：

（1）私人基金会

私人基金会可以被划分为下面两组：私人运作基金会，能够直接执行慈善活动，并且免于分配利润和其他的要求。私人非运作基金会不直接执行一些慈善功能，相反他们接受慈善捐赠，投资捐赠基金，并对其他慈善组织捐赠。一个非运作基金会通常只从第一手来源获得基金，如个人、家庭、一个公司。私人基金会最普通的类型是非运作基金会。

私人家族基金会是由一个家庭建立的一种私人基金会，由家族的资产资助，通常由家庭成员管理，他们也可以参与其慈善捐赠。只要家族需要它来服务于其慈善抱负，它就可以持续，而且它可以随着家族的组成和慈善重点的变化而适应。私人家庭基金会是建立捐赠框架的一种方式，可以建立慈善遗产，还可以提供所得税和遗产税优惠，尽管其他类型的慈善捐赠工具，如捐赠者建议基金，可能提供得更多。

目前没有专门针对私人家族基金会的法律要求——它们只是一种由家庭成员管理和资助的私人基金会，在美国必须满足所有相同的 IRS 私人基金会准则。根据基金会理事会（Council on foundations）的数据，美国约有50%的私人基金会是家族基金会。家族成员通常担任基金会的董事会成员，并通过向慈善机构或个人提供资助来决定如何使用基金会的资产来完成基金会的使命。与所有的私人基金会一样，家族基金会每年必须至少捐出5%的资产。一个私人家族基金会的资助是公开可见的，这使得非营利组织和捐赠者更容易了解基金会关心什么，支持什么事业和组织。

资助私人家庭基金会：私人基金会可以建立并持续资助，资产可以包括现金、公开市场股权、私募股权、房地产或其他家族控制的资产。基金会可以由家族管理，也可以由职业经理人管理，职业经理人可以被称为运营合伙人或首席运营官。家庭治理结构详细说明了谁参与慈善会议、对基金会时间承诺的期望、资助建议指南、增加目标的说明以及在年轻家庭成员长大到可以参与时，对他们进行使命教育的方法等。

相比较对一个团体基金会和其他的慈善机构的捐赠，捐赠者对私人基金会拥有更多的控制权。从一个私人基金会中，捐赠者具有将资金捐赠给其他他喜欢的组织（公募基金）的权利，并且能够保持对基金会投资的控制权。但是需要注意的是基金会的结构是否完善合理。经常出现的情况是，家族经常会忽略或者不知道私人基金会的规则和限制。

私人基金会另一个优点是家族可以作为一个整体进行捐赠。这提供了一个高效的方式，通过指定一个实体来接受捐赠并对捐赠进行分配。捐赠和接受捐赠的程序的建立让审批程序变得更加客观，这可以减轻捐赠家庭成员寻找慈善组织和其他个人的压力，另外，建立这个基金会可以让家族成员保持基金的主导者，为年轻的家庭成员提供一个参与有意义的事情、实现家族慈善目的和其他利益的机会。

（2）捐赠者建议基金

私人基金会被创立，可以直接执行一个或者多个慈善活动，这要求大量的管理和后台支持。还有一种选择是捐赠者建议基金，这需要少量的管理。捐赠者建议基金是一种第三方管理的慈善捐赠通道，是因为一个组织、家庭、个人的利益而设立的管理慈善捐赠的基金会，通过这样的通道，捐赠者具有推荐该慈善基金的接受者的权力，不需要受到与私人基金会有关的费用制约和管理。

捐赠者建议基金是一个流行的替代私人家族基金会的方式，例如，富达慈善基金会的捐赠账户。它可以为家族提供一种创建捐赠结构的方式，同时提供更大的税收优惠和更低的行政负担。捐赠人建议基金就像一个慈善投资账户，只用于支持该捐赠人关心的慈善组织。它可以承载家族的姓或选择的任何其他名字。在做出不可撤销的捐赠后，捐赠家庭可以向赞助者提出建议，以便在一段时间内为任何符合 IRS 非盈利资格的公共慈善机构提供资助；没有强制性的年度支出。

赞助捐赠人建议基金的慈善机构处理基金的管理和所有必要的记录。比如在富达慈善基金会基于网络的平台让家族更容易管理他们的捐赠，并能够看到他们的影响力。如果相关家族希望在捐赠时保持匿名，捐赠者建议基金也可以提供这个选择——不像私人基金会要求所有的捐赠都要公开披露。此外，对于做出重大慈善承诺的捐助者，一些捐助者建议基金的组织者提供额外的支持和服务，如富达慈善基金会。私人捐赠团体的成员可以接触到一位敬业的慈善战略家，他可以帮助一个家族创建一份使命宣言或实施捐赠战略。

在法律和税务顾问的帮助下，家族将现有的私人基金会转变为捐赠者建议基金的做法越来越普遍。对于那些希望创建一个家庭捐赠传统，但可能没有建立私人基金会所需的资源的人来说，捐赠者建议基金也是一个选择。

（3）家族办公室

美国国家家庭慈善中心（National Center for Family Philanthropy，NCFP）的一份报告发现，越来越多的美国富裕家庭正在考虑让家族办公室来管理他们的慈善捐赠。通过家族办公室管理慈善事业对家族来说是一种非常有效的方法，特别是当家族有多个分支，而且使用了大量的慈善工具的情况下。而为了做到这一点，家族必须认真关注结构和治理，理解家族的目标和价值观，并进行有效的沟通。这是可以做到的，许多家族通过利用每一个家族成员的优势，对社区产生更大的影响，并为家族带来更大的满足感。另外，可以定期回顾一下家庭捐赠策略的效果。即使是在家族其他活动中，花一些点时间参加这样的活动，也能让家族一起享受奉献的成果。

15.4 家族办公室在慈善事业中的比较优势

最近 30 年来，全球财富社区的慈善活动一直在增长。随着成熟的参与者和新参与者的加入，慈善家们需要仔细分析哪些捐赠策略最适合他们家族的愿景、目标和可用资源，

而家族办公室在财富管理领域的专业能力及关系网络,能发挥其独特的优势。进入21世纪以来,慈善事业慢慢发展成四种主要类型:

- 传统慈善事业。
- 以公益创投为代表的创业型慈善事业,包括天使慈善、公益创投、创业慈善。
- 催化型慈善。
- 以影响力投资为代表的策略性慈善。

1997年哈佛商业评论(Harvard Business Review)刊登Letts、Ryan和Grossman三位作者共同撰文《道德型资本:基金会可以向创投资本家学习些什么》(Virtuous Capital: What Foundations Can Learn from Venture Capitalists),挑战当时公益基金会所惯用的捐赠或奖助提案经费的手法,主张应仿效创投基金的方式,并结合多种财务工具及非财务资源,采取高度参与模式(High-Engagement Models)来协助以实现特定社会目标组织(Social Purpose Organizations,SPOs)的进展,而非仅专注其捐款和提案的成效。这篇文章在当时引起热烈争辩,自此开启了一个新思潮与新运动。公益创投、社会影响力投资、催化型慈善等新名词开始出现在报章杂志,只是不少人对这些新名词仍相当陌生。在投资的光谱上,公益创投与社会影响力投资等于中间派。有别于传统基金会惯用的捐赠资助模式,公益创投与社会影响力投资主张更积极参与、长期陪伴支持、财务资源与非财务资源并用、重视被投资社企的影响力衡量与管理。在财务工具运用上,公益创投与社会影响力投资视被投资社企所需,弹性采用捐赠资助(Grant)、借贷融资(Loan)、股权投资(Equity),或多种工具组合使用。

我们先来谈一下催化型慈善。

15.4.1 催化型慈善

传统慈善事业是大家最熟悉的类型,这一慈善类型关注的是捐赠者选择支持哪些慈善组织或慈善项目,以及向它们捐赠多少时间/金钱,在本章的前面我们已论述。催化型慈善的内涵是,让捐赠者改变世界的雄心与他们承担责任的勇气相匹配,利用各种影响力和领导力,同时最大限度地利用好每一元慈善捐款以达到最佳的慈善效果。例如,一个组织的企业社会责任项目,可能是通过影响政府和迫使它更多地投资于该慈善项目,或者通过更加努力的工作与合作伙伴合作获得更多的对该慈善项目的支持。长期以来,传统的慈善机构一直在进行投资,把设计和实施解决方案的责任推给非营利机构,这就留下了很多的漏洞,使很多问题得不到解决。

催化型慈善是一个新兴趋势,它的最大特点是投入的不仅仅是资金,还结合了专业知识和影响力等,是解决很多社会问题的催化剂(触发器/支持者)。它有助于推动多部门共同发展,产生可衡量的影响。它的最终目标,就像任何其他类型的慈善事业一样,是支持一些慈善活动/项目,并使用所有可能的工具和捐赠资源来激发积极的改变。催化资本需要耐心、风险承受能力和灵活性，非常适合用于家族办公室的介入。因此，家族办公室是催化型慈善的关键的倡导者和革新者。

家族办公室可以从慈善组织的捐款人发展为催化型慈善的资本投资者。对家族办公室而言，让教育、社交和与家族建立关系很重要。评估催化慈善的资本价值，以及将其视为一个合适的工具并将其纳入更广泛的影响战略是至关重要的。下面的方式可能会支持所有类型的家族办公室成功地整合催化慈善的资本投资：

（1）设定目标

随着家族办公室进入催化资本领域，为其影响力和财务回报设定目标非常重要。家族办公室要达到什么效果？家族办公室希望其投资有什么回报？

（2）找到正确的可验证的试行方案

从小事做起往往会有帮助：从一个灵活的捐助者建议基金开始，提供有影响力的投资可以为实验创造空间。家族办公室也可以选择从他们的慈善预算中拿出有限的"分拆"资金。对于任何家族办公室来说，开发合适的系统来组织交易通常都是一个新的挑战，因此，从一种相对简单的交易类型入手，可以最大限度地缩短学习曲线。

（3）考虑外部合作

家族办公室外部有许多具有催化作用的各种类型的资本投资者，他们可能愿意建立一种合作关系，这种合作关系将扩大他们的影响力，同时分享最佳实践。与有经验的催化型慈善的资本提供者合作，可以帮助确保平稳和充满学习的过渡。

（4）考虑家族办公室各部门之间的关系

如上所述，通常存在的组织防火墙和企业文化规则，使混合投资和影响力投资受到合规和法务等部门的挑战。需要让家族办公室的相关部门和慈善项目方的利益相关者参与进来，并决定操作规范、限制和决策权应该如何设计。

（5）不要跳过商业性融资服务提供方

家族办公室在选择合适的预算和形式进行催化性慈善的资本投资时，可能会采取不同的方法。不过，商业性融资服务提供方的参与是了解投资及其潜在业绩的关键一步。商业性融资服务也有助于将催化资本与传统的慈善事业区分开来。

（6）建立商业模型类型并积累相关慈善领域的经验

聚焦家族办公室已经在战略上关注的一些慈善领域，并努力深入研究这些影响的社会创业型慈善企业家模式，构建适合家族办公室的商业模型类型。

总而言之，家族办公室在催化型慈善的资本投资方面发挥着至关重要的作用，但这需要创造力和奉献精神。家族办公室注重影响力，再加上耐心和灵活性，使家族办公室成为在目前其他机构投资者尚未涉足的催化型慈善领域的理想合作伙伴。

15.4.2 风投型慈善

以公益创投为代表的风投型慈善事业在过去几十年里变得越来越流行，尤其是在企业界，家族办公室在这一领域也越来越活跃。这种慈善的追随者试图扩大非营利组织的影响范围和影响程度。公益创投、天使慈善、企业家精神慈善、影响力投资为代表的策略型慈善，这些模式远远超出了开出支票就结束的传统慈善的范围，而且往往对投资解决全球和/或地方的社会、环境等问题有深入和长远意义。风投型慈善事业是指运用或改良传统风险资本融资的原则来实现慈善事业。在通常情况下，它是与慈善创业公司和相关公司一起实施的，因为提供资金的风险资本将在这些领域拥有最广泛的经验，家族办公室在这一领域也大有可为。

风险资本家有时会把他们的资源用于慈善事业，并称为风投型慈善事业。这些投资者处于激励和引导变革的绝佳位置，因为将他们的体系从资本主义追求转向慈善事业相对容易。除了直接投资之外，由风险资本的专家转型的慈善家可能还会以其他方式提供支持，比如高管培训或董事会管理。

风投型慈善事业将风险资本投资的大部分原则应用于初创企业、成长型企业或承担风险的社会企业。它的兴趣点不在于利润，而是在促进某种社会公益的投资。它也是一个总括性的术语，可以用来指代许多不同类型的慈善投资，但值得注意的是，它与影响力投资不同，后者更强调盈利，同时投资于解决社会问题的企业。风险慈善的特点是高度的投资者监督和参与，此外，融资计划是专门为一个公司或组织的能力建设需求量身定制的。通常情况下，主要捐助者会成为他们支持的组织的董事会成员，并会通常密切参与企业的运营或管理方面的工作。

风投型慈善事业通常专注于建立资本和规模，同时还会提供非财务支持，如高管建议、利用自己的平台营销计划和衡量业绩。从战略上讲，这些实践大多来自于成功的风险投资计划，但判断组织有效性的标准，如整体社会影响，偏离了通常的标准。随着气候变化和环境恶化的意识上升到公众关注的前沿，公益创投活动有所增加。然而，有迹象表明，中国正在放弃在慈善投资领域的主导地位，转而影响了投资，即在追求利润的同时承担社会责任。"限量及交易"排放权交易市场或对可持续经营企业的补贴，试图弥合市场对利润的追求与对社会责任商业行为的慈善关怀之间的差距。

15.4.3 风投型慈善与影响力投资的区别

我们在第12章讨论了影响力投资。影响力投资和风投性慈善的不同之处包括以下几个方面。

首先，以公益创投为代表的风险慈善事业存在的时间要长得多。公益创投这个短语是由约翰·D·洛克菲勒三世在1969年创造的。他的慈善创投理念被认为是"资助不受欢迎的社会事业的一种冒险方式"。风险慈善事业在20世纪90年代中后期达到顶峰。影响力投资在2007年成为了一种"道德"性投资策略，这个词是由洛克菲勒基金会创造的。当时，影响力投资被定义为"从新的来源动员大量私人资本，以解决世界上最关键的问题"。

其次，风投型慈善特别关注社会公益事业，而影响力投资则涉及更广泛的社会和环境公益事业。这两种投资的目的通常都是在对世界产生积极影响的同时获得财务回报，但并不是所有的投资都能产生财务回报。影响力投资的双重目标是盈利和创造积极的社会或环境，可以发生在发达国家或新兴市场。在新兴经济体中，小额信贷项目很受欢迎，但影响力投资也为改善就业和教育机会、支持可持续农业、使医疗或住房负担得起以及发展清洁技术提供资金，一般通过私人股本、贷款或固定收益证券来实现。许多大型企业——包括苹果公司、特斯拉汽车公司、通用电气公司和第一太阳能公司——已经开始着手减少供应链中的碳足迹。当一家私人或上市公司正在采取这种方式时，为该公司提供资金就是一种影响力投资。

风投型慈善事业更加关注资本的建设，而不是一般的运营费用，而且有大量的受助人参与，帮助推动创新。此外，风投型慈善还非常强调绩效评估，其主要目标是改进系统和部门，而不是促进单个组织和为单个项目提供资金。风投型慈善事业的参与期限至少为3年，平均为5—7年。大多数风险慈善投资都是通过基金会或私人股本公司进行的。而影响力投资就没有时间框架了，它更像是一种"需要多长时间就有多长时间"的方法。

影响力投资是双重目的，投资者希望在获取利润的同时，对世界的社会或环境问题产生积极影响。而风险性慈善的目标一定是对世界产生积极的影响，对于同时获得利润的要求，并不总是其目标。

影响力投资和风投性慈善事业二者有一个共同点：家族办公室在影响力投资和风投性慈善事业都很活跃，而且是推动二者发展的重要力量，甚至是关键力量。

第16章
家族办公室与家族的跨代传承

在家族办公室业界经常谈论所谓"92规则"（Rule of 92），92规则意为一个超高净值家族92%的财富会在三代内手中消失。其原因在于家族往往只关注所谓的"硬需求"（例如，家族资产配置等），而忽视了对下一代进行家族价值及使命的教育以及继承规划等"软需求"的重要性。根据家族办公室业界的经验，没有跨代传承计划、跨代传承计划执行得不好，或者跨代传承计划设计得不好，都可能导致家族在三代内失去几乎所有的财富，而家族办公室的使命之一，就是"始终致力于证明这条规则是错误的"。

家族财富，即家族的金融资本是和其他资本相互依存而存在的，金融资本很难单独被传承下去，必须和其他资本一起传承下去才能保证家族的辉煌得以永续。因此在家族传承领域，其他形式的资本的重要性也丝毫不逊色。除了金融资本，还有智力资本、社会资本、人力资本和精神资本。没有后四项，金融资本孤立的传承就没有太大意义，这就是"92规则"难以被突破的原因。

16.1 家族跨代传承概述

"92规则"在很多国家都有类似的表述。如中国有所谓"富不过三代"一说；英语世界也有一个类似的谚语："Shirtsleeves to shirtsleeves in three generations（第一代从只有衬衫的衣袖开始发家，三代后也只剩下衬衫的衣袖）"；意大利类似的谚语叫"dale stalle alle stelle alle stalle（从牛棚到星空再到牛棚）"，墨西哥的比较直白："Padre bodeguero, hijo caballero, nieto pordiosero（父亲富商，儿子绅士，孙子乞丐）。"这些谚语都概括了超高净值家族衰败的倾向，以及家族将财富代代相传时面临的困难。当然，这句话并非普遍适用，也有许多成功的家族的例子，把家族财富传承了三代甚至更久。

家族跨代传承是为家族的主要领袖退休或死亡后的家族治理及家族财富管理做规划、

计划和执行。家族跨代传承要考虑和计划多个问题，如果涉及家族企业则会有更多的问题，如出售业务的财务后果、所有权的转移和业务操作的控制；有些家族企业可能留在家族内部，并传给下一代，有些家族可能会发现没有人有兴趣或有资格继承家族企业，因此必须在家族以外寻找接班人等。即使不涉及家族企业，家族的跨代传承也是一项非常复杂的工程。

将家族文化及财富代代相传的过程中充满了荆棘。一方面，任何一种商业或投资都存在不可避免的固有风险，另一方面，也存在更多的个人风险，如家庭成员的后代挥霍无度或缺乏职业道德。对于所谓的"超高净值"的家族来说，成功的几代人财富转移可能尤其复杂。家族办公室在这方面有得天独厚的优势。家族办公室有能力更直接地监督自己的投资，此外，家族办公室可以更好地整合其他重要的优先事项及资源，如遗产规划、税收规划和慈善规划。更重要的是，家族办公室还可以促进一种共同的价值、精神和愿景，这种价值、精神和愿景可以传递给后代，这被证明是对家庭的一种深远的无形利益。

16.2 家族跨代传承的规划

家族跨代传承的规划可能听起来令人有些生畏，这是因为把家族共同的价值、精神和愿景，以及家族的财富代代相传是一个巨大的挑战，其实它应该是家族治理的一部分。家族跨代传承的规划一般分散在家族治理的各个文件中，不能用一个文件来涵盖所有的问题。而家族跨代传承的计划则不同，它可以是一份确定性的文件，也可以是一系列的问题、答案、方法和想法，需要酝酿。家族跨代传承的规划和计划都是家族的一部分，家族跨代传承的规划包括家族跨代传承的计划。

16.2.1 教育对家族跨代传承的规划中的重要性

家族跨代传承的规划都是从教育下一代开始的。在教育子女或孙辈了解家族共同的价值、精神和愿景对家族的重要性方面，不是为时尚早的事情。每个家族成员都需要了解，当涉及企业创造的财富时，他们的责任是什么。正如福布斯富豪榜上的许多家族已经知道的那样，除了正常的学历等教育之外，家族教育也至关重要，任何继任计划都需要把资源投入到教育方面。很多家族花了很多精力为他们的新一代家庭成员构建了一个全面的教育计划。

教育下一代对家族跨代传承的规划是至关重要的，当然也是一个特殊的挑战，因为在早期阶段，大多数人都不知道他们的计划是什么。他们可能还不知道是否想让下一代接管家族企业或家族办公室，甚至不知道下一代是否会感兴趣。也许这代人现在还没有坚定的想法，不知道他们是想把家族企业或家族办公室长期留在家族里，还是要把它卖掉。首先要承认可能会有一些悬而未决的问题。尽早把这些问题摆到桌面上将有助于制定一个行动计划。在家族对下一代的教育既是一个培养人才的过程，也是一个培养兴趣的过程，更是一个发现人才的过程。如前所述，家族在考虑传承时，慈善常常被用作一种强化家庭价值观的工具，运用良好的慈善策略可以为集体决策奠定基础，同时也为后代灌输家庭价值观。另外，它还提供了一个独特的机会，让下一代参与决策的制定，并引入一个持久的治理框架。一些家族已经采纳了包含家庭慈善管理原则的《家庭宪章》，在大多数情况下将适用一些原则，如制定家庭慈善战略，它是家庭成员参与反映其文化或宗教价值观、兴趣和专业知识的压倒一切的战略机会，并为慈善捐赠提供了一个持久的框架。

家族财富作为资本而存在一般被称为金融资本。资本被定义为："资本，特别是以金融或实物资产的形式，用于生产或积累更多的财富。""财富"是指"丰富的有价值的物质财产或资源；最后，资产被定义为："所拥有的有价值的物品；有用的或有价值的品质、人或物。"

家族的金融资本是和其他资本相互依存而存在的，金融资本很难单独传承下去，必须和其他资本一起传承下去才能保证家族辉煌永续。因此在家族传承领域，其他形式的资本的重要性也丝毫不逊色。除了金融资本，还有智力资本、社会资本、人力资本和精神资本。没有了后四项的支持，金融资本的传承就没有太大意义，这就是"富不过三代"的原因了。

除了财富，一个国家的经济还要依靠人力资本的运转。既人们购买其他人发明、制造、分销和销售的产品。当今世界正在抗击新型冠状病毒疫情就是一个很好的例子：当大量人力资本被关闭，人们无法过上正常和富有成效的生活时，会发生什么：企业收入大幅下降，失业率飙升，房租收不回来，拖欠抵押贷款增加了丧失抵押品赎回权的可能性，商店的货架上没有需要的物品，有一些企业关门甚至不会重新开业，破产增加，储蓄和退休账户被耗尽。如果不能应对得当，金融资本将会枯竭。同样，社会资本也将受到影响：我们不能握手和拥抱，被禁止在一个地方聚餐，不能看电影或参加体育活动，人际交流被简化为发短信、打电话或Skype虚拟会议，无法获得新客户，并与他们应该服务的客户建立其信任关系。人际关系需要与他人互动和个人接触。所以，当社会资本不存在时，金融和人力资本就会受到冲击。

智力资本推动创新和生产。它训练人们在选择的工作或职业上取得成功。科学家、医生、教育家、企业家、零售商、理发师和设计师等都需要某种形式的教育和经验来完成他们的工作。如果一个人不能走出家门去找工作，不能与人交流，不能请教练或导师，不能尝试新事物，不能成功或失败，那么他如何获得经验呢？人们需要那些在他们最擅长的领域受过训练和教育的人，并为他人服务。所以，智力资本是人力资本和社会资本的重要组成部分，是产生金融资本的必要条件。

最后，精神资本是一切的基础。每个人都有自己的信仰，没有信仰，就没有希望，没有希望，人们就会放弃，因为他们没有动力去尝试或成功。没有了希望，人们就不需要学习，不需要社交，不需要别人的帮助或去帮助别人。当人们有希望时，他们才会用他们的资本给予别人希望，所以精神资本也会引导人们投身于慈善事业。没有了某种形式的精神资本，就不需要人类、智力、社会资本或金融资本。

所以，每个家族都是在特定的社会中存在的，金融财富也是以特定的社会存在为前提的。每个家庭都有精神、人力、社会、智力和经济资本，问题在于，太多的家庭把重点放在金融资本上，尤其是因为金融资本是其他四种形式有效运用的产物，而非发起人。一个家庭或个人是否拥有少量或大量的财务资本，将直接关系到他们如何使用他们的精神、社会、人力和智力资本，也就是说，它们都是相互联系和相互依赖的。金融资本的获取和使用方式对其他四个方面有积极或消极的影响。因为大多数人只从财务角度考虑财富。它们是时间、才能、训练和财富，最后是金融。

当涉及家族企业时，这一点尤其重要，因为它和财富将转移给后代。利用这五种形式的资本来帮助下一代学习如何有效地利用时间，得到适当的培训来发展他们的才能，然后利用这些才能来保存和增长财富（金融资本）。法律文件仍然是必要的，但不能完全限制一个家庭的决策和行动，需要利用他们的时间、人才、培训和财富，来不断改善整个家庭的五种形式的资本，使所有的世代受益。因此，教育对家族跨代传承的规划是至关重要的。

家族办公室可以帮助家庭成功渡过人生风暴，使家庭中的每个人都受益。在本章的后面我们将要论述家族办公室在对下一代的教育方面也发挥着不可替代的作用。

16.2.2 形成一个家族跨代传承的计划

在制定一个家族跨代传承的计划时，首先需要定义的是家庭成员的角色和责任，并考虑家族成员在家族企业或家族办公室未来的角色。相对于非家族专业人士或现有员工，家族成员加入董事会或接管所有权有哪些选择？谁将负责公司的日常运营？谁是拥有最终控制权的有投票权的股东？这些问题的答案涉及关于未来所有权的决策。通过一个顾问团队帮助评估所有这些内容，整个家族使可以更好地了解他们目前和未来的业务价值。家族主要成员也可以分别考虑这些问题，并在适当的时候做出决定，不必步调一致。

同时税收影响也是需要考虑的，税收方面的考虑是尽早整合计划中重要的方面之一，因为尽早转移实体并让它们在遗产之外发展会带来很大的好处。另外考虑一下，如果家族成员不再想要成为企业或家族办公室的一部分，会发生什么？家庭成员买断股份会带来税收和其他财务影响，需要提前计划应对。

家族跨代传承的计划一般分为两部分：家族财富的多代资产配置计划，以及家族财富的转移计划。二者有重叠的部分，其核心是家族财富控制权和所有权的转移，家族财富的转移计划也是一个动态的过程，可以早至第二代、第三代乃至第四代。在出生时会为他们设置一个信托基金（Trust Fund）以支付他们未来的教育和生活费用开始。

16.3　家族办公室在家族跨代传承中的功能

从本质上讲，家族包含着一张关系网——在不同的世代之间、不同的世代成员之间，以及与外部各方之间的关系。这些关系是源于共同的经历和对事件的不同情绪反应所形成的，因此，做出客观的决定是困难的。

家族成员之间对现状的看法也会不同。一些建立了超高净值家族财富的第一代可能无法理解子女的挫折，他们只是希望在家族企业或其他家族活动中留下自己的印记，但拒绝让他们的子女边做决策边从错误中学习。而年轻的家庭成员则认为他们的高教育水平使他们有资格承担更多的责任，但实际上他们还没有能力来承担这些。拥有所有权的第一代可能期望在管理问题上比年轻的家族成员拥有的更大的影响力。如果没有明确的讨论和任何共识，就很容易对家族的目标和价值观做出假设，这些问题中有许多是家庭成员难以独自解决的。有时，达成一个相互理解的共识需要一个客观的外部顾问的参与，他能看到家庭不同成员的观点，同时在讨论中把家族的最大利益放在核心位置。

因此，家族办公室可以在家族传承中承担不可替代的角色：家族办公室对家族有足够的了解，和家族之间有足够的信任，而且具有相应的人才和专业去完成家族传承的顾问的角色，通过周密的计划，来实现家族财富保值增值目标。通过明确家族的价值观、治理程序和重要进程，可以为家族的安全未来奠定基础。家族办公室的家族传承计划对于家族财富的保值增值、确保持续的慈善支持以及建立未来几代人的财务健康状况至关重要。

一般来说，家族传承计划有三个维度：人员，结构和流程。首先是人才，然后是流程和结构，因为在人的周围建立一个结构很容易，但是找到合适的人来建立这个结构却很难。不同的人会定义不同的流程和结构。有能力和有经验的人通常喜欢灵活的过程和结构，这样可以充分应用他们的知识和经验，缺乏经验的人可能需要一个预定义的过程和坚实的结构来支持他们。另外人的数量也会影响过程和结构，小的更灵活，大的较古板。家族办公室可以通过制定相应的流程，使家族的下一代慢慢地参与到家族财富的管理之中，既是教育和培养人才的过程，也是发现人才的过程。

因此，家族办公室可以更好地整合其他重要的优先事项及资源，如遗产规划、税收规划和慈善规划。更重要的是，家族办公室还可以促进一种共同的价值、精神和愿景，这种价值、精神和愿景可以传递给后代，这被证明是对家庭的一种深远的无形利益。家族传承计划的结构包括信托、基金会和公司等法律结构。一般会包括家族办公室，以及家族理事会、投资政策、家族治理等运作结构。

16.4 家族办公室在家族跨代传承中的实践

多年来我们一直在关注家族办公室在家族跨代传承中的实践进程。据了解在2017年，只有不到一半的家庭制定了接班计划。2018年有1/3的家族已经在家族办公室的高管或管理岗位上设立了下一代人，约1/5的家族办公室已经在董事会设立了下一代人。只有不到一半的家庭完成了长期的接班计划。到2019年，有超过一半的家庭制定了继任计划。这些家族的跨代传承计划中只有1/3形成了正式的书面文件。

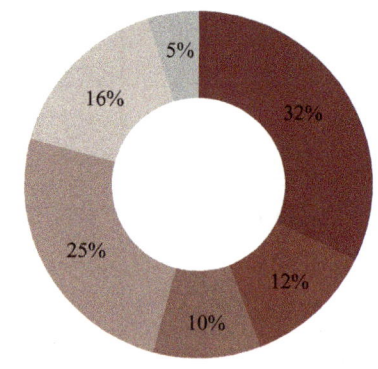

图 16-1 家族传承计划状态

资料来源：The UBS/Campden Wealth Global Family Office Survey 2019。

家族成员在讨论家族跨代传承计划的具体问题时可能会感到有些不愉快，因为这是一个敏感的问题。当被问及家族办公室在家族跨代传承计划中面临的挑战是什么时，受访者表示：讨论敏感话题令人尴尬；下一代往往太年轻，无法计划他们的未来角色；上一代不愿意放弃控制，以及新一代不够资格来接管家族财富的管理。那么，家族办公室和家族准备好了吗？据调查，已经准备好和有所准备的家族的比例是70%，但下一代却只有一半已经准备好和有所准备。当受访者回答下一代什么时候会接管家族的财富时，有40%的人表示会在40多岁，27%的人回答是30多岁，18%的人说50多岁，全球平均为45岁。在地域差异方面，家族传承在北美最晚，亚太地区最早，下一代接管北美家族财富的平均年龄为47岁，欧洲为45岁，新兴市场为43岁，亚太地区为41岁。

第16章 家族办公室与家族的跨代传承

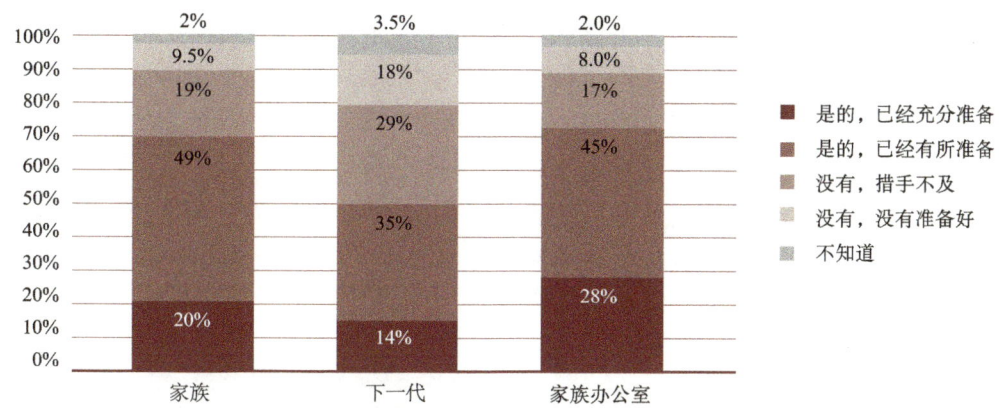

图 16-2 按类型细分的准备层度

资料来源：The UBS/Campden Wealth Global Family Office Survey 2019。

	欧洲	北美	亚太	新兴市场	全球
20s	0	1.3%	4.7%	5.3%	1.9%
30s	22%	21%	49%	26%	27%
40s	46%	39%	30%	47%	40%
50s	23%	18%	12%	16%	18%
60s	0	8%	0	0	2.9%
70s	0	1.3%	2.3%	0	1.0%
Average	45 years	47 years	41 years	43 years	45 years
N/A	8.7%	12%	2.3%	5.3%	8.2%

图 16-3 按照区域细分的下一代已经/将接手家族财富的年龄

资料来源：The UBS/Campden Wealth Global Family Office Survey 2019。

另外，有28%的下一代已经在过去的10年里接管了家族财富；38%的家族将在未来10年内被下一代接管，另外28%的家族的财富将在超过11年以后被下一代接管。

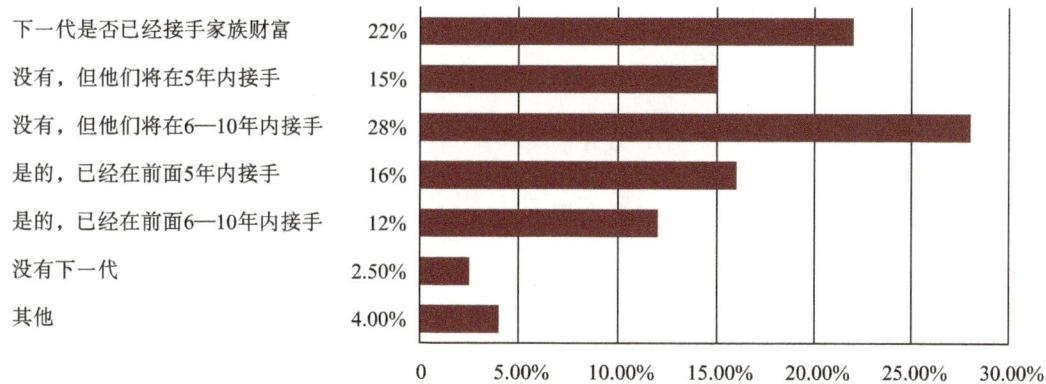

图 16-4 Whether the next generation has assumed control of the family wealth

资料来源：The UBS/Campden Wealth Global Family Office Survey 2019。

家族办公室在家族跨代传承的实践中发现，慈善事业可以教会家族下一代有关财富的知识。慈善捐赠和运作过程是教育年轻家族成员了解家族运作富有成效的方式，可以帮助他们学习寻找项目资源、计划、预算、绩效和更广泛的管理技能，还可以教给他们有关家庭价值观的基本知识，作为家庭遗产的一部分意味着什么，以及回馈社会的一般需要。因此，有 1/4 的家族办公室目前在慈善事务上与下一代合作。

在另外一个领域，家族办公室可以对下一代进行培训，让他们介入家族办公室的管理或运作。目前超过 1/3 的家族办公室聘用下一代成员担任高管，1/4 的家族办公室让下一代进入了董事会。

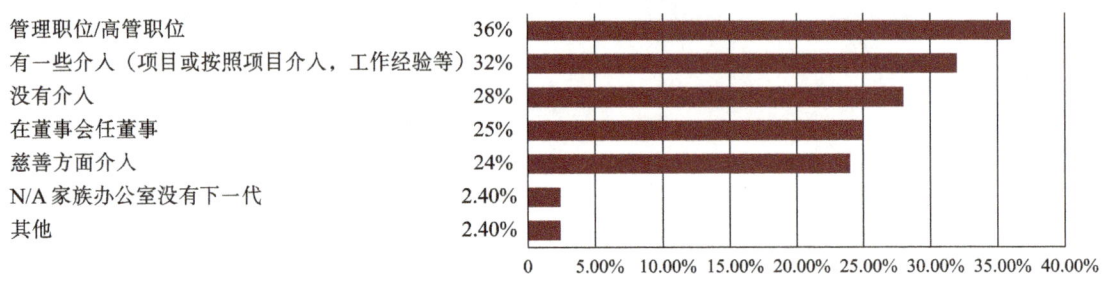

图 16-5　下一代对家族办公室的介入

资料来源：The UBS/Campden Wealth Global Family Office Survey 2019。

16.5　家族办公室的多代资产配置策略与家族传承

如前所述，当多代共同拥有的财富被一个家族办公室管理时，重要的一点往往是家族内部要有共同的价值观并保持密切沟通，家族办公室的任务是确保家族传承不会导致家族企业和家族办公室的经营中断。另外，家族办公室应有适当的多代资产配置策略，能够确保连续性，有助于家族财富的传承。

16.5.1　家族办公室的多代资产配置策略的重要性

家族办公室的接班计划对于巩固和积累家族财富、确保持续的慈善支持以及建立未来几代人的财务健康状况至关重要。

首先，不要把家族传承计划视为一劳永逸的永久性文件。其次，家族办公室的多代资产配置策略可以提供缓冲，而家族传承计划应该随着时间的推移而演进。另外，对于家族的未来愿景要有一个清晰的结构，因此家族会议也应该是战略性的，把家族的未来放在议程上。要了解家庭成员、特别是下一代是否想加入董事会，谁将拥有做出重要决定的投票权，未来董事会中是否包括非家族成员等。家庭成员是最重要的利益相关者，但还有其他利益相关者。家庭办公室是否支持特定的慈善机构？是否应该建立一个致力于特定事业的基金会？通过考虑每个受业务影响的人，我们可以将他们纳入我们所定义的未来。因此，家族办公室应该制定一个多代资产配置的策略。

以上只是家族办公室制定一个继承计划的基本考虑。传承计划不应该推迟到将来，对家族下一代的教育和培养也不能拖延。

16.5.2 家族办公室的多代资产配置策略

家族办公室的多代资产配置策略，需要依赖于多种因素，包括补充资产配置的家庭人数，家庭对流动性的需求，投资类型，家庭成员的相关情况，整代人关于财富传承的观念，以及选择的投资工具等。

有很多方法可以用于多代间的资产配置策略。比如在代际资产配置时，可以为每代人构建不同的资产配置，也可以为整个家族构建一个同样的资产配置，还可以为每代人或者每个家庭成员构建不同的多样化的资产配置等。如短期投资（如现金资产）、中期投资（如公开市场股权）和长期投资（如私募股权或房地产项目等）相结合。家族办公室需要考虑如何选择和补充多代资产配置及资产，需要对家族量身定做一个最佳的策略，可以采取的如下方法：

- 分析家族企业和家庭财富的投资组合；
- 建议谨慎多元化投资一些适合多代配置的资产；
- 理解和管理家族财富增值的需求和家族消费需求的矛盾；
- 帮助家族制定计划，增加配置一些金融资产，培养家族人才，加强家庭团结；
- 协助家族对传承的设计、实施和管理。

为一个多代家庭构建资产配置是一门艺术，在决定使用哪种策略前需要考虑众多因素，其中最重要的因素就是家族成员的具体情况。家族办公室要根据每一个家族成员的具体状况找到一个适合他们的方法。这种策略能够同时满足所有家族成员的需要和实现家庭的财富增值的目标。

16.6 家族办公室的家族财富代际转移的工具和技术

把家族共同的价值、精神和愿景，以及家族的财富代代相传下去是个巨大的挑战，这应该贯穿在家族治理的全过程中。家族跨代传承的规划一般分布在家族治理的各个文件和会议中，一般无法用一个文件来涵盖所有的问题。家族财富的代际转移也同样是一个动态的过程。家族财富的代际转移可以在家族的第二代、第三代乃至第四代出生时为他们设置一个信托基金（Trust Fund），以支付他们未来的教育和生活费用，但并不是一劳永逸的。

在形成跨代传承的计划时，家族应该明白不存在一个千篇一律的正确方案，家族传承是因人而异的。如果下一代对财富管理有兴趣，而且有能力，就应该多应用一些主动性的财富管理工具，如设立一个家族私人基金会，担任家族办公室的CEO，乃至管理一个家族企业等。如果下一代对财富管理既无兴趣，也无能力，就应该多应用一些被动性的财富管理工具，如信托等。但没有任何一种工具可以单独解决代际财富转移、资本利得、所得税、赠与税和遗产税等所有可能存在的问题。因此，每个家族都要讨论他们的目标，随时关注整个资产负债表，不能只专注于一项资产，而是着眼于全局，为家族找出一个最佳的解决方案。

家族财富代际转移的常用策略

对于许多高净值家庭来说，代际财富转移是一个重要考量，是利用已被证明有效的代际财富转移策略，为未来几代人提供生活保障，同时将税收的影响降至最低。

不过，各国税法以代际转移税（generation-skip transfer tax，又称GST税）的形式，使高净值人士对后代的捐赠变得复杂。因为"跳过"一代人的礼物或遗产可以在子女的层面上避免缴纳遗产税，所以GST税是用来避免对遗产税这种规避的。例如美国，礼物税、遗产税和GST税免税额是统一的，所以所有三种税的免税额都是相同的，需要其他策略。通过有效的计划，有几种策略可以最大限度地避免几种税收，将遗产赠与或留给后代。一个简单有效的使税收额最小化的方法是给在赠与人仍然活着的时候将这些资产交给受益人。下面我们以美国为例来说明。

利用每年的礼物免税额度

如果祖父母准备给孙辈的资产接近或刚好超过遗产税限额，他们则可以通过每年的赠予免税额度避税。虽然他们可以在每年的限额内送出资产，但把资产传给孙辈的最佳方式之一是使用第529条大学储蓄账户（Section 529 college savings accounts）。这种类型的大学储蓄账户允许祖父母拥有该账户，并对捐款、投资决策和分配进行完全控制。如果孩子决定不接受高等教育，祖父母甚至可以改变受益人。通过第529条大学储蓄账户转移资产是一个合法的避税手段和工具，可以从遗产中扣除大量现金，同时为孙辈和他们的父母提供灵活性和具体的税收优惠。

有几种方式可以通过第529条大学储蓄账户计划来合法第转移资产———一年一次或者五年一次。具体如下：

• 年度礼物：个人可以给每个孙辈每年最多14000美元的礼物，而一对夫妇可以给每个孙辈总共28000美元。

• 五年期礼物：通过五年期礼物，祖父母可以一次送出五年的年度扣除额度。已婚祖父母可以给每个孙辈14万美元；单身祖父母，可以给每个孙辈7万美元。然而，如果赠与人在这五年期间去世，部分赠与将会回到赠与人的遗产中。

这种资产转移方式对祖父母、父母和孙辈都非常有益。对祖父母来说，赠送第529条大学储蓄账户计划的礼物被视为一种直接的、直接赠送给指定受益人的免税礼物，避免了

GST 税收。如果祖父母有多个孙辈，他们可以每年通过这个策略捐赠一大笔钱，或者采用五年期计划策略。例如，一对有 5 个孙辈的夫妇采用 5 年期策略，可能会从他们的遗产中扣除 70 万美元。对于父母和孙辈来说，第 529 款储蓄账户中的资金可以免交所得税，只要用于与上大学有关的费用，就是合格费用。合格的费用包括大学学费、食宿费、书本费、用品费和设备费。所以，许多超高净值家族的祖父母往往在他们的孙辈刚出生时，就以第 529 款储蓄账户的方式为他们的孙辈设立信托基金（Trust Fund）。

王朝信托（Dynasty Trusts）

如果上一代有一大笔财产，而且大大超过遗产税的限额，则可以建立一个王朝信托，为子孙后代提供保障。在当前美国的税法下，建立王朝信托可以让家族避免遗产税、赠与税和对未来几代人的其他税种。

可以跳过的后代的数量取决于建立信托的州的法律。通过将资产置于这种信托中，上一代人可以为几代人而不是一两代人——你的子孙后代创造财务安全。

因为信托在家族财富传承中非常重要，本章将在下节专门论述关于信托以及信托与其他工具的结合。

私人经营（家庭）基金会

许多超高净值家族建立家庭基金来完成他们的慈善目的并且必须每年捐出资产（调整为等于债务和货币储备）的 5%。

私人基金会需要满足美国国内税务法典（the Internal Revenue Service Code）第 501 条的规定。私人基金会和公共慈善机构的不同点是公共慈善机构一般获得他们的资金或者支持主要来自于公众，即收到的来自个人和政府的捐赠，而私人基金会的资金经常源于单一资金来源，例如个人或者一个家族，一个私人的基金会不会从公众那里募捐资金。

个人基金会和公募基金会的税收处理也存在一定的不同，明显的限制在于捐赠到私人基金会的捐赠收入税减免额度。一般来说，捐赠货币到一个私人基金会可减免额度，最高值 30% 的捐赠人的调整的总收益（AGI）。如果捐赠的是非货币，则这个比例不超过 20%。在一些例子中，捐赠人的免除额取下面两个值中的较小的一个：一个是捐赠者收入税基准和捐赠的资产的价值。相比之下，捐赠给公共基金会的货币的免税额可以达到捐赠者 AGI 的 50%，然而非货币捐赠的免税额为捐赠者 AGI 的 30%。在大部分例子中，一个捐赠者向公共慈善捐赠的免税额主要基于资产的价值，并不限制与收入税基准。

16.7 信托及其家族财富代际转移中的使用

信托，在普通法系（英美法）中，是指两个人（或机构）之间的一种法律关系，其中一方有权（Power）管理财产，另一方有权（Privilege）获得财产的所有利益。在大陆法系历史上没有与信托相对应的制度和工具。

16.7.1 信托概况

信托在英美法系中具有重要的现实意义。有意识且按照法律创建的信托，通常被称为"明示信托"，被广泛应用于各种情况，最显著的是在家族财富的各种安排和慈善捐赠中法院还可以将信托强加于并未有意识建立信托的人，以纠正法律错误（"建设性信托"）。

信托概念的基础是"普通法"和"衡平法"之间的所有权划分。这种划分起源于中世纪晚期的英国。普通法法院承认并执行法律所有权，衡平法院承认并执行衡平法所有权。然而，在19世纪和20世纪的法律和衡平法的逐渐合并中，这两种所有权的概念划分却保存了下来。因此，今天，普通法的和衡平法的利益通常由相同的法院来审理，但它们在概念上仍然是不同的。

普通法所有权和衡平法所有权之间的基本区别并不复杂。财产的普通法所有人（"受托人"）有占有、使用的权利，并可以依法转让这些权利和特权。因此，除了受益所有人（"受益人"）以外，受托人被认为是该财产的所有人。但在受托人和受益人之间的安排很特别：受益人获得财产的所有利益。受托人对受益人负有信托责任，以使受益人而不是受托人的利益最大化的方式行使其合法权利、特权和权力。如果受托人未能做到这一点，法院将要求他向受益人负责，在极端情况下，可能会取消他作为普通法所有人的资格，并以其他人取而代之。信托责任是普通法体系中对他人负的最高责任。

普通法所有权和衡平法所有权之间的划分一般由一份书面的信托文书（通常是一份信托契约或一份遗嘱）来确定，是典型的明示信托（明示信托也可以是口头的）。信托的设立人（"委托人"）会将财产转交给受托人（受托人可以是个人或公司，例如银行或信托公司），并指示受托人为信托的一名或多名受益人持有和管理该财产。虽然信托通常是通过明示的方式建立的，但法院有时会判决没有经过正式程序的人之间存在信托关系，称为默示信托。比如一个家庭成员向另一个成员转了一笔钱钱，并要求另一个成员为他持有这笔钱或为他进行投资。默示信托的一个更复杂的例子是，一方为另一方购买财产提供资金。除非这种安排明确约定是作为礼物或作为一种亲密关系（如父母子女关系）的自然表现，否则所获得的财产将由购买财产的人托管，即第二方拥有合法的普通法所有权，是信托关系（这种类型的信托通常被称为"归复信托"）。最后，法院有时会在没有证据表明当事人有意建立这种信托关系的情况下，将信任关系强加于当事人。例如，当一方通过欺诈性陈述从另一方获得财产时，欺诈方经常被要求为被欺诈方托管财产（这种信托被称为推定信任）。

私人信托是最常见的信托形式，是为家庭提供经济保障的传统手段。遗嘱人或财产交付人以遗嘱或契据的方式，将财产交付受托人，以在信托设立人去世后供养其家庭。受托人可以是专业人士，也可以是有资金管理经验的家族成员，或者可以选择一组受托人。受托人将以他们被允许的方式投资财产。在某些情况下，如逝者留下未成年人或无民事行为能力的家庭成员，法院可以为这些人的利益设立信托，即使逝者没有这样做。因此，对未成年人和无能力者的法定监护而产生的信托有时被称为"法定信托"。

设立公共信托是为了让更多的人受益，或者至少是考虑到更广泛的利益。最常见的公共信托是慈善信托，其目的是加强教育或减轻贫困等社会问题。这些信托基金因其有益的社会影响而得到承认，并被给予某些特权，例如免税。其他公共信托机构并不被认为是慈善机构，也没有那么多特权。这些包括公共团体的共同利益，如一个专业协会，或一个娱乐组织等。

在商业领域，信托发挥了重要作用。个人、企业或其他组织可以为特殊的目的设立信托来管理各种基金。这种目的包括以信托的方式发行债券，也可以是资产抵押债券，如MBS或ABS等。员工养老基金或利润分享计划的资金通常通过信托安排来进行管理，这种商业信托是由公司来作为受托人进行管理的。

一些大陆法系国家，如墨西哥已经建立了类似于信托的制度，但这通常是通过借鉴英美法系的信托理念来实现的，而不是本国发展起来的。在大陆法系国家法律的管辖范围内，英美信托的许多目的可以通过其他方式实现。例如，英美法系的慈善信托与大陆法系的"基金会"（法国的基金会、德国 Stiftung）有相当的相似性。至于上文提到的私人信托基金，欧洲大陆国家的律师通过将资产交给经理人，由委托人支付服务费用，从而获得专业的资产管理。然而，与英美法系国家相比，大陆法系国家更倾向于由财产所有者和受益人来亲自管理财产。

16.7.2 信托的历史渊源

如前所述，信托的概念的起源不是作为一个单独的法律领域发展而来，而是作为一个混合通过大法官法院的英国普通法，和衡平法院的规则而逐渐形成的。衡平法院的规则是一套由相对宽松而合理的判决形成的规则，以避免英国普通法发展得过于缓慢或过于严酷而导致的不公平。衡平法院对包括信托、土地、遗产管理和监护在内的所有衡平法事项都有管辖权。

由于上述这些问题，一般认为信托法是12世纪在"十字军东征"时期在英国国王辖区内首次发展起来的。英国普通法源于古罗马法，认为财产是一个不可分割的实体，拥有合法所有权的人拥有所有的权利和特权。因此，一个人只能把土地的所有权益都转让给另一个人，而不能保留和土地相关的任何权益。然而，当一个土地所有人离开英国参加"十字军东征"时，他不得不把土地所有权暂时转让给另一个人，由另一个人来管理这块土地，并支付和接受君主或其他贵族的封地税。他们一般会约定，该土地所有权将在"十字军"战士归来时返还给该"十字军"战士。然而，当"十字军"战士在返回时，经常遇到该第三人拒绝返还土地所有权的情况。

心怀不满的"十字军"战士当然会向国王请愿，国王会将此事提交给他的大法官（也可以翻译为司法大臣或掌玺大臣），大法官可以根据他的良知来决定这些案件，决定什么是"公平"或"公正"的。通常，大法官会认为，如果该第三人失言，否认"十字军"的诉求，这是违反良知的。因此，他会做出对"十字军"战士有利的判决。随着时间的推移，大法官法庭（衡平法院）不断认可"十字军"战士的诉求。因此，普通法所有人将为"十字军"战士（持有和管理该土地），并将在"十字军"战士被迫提出要求时将其归还给原所有人。"十字军"战士是"受益人"，而指定的土地所有权持有人（第三人）是"受托人"。先是创造"土地使用（use of land）"这个词来表述这种法律关系，并随着时间的推移发展成我们现在所知道的"信托"这个词。

在现代信托法中，我们既可以在有生之年设立既存的人之间的信托，也可以在去世后设立遗嘱信托，以决定财产如何投资、拥有和分配。受托人不得与所有人或受益人混淆，因为受托人负责执行信托条款。他对信托的受益人负有信托责任，要谨慎地拥有、投资和处理该财产。如果受托人违反这些义务，他将对受益人承担赔偿或其他责任。

信托的"赠与人"或"授予人"是设定信托条款，并将金钱、财产或资产转让给信托的人。对于大多数现代的可撤销信托而言，只要财产赠与人愿意并能够担任该角色，他也可以担任受托人。今天，通常财产授予人也是信托的唯一受益人。一般在这些情况下，当财产赠与人作为授予人、受托人和受益人时，与直接持有资产和财产的绝对所有权是很难区分的。设立授予人生前可撤销信托的原因是为了在特殊情况下，如授予人伤残或死亡的情况下为其过渡做好准备。残疾或死亡可能会突然发生，在这种情况下，如果没有信托，授予人将没有机会选择他或她希望托管财产的受托人，也没有机会选择投资、持有和分配资金、资产和财产的条款。因此，信托是一个非常有用的工具。

16.7.3　美国信托法简介

任何信托，从其最基本的意义上说，都是"一个人（受托人）在另一个人（授予人）的要求下为第三方（受益人）的利益而持有的财产权益"。适用于信托的分类主要是根据信托的设立方式，在这种方式下，信托可由当事人的行为或法律的实施来设立。就前者而言，信托分为两种：明示信托和默示信托。明示信托和默示信托两者的基本区别在于一方当事人和另一方当事人的行为，当事人的明示行为是指当事人用语言（口头或书面）完整地陈述，而后者仅从双方的行为默示地表达。下面我们按照美国法来解读一些信托。

明示的信托不仅仅是一个人为了另一个人的利益而持有的财产权益。它同时也是一种由私人合同创建的信托，目的是为了可分割的财产利益的管理、安排和收益。其中，受托人被委托人授权为其指定的受益人，选择他作为个人可以做的任何事情。在这里创建的是一个合法信托架构，是自然权利所赋予的。一般说来，按照美国法律，创立信托的人可以把信托塑造成他所喜欢的任何形式，一个人可以合法地为自己做任何事情，也可以授权另一个人为他做任何事情。如果处理得当，信托将受到普通法的所有保护。

(1) 明示信托的信托声明（declaration of the express trust）

信托声明是信托成立的法律文书的一种。按照信托法，不需要任何技术性表达来创建有效的信托，只要所使用的文字清楚表明财产授予人创建信托的意图就可以了，信托声明是不需要的，因为信托可能仅仅是由简单的协议甚至是遗嘱构成的。但是明示信托不同，信托声明是必要的，而且必须要注意细节。为了正确地阐明意图，授予人、目的、财产和执行等一切的方式都必须用明确的语言来表达。在衡平法下，如果授予人的意图不明，则需要法院对当事人的意图做出建构，如果意图太过模糊可以认定该信托无效。当然，如果一切都做得妥当，合同义务就不会受到损害。

此外，信托声明的条款和规定有助于确立整个信托合同安排，包括双方的身份和职务、信托的名称、管辖权和所在地，以及所有管理细节。其最终结果是产生一个具有独立和鲜明的法律人格的法律实体：具有起诉和被起诉的资格，并通过其受托人以商业人格的身份行事。"自然人"一词已被法院适用于信托，因为信托是由作为自然人的受托人来执行的。根据法院适用的解释，信托所享有缔约权是可让渡的，而其授予人的自然契约权显然是不可让渡的。除此之外，明示信托享有一切来自它所签订的合同的权利以及所承担的所有义务，如明示信托享有拥有财产的能力，从事商业交易并产生负债（包括税务负债）的权利，以及像任何其他法人一样，受让债权（包括被担保的当事人身份）的权利。

(2) 生前信托和遗嘱信托（inter vivos trust and testamentary trust）

按照传统的信托法，遗嘱信托直到授予人死亡后才生效。遗嘱信托是遗嘱的一部分，必须符合遗嘱的形式要件和实质要件的规定，包括进入遗嘱认证法庭的程序。生前信托，在授予人在世时即生效。根据布莱克的法律词典，生前信托经常被用作遗嘱的替代品，以避免繁琐的遗嘱认证过程，这往往需要一些其他成本。

但美国的模范法典《信托法统一遗嘱增补法》（Uniform Testamentary Additions to Trusts Act）在某种程度上模糊了这种区别。除非遗嘱人另有规定，该法典认为信托并不必然是遗嘱的一部分，而是与遗嘱同时产生的并且在不同的文件中建立，并在遗嘱人死亡时生效，美国有不到20个州采纳了《信托法统一遗嘱增补法》。该模范法典推翻了普通法的规则，该规则将信托视为遗嘱性质的，因此是遗嘱的一部分或全部。该模范法典允许建立"注入"信托（pour-over trusts），即根据遗嘱条款，在授予人死亡时将相关财产注入信托。

(3) 信托的成立（establishment of the express trust）

与股份有限公司、有限责任公司或有限合伙不同，信托通常不需要向州提交设立文件，使之合法化。然而，包含遗嘱信托的遗嘱作为遗嘱认证程序的一部分是需要提交给法院的。美国有几个州通过了《统一遗嘱认证法》第七条，其中规定所有遗嘱信托的受托人必须在信托主要管理地的法院登记。统一遗嘱认证法对未登记的受托人处以罚款，但不会使信托无效。

信托文件通常表示信托所依据的州法律。如果没有，则需要确定适用的州法律，并从信托机构获得一份声明，说明信托机构是根据某州法律妥善成立的，特别是在对信托的有效性有疑问的情况下。

（4）被信托物（the trust corpus）

被信托物有时被称为信托的"身体"，其实就是被授予人委托与受托人管理的财产，即明示信托声明的标的。应该指出的是，实际上基本任何财物都可以被信托，然而有一些财物，由于它们在法律上的固有特性，可以说是更好的信托主体。关于信托的被信托物，在美国的信托法历史上有很多典故，在此不一一赘述。

（5）证券权证（certificates）

任何信托都可能将其信托财产分成股证券并发行证书。按照美国法律，签发股权凭证、债券和使用公章的权力从来不局限于股份公司。如下是早已被法律确认的规则：除了公司名称中的法人人格和诉讼权利外，大多数公司所拥有的其他任何权力都只是公司成立的一个附带事件或结果，而不是"主要组成部分"。事实上，大多数现在通常被视为"公司"性质的属性，如发行可转让股份的权力、公司官员的有限责任、使用印章、制定章程、购买土地和动产，仅仅是法律上承认和采纳的普通法和习惯法的权利。

明示信托的受托人受信托工具不仅签发受益权权证，而且签发资本权证。一般来说，受益权是由信托的受益人所享有的权益，在信托存续期间或者信托终止时，享有一定比例的信托财产份额；而信托的资本权益则是投资人将财产投入信托内，因此在信托终止时，该投资人有权按一定比例分享剩余的利润和资产。通常，信托契约的条款规定如何管理信托的受益权益和信托的资本权益的关系。它应规定利益持有人的权利，在接受利益时附带地受到信托契约等文书约束。但在解释信托的基本分类时，有一些基本原则在调整这些权益利益。例如，法院认定，如果信托权益持证人控制信托财产和/或管理信托事务，则这种信托安排实际上是一种合伙关系，权益持证人对信托的行为承担连带责任；如果信托财产和/或信托事务不受信托权益持证人的控制，那么它就是一种明示的信托。法院审判这些案件时，通常被衡平法称为"控制测试"的来调整。衡平法院公认的原则是，如果信托财产的所有权和控制权完全属于受托人，则权益持证人不能被视为信托的合伙人或代理人，因此不对信托债务承担连带责任。

（6）受托人的基本规定（trustee basics）

首先，任何人或机构都可以成为财产的受托人。其次，在任何一个信托机构中服务的受托人的人数没有限制。一般来说，如果信托存在一个以上的受托人，受托人彼此之间被称为共同受托人，共同作为一个集体机构被称为受托人委员会（Board of Trustees）。此外，没有法律规定受托人的资格，而且法院认为不能仅仅因为受托人不称职就使该信托无效。当然受托人至少应当是有能力、能够体面地完成受托事项的人。另外，一般规则是，虽然没有法律禁止受益人担任受托人，但一般来说，受益人不宜担任受托人。

就受托人接受授予人的任命担任受托人而言，最好是正式书面地明确表示接受。一旦接受承诺被提交，普通法法院或衡平法院均不能阻止受托人担任受托人职务，除非受托人违反信托或有明确而合法的正当理由。解除受托人的职务必须根据信托宣言的规定进行，如果没有这种规定，则应通过衡平法院的判令进行。

（7）受托人的权力和职责（powers & duties of trustee）

受托人的权力分为三类：一般权力、特别权力和酌处权力。一般权力是指那些受托人固有内在的权力，通常由信托法赋予；特别权力是受托人依据信托契据所被赋予一切权力；酌处权力是指受托人在履行职责时依据个人判断而产生的裁量权（尽管广泛的裁量权也是由法律和信托文书授予）。法律明确规定，受托人根据信托契据必须拥有履行他们所承担的私人合同义务的一切必要权力。

此外，与普通信托的受托人相比，明示信托的受托人也有更大的执行职责的自由。受托人有权根据信托文件和衡平法对信托的各个方面进行控制，甚至有将受益人迁出信托的不动产的权力。这些权力包括但不限于：

- 在合同中约定对信托有约束力的权利义务，特别是约束信托的权力是法律默示的，或与受益人订立合同的权利；
- 对信托财产的全部或者部分分割、交换、变卖、质押、抵押的权力；
- 租赁信托财产的权力；
- 发行、变更或以其他方式处置信托证券的权力；
- 以一切合理方式支持受益人的权力；
- 以信托或者受托人的名义进行起诉和辩护的权力；
- 以信托财产作赠与处分的权力；
- 将一切受托人的非主要的权力和职责转委托与他人的权力；
- 行使个人判断的权力，以及信托工具不禁止的一切自由裁量权。

法律的基本原理是，每一种权力都有一个对应的职责。受托人作为受益人的受托人，承担信托财产管理以外的某些基本职责，以及信托文件中可能赋予受托人的任何具体职责以外的其他一般职责。这些职责包括但不限于：

- 在受益人可能有任何基本需要时，从本应分配给其的款项中支付给受益人的义务。如果没有这样的资金，则有义务积累所需要的任何余额；
- 在直接与受益人打交道时，避免利用特殊知识或受托人地位的责任；
- 在处理信托财产本身或者与受益人直接有关的信托事务，包括照顾、保护和保障信托财产等方面，对信托的一切有关事项行使最大善意的义务；
- 按照信托文书规定的目的，维护、保护和增进信托利益的义务，包括提出合理的诉求、提起诉讼、驳回所有的诉讼请求、提出所有可能的例外情况、在信托事务中采取所

有可能的补救措施和取得所有可能的利益的义务;

- 在转委托非必要的权力和职责时,至少对该信托事务进行一般监督的职责,以及转委托人在执行需要自由裁量或判断的权力时,该委托人履行任何监督行为的职责;
- 保持会议记录档案等文件的义务,为信托独立账户的责任,即使和其他账户在一本账本上,保持显示决定和决议的会议记录档案等文件,以及信托账户交易的状态和相关的细节;
- 在接受托管人职务时,获得和保护信托财产及信托文件的义务;
- 在投资信托基金时,有责任对其进行安全的投资,以便为其余人完好无损地保留它们,并进行有效投资,以便(至少)向终身受益人提供当前利率的收益;
- 与所有共同受托人达成一致的义务,但被授权单独行事的除外。

(8) 受托人的特权和责任(privilege and liabilities of the trustee)

受托人除了有权力和职责外,还有某些特权(包括津贴)、权利和责任。这些都是信托文件中列举的,有的是自然延伸到明示信托的受托人。除信托文件所允许的以外,还包括但不限于:

- 获得充分补偿的固有的、不容置疑的权利,包括补偿在履行职责时发生的所有自付费用和其他费用;
- 受托人享有在该该信托房屋内居住的特权;
- 有权由信托付费雇用律师寻求对信托管理的帮助和指导,以及在任何疑问或困难的情况下,寻求顾问的意见和建议;而且,如果信托账户错综复杂,有权寻求一个会计师的帮助;
- 向衡平法院申请执行信托的指导的权利,或为确定信托文件的含义和意图而取得法院确认性判决的权利;
- 在一定条件下,为了信托的利益,单独经营的权利;
- 在某些情况下对受托人时间损失的补偿;
- 不因传票或审查而被迫向外界出示记录或账簿的权利;
- 在特定合同中进一步限制其责任的权利,甚至超越信托文件规定的限制;
- 搬迁、转移信托财产或者变更信托住所的权利;
- 在委托时不可剥夺的拒绝的权力,或在以辞职的权利。

关于受托人的个人责任,基本上是所有法律上与所有权有关的固有责任,因为它是一种契约的法律准则。受托人的责任在很大程度上取决于具体情况,特别是在合同中,受托人可以通过适当的方式限制自己的责任。这些包括但不限于:

- 对所有已订立的合同所承担的责任,不论是作为"受托人"名义签署还是以个人名义签署;
- 因违反信托条款、浪费、管理不善,或在衡平法院或根据信托文书提起的解除职

务之诉中显示的正当理由,而承担的被解除职务的责任;
- 因疏忽给信托造成损失的责任;
- 因普通法上的刑事和民事过错或恶意行为承担的侵权责任;
- 混合信托基金的所有事项下的责任;
- 因他的代理人行使自由裁量权而签订的一切合同的损害赔偿责任。

16.7.4 信托及其家族财富代际转移中的使用

王朝信托

王朝信托是一种不可撤销的信托,它为家族提供了一个可靠的选择,让上一代尽可能长时间地为他们的家庭保持充足的资金供应,同时避免转移税。

这些信托基金的资金来源包括现金(目前的遗产税上限为个人545万美元,夫妻1090万美元)、人寿保险、商业利益或其他资产。使用人寿保险可带来以下好处:

- 遗属抚恤金免税流入信托收入。
- 人寿保险的现金价值免税增长。
- 信托资产可用于购买子女、孙辈、曾孙辈等人的保单。

在建立王朝信托时,上一代可以控制支付利益的机制,包括支付学费、帮助支付婚礼费用和购买第一套住房等。

许多州已经废除了反永续规则。有些州已经立法规定了信托可以存在的很长的时限,如内华达州(365年),有些州则没有时限,如南达科他州。有些州对在该州注册的信托公司也只征收很少或根本不征收州所得税。此外,一些州还制定了法律,允许信托公司在未来几代人离婚时避免支付赡养费或子女抚养费,为遗产及其资产提供保护。

授予人保留年金信托

授予人保留年金信托是一种不可撤销的信托,由信托的授予人设立,授予人将资产转移给信托,但仍然保留接受固定年金支付的权利,至少一年一次,连续一个特殊数量的年份。期限到期后,捐赠者不再从授予人保留年金信托中受到更多的收益。在期末,保留在信托中本金包含授予人保留年金信托。利益可以支付给特殊的受益人(如捐赠者的孩子)或者为了一个或者多个人的利益,并继续保留在信托中。如果捐赠者度过了信托的最初支付年金的期限,则保留在授予人保留年金信托中的本金将会从捐赠者的总资产中扣除,免交联邦财产税。

建立授予人保留年金信托的主要优势是被捐赠者转移给信托的资产的价值为了联邦捐赠税的目的是打了折扣的。这是因为捐赠的价值将会等于最初转移给信托的资产的公平市场价值,减少了捐赠者在最初的期限内将会收到的未来年金支付的现值。折扣的大小将取决于授予人保留年金信托的最初期限的长度,固定年金支付的数量将会在最初的期限内由信托支付给捐赠者。应用在资产被转移的那个月份的联邦利率,由美国联邦税务局公布。

也就是说，转移到信托的资产构成一个捐赠等于转移给信托的资产的总的价值减去由捐赠者持有的保留的年金利息的现值。

授予人保留年金信托的另一个优点是信托的纳税特征，因为联邦收入税的目的，一个授予人保留年金信托作为捐赠者的信托来对待，所以在信托的存续期间，捐赠者接受年金支付，并且需要对信托赚取的收入纳税，包括资本利得。这种纳税增加了财富计划的收益，因为纳税降低了捐赠者的财富，而不是减少捐赠者赠予受益人的资产。授予人保留年金信托的一个缺点是该信托是不可撤销的。信托协议可以提供一些弹性，但是任何时候，信托设立时规定，捐赠者是不能对其进行修订的，这里也是经常出现一个风险——在捐赠者一个生命周期中的变化可能让这个信托在其存在期限中变得不再需要。

16.7.5　慈善信托

在美国，各州的法律创造合法的利益和权利，而联邦税法规定了什么样的利益或权利应该被征税。美国最高法院1940在 Morgan v. Commissioner（309 U.S. 78，80）一案中如此判定。

许多家族办公室使用慈善捐赠计划实现慈善的目的并降低收入、赠予和财产税负担。一个机构要想获得公益组织的身份而豁免联邦所得税，该机构必须在其"设立"月份的月底起15个月内提交申请。当一个组织在 IRC 501（c）（3）中被描述时，规则将其定义为已经设立，但没有另外定义何时设立了一个信托。

慈善信托基金

慈善信托基金是一种信托类基金，一个人给予的不动产或个人财产被另一个人或机构持有，用于造福于某一阶层的人或全体公众。

法律通过给予慈善信托某些特权，比如有利的税收地位，来支持慈善信托，有时也被称为公共信托。然而，在法院强制执行慈善信托之前，必须对慈善机构进行审查并评估其社会效益。法院不能仅仅依赖财产授予人的观点，认为信托是慈善的。

慈善信托必须满足一定的要求才能生效。财产授予人必须计划建立这种类型的信托，必须有一个受托人来管理信托。慈善目的必须明确清晰，受益人必须是不确定数量的某一类别的人或公众，而且受益人必须实际获得利益。慈善信托对意愿、受托人和财产的法律要求与任何其他信托是相同的。

慈善的目的

慈善目的是为了在精神上、道德上或物质上造福、改善或提高人类。救济贫困、改善政府绩效、促进宗教、教育和卫生的发展都属于慈善目的。防止虐待动物的信托基金，为纪念一位著名的历史人物而树立纪念碑，美化指定的村庄，这些都是慈善目的，分别是为了培养对动物的仁慈、爱国主义和社区福利。

慈善目的的定义源于英国的一项古老的法律——《慈善用途条例》，但随着新的公共需求的发展，该定义也在不断扩展。

受益人

在慈善信托中受益的阶层必须是特定的公众群体。它的数量必须足够大，使整个社会都能受到信托的影响，并对其产生兴趣，但它不能包括整个人类。但是，在某一种类中，受益于信托的特定人员必须是不确定的。在不确定数量的人中，最终由受托人选择谁来领取信托利益。该类人数量足够大，因此该群体对信任的实施就会感兴趣。以名人命名的信托或以营利为目的的信托不能是慈善信托，但"建造和维持医院"的信托可能是慈善性质的。而且慈善医院也可以向接受治疗的病人收费，前提是实现的任何利润仅用于继续提供慈善服务，而不支付股息红利给任何人。

作为一般规则，慈善信托可以是永恒的，不像私人信托，它必须遵守反永续规则，即限制信托期限的原则。对于私人信托，管理信托可以是授予人指定的人，称为受托人，指定的受益人是执行信托的合适人选（即要求受托人履行信托义务，管理信托并向受益人支付信托规定的利益）。但在慈善信托中，管理信托的仍然可以是授予人指定的人，称为受托人，但指定的受益人就不是执行信托的合适人选，州检察长才是执行信托的人。财产赠与人、他或她的继承人或个人代表、公众成员和可能的受益人不能就信托的执行提起诉讼。

慈善信托给捐赠者带来大量的税收优惠，无论是所得税减免、避税，还是减少遗产税上。美国相关法律要求一个组织的宗旨完全是慈善的。税法上慈善信托和私人信托之间的区别源于普通法。私人信托要求受益人在信托成立时明确，或者在反永续规则期间明确。一个特定阶层的人可以是私人信托的受益人，但一个不确定阶层的人通常不能成为私人信托的受益人。相比之下，慈善信托的一个基本规则是，受益的人必须是一个足够大的或不确定的群体。慈善信托（有时指"公共"信托，有时指"政府"信托）持有的财产用于慈善目的。界定慈善目的的法律源于信托的普通法（以及信托的历史渊源"使用"），因为信托是过去的慈善组织的主要形式。因此，关于信托的法律论述被广泛引用作为慈善目的的定义。IRC 501（c）（3）条禁止违反法律或公共政策的目的也源自信托普通法。私人信托和慈善信托的另一个区别是它们的期限。根据普通法，私人信托有一个有限的期限，而慈善信托可能永远存在。

剩余财产慈善信托

剩余财产慈善信托是这样一种实体，信托里的货币或者财富用于慈善，但是捐赠者在特定数量的年份内或者直到其死亡可以继续使用或者从中得到收入，信托受益人在信托存在期间获得收入，在信托到期时，信托本金交给慈善组织。捐赠者在向慈善组织捐赠资产时避免了资本利税，并且收到一个现金收入税减免，数值等于仍保留在信托中的财产的利息公平的市场价值。另外，这部分资产将从捐赠者资产中移除，降低了相应的财产税。但是这个捐赠是不可撤销的，捐赠者可能对资产的投资具有一定控制力，并且可以将资产从一个慈善组织转移到另一个组织（这个组织必须取得慈善的资格）。

剩余财产慈善信托有三种类型：慈善保留年金信托（每年支付一个固定的美金的数量）、慈善保留单一信托（每年支付信托价值的固定比例），慈善合并收入基金（由慈善发起，许多捐赠者可以贡献）。慈善保留信托提供资金给受益人，期限可以达到20年或者受益人的余生。当最初期限结束时，仍然保留在信托中的资产可以传递给一个家族控制的慈善。一个慈善保留单独信托给当前受益人一个固定比例于信托资产价值的资产，并每年重新计算一次。因此如果资产价值增加，支出增加，但是如果资产价值降低，支付也将相应减少。慈善保留年金信托给当前的受益人一个固定数量的美金，永远不会改变。慈善保留信托常常在一个人想要卖出升值的资产时用到，因为信托不用支付该买卖当前的资本利得税。在这项买卖中，将要交给政府作为税收的货币会继续留在信托里，并且可以进行投资。来自该信托的资金是否会作为受益人的普通收入、资本利得收入和免税收入纳税，取决于信托赚取的收入的类型。

捐赠者可以是该信托的受托人，并且可以保留更换受益人的权利。一个单一信托能够这样设计，并且支付受益人的资金不会超过当前信托的收入。如果一个剩余财产慈善信托在捐赠者活着的时候建立，那么捐赠者会被赋予这样的权利，即转移到信托的资产价值的一部分可以获得收入税减免。减免的数量取决于用到的信托的类型（单一信托或者是年金信托），信托募资期的利率、支付利率、非慈善受益人收到利益的期限、转给给信托的资产的类型，以及在信托到期时选择的接受基金的慈善的类型。

导向型慈善信托

导向性慈善信托是指捐赠者既不是在其活着的时候设立（生前信托），也不是在其去世时设立（遗嘱信托）。来自信托的收入流向慈善组织，典型的是一个固定的年数。几年过后，信托中的资产被分配给捐赠者的受益人，典型的是一个或者多个家庭成员。导向性慈善信托与其他类似信托相比较有一个有趣的区别是取决于它是如何设立的。因为资产将会有一天转移给另一个人，所以可以被认为是一个无捐赠者信托。这意味着信托资产并不属于建立该信托的那个人，并且资产并不会在将来的某一天归他所有（捐赠者信托是这样一种信托，信托中的资产最终将会回到捐赠者的手里，并且捐赠者需要为其纳税）。

如果信托是作为因收入税目的的非捐赠者信托设立的，那么当信托募资时，收入税减免是不被接受的，但是信托分配给慈善的那部分是可以作为信托收入免除收入税的。

第 17 章
家族办公室的风险管理

现如今，超高净值家族不得不适应当下的各种各样的宏观风险：监管收紧的法律环境，充满不确定性的地缘政治环境，系统性风险频发的金融环境，以及数字化时代日益加剧的行业中断和网络犯罪威胁等挑战。家族办公室的风险管理职能，也日益从单纯的风控角色，转变为关键的战略咨询角色，这一趋势对家族及家族办公室的决策产生了重大影响。作为这个过程的一部分，家族办公室的服务正在进行进一步的专业化，例如对直接投资的经理选择尽职调查，或对投资组合经理进行更严格的控制等。家族办公室在帮助超高净值家族管理上述风险的同时，也不得不应付自身的组织风险和运营风险。另外，气候变化、声誉和继承等非财务风险因素也可能对家族办公室构成风险，在投资决策、信息安全以及治理结构的建立方面，都需要仔细考虑这些因素。

家族办公室的任务之一就减轻上述风险，并帮助家族财富实现可持续性。因此风险管理是家族办公室的一个关键目标，但具体的方法取决于诸多因素，包括理财室的规模、员工的经验和复杂程度。一个健全的风险管理框架，加上有效的内部控制，是处理各种组织风险和运营风险的必要条件。内部控制可以帮助防范特定的风险，以促进家族办公室的各种目标，不仅可以建立家族对整体经营的信心，还可以提高用于管理财富和做出重要决策的财务信息的准确性。

17.1 家族办公室风险管理的实践

无论一个超高净值家族的财富是如何得来的，他们都有一个共同的担忧，那就是如何保护自己的财富免受成功带来的诸多风险。从财产和责任到家族安全，这些家族面临非常大的风险，所以他们经常创建一个家族办公室来管理他们的财富，同时管理他们的风险。家族办公室的风险管理是其治理结构的一部分。

在降低风险方面，家族办公室主要扮演着三个角色。首先，家族办公室的优点之一是将家族的资产集中起来投资，使得资产保值增值的财富管理更有效率。但与此同时，多样化投资是分散风险更有效的方法。因此，除了更专业化的财富管理以降低风险，在家族办公室内部的风险发现、汇报、降低、解决及反馈的富有效率的系统，都是优秀的家族办公室治理结构必不可少的组成部分，对于风险管理也至关重要。其次，家族办公室的主要工作之一就是整合。超高净值家族面临的问题并不完全属于某个特定的实践领域，而是"杂乱地跨越了各个学科"。家族办公室以其对家族及其文化、价值及目标的深刻了解，以及家族办公室的工作人员在各种不同专业领域的知识和经验，在向家族提供风险管理方面的综合意见和建议等方面起着独特的作用。另外，纪律约束也是家族办公室能够影响家族风险管理的积极因素之一，家族办公室可以带来独立性和客观性，较少情绪化的观点和公平及基于事实的决策过程，可以显著改善一个家族的风险管理。

家族办公室已经充分认识到了风险管理的重要性，风险管理是家族办公室在近期治理结构领域最优先的事项。在治理结构的最优先事项中，大部分的家族办公室都选择了风险管理。很少有家族真正有一个正式的程序来识别和降低风险，无论是代际风险还是其他类型的风险。一般来说，投资风险可能是投资委员会已经很好地涵盖的一个领域，但这只是家族可能需要考虑的许多不同类型风险中的一个领域。

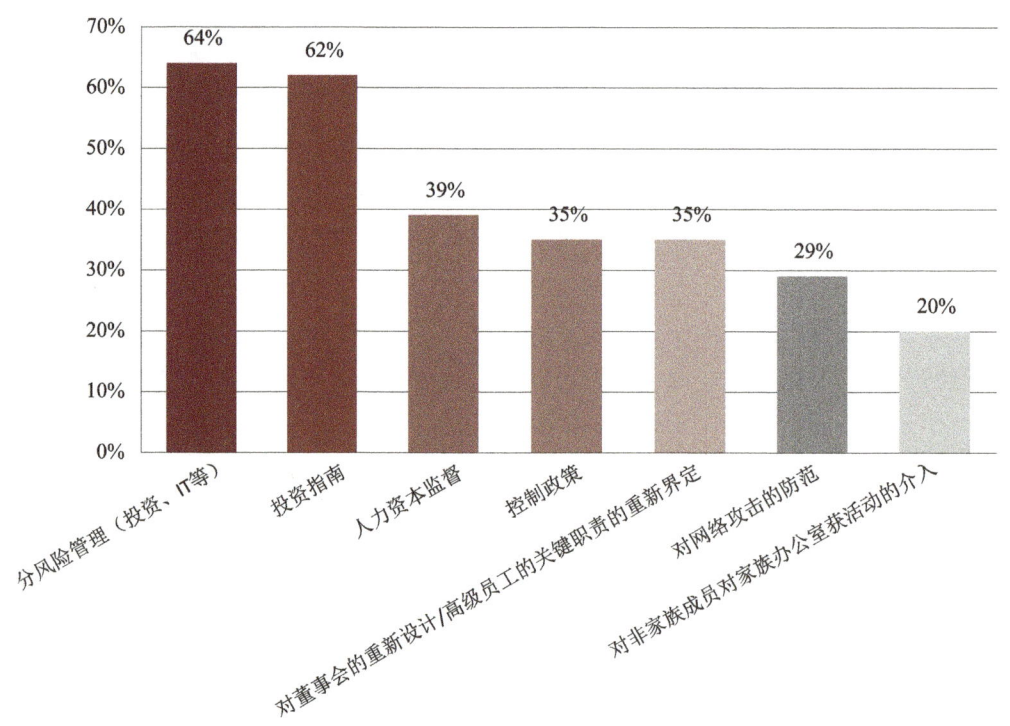

图 17-1　2019 年家族办公室在未来的 12—24 个月的治理的优先事项

资料来源：The UBS/Campden Wealth Global Family Office Survey 2019。

家族办公室所面临的风险包括了投资风险、家族声誉、人身安全、银行托管风险、政治风险、数据隐私和身份盗用的风险，和网络安全等。其中，投资风险仍然是家族办公室风险管理的核心需求是家族办公室首要关注的风险。其次的关注点为家族数据的保密性和身份盗窃的风险。

至于风险管理的方式，大多数家族办公室选择了"内部管理"，尤其是在投资风险、家族的声誉、家庭资料、保密和身份盗用上，另外，大约有 1/3 的家族办公室在网络安全和银行/托管风险管理方面选择外包监督。通过外部专家的咨询和内部的备份与数据恢复，以及用户教育培训，是有效降低网络安全风险的手段。

大多数家族办公室都曾遭受过网络攻击，其中，钓鱼式网络攻击是最常见的攻击方式。钓鱼式网络诈骗，即一种电子邮件诈骗是一种最常见的攻击方式。另外还有恶意软件，即强行安装在其他人系统上的恶意软件骗取个人信息，即特定的个人被误导而披露其信息以及勒索软件，其中包括为索取赎金而持有他人数据等。

面对网络攻击，大部分的家族办公室依赖外包安全专家的支持来防止，家族办公室正在越来越多地安装相关软件系统来保护自己。目前已有绝大多数的家族办公室利用外部咨询服务或专家提供支持，以及装有后备和灾难恢复系统，还有一部分的家族办公室为员工提供教育和意识培训，并且依赖安全监测服务。

17.2 家族办公室内部的风险管理及治理结构

在家族财富管理的领域中，家族办公室在发现和评估财富创造和延续的机会方面发挥着主要作用，其职责范围涵盖传统财富管理，包括税收规划、慈善捐赠和风险管理等。由于投资和交易的执行有其固有的风险敞口，因此家族办公室对与其财富管理相关的金融和法律风险进行内部评估是至关重要的。

如前所述，对于风险管理，大多数家族办公室都采用了内部管理的方式，尤其是在投资风险、家族声誉及家庭信息保密和身份盗用方面。家族办公室的风险管理是其内部治理结构的一部分，因为投资风险的管理是家族办公室主要的、也是最重要风险管理。下面我们以投资管理为例来探讨一下家族办公室内部的风险管理及治理结构。

家族办公室的投资管理本身就包括了对风险的评估，而投资管理一般是以投资政策陈述为中心来进行的。在实践中本节所论述的内容可以合并到投资管理中，也可以由家族办公室的风险控制部门单独执行。

17.2.1 投资风险的现实

所有的投资都有一定的风险。如果市场状况不佳，则股票、债券、共同基金和 ETF 可能会贬值。即使是保守的、有保险的投资，如银行发行的存单（CDs），也会存在通胀的风险。

风险是与投资相关的不确定性，有可能对投资人的金融资产及金融地位产生负面影响。例如，投资人的投资价值可能会因为市场状况（市场风险）而上升或下降。公司的决策，例如是否扩展到一个新的业务领域或与另一家公司合并，会影响投资人的投资价值（股票的价值）。如果投资人拥有一项国际投资，那么该国发生的事件将会影响到他们的投资（例如政治风险和货币风险）。当投资人需要兑现投资时，兑现的难易程度被称为流动性风险。另外还有一个与持有的投资数量有关的风险，称为集中风险，意思是投资人在一个篮子里放的钱越多，比如投资人把所有的钱都放在一只股票里，他们就会冒更大的风险。

简而言之，风险就是对投资人重要的负面财务结果发生的可能性。当谈到投资风险时，下面几个关键的概念应该被了解。

- 风险与回报：

与特定投资或资产类别相关的风险水平，通常与投资可能获得的回报水平成正相关。这种关系背后的基本原理是，愿意进行高风险投资并有可能赔钱的投资者应该因其风险得到回报。从历史上看，股票的长期平均年回报率最高（每年略高于10%），其次是公司债券（每年约6%）、国债（每年5.5%）和现金/现金等价物，如短期国债（每年3.5%）。基本原理就是这种高回报带来了更大的风险：作为一种资产类别，股票的风险高于公司债券，公司债券的风险高于国债或银行储蓄产品。虽然从历史上看，股票的回报率高于债券和现金投资，但股票的表现并非总是优于债券。股票和债券都有风险，它们的回报和风险水平可能因市场和经济状况以及使用方式的不同而不同。

- 平均值和波动性：

虽然长期的历史平均值可以指导有关风险的决策，但是短期的价格都很难预测，所以要想决定历史平均值是否有利，需要考虑到特定环境和投资人特定目标和需求。即使投资人在很长一段时间内持有广泛的、多样化的股票投资组合（如标准普尔500指数），也不能保证它们将获得与长期历史平均水平相等的回报率。购买和出售投资的时机是决定投资回报（以及费用）的关键因素。虽然我们都听过"低买高卖"的格言，但事实是，许多投资者的做法恰恰相反。如果在市场火爆、价格高的时候购买股票或股票共同基金，无论出于何种原因，与以较低价格购买的投资者相比，如果价格下跌，投资人将蒙受更大的损失。这意味着平均年化回报率将低于其他人。

投资风险管理的原理

投资风险永远无法被消除。但有两种基本的投资策略可以同时帮助管理系统性投资风险和非系统性风险。

- 资产配置：通过在投资组合中包括不同的资产类别（例如，股票、债券、房地产和现金），增加了这样的可能性：一些投资将提供令人满意的回报，即使其他投资持平或贬值。换句话说，投资人正在降低因过分强调单一资产类别而导致的重大损失的风险，不管他们对这类资产的预期有多强。

- 多样化。当进行多元化投资时，把分配给某一特定资产类别（如股票）的资金分成属于该资产类别的各种投资类别。多样化，强调多样性，允许分散资产。简而言之，不能把所有的鸡蛋放在一个篮子里。
- 套期保值（购买一种证券以抵消另一项投资的潜在损失）和保险可以提供额外的风险管理方法。然而，这两种策略通常会增加（通常是显著增加）投资成本，这会侵蚀投资人的回报。此外，对冲通常涉及投机性的、风险较高的活动，如卖空（买卖你不拥有的证券）或投资于非流动性证券。

因此，所有的投资都有一定的风险。家族办公室通过更好地理解风险的本质，并采取措施管理这些风险，就能更好地实现其财务目标。

17.2.2　投资风险的概况归结（Profiling）

投资的风险能力和风险规避的结合构成了对投资人的"概况归结"。家族财富从业人员和监管机构使用"风险概况归结"（profile）作为一个概括性术语，来描述需要考虑的各种事实和投资者特征，以确定适合投资者的投资。它是家族办公室投资风险管理的核心。理论上，如果不了解家族的目标、时间范围、流动性需求和风险规避，就不可能为家族推荐合适的投资或建立有效的长期投资策略。当然，究竟是哪些事实和特征决定了投资者的风险状况，通常是一个有争议的问题，而目前的研究并没有给出明确的答案。此外，来自行为学研究的发现从根本上挑战了一些现有的实践和适用性法规所基于的假设。传统金融运用经典决策、现代投资组合理论（APT）和资本资产定价模型（CAPM）的概念来定义投资者的风险状况。在这个模型中，投资者天生厌恶风险，只有当他们判断更高的预期回报会补偿他们时，他们才会承担额外的风险。现代投资组合理论的一个基本结果是，在 CAPM 理论的假设下，所有投资者都投资于无风险资产和市场组合的组合。无风险资产与风险市场投资组合之间的资金配置仅由投资者的风险厌恶程度决定。因此，在这个传统模型所描述的世界中，投资者的风险状况是由投资者效用函数中的风险厌恶因素给出的。在现实中，投资者面临着约束，没有按照传统金融中使用的理性模型行事。处理这些实际挑战的一个有用方法是区分风险能力和风险规避。

如前所述，家族财富即家族的金融资本是和其他资本相互依存而存在的。除了金融资本，还有智力资本、社会资本、人力资本和精神资本。如果没后四项，金融资本的保值、增值和传承都会处于危险之中，因此，对一个家族的投资风险概况归结是非常重要。风险能力是指家族承担金融风险的客观能力，这种能力取决于客观的经济环境，如家族的投资期限、流动性需求、收入和财富，以及税率等因素。风险能力的主要特征是它相对不受主观感知的影响。然而，风险规避可能被理解为决定家族承担财务风险意愿的心理特征和情感反应的结合,以及家族在面临财务损失时所经历的心理或情感痛苦的程度。对于家族办公室来说,理解这些情感因素往往比理解家族的客观经济环境更为重要,也更难衡量。行为金融学研究发现,在投资者决策过程中,有许多系统性的偏离传统金融理性的理想,例如,投资者倾向于表现出对损失的厌恶,因为财富增加带来的效用收益绝对值小于财富同样大幅减少带来的效用损失。风险能力和风险规避的结合构成了金融业所谓的家族办公室"风险概况"。

典型的投资者风险分析过程,通常从定义和讨论投资者的情况以及投资或投资组合要达到的目标开始。但投资者可能有多个目标,他们可能从来没有考虑过或以这种方式表达他们的目标。

越来越多的研究表明,对我们风险偏好的最大影响来自我们的经历和所处的环境。影响家族风险状况的因素可以分为三类:一是我们有承担金融风险的遗传倾向;二是我们交往的人以及他们对我们观点的影响;三是我们在生活中所经历的环境——尤其是在心理学家称之为"形成期"的时期。Barnea,Cronqvist 和 Siegel(2010)对瑞典 37000 多对同卵和异卵双胞胎进行了研究,调查了这对双胞胎在股票市场的参与率和个人投资者投资组合中的风险资产份额(瑞典双胞胎登记处提供了自 1886 年以来在瑞典出生的所有双胞胎的综合数据)。通过比较同卵双胞胎和异卵双胞胎在同一个家庭中的投资组合选择,以及比较分开抚养的双胞胎的投资组合选择,研究人员可以区分环境和基因对风险偏好的影响。Barnea 等人(2010)表明,投资者投资组合中股票 20%—40% 的变化可以用个人承担金融风险的遗传倾向来解释。

其他学者的独立研究也发现了类似的结果。此外,研究已经确定了与财务风险承担相关的基因组。从业人员可能有一些间接的方法来检查遗传易感性来承担或避免风险,如上所述。即使投资者承担的 20%—40% 的金融风险可以用基因特征来解释,大部分的变异仍然无法解释。因此,我们生存的环境和我们交往的人发挥着作用。Foerster et al. 在 2014 的研究表明,投资顾问对投资者投资组合的影响要大于对风险厌恶、年龄、收入等变量的测量。此外,Hong,Kubik,and Stein 在 2004 年的研究发现我们居住的社区或教堂也扮演着同样重要的角色。社会交往也可能是某些研究中发现的文化差异的核心。Wang、Rieger 和 Hens(2011)对 45 个国家的投资者进行了一项研究,结果表明,一个月至一年的投资倾向在不同国家之间存在显著差异。生活在政治不太稳定或社会凝聚力较低的国家(如俄罗斯、罗马尼亚和希腊)的人,通常表现出较低的长期投资倾向和较高的快速收益偏好。另一个极端是德国、瑞士和斯堪的纳维亚国家的公民,他们表现出很高的长期投资倾向。

最后,生活经验是金融风险偏好的重要因素。在一项开创性的研究中,Malmendier 和 Nagel 在 2011 年表明,在童年早期经历 1929 年大萧条(Great Depression)的人与那些没有经历"大萧条"的人表现出明显不同的投资行为,甚至在 40 年后也如此。经历过"大萧条"的人投资股市的可能性更小,平均而言,他们持有的股票配置比例低于第二次世界大战后出生和成长在相对良性世界的人。Ehrmann 和 Tzamourani 在 2012 年的研究表明，20 世纪 70 年代的高通胀时期也对投资者产生了持久的影响。即使在通货膨胀结束 10 年后，经历过这段时期的投资者比没有经历过这段时期的年轻投资者更担心通货膨胀。风险偏好形成的一个特别重要的时期是 16—25 岁，在这一时期，大多数人形成了对世界、社会和生活的信念。这段时期通常与许多人首次投资的时间相吻合。因此，个人在这一关键时期的经历在很长一段时间内影响着他们的投资信念和风险状况。朱利亚诺和斯皮里姆伯格的研究表明，在性格形成阶段至少经历过一次衰退的人，在后来的生活中表现出的政治和经济观点，与那些没有经历过衰退的人不同，这些人更倾向于相信政府干预的必要性，从富人到穷人重新分配财富。Massa 和 Simonov 在 2011 年通过考察个人在大学期间的投资组合，直接研究了金融风险承担与成长经历之间的相互作用，他们发现，个人上大学的时间和地点对他们投资的投资组合有很大的影响。

2008 年的金融危机为研究人员提供了充足的机会来研究实时的金融风险承担。危机期间情绪高涨，投资者和许多咨询师承受了不成比例的压力。因此，金融危机让研究人员得以调查风险状况是否会随着时间的推移而稳定，或者它们是否会受到不利市场事件的影响，如果是的话，又是如何受到影响的。这些研究发现，风险概况归结很可能包括一个长期稳定的组成部分，它描述了我们承担风险的一般倾向，但也是一个受我们情绪影响的可变组成部分。Loewenstein, Weber, Hsee, and Welch 2001 年预测，"风险即感觉"，即个人对风险的快速决策主要是由他们的情绪或直觉而不是理性考虑所引导的。Burns, Peters, and Slovic 在 2012 年和 Weber, Weber, and Nosic 在 2013 年研究也支持了这一假设。这两项研究都使用了调查问卷，以确定整个金融危机期间的风险偏好和实际投资行为。风险状况的稳定因素似乎是个人对其风险恐惧程度的评估。一旦股市开始下跌，人们就会认为它比过去风险更大，而只有当它们恢复时，人们对风险的看法才会下降。因此，与经济复苏或长期牛市之后相比，投资者在市场低迷之后更不愿意投资股市。

最后，可以把投资人的投资历史放在市场的背景下，从而了解投资者的风险状况。如前所述，投资者成长阶段的市场会在投资者的风险状况上留下持久的印记。与 20 世纪 90 年代成长起来的投资者相比，在 20 世纪 70 年代成长起来的投资者可能更不喜欢债券投资，而倾向于寻求通胀保护。如今，大多数投资者从未经历过利率稳步上升的时期，也从未经历过这种制度对投资的影响。简而言之，投资者的财务历史可能会显示，投资者对某些风险过于敏感，或对某些风险视而不见。

17.2.3　投资管理的关键风险领域的评估

因此，在 2008 年全球金融危机之后，家族办公室的风险管理系统，包括风险的汇报与控制系统变得越来越重要。对投资风险而言，最佳的分散投资或资产配置策略，加上积极且高度灵活的投资组合管理，是投资风险管理的基石。系统性和全球性风险显然会对家族财富产生重大影响。在对家族的风险概况归结的基础上，以下参数提供了家族办公室投资组合风险分析框架的核心：

- 确定哪些因素可能会动摇投资组合并影响多样化资产配置策略
- 捕捉"盲点"和"隐藏的"多样化资产配置风险
- 避免出现看似不相关的资产在调整期间向同一方向移动的情况
- 关注"不完善"的知识和信息
- 对资产配置决策的潜在影响进行批判性分析和反思

17.2.4 投资管理的风险管理系统

风险、收益和流动性是任何投资决策和资产配置过程中最重要的问题。这些先决条件是风险管理系统的基础，该系统本身包括减少风险和降低成本，并可能导致价值创造。这些因素包括：

风险缓解

- 识别并处理重要的风险领域
- 有效评估整个家族办公室的风险，推动问责制和治理结构的改善
- 管理和降低关键投资项目的风险
- 建立全面的风险管理框架

降低成本

- 低成本高效率是提高家族办公室治理结构的关键部分
- 实施自动化风险管理流程，大幅改善成本结构
- 通过改进自动化风险控制系统的使用来降低风险控制成本
- 精简或消除重复的风险管理活动来降低风险控制成本
- 通过持续的监控来提高风险管理流程的效率

价值创造

- 从减低投资风险中获得卓越回报
- 改善关键风险流程的控制
- 结合风险和投资控制的管理来提高绩效
- 使用分析工具来优化风险组合和改进决策

17.2.5 投资管理的风险管理流程

风险管理流程对于家族办公室的风险管理系统至关重要，是将与家族财富相关的风险管理系统正式化、流程化和科学化的关键部分。

（1）风险审查

- 找到一个全体家庭成员都能理解风险水平的定义，同时确定他们对哪个程度的风

险是可以接受的

（2）风险识别
- 建立详细的风险识别流程
- 识别并记录定性和定量的投资风险
- 定义主要资产类别及投资资产价格波动的主要驱动因素

（3）风险评估
- 衡量风险对投资决策的影响
- 根据影响级别和发生的可能性对风险进行优先排序

（4）风险汇告
- 在定期报告中包含与风险相关的足够的信息
- 调整家族治理结构来应对风险管理的变化

（5）风险缓解
- 制定措施，至少减轻最重要的风险
- 机会和风险需要以同样的方式来识别
- 建立定期的家族风险管理的常规监测系统

（6）反馈机制
- 家族办公室各部门的反馈机制并定期与风控部门交流
- 家族办公室风控部门的反馈机制并定期向投资委员会汇报
- 家族办公室投资委员会的反馈机制并定期向投资委员会汇报
- 家族办公室董事会的反馈机制并定期向家族理事会汇报
- 家族理事会（或类似机构）的反馈机制
- 逆向机制和交叉机制

（7）改进机制
- 家族办公室在进行风险管理政策和策略会议、投资政策再平衡会议、修正投资政策会议，以及修正家族办公室章程会议时，都应该把风险管理系统和风险管理流程机制的评估和方案改进列入议程

17.3 保险在家族办公室风险管理中的运用

和投资风险的管理不同，保险对家族办公室的风险管理是外部的保障。对人力资本、金融资本、实物资产和负债的考量是家庭办公室的保险领域的独特之处。

风险的复杂性

家族办公室的大小，服务的家族成员数量是各不相同的。人们常说，没有两个家族办

公室是相同的。家族办公室可以只服务于一对夫妻，也可以服务于几代人——这意味着要服务于不同风险状况下的多个家庭的需求。被保险人的数量已经使问题复杂化，但当被分解为可保风险时，复杂性更会急剧上升。常见的家庭办公风险敞口包括：

- 复杂的所有权结构
- 多种高性能车辆
- 游艇
- 马
- 个人安全与保障
- 家族基金会和慈善活动
- 房地产投资组合
- 收藏（艺术品、葡萄酒、古董汽车等）
- 飞机
- 个人责任
- 家政人员
- 家族事务

成功家族在保险领域的风险管理需要采取以下综合措施：

（1）识别风险：识别家族的风险是建立风险管理和缓解计划的基础。但面对如此多个不同风险敞口水平的个体，这项任务可能颇具挑战性。管理风险的第一步是确定家族的优先事项和需求。从家族的整体角度来看，风险管理人员可以更好地理解每一个组成部分是如何影响整个家庭的。为了评估这一观点，风险管理者可以将家族的风险概况分为四个风险象限：

风险忍受程度	个人和网络安全
资产	法律责任

（2）对这些风险进行评估，并清楚地列出所有的风险敞口，将有助于家族确定他们需要采用哪些风险缓解策略，以及希望针对哪些风险进行保险。家族办公室的任务是找到正确的保险范围，确定和减少保险缺口，并就如何减轻不可保风险事项提出建议。保护家庭成员本身也很重要。家族办公室本身也是一个机构，所以它需要商业保险，如董事和高管专业责任等。

（3）制定一个风险管理策略。家族办公室的风险经理会告诉你，家族内部的每个家庭都是非常不同的。它们不可能都得到同样的待遇和要求，为每个家庭提供个性化的解决方案。风险管理人员需要创新思维，跳出条条框框，量身定制解决方案，覆盖独特的家庭风险。

（4）实施风险管理策略，它需要长期持续的关注。资产和风险敞口往来不断，家族办公室需要与保险公司合作，并为保险计划的增减制定一个计划。

（5）监控和审查风险管理计划。这不是一个简单的过程，而是一个持续的过程。因为创建初始计划非常具有挑战性，所以监视和审查阶段常常被忽略。多代同堂的大家族会经历持续的变化，因此风险管理计划应该根据需要每季度、每年或每两年重新评估一次。

基本的保险覆盖要求：

- 家

- 基本保险
- 公寓
- 合作社型公寓
- 贵重物品
- 艺术品
- 游艇
- 私人航空
- 农场和牧场
- 收藏汽车
- 施工风险
- 工伤补偿
- 就业
- 旅行保险责任

主要险种概述：

一般商业责任险：当需要对构成人身或财产损失构成伤害等被起诉的事情承担责任（有时或者根本就不需要担责）的时候，一般商业责任险可以保护实体资产。对家族办公而言，这不是一个大的风险领域，但是却是不可或缺的，一般责任险覆盖了财产损失、人身伤害、精神伤害及因为诽谤或错误的广告政策所造成的广告伤害。普通责任险通常要求投保者在保期间缴纳最大数额的保险资金，这一保险同时还会列出每次缴纳保险金时所需要缴纳的最大金额。

普通责任险中还包括了其他的保险范围，比如伞形责任险，这一保险弥补了许多普通责任险尚未覆盖到的地方。伞形保险覆盖的赔付范围超越了其他保险的极限范围，并提供了许多标准保险产品所未覆盖的额外领域。普通责任险可以单独购买，也可以成为 BOP 的一部分，BOP 将财产和责任险捆绑在一份保险中，需要更广覆盖范围的商业活动通常单独购买责任险。

职业责任险：职业责任险是为了给专业咨询人士提供保险，以满足他们在给客户提供建议时可能出现专业过失的需求，职业责任险由许多部分组成，又被称为过失险，职业责任险提供的典型保险项目包括预防与诉讼相关的损失等。对于某个具体的家族办公室而言，保险公司关于保险的定价主要依据该办公室专业人士在服务过程中的具体表现，其他因素还包括办公地点的物理位置、办公室的面积、雇员受教育及训练的程度、亏损历史及操作特征等，由于职业责任险的上述诸多特征，它以非常宽泛的形式存在，并且有大量的保险企业提供该类保险。与大型的、混业经营经营的保险公司相比，相对较小的保险公司能够提供最优惠的价格、最宽泛的覆盖范围及可自主选择的服务形式。职业责任险通常不覆盖非金融损失及因为故意或不端的操作行为带来的损失。这种保险对家族办公室而言是非常重要的，尤其当他们拥有外部客户的时候更是如此。

董事及高管责任险：董事及高管保险用于保护公司的主要成员和家族办公室的其他办公人员，使其免于担负因为其工作失误带来的法律惩罚和赔付责任。由于董事及高管是受托人，他们对其公司事务全权负责，例如，他们在履职之前必须实施尽职调查，确认他们因为自身的过失给公司及股东造成损失时有能力承担相应的责任。董事及高管责任险主要由以下两大部分组成：直接覆盖董事及高管的赔付和公司层面的赔付，该险种可以变得非常繁琐，其承保范围取决于某一保险的整体状况，例如，非盈利机构的自愿者通常拥有这一类保险，而非其他类型的保险，许多类似的保险包括实物险，有的甚至还包括就业险。

受托人责任险：受托人责任险覆盖了受托人在履行其责任时因为不当行为而造成的损失。受托人已经承担了较广范围的风险，但是法律上的风险边界还在进一步扩大，家族信托生存于最复杂的环境之中，它们的存续时间最长，覆盖范围最广，许多家族信托中，主要资产不仅包含现金、债券和股票，有的还包括非流动资产，比如私人股权、私人固定资产及难以评估和变现的家族公司。

受托人服务于资金的供给方，家族办公室为信托基金及信托受益人服务的时候有必要使其了解受托人面临的各种风险。受托人投资及资产配置受到信托文件及信托法律的约束，资产配置不仅对信托受益人有着显著的影响，对信托计划的资产结构及受托人的承担的责任也同样有着显著的影响，在诸多情况下，信托文件授予了受托人足够宽泛的决策权，但是同样还面临着信托受益人的猜疑。

受托人随时面临着违背信托监管、利益冲突、对倒交易、虚假陈述、任用员工失察（包括监督、选拔、激励等多方面内容）、职业过失等诸多指控，对受托人而言，另外一个充满争议的领域就是投资业绩，受托人有义务去选择合适的投资经理及投资顾问，并且监督或指导投资经理及投资顾问按照信托条例办事，以及检查管理者传达指令的执行状况。

信托责任险：家族办公室主管的功能类似银行信托部门，他们必须满足受托标准，管理信托账户必须遵守有关的信托文件及审慎性投资者标准，这需要受托人对信托受益人变化的需要做出积极、勤勉的回应。1974年养老金改革法案中定义投保被视为一种信托或员工福利计划，一个信托中受托人、管理者、员工等全体人员受益的福利计划，在这个计划中雇主需要独家出资，其他的个体都是计划的受益人，文件中注明受益人的具体信息。任何人，只要他拥有信托计划的决定权，就被视为信托计划受托人，就应当承担相应的责任。

雇员退休收入保障法规定，受托人对任何违约都负有不可推卸的责任，尽管受托责任险没有在雇员退休收入保障法中强行规定必须购买，但如果个人资产正处于风险之中，我们还是推荐购买受托责任险。许多受托人错误地认为受托责任险已经包含在董事及高管险中，其实并非如此，许多董事及高管险明显排除了受托责任险这一险种，就像雇员退休收入保障法将受托责任险排除在外一样。雇员退休收入保障法被宽泛地视为受托人提供的员工福利计划，如果一个家族办公室有养老金计划、利润分享计划或其他类似的计划，制定的受托人（信托的雇主或者该项福利计划）就可能成为诉讼的目标，索赔可能源于糟糕的建议、缺乏透明度、投资经理选择存在异议、不谨慎的投资行为及资产分类缺乏多元化等方面的因素。

雇员行为责任及工商赔偿险：对家族办公室的掌管者、董事、高管人员及监事而言，雇用关系是暴露在他们面前的强阻力区域。在就业准则方面有许多例外，包括违反劳动合同、违反诚信和公平交易、保密约定等，除此之外，还有许多针对具体工作的法规条款，包括美国残疾人法案、1964民权法案、年龄歧视法案等，维持良好雇用关系的最佳途径就是交流以及教育（包括通过会议及正确工作方法的手册等），其他的方式还包括业绩归总、工作场所的规范及惩戒措施等，总体上，最好的防范措施就是用正确的方式对待员工的努力。对雇用工作人员的家族而言，明确员工的补偿范围也是很有必要的，实际上，州级法律也会对此提出要求。本保险的保障范围覆盖了家族及与法律支出相关的情况，比如工人（无论是否具有合法的公民身份）关于非法解雇、骚扰、歧视等方面的诉讼。

不动产和财富的多种保险：不管所需的覆盖范围是主要的还是次要的，不动产保险是必须的，关键问题是不动产拥有者如何确定部分或全部损失所需要的覆盖范围。对于贵重物品，在珠宝、古玩等收藏品方面有其合理的边界，活跃的收藏家会在季度或半年度审视其保险的覆盖面，以确保自己收藏的安全。除此之外，保险在贵重物品的运输、展览等方面都是不可或缺的，藏品越是贵重，对应的保险覆盖范围就越广。另外在汽车、船舶、游艇、飞机等方面的财产保险，除此之外，还有旅行保险、医疗保险等。

17.4 家族办公室在网络安全方面的风险管理

家族办公室在形式和功能上的差异与它们所代表的家族一样大。许多家族理办公管理的财富相当于一个中小型企业，它们面临着类似的技术需求。与中小型企业一样，家族办公室技术必须在安全可靠的环境中为通信和文档管理提供基础设施。

17.4.1 家族办公室独特的网络安全风险

此同时，家族办公室的独特环境又增加了一层复杂性。网络犯罪不仅威胁着家庭的财富的安全，也威胁着家庭成员的人身安全和声誉。一些独特的限制条件包括：

- 人员有限——尽管家族办公室的理财范围类似于中小型企业，但它们的员工往往要少得多。这可能导致缺乏内部专门的技术知识，并导致降低安全水平，使家族办公室成为网络犯罪的诱人目标。
- 过时的系统——除非家族办公室包括专门的技术专家或与托管服务提供商签订合

同，否则系统很快就会过时。这会使家族办公室的网络容易受到黑客的攻击。

- 多代同堂的家庭——一旦一个家庭达到第三代或第三代以上，家庭成员通常会分布在各个城市和国家。家族办公室必须以一种完全安全并能适应家庭成员各种不同情况的方式，促进对网络的远程访问和沟通。

17.4.2 人为因素

在任何组织中，安全链中最薄弱的环节都是人。一个典型的家族办公室通常会雇用10名左右员工，这些员工会对个人和财务数据拥有广泛的访问权。员工点击恶意文件或响应看似合法来源的请求，可能会让黑客立即获得敏感信息，这是家族办公室的一个严重风险管理问题。

17.4.3 云的好处和风险

家族办公室管理着大量的数据，云为内容管理和远程访问需求提供了强大的解决方案，方便了不同地点的员工和家庭成员之间的沟通。家庭成员和员工可以通过存储在云中的文件访问关键信息，并通过移动技术在世界上几乎任何地方进行沟通。这种远程访问提供了必要的灵活性。与此同时，它也增加了家族理办公风险管理战略必须解决的脆弱性。

17.4.4 家族办公室网络安全风险管理策略

与任何企业一样，家族办公室必须采用多面策略来降低网络安全的风险。这一战略的关键组成部分应包括：

- 联网设备的库存——每年对所有联网设备进行盘点。确保所有设备都有更新的软件、可靠的密码和病毒保护。这包括笔记本电脑、路由器和平板电脑等显而易见的产品。此外，检查所有的智能设备，如打印机和安全摄像头。
- 安全访问点——每隔几年更换路由器。强调使用公共Wi-Fi的危险性，加强电子邮件保护。
- 解决人为因素的策略——教育是关键。创建围绕密码、连接设备、社交媒体、支付授权、电子邮件等的网络安全策略。培训办公室员工和家庭成员有关安全政策。实施访问控制措施，只允许用户访问他们需要的内容。
- 分层安全——病毒保护本身不足以提供足够的防御攻击。实现将攻击预防检测和响应相结合的分层方法，采用可用的技术工具进行加密、备份、漏洞测试和监控。

17.4.5 家族办公室后台的托管与风险管理

正确的托管关系和投资工具的构成对家族是一个积极的影响，相反，一个低效的后台代价是很高的。此外，一个错误的托管和投资工具的构建会影响家族办公室的运营，比如会被迟到、错误和不完整的信息长期困扰，甚至会影响资产的交割等。因此，一个优秀的托管人可以显著地降低家族办公室的风险。

托管人的主要职责是：
- 保护投资者的金融资产
- 确保投资者对资产的所有权得到明确确立
- 为投资者提供对其资产的快速、即时访问

托管人还可以对家族办公室提供保护，防止出现簿记错误或被欺诈等问题，这种托管服务会增加家族办公室保护家族财富的能力。

此外，托管机构还提供关于家族办公室持股情况的详细报告，并提供服务使家族办公室能够在其他领域（如管理其另类投资、贷款结构和业绩衡量）更加有效地运作。人们很容易忽视托管在金融市场运作中的重要作用。许多家族办公室甚至不知道，他们的证券已经由托管人提供了服务。然而重要的是，家族办公室要确保他们在一个最适合他们目标的托管模式下工作，并允许他们利用自己的托管关系，使家族办公室更有效地运作。

选择托管模式家族办公室可以采用三种常见的托管模式：

- 全球托管模式。无论一个家族办公室或其投资经理在哪里持有投资，一个具有国际托管能力的单一托管人都会被用于保护世界各地的资产。托管人还提供全球资产的综合报告，并确保一致、简洁的家族办公室内部流程，目的是提高每个资产类别的管理效率。这个模式有许多优点，如：

（1）所有银行可承兑证券、金融工具和流动资产的整合合并报表。因此，全球托管资产的整合合并报表的耗时耗力的工作，是由全球托管商而不是家庭办公室完成。

（2）通过综合投资报告（为所有资产提供统一的格式和标准）对所有资产在任何时候的表现进行全面、透明的概述。

（3）资产可由托管银行、外部资产管理公司或家族办公室进行管理，即家族办公室不受任何限制地选择其青睐的投资经理，投资经理可自由选择证券交易经纪人。

（4）一些非银行资产，如直接房地产投资、抵押贷款、第三方衍生品、艺术品收藏和游艇，也可以包括在内。

- 多托管机构模型。当家族办公室在多个司法管辖区活跃，不相信或不知道一个托管机构可以满足他们的各种需求时，通常会使用多个托管人。使用多个托管人增加了操作模式中参与者的数量，从而增加了复杂性，并且有必要在所有管理员之间建立一个统一的报告解决方案。

- 投资经理托管模式。该家族办公室允许每个投资经理选择一个托管人，这可能导致资产被分散到十几个或更多的托管人中。家族办公室依靠每位经理来保护资产，并提供特定于经理的报告。

家族办公室不应简单地陷入默认托管模式，而应该首先花时间考虑哪种模式最适合他们的需要。在进行选择时，家族办公室应考虑家族拥有的投资类型以及家族办公室员工的技能和胜任能力。考虑到托管人在全球保管家族资产方面所起的重要作用，也应考虑法律或监管因素。选择一个基于良好的法律和稳定的、可预测的政治气候的司法管辖区的托管人应该是一个优先事项，因为重要的是确保资产的可获得性和家庭的权利得到尊重。

从表面上看，与多个托管人合作似乎是一种降低风险的好方法，方法是将家族资产的持有地点的多元化。然而，保护家族资产的最佳方式，是选择一家基本面强劲、财务有韧性、能够承受市场挑战的托管机构。在多数情况下，一家声誉良好、资产负债表强劲的单一托管机构，将比将资产分散给多家托管机构更安全。

档案和记录保存和综合报告的复杂性是家族办公室面临的一个严重挑战，因为家族办公室与多个管理人一起工作。为了编制综合报告，在协调各种投入方面进行了大量工作。这可能会永久性地破坏家庭对员工的信心。与多个托管人一起工作也可能产生更大的财务损失的潜在风险。家族办公室与托管人合作越多，就意味着该机构必须对每笔交易使用不同的程序，从而增加出错了的可能性。更多的托管人也就意味着更多的现金交易在银行之间转移，这增加了网络犯罪分子或内部员工盗窃的风险。虽然很难确保在多个托管机构之间一致地应用基本控制，但是高质量的主托管机构可以对资产的移动提供更多的控制。

全球托管的优势

在全球托管模式下工作，为家族办公室在全球所有市场的高管提供了提前选择托管机构的机会，并利用托管机构提供的额外好处——安全、综合报告、透明度和管理效率。一个全球托管总架构解决了家族办公室面临的许多挑战，为客户提供核心解决方案，无论他们身处世界的哪个角落。在帮助家族办公室应对这些挑战的过程中，全球托管公司不仅成为了家族办公室的供应商，还成为了家族办公室的延伸。在这个角色中，会有一些挑战，因此，选择一个优秀的托管人至关重要（当然也要考量成本等因素）：

挑战1：当资产由多个地区的不同投资经理持有时，往往不清楚谁是他们的托管人，以及在金融市场崩溃时这些资产是否安全或可获得。

解决方案：在全球托管模式下，所选择的托管人很重要。如果选择了优秀的托管人，家族办公室的资产会被安全地保存在一家稳定的银行，这家银行有能力跨地区保护资产，其资产负债表也有能力抵御市场低迷。

挑战2：家族办公室的员工花了大量时间管理业务和完成任务，这些任务是协调多个托管过程的特性所必需的，从而失去了对其核心使命的关注。

解决方案：全球总托管模式提供了一个单一的接触点，使家族办公室投资专业人士能够专注于他们的主要任务：制定战略、发现有吸引力的投资机会和使其资产保值增值。

挑战3：家族办公室的员工必须从世界各地的投资经理那里筛选报告，并协调他们不同的报告方法，以保持估值的时效性。

解决方案：全球托管模式提供综合报告——按地区、资产类型和投资经理分类——以确保家族办公室始终对家族所持资产的表现有准确、全面的看法。

挑战4：家族办公室可能需要与一些外部供应商接洽，以处理一些基本任务，比如业绩报告、资本市场交易执行和私募股权管理。

解决方案：全球托管模式可以集成这些关键的规程，并由经验丰富的专业人员组成的专门关系团队提供支持，从而减少执行这些重要任务所需的额外供应商的数量。

挑战5：家族办公室很少能看到投资经理执行的交易，他们犯下的任何错误都需要一段时间才能浮出水面。此外，从交易或结算错误到发现错误之间的时间可能很长，而且纠正错误的成本很高。

解决方案：全球托管模式的托管人通过其资本市场基础设施，为全球所有地区的每个基金经理结算所有交易，使用一个提供端到端的执行和结算可视性的单一系统。

托管选择问题

正如前面提到的，家族办公室必须选择一个优秀的托管机构。为了帮助家族做出选择，托管机构一般会把一个建议方案提交给家族办公室的高阶管理人。建议方案通常分为以下几类：组织与托管制度背景，家族办公室的特点，监管和遵守，客户服务和管理，投资经理的关系处理，证券，资产定价，收入和现金管理，保管，会计和报告，数据处理和在线功能，风险和绩效服务，证券借贷，过渡和税务等。

家族办公室选择托管人时的考量

家族办公室的选择托管人的时候应该为长远考量。选择的托管人时应当考虑这些方面：

- 财务实力
- 能够为家族办公室的需要提供广泛深入和独特的服务
- 致力于托管业务
- 价格合理
- 高质量的技术
- 一个专业的客户关系团队
- 准确性和及时性

第 18 章
家族办公室的未来：趋势、挑战和机遇

18.1 概述

随着科技的发展，世界被直接或间接地联系在了一起，家族办公室也随之走向全球化。现代的家族办公室产生于美国，北美仍然是家族办公室产业最发达的区域。但家族办公室并不是北美的专利，欧洲市场单一家族办公室的数量以及管理资产的总的额度正在向美国靠近，亚洲和非洲等其他市场也在扩张。欧洲的旧财富仍在继续，而随着前苏联的解体，俄罗斯的新财富正在迅速增长。在经历了大约 10 年前的银行业重组之后，瑞士家族办公室的数量大幅增加，并且在多个司法管辖区，这一趋势将会继续下去。

使用家族办公室是高净值家族保护其家族财富的首选工具，与此同时使用对冲基金的家族却正在迅速减少。许多对冲基金正被改造成家族办公室，前银行家们也在寻找管理这些新贵家族的财富的职业。更不稳定的市场环境正导致家族办公室将重点放在私募股权和房地产等非传统资产上，无论这些资产位于全球何处。因为贸易、资本和基金在各个国家和家族之间流动，将更多的经济体更紧密地联系在一起。

据估计，全球共有 1 万个单一家族办公室（由于联合家族办公室和其他类似金融机构的相似性，统计数据差异很大），其中约一半是在最近 15 年成立。所有单一家族办公室中约 35% 是在最近 10 年成立的，其中大多数是为家族的第一代和第二代服务，这表明新的家族财富和新一代正进入家族办公室产业中。对于这些家族办公室来说，他们投资的领域正在发生变化。最新的趋势是全球可持续性（ESG）和影响力投资，这往往反映了千禧一代对未来的担忧，无论他们身处哪个国家。由于科技的兴起，精通科技的家族办公室可以在全球范围内扩张，并有效利用当地的人才。超高净值家族把巨量资金投入在瑞士、中国香港、中国、日本、德国、加拿大和法国。这突出了多样化投资和资产全球化配置的必要性。

18.2 美国家族办公室的全球化：主动还是被动的选择？

2008年的金融危机对金融机构的投资回报产生了负面影响，但北美的家族办公室却能够避免巨额亏损。但如今他们面临着来自多德—弗兰克法案的更严格规定，该规定将迫使向外部客户提供投资建议的家族办公室要么在美国证券交易委员会（SEC）注册，要么转变为单一的家族办公室模式。当然，全球化地配置资产，乃至设置全球化的家族办公室也可以规避多德—弗兰克法案的严苛规定。为了避免在美国SEC注册，那些在美国拥有大量客户的联合家族办公室可能决定将其业务转移到美国以外的司法管辖区，而美国以外的超高净值家族也会越来越少的使用美国家族办公室的服务，这些都是美国家族办公室的全球化的驱动力量。

18.2.1 多德—弗兰克法案的相关规定及美国SEC的规则

2008年金融危机之后，美国加强了对金融机构的监管。多德—弗兰克法案取消了《顾问法》中"私人顾问"豁免，使几乎所有的联合家族办公室和部分单一家族办公室不得不注册为投资顾问，履行向SEC注册、披露和申报等合规义务。同时多德—弗兰克法案第409条明确将"家族办公室"排除在"投资顾问"的定义之外，并要求美国SEC来的制定"家族办公室"的定义。另外多德—弗兰克法案为只负责管理私募基金的投资顾问规定了一项新的注册豁免：如果该投资顾问管理的私募基金的总资产低于1.5亿美元，该机构或个人无须向SEC或各州注册为投资顾问。因此，在后多德—弗兰克法案时代，美国的家族办公室按照合规义务的不同，可以分为三个类型：符合家族办公室例外的单一家族办公室，符合私募基金注册豁免的家族办公室，以及需要注册为投资顾问的家族办公室。总体而言，合规义务成几何级数的增加，大大增加了家族办公室的合规成本，和法律风险。即使是符合家族办公室例外的单一家族办公室，美国的SEC的规则又附件了很多严苛的监管条款。下面我们详细讨论以下这些条款。

根据多德—弗兰克法案第409条的规定，美国SEC于2011年6月22日公布"家族办公室规则"（以下简称《规则》），后来纳入《顾问法》第202条（a）（11）（G）-1款，界定"家族办公室"例外中的家族办公室为：（1）"家族客户"规定；（2）拥有及控制规定；及（3）私人顾问规定。规则的的全文如下：

家族办公室是如下的一个公司（包括其董事、合伙人、经理、受托人和在其职位或雇用范围内行事的员工）：

（1）除家族客户外，没有其他客户；如果是如果一个客户，原来不是一个家族客户，却成为了家族办公室的客户，源于一个家族成员或关键员工的死亡，或一个家庭成员或关键员工的其他非自愿转移，这个客户应当被暂时被视为一个家庭客户，开始时间为由于非自愿事件发生而导致的财产法律所有权的转让完成，结束于一年期满；

（2）由家族客户全资拥有，并由一个或多个家族成员和/或家族实体（直接或间接）独占地控制；

（3）不对公众声称为投资顾问。

在上面的条款中使用的"公司"一词在《顾问法》中有废除广泛的定义，包括公司、合伙、信托等实体，以及任何组织形式，不论是否按照州的公司法去登记。因此，出于《顾问法》中投资顾问的定义排除的目的，家族办公室使用何种类型的法律组织形式并不重要。事实上，考虑到该法对"公司"的灵活定义，只要家族企业满足该规定的其他要求，家族办公室可以只是家族经营业务中的一个部门。毫无疑问，《顾问法》应该是单一家族办公室的例外，甚至有些单一家族办公室也不能满足 SEC 定义的要求。

美国的家族办公室业界对《规则》争议最大的是 SEC 所有权和控制的要求。

对于不受《顾问法》约束的家族办公室，该《规则》第（b）条第（2）款（以下简称""（b）(2)款"）要求家族办公室"由家族客户全资拥有"，并"由一名或多名家族成员和/或家族实体完全（直接或间接）控制"。(b)(2) 款的简洁性掩盖了它的复杂性和细微差别。对于所有权组和控制组的需求是不同的，并且很难辨别"完全受控（直接或间接）"的确切含义。

第（b）(2) 款规定，家族办公室必须完全由"家族客户"拥有，即本书第 15 章已详述的人士，包括关键员工。然而，家族办公室必须由"家族成员和/或家族实体""独家控制"。"家庭成员"，从一个共同的祖先包括直系后代共 10 代，也包括他们的配偶和类配偶。《规则》将"家庭实体"定义为包括在"家族客户"定义中的各种房地产、信托、非营利组织和全资公司，但"仅为本定义的目的而将关键员工及其信托排除在家族客户定义之外"。因此，控制组合比所有权组合的限制性更强，因为控制组合特别排除了关键员工及其附属的实体和信托。

鉴于所有权组合和控制组合之间的关键区别，家族办公室必须仔细分析每个组合，以确保它符合规则。SEC 将两个截然不同的需求放在同一个句子中，这当然会让人感到困惑。这样的差异可能是 SEC 最初的建议规则受到很多批评有关，该建议规则要求家族办公室必须由"家族成员"完全拥有和控制。SEC 解释称，金融和法律界对公开征求意见的规则批评，已经说服 SEC 将所有权群体"家族成员完全拥有"扩大至"家族办公室的客户（包括关键员工及其配偶和类配偶）"。原因有两个，首先，家族办公室有时由家族信托公司拥有，从技术上讲，这并不符合"家族成员"的定义。其次，家族办公室有时允许关键员工拥有家族办公室的股权，以激励他们取得良好的业绩。根据这些做法，SEC 同意将所有权群体扩大到"家族办公室的客户（包括关键员工及其配偶和类配偶）"。但 SEC 明确拒绝将控制组合扩大至"家族办公室的客户"，而是将其限制在"家族成员和/或家族实体"。美国SEC没有详细说明其决定，只是认为家族成员和家族实体的"独家控制"对于"实现我们的核心政策逻辑"是必要的——家族办公室本质上是一个家族管理自己的财富。简而言之，SEC显然认为，如果家族办公室处于非家族成员或实体的控制之下，就会失去其基本性质，尽管事实上，该办公室可能部分为非家族成员所有。

家族办公室由家族客户"全资拥有"的要求很简单清楚。虽然所有权需求非常简单清楚，但是控制组合的要求无法简单地解释。该《规则》规定，家族办公室必须"完全（直接或间接）由一个或多个家族成员和/或家族实体控制"。该规则将"控制权"定义为"对家族办公室的管理或政策施加控制影响的权力，除非这种权力完全是作为该家族办公室的管理人员的结果。"美国SEC解释称，在最终规则"控制"之前添加了"排他性"一词，"以澄清'控制'不能与非家族成员或家族实体的个人或公司共享。"然而，美国SEC没有详细说明"（直接或间接）"一词在"完全控制"之后的含义。

尽管美国SEC本身尚未正式讨论如何建立"完全控制"，但SEC投资管理部门的工作人员已在SEC网站上的一份文件中提出了这个问题。该文件名为"SEC工作人员对家族办公室规则问题的回答"（简称"工作人员问答"）。工作人员问答代表SEC工作人员的意见，并"不是一个规则、规定，或美国证券交易委员会的声明，"但实际上他的约束力是毋庸置疑的。工作人员问答的相关章节是针对以公司形式组织的家族办公室。考虑到规则中包含"（直接或间接）"一词，SEC工作人员并不认为家族成员和家族实体仅拥有家族办公室的多数股权就足以满足控制要求。任命、终止或更换董事会成员的权利本身并不符合"完全受控"的标准，从SEC工作人员的决定因素是董事会的实际参与。只有家族成员在董事会中占多数才能达到控制标准（家族成员在董事会中占多数或全部是必要条件，不是充分条件）。如果一个家庭办公室的董事会有七个成员，四个是家庭成员，三个非家庭成员，家族办公室的独家控制要求并不能一定实现，除非"没有特殊的股东协议或其他安排，给一个既家族成员也不是一个家族的实体实际控制"。

18.2.2 多德—弗兰克法案对美国家族办公室发展的负面影响

因此，多德—弗兰克法案对美国家族办公室行业的发展造成巨大的负面影响。服务于外部客户的单一办公室和几乎所有的联合家族办公室不得不注册为投资顾问，履行向SEC注册、披露和申报等合规义务。而自从美国建国到多德—弗兰克法案相关条款的生效的200多年，这个领域基本是豁免监管的。新规则也会影响一些最古老的家族办公室的操作，因为它限制了"家庭成员"在具有共同的祖先前后10代人。以前为外部客户提供服务的单一家族办公室，要么履行向SEC注册、披露和申报等合规义务，要么只能为单一家族客户提供服务。

18.2.3 多德—弗兰克法案是美国家族办公室全球化的推动力量

在全球主要国家中，美国多德—弗兰克法案使美国变成了对家族办公室监管最严的国家。因此从俄罗斯、亚洲和南美的家族资产向美国的流动势必会受到影响，而管理其他国家的家族资产的美国的家族办公室也不得不开始全球化的过程。换言之，美国的家族办公室产业正面临着具有监管洼地优势的其他国际金融中心的竞争，而这种竞争使美国家族办公室全球化的推动力量。下面我们以香港为例来讨论一下这种竞争。

私人财富管理行业是香港本地生产总值的重要组成部分。该产业及其相关供应链在2017年贡献了246亿至300亿港元的经济产出，占香港本地生产总值的1.0%至1.2%，并提供至少10000个就业岗位。该行业管理着1万亿美元的资产，占香港资产和财富管理行业总额的32%。该行业是金融服务业的重要融资渠道，并积极支持香港发展成为全球基金中心。中国香港作为通往中国内地的门户、领先的金融中心和众多不同行业的中心，其明显优势被充分利用。香港的专业人士一共提出了13条建议，其中第一条实质性影响就是吸引家族办公室产业，而香港政府也积极推动该行业的发展。至少在竞争亚洲家族客户方面，美国的家族办公室行业面临着香港的激烈竞争，也倒逼美国的家族办公室行业的全球化进程。

18.3　财富的全球分布与家族办公室的全球化

2019年，世界财富继续增长，但速度相对缓慢仅增长了3%，达到360.6万亿美元。这些财富在不同地区之间并不平衡，美国和欧洲占全球财富的57%，占全球人口的17%。随着贫富差距的扩大，国家内部的不平衡也在加剧。

18.3.1　百万富翁（以美元计）的全球分布

2019年，以美元计的百万富翁占全球财富持有者的前1%，拥有全球财富的比例略低于一半（44%）。在财富谱的另一端，57%的世界人口只拥有2%的财富。虽然对底层人群的研究表明，在国籍、个人环境、习惯和年龄方面存在很大的差异，但顶层人群往往有更多的共同点，并且在地理上更为集中。他们也有更多共同的生活方式和消费模式在世界各地，倾向于参与相同的奢侈品消费市场，包括艺术品和收藏品。2019年，全球百万富翁的数量仅略有增加，但他们的财富增长速度明显超过了去年的人口增长速度。全球百万富翁的总人数接近4700万，同比增长2%，而2000年的基数约为1390万。

在过去的 20 年里，美国的百万富翁人数一直是最多的，在 2019 年，美国拥有 1860 万名百万富翁，占全球人口的 40%，比前一年增加了近 67.5 万。2019 年，美国百万富翁人数增长数量占了全球近 60%，而包括英国、法国和意大利在内的几个欧盟国家的百万富翁人数出现了下降。德国保持了正增长（3%），占全球总量的 5%，略低于英国。

中国（包括中国大陆、香港和台湾）的百万富翁人数位居世界第二，占全球总数的 12%（550 万）。中国和其他新兴经济体的百万富翁人数自 2000 年以来增长最快，不过基数要小得多。2019 年中国大陆的百万富翁人数增加了 158280 人，而台湾和香港的百万富翁人数均有所减少（分别减少了 6542 人和 11897 人）。

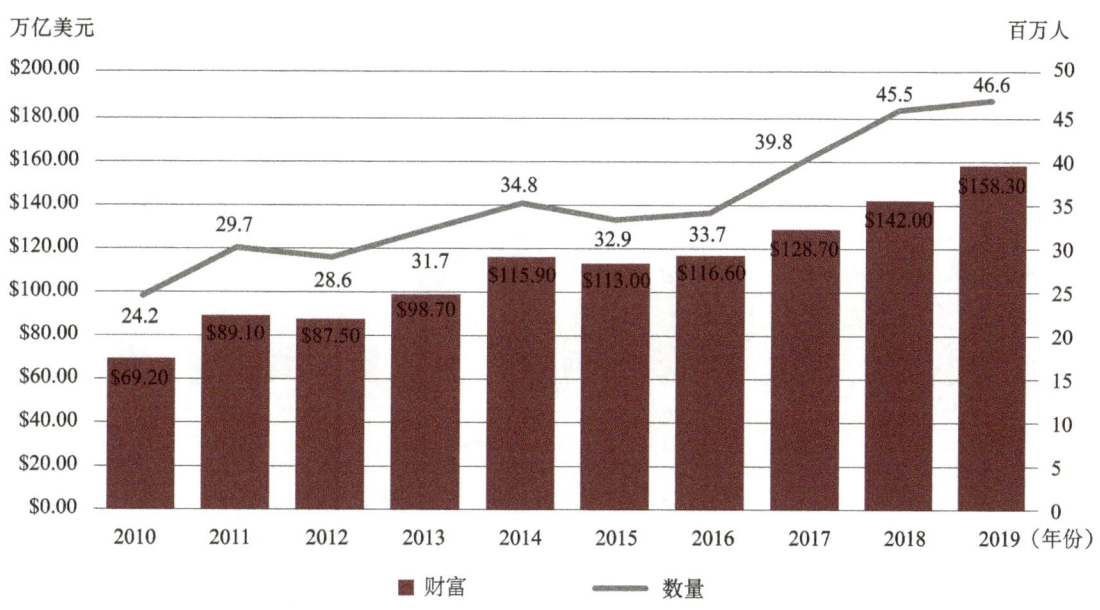

图 18-1 2010—2019 年全球美元计百万富翁数量和财富

资料来源：© Arts Economics（2020）with data from Credit Suisse。

18.3.2　亿万富翁（以美元计）的全球分布

在高净值人群中，世界上的亿万富翁对家族办公室的规模和分布也有着重要的影响，随着时间的推移，他们在地域上显著增长和多样化。

有关亿万富翁的数据的一个关键来源是《福布斯》（Forbes）亿万富翁榜，自 1987 年以来，该榜每年都会记录全球最富有人群的人数和财富。那一年，该榜单共有 139 位亿万富翁，其中 49 位来自美国，但随着财富和通胀的增长，这一数字迅速上升。全球亿万富翁人数在 2018 年达到历史最高水平 2208 人之后，在 2019 年小幅下降（2%）至 2153 人，其中 247 人跌出榜单，这是自 2009 年全球金融危机以来的最大降幅。人数下降最多的是中国（亿万富翁减少 49 人）、中东和非洲。从长远来看，自 2000 年以来，亿万富翁的人数增加了 6 倍以上，代表的国家也从 43 个增加到了 72 个。亿万富翁的财富也减少了近 4000 亿美元，即 4%，从 9.1 万亿美元下降到 8.7 万亿美元，这是十年来的第二年下降（2016 年下降了 8%）。据《福布斯》全球 100 位亿万富翁的实时个人财富估计，从 2019 年 3 月榜单发布到 2020 年 1 月底，他们的财富增长了 14%。考虑到过去 10 年的进步，财富增长了 143%，自 2009 年以来增长了一倍多。

自该指数创立以来，美国每年的亿万富翁人数都是最多的，在 2019 年达到 607 人，与 2018 年 4% 的同比增幅形成鲜明对比。美国的亿万富翁占全球亿万富翁人口的 28%，财富占全球的 36%，约为 3.1 万亿美元。尽管他们的财富份额一直是最高的，但随着时间的推移，这一比例有所变化，从 1996 年的不到 30% 到 2005 年高达 45%。

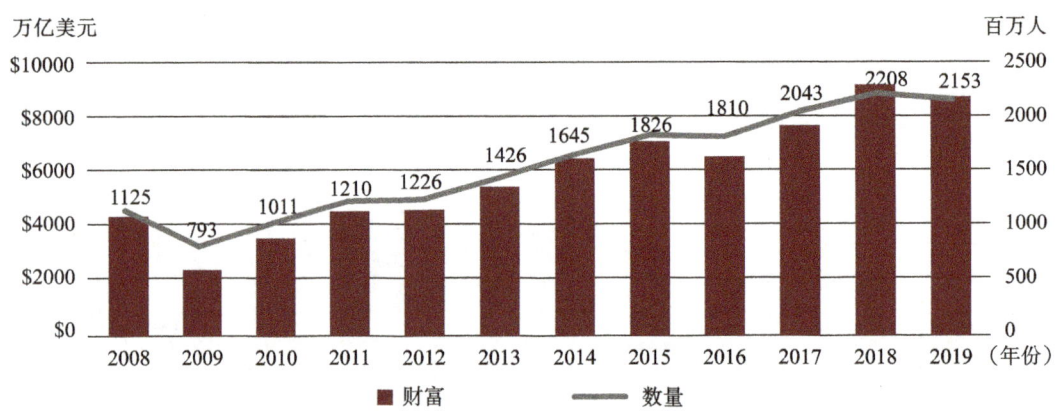

图 18-2　2008—2019 年全球美元计 10 亿富翁数量和财富

资料来源：© Arts Economics (2020) with data from Credit Suisse。

2019 年，中国（包括中国大陆、香港、澳门和台湾）共有 436 名亿万富翁，同比下降 8%，但仍占全球人口的 20% 和财富的 16%。从 2003 年到 2018 年，中国亿万富翁的财富迅速增长，但在更为严峻的经济形势下，中国一些商界领袖的处境更加艰难，2019 年，这一最顶级人群的财富下降了 10%，至近 1.4 万亿美元。包括中国在内的整个亚洲，亿万富翁人数占比为 34%，财富占比为 28%。其中，中国亿万富翁占 2019 年亚洲总人口的 60%，财富占比略低于 70%。

包括欧盟、挪威和瑞士在内的欧洲，在 2019 年的亿万富翁人数中占 20%，财富占 21%，这两个数字与去年同期相比都相对稳定。在 2019 年，德国保持了亿万富翁人数最多的欧洲国家（114 人，是英国的两倍多），以及亿万富翁财富的最大份额（5010 亿美元），相比之下，法国和英国的亿万富翁财富分别为 3300 亿美元和 1820 亿美元。

第18章 家族办公室的未来：趋势、挑战和机遇

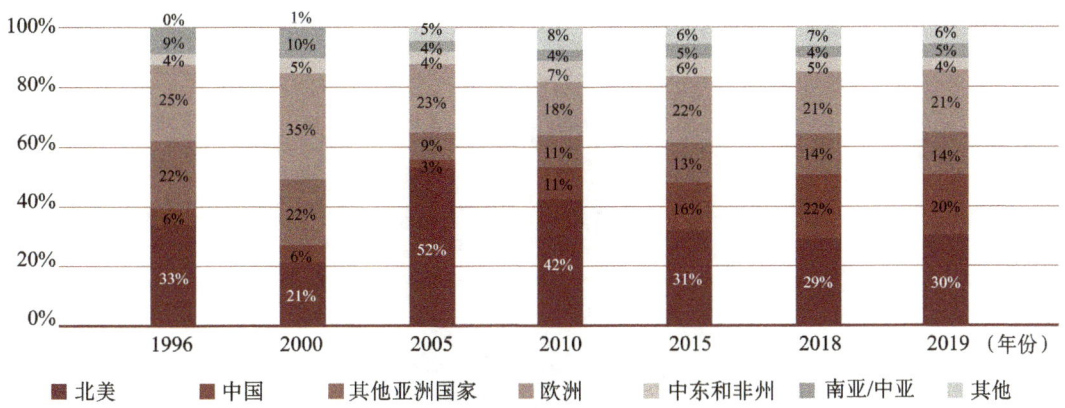

图 18-3　全球 10 亿富翁（美元计）地域分布：1996—2019 年（选定的年份）

资料来源：© Arts Economics (2020) with data from Credit Suisse。

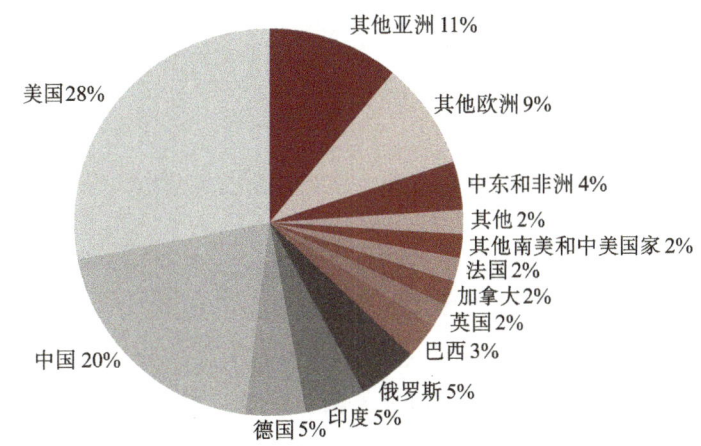

图 18-4　全球美元计的百万富翁的分布比例

资料来源：© Arts Economics (2020) with data from Credit Suisse。

虽然南美洲和中美洲的亿万富翁比例相对较低，仅为 5%，但这些国家今年的亿万富翁人数也高于平均水平。尤其是巴西，该地区的亿万富翁人数增加了 13%，达到 104 人。

尽管增长预测因来源而异，但如果未来亿万富翁人口的增长是基于过去 10 年的平均增长率，那么到 2024 年亿万富翁人口可能会超过 3300 人，十年内将超过 5000 人。同样，如果将 10 年来亿万富翁财富的平均年增长率作为未来增长率的预测指标，到 2024 年，这一群体可能会积累 15 万亿美元，到 2029 年将接近 25 万亿美元。

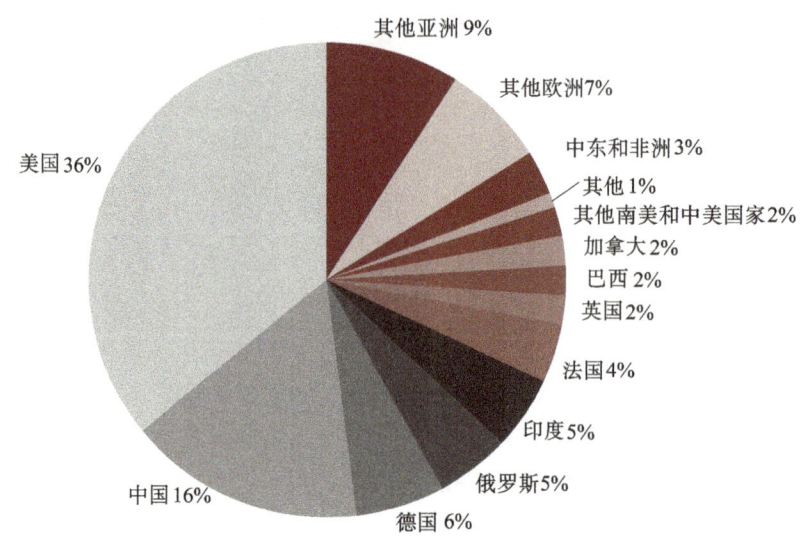

图 18-5　全球美元计的 10 亿富翁的分布比例

资料来源：© Arts Economics（2020）with data from Credit Suisse。

18.3.3　亚洲财富等区域的财富增长促进了家族办公室的全球化

当一个地区的大量财富被创造出来的时候，将可以为个人和他们的家庭带来新的机会和挑战，因为他们需要适应这个新世界带来的日益复杂的情况。几乎每个家族都面临的一个长期挑战是，如何在保持财富代代相传的愿望与当代人的收入需求和抱负之间取得平衡。这些相互竞争、有时相互冲突的紧迫任务驱动着决策和投资策略，并可能超出财务参数的范围。要达到适当的平衡，就需要有一个明确、长期的眼光，详细了解家庭的需要和目标，以及发展和执行这些战略的专门知识、经验和范围。因此，这个区域就对家族办公室的服务产生了大量的需求。问题是，在亚洲等地的财富新贵们对家族办公室的服务产生了巨量需求的同时，该区域并没有足够的专业人员和体系去提供这种服务。这就促进了家族办公室的全球化发展。

短期的解决方案无非是两个。一个是财富的跨区域流动，让家族办公室产业发达的区域（比如北美）的家族办公室，为对家族办公室的服务产生了大量的需求的区域（比如亚洲）的超高净值家族服务，并管理其资产。另一个是家族办公室本身的全球化，到对家族办公室的服务产生了大量的需求的区域去开设新的分支机构。而中长期的解决方案自然是对家族办公室的服务产生了大量的需求的区域本身产业的发展，这将是家族办公室全球化最大的驱动力。

18.4　家族办公室挑战、应对及机遇

最近10年发生的监管加强、成本上升和服务需求上升等事件，都凸显出家族办公室需要重新评估，影响家族办公室可持续性的主要有三个方面：（1）监管环境，（2）投资战略、运营成本和风险管理，（3）人才配备和治理。

18.4.1　家族办公室面临的挑战

如前所述，多德—弗兰克法案对美国家族办公室行业的发展造成巨大的负面影响。服务于外部客户的单一办公室和几乎所有的联合家族办公室不得不注册为投资顾问，履行向SEC注册、披露和申报等合规义务。而且新规则也会影响一些最古老的家族办公室的操作。因此，美国家族办公室的运营成本大幅增加。同时，家族办公室需要控制其运营成本，不仅包括人力成本（最大的组成部分），还包括间接管理成本和运行IT系统的成本。由于缺乏规模，单个家族办公室的成本效率不如联合家族办公室。因此，家族办公室需要分析其成本结构，并重组其业务，以帮助其保持成本效益。

新的监管要求将要求家族办公室提供更高程度的报告和风险管理，这意味着需要在财务和风险管理方面加大投入。资产负债表监测和风险分析方面投入更多资金。如果家族办公室决定搬到另一个司法管辖区，或将业务分为美国和非美国业务，对于客户来说，他们将不得不在构建新系统或升级现有系统方面进行大量投资。

家族办公室产业还面临人才短缺的挑战。由于最近十几年家族办公室产业发展很快，在全球范围内，家族办公室都面临着招募人才的困难。一支具备所需专业技能水平的团队，一般由首席执行官、首席财务官、首席投资官、投资分析师、会计师、财务总监、律师和其他行政人员组成。然而，家族办公室工作的家族成员越来越少，员工招聘已成为一项关键挑战。受到来自对冲基金、投资银行和其他财富管理公司的竞争，家族办公室很难找到并留住具备所需专业水平的人才。同时，随着家族企业的国际化程度越来越高，家族办公室越来越多地在管理海外投资，投资的全球性要求家族办公室管理海外业务，处理涉及国际投资和跨境交易的复杂税收和法律体系。它们可能还需要聘用当地人才，为特定国家和地区提供投资建议。

如前所述，家族办公室仍然在使用过时的IT系统和财务流程，因为它们过于依赖Excel电子表格的旧系统。然而，人们对基于云的服务越来越感兴趣，云服务通过将计算机处理和存储资源外包到基于云的服务器上，帮助降低维护IT平台的成本。家族办公室需要将IT维护、系统升级、数据备份和旧系统风险管理的成本考虑在内。国际投资也增加了IT系统的复杂性。很多家族办公室目前的系统缺乏透明度，也不清楚其持股和投资之

间的重叠。此外，随着家族变得更加国际化，由于以多种货币进行跨境投资，所持资产的性质变得更加复杂。后端系统需要能够协调这些不同的资产，并提供一个聚合的视图，以及符合反洗钱法规。

家族办公室管理着越来越多的资产类别，增加了追踪和报告家族办公室的复杂性，如今它们投资于农业和大宗商品等各种另类资产类别，现在还投资于私募股本。另类资产类别的数量也不断增加，增加了项目组合监控、协调和报告的复杂性。因此，家族办公室需要升级其IT系统或自动跟踪投资组合，以便获得更多关于其投资组合价值的实时更新。

18.4.2　家族办公室的应对及机遇

在美国，家族办公室可以与注册的投资顾问公司合作，以应对多德—弗兰克法案及美国SEC的新规定。当然，家族办公室必须检查其运营结构。新规定将在融资和投资领域产生各种影响：

- 如果作为家族办公室客户的家族成员有大量债务，该债务必须在一定时间内得到清偿，否则家族办公室有可能违反美国证券交易委员会的规定。
- 如果该家族是一家上市公司的大股东，家族办公室不能就投资管理向该公司提供建议。

为了避免在美国SEC注册，那些在美国拥有大量客户的联合家族办公室可能决定将业务转移到美国以外的离岸司法管辖区。但是，那样做会导致很高的业务费用，由客户承担，也可能给家族办公室带来不便。短期内，家族办公室可以考虑以下避免在美国SEC注册的方法：

- 停止提供"投资建议"，以免违反《顾问法》（Advisers Act）。
- 聘请符合《顾问法》的外部第三方投资顾问。

在美国SEC注册，将导致对家族办公室的监督和报告的苛刻要求。潜在的金融危机也增强了开展广泛的尽职调查、评估自上而下的投资组合风险、监控交易对手风险和流动性的必要性。因此，家族办公室需要升级其技术平台，以确保合规并纳入压力测试工具。另外一个解决方案是超高净值的家族可以考虑设立一个精简型的行政家庭办公室，与联合家庭办公室合作，以获得其他金融服务。联合家族办公室将有助于提供财富咨询和投资、法律、税务和遗产规划方面的专业服务。联合办公室还提供了更好的技术和更熟练的专业人员。

从成本收益的角度考虑，一个家族办公室可以成为精简其业务，以降低其成本。比如，家族办公室可以审视其平台、产品和服务的运营结构，并将非核心的服务外包给IT服务提供商。外包将帮助家族办公室变得更精简、更灵活，并使其更具成本效益。

18.5 家族办公室在全球的高速发展

在过去 10 年中，全球家族办公室的数量显著增加，预计这一趋势将继续下去。目前已有近 1 万个单一家族办公室，是 2008 年的 10 倍，更令人印象深刻的是这些家族办公室所管理的巨额财富。家族办公室目前的资产规模超过 4 万亿美元，家族办公室现在能够进行传统上只属于大公司或私募股权公司才能进行的交易，因此正在成为市场上的一股颠覆性力量。这一趋势越来越受到大型投资银行的关注，它们已开始任命资深银行家管理家族办公室。《华尔街日报》（the Wall Street Journal）报道称，对冲基金业内部甚至出现了战略转变，"已有 36 家对冲基金转型为家族办公室"。在同一篇文章中，沃德·麦克纳利（Ward McNally）相当巧妙地总结了家族办公室现象，他说，家族办公室"是你能找到的最安静的地方"，但"他们开的是巨额支票""很明显，家族办公室已成为一股不可忽视的力量。

在 2008 年金融危机期间，与私人银行和对冲基金相比，家族办公室受到的影响较小。超高净值家族对私人银行缺乏信任，以及围绕财富管理行业的监管规定越来越多，都助长了对家族办公室的需求。受金融危机冲击的一些大型银行和对冲基金，现在也正将注意力转向家族办公室业务。这样的重新定位可能有助于固定的财富管理的收费和佣金，并使得收入来源多样化。这些大银行除了提供针对高净值人士及其家庭的产品和服务外，还提供家族办公室领域的专业服务。一些对冲基金已决定将外部资本返还给家族办公室，理由是信贷市场存在风险，而传统领域的回报率在下降。

如前所述，自 2011 年至 2018 年，已有数以千计的家对冲基金转型为家族办公室。其中具有代表性的是对冲基金巨头乔治·索罗斯。2011 年 7 月，索罗斯基金管理公司（Soros Fund Management）的创始人索罗斯决定不对外部投资者开放他的对冲基金，并将其改造成一个家族办公室。如前所述，多德—弗兰克法案的新规定要求管理资产超过 1.5 亿美元并管理外部投资者资金的对冲基金在 SEC 注册。不过，符合监管要求的家族办公室仍将不受多德—弗兰克法案和《顾问法》规定的约束。这促使一些对冲基金考虑转变为单一的家族办公室，以避免在美国 SEC 注册。

另外，一些财富管理公司和对冲基金正寻求多元化和扩大投资，或通过向价值链上游转移来更全面地服务客户。2017 年开始，多数大型跨国银行都推出了新的业务，为家族办公室提供服务。这些投资银行包括瑞士信贷、瑞士联合银行和花旗集团等。同时，金融危机降低了人们对对冲基金和大型银行的信任和信心，导致一些超高净值人士从这些财富管理公司转向单一或多家族家族办公室。家族办公室提供了更高程度的控制权，在投资建议方面不存在利益冲突。

由于全球高净值人士财富的增长，高净值人士金融需求的范围和复杂性都在不断扩大。这些金融服务中有许多要么无法从私人银行获得，要么没有足够的定制来满足他们的特定需求。家族办公室拥有税务、慈善、财富转移和继承方面的专家，是方便的一站式解决方案。

18.6　高科技将会改变家族办公室的生态

高科技领域不仅产生科技新贵成为家族办公室的客户，科技的高速发展还会改变家族办公室的生态，乃至财富管理产业的生态。

18.6.1　随着金融科技的加速发展，家族办公室面临其他财富管理机构的竞争

随着自动化财富管理服务（人工智能理财）和在线工具建立了坚实的业绩记录，金融科技产业正在继续开发他们的服务，以满足一般富裕阶层（高净值家族）的需求。传统的财富管理公司发现，随着越来越多的大众富裕客户（高净值家族）转向成本更低的自动化理财产品，它们的市场份额也正在下降。传统财富管理公司被迫要么开发自己的自动化解决方案，接受较低的利润率，要么向更高价值的新客户转移，寻求高度个性化的体验。

更便宜、更快捷的在线工具和自动化服务最初是为人工服务不足的中产阶层客户服务的，现在则向上游转移，从传统的财富管理公司那里抢走了普通富裕客户（高净值家族）的份额。因此，慢慢地，财富管理公司把重点从普通富裕客户（高净值家族），转移到更加特色化和个性化的超高净值客户，与家族办公室竞争市场份额。

18.6.2　高科技可能会改变整个财富管理产业的生态

对大量实时数据的分析对于执行成功的算法交易策略至关重要，交易员使用的数据集合与其他交易员的可用数据源几乎都聚合在一起。与此同时，算法变得更加智能，融入了机器学习，提高了预测的准确性。随着算法交易员连接到类似的数据源，以及智能机器根据这些数据生成类似的预测，算法交易员之间的差异将会减小。因此，随着做市商获得更广泛的大数据和更先进的人工智能，交易算法对市场预测的准确性逐渐提高；那时，由于每个做市商系统都能准确地预测市场动向，因此消除了不同做市商预测和交易策略之间的差异；当交易策略趋同时，交易量会减少，套利机会也会消失。

另外，自网上在线折扣券商出现以来，个人投资者制定复杂投资策略、参与投资活动的能力不断增强。下一代投资工具（例如，零售算法交易平台）正在利用先进的算法、可视化和云计算来消除传统的障碍，比如对编程技能的需求。这些创新正在缩小个人投资者和专业投资者之间的差距，并促进交易策略和算法市场的出现，使其中一些人能够从传统

的投资经理那里竞争到市场份额。成熟的个人投资者直接与传统的投资经理竞争，传统的投资经理在市场份额方面被积极的个人投资管理经理压缩。

在财富管理领域，自动化财富管理平台通过自动化的标准化活动（如资产配置）和以前的高附加值服务（如税收损失获取），使很大一部分财富管理交易实现了标准化。然而，对面对面互动和其他专业交易的需求仍然存在于整个细分市场领域。为了保持对自动化平台的竞争力，传统财富机构采用并进一步开发自动化功能，反过来释放了面对面财富顾问的能力。利用闲置的产能，财富管理公司现在可以向更广泛的客户群体提供更专业、更人性化的服务，从而提高客户所接受服务的整体质量。

随着自动化财富管理服务和在线工具建立了坚实的业绩记录，相关机构继续开发自己的服务，以满足普通富裕阶层的需求。传统的财富管理公司发现，随着越来越多的普通富裕客户转向成本更低的自动化理财产品，它们的市场份额正在下降。传统财富管理公司被迫要么开发自己的自动化解决方案，接受较低的利润率，要么向更高价值的新客户转移，寻求高度个性化的体验。更便宜、更快捷的在线工具和自动化服务最初是为人工服务不足的客户服务的，现在则向上游转移，从普通富裕市场的传统财富管理公司那里夺取市场份额。财富管理公司一直在将重点扩大到普通富裕市场，现在又将重点转向更个性化、更注重人际关系的高净值个人，从而加剧了竞争，并改善了为这些客户提供的服务。因此，这些财富管理公司又进入更高端的市场，和家族办公室进行竞争，试图蚕食家族办公室的市场份额。

在对冲基金领域，随着在高频交易上的增量投资带来的好处逐渐减少，算法交易员将把注意力转移到现实生活中的事件上，转变为事件驱动策略，方法是连接从社交媒体的新闻传播到机器可读新闻的新数据源。（1）由于数据量巨大，大多数算法交易员会关注不同的事件和触发器。（2）与大多数高频交易策略不同，市场对现实事件的反应是不确定的，不同观点、技能和分析工具的交易者面对相同的数据会做出不同的决策。其结果是，算法交易员的交易策略和战术将大幅多样化。做高频交易对冲基金本来是以的网络和交易的速度竞赛为焦点的，未来可能会从追逐价格走势，转变为通过大数据分析和机器可访问新闻对现实事件做出反应。因此，做市商的交易策略变得多样化，因为他们可以获得不同的数据来源，并推断出不同的市场结果。另外，分散化会导致日内波动增加和买卖价差扩大。

另外一个风险是，在交易活动中对机器可读新闻和高级计算等新数据源的利用，加大了专业算法交易员与个人散户投资者之间的复杂程度差距。公众可能会认为其中一些创新是一种"不公平"的优势。作为对公众情绪的反应，政策制定者和监管机构会对自动数据流和交易机器能用于和不能用于各种活动施加限制。智能机器对数据的潜在误读可能引发系统性损失，加速向监管方向发展。

在去中心化的交易和存储领域，随着新成立的公司提供防范欺诈和价值波动的保护，去中心化金融产品（如比特币）作为一套在个人之间转移价值的工具而获得了发展势头。

在较不发达的国家,类似的付款方式成为了金融服务不足人口的主要解决办法。这个领域创新类金融服务提供商,以替代银行支付网络的本国货币的金融产品为工具,推出了具有令人信服的价值主张的金融产品(例如,储蓄账户、保单、商业解决方案)。于是,一个创新的金融服务提供商网络(例如,储蓄/贷款、保险、认证、商家支付)围绕着替代支付方案出现,这些服务商为客户提供了一个有意义的传统金融机构的替代方案,并将资金完全保留在替代方案体系中。

另外,一些能够将与特定法规相关的流程外部化的服务提供商正在涌现(例如,受限控股、KYC)。这些公司能够解读监管变化,并将其转化为适用于各种金融机构的规则,从而提高监管合规和金融机构应对监管变化的速度。将更多的合规和监控流程外包给少数对法规有更好理解的服务提供商,从而减轻了金融机构的合规性负担。

于是,金融机构开始将精选的流程外包给专业的外部公司,这些公司利用先进的技术以低得多的成本提供更好的结果。以前在内部管理过程中的努力可以被部署到提供有竞争力的差异化的更高价值的活动中。但当这种模式在多个过程中重复出现时,金融机构的竞争地位不再由核心运营的卓越性来定义,而是由它们选择关注哪些更高价值的活动来定义。

使用先进技术的服务提供商为金融机构提供了多种选择,而且曾一度被视为核心能力的流程外部化。随着高质量的金融操作过程成为一种可购买的商品,来自过程执行卓越的竞争优势将消失,金融机构被要求重新定义它们与其他机构的不同之处,过程执行让位于更人性化、定制化的因素。

18.6.3　家族办公室因应高科技的嬗变

尽管家族办公室在很大程度上是在他们自己的私人和封闭的生态系统中运作的,但如果他们希望为客户提供全面而有意义的解决方案,就必须适应大数据和人工智能等现代解决方案。技术驱动型公司可能提供综合的解决方案,将传统金融和行为金融结合起来,利用实用功能帮助客户选择他们的偏好。同时,为了应对高科技对家族办公室带来的挑战和机遇,有的家族办公室已经开始嬗变;有的家族办公室在其投资模型上运行一些高科技公司开发的算法,以优化家族办公室内部给投资委员会提供的建议。此外,使用一系列统计工具,如蒙特卡罗模拟(Monte Carlo simulation),以及先进的层次聚类,来绘制各种场景,并提供与家族办公室的利益相关者的财务目标和偏好相一致的解决方案。

分析、报告和可访问性

如今的家族办公室的投资经理对高级分析的要求也要高得多,而不是满足于波动性、市盈率、盈利能力和收入等基本指标。利益相关者期望获得更全面的投资预测和来自高级模式识别和预测分析的报告。依靠传统工具的家族办公室则不可能提供同样的服务。

此外,当今的市场场景受到一系列因素的影响,包括社交媒体情绪的不可预测性、网络流量和专有网络内容——这些因素不一定适合旧的遗留软件分析模型。

人工智能的运用

家族办公室的痛点包括低于预期的投资回报、高昂的费用和低效率的税收。有些家族办公室已经让他们投资经理学习如何将导航算法、人工智能和复杂的计算机建模等颠覆性技术结合起来，以提高业绩，并安全地驾驭市场波动。

运用比较多的是在黄金、白银和外汇现货市场的领域，外汇交易策略也比较流行。当然，新生事物总是要有一个被质疑的过程，但当投资策略和汇报得到时间证明时，其基本原理就是令人信服的。一些年轻的、精通技术的一代鼓励家族办公室研究当今新的颠覆性技术如何能使投资组合受益。随着新一代越来越多地掌握管理投资组合的大权，在采用基于技术的解决方案的地方，这一趋势将快速增长。重要的是，如今的家族办公室需要建立一种投资组合，这种投资组合具有不对称的回报状况，以及可定义的和投资资本的下行风险。通过使用专有的人工智能和算法方法，将叠加和绝对回报策略与独特的方法结合起来，就有可能实现一流的回报。

使用机器学习和数据处理应用程序，确保家族办公室可以从事件、政治因素、社交媒体和新闻等多种因素的深入分析中为客户提供结构化的信息。家族办公室还可以让人工智能根据这些信息自动调整投资组合，整个过程以高度透明的方式进行。家族办公室可以完全访问投资组合模型中的所有数据，以决定如何以及何时决定再平衡他们的资产。

人工智能不仅通过研究和学习数据来提供定制的解决方案，还能从市场因素中学习，并提供既能增长又能保护家族遗产的策略。

风险管理和风险缓解

机器学习和大数据一样，可以帮助分析师识别关键的市场趋势和弱点。它们不仅能让财富管理机构预测到危险的开始，还能通过不断提供新的参考点，帮助它们做出更明智的决定。人工智能算法的使用不仅有助于家族办公室提升整体投资组合，还降低了成本和管理费用，提高了速度，并确保有效地降低风险。

当然，随着安全分布式账本系统和区块链这样的新货币系统的出现，家族办公室可以享受自动交易后和合规流程、安全平台以及更好的金融资产存储和跟踪的好处。

参考文献

Kirby Rosplock, The Complete Family Office Handbook: a Guide fof Affluent Families and the Advisors Who Serve Them (Bloomberg, 2014).

Michael M, Pompian, Advising Ultra-Affluent Client and Family Offices (Wiley, 2009).

Richard C. Wilson, The Family Office Book, Investing Capital for the Ultra-Affluent (Wiley, 2012).

Clifford E. Kirsch, Investment Adviser Regulation: A Step-by-Step Guide to Compliance and the Law (Practising Law Institute, 2010).

Scott J. Lederman, Hedge Fund Regulation, 2nd Edition, (Practising Law Institute, 2013).

The World Economic Forum and J. P. Morgan, The Single Family Investment Office Today: A primer on structuring an investment office to achieve family objectives and societal value, 2016.

Credit Suisse and University of St. Gallen, From Family Enterprise to an Entrepreneurial Family, 2012.

Family Office Exchange, Protecting the Future: Managing Family Wealth Separately From the Family Business, 2008.

Charles J. Johnson, Jr., Joseph McLaughlin, Eric S. Haueter, Corporate Finance and the Securities Laws, 6th Edition, (Wolters Kluwer 2019).

Hartley Goldstone, James E. Hughes, Jr., Keith Whitaker, Family Trust, A Guide for Beneficiaries, Trust Protectors, and Trust Creators, (Bloomberg & Wiley, 2016).

Balancing Family and Financials, a Study of Key Performance Drives in Family Offices, Northern Trust & WHARTON GLOBAL FAMILY ALLIANCE, 2018.

The UBS / Campden Wealth Global Family Office Survey.

The Art Market 2020, An Art Basel & UBS Report, Prepared by Dr. Clare McAndrew Founder of Arts Economics.

The UBS/Campden Wealth/惠誉全球家族智库/中航信托2020中国家族财富与家族办公室调研报告.

The Family Office in the Dodd-Frank Regulatory Environment: New Risks & Requirements, White Paper Provided by HUB International Personal Insurance May 2012.

Drexler, M. and Mendelssohn, I., Direct Investing by Institutional Investors: Implications for Investors and PolicyMakers, World Economic Forum in collaboration with Oliver Wyman, November 2014.

Empirical Research Partners, Stock Selection: Research and Results, May 2014; Perspectives on Socially Responsible Investing, 19 May 2014.

Khan, M., Serafeim, G., and Yoon, A., Corporate Sustainability: First Evidence on Materiality, Harvard Business School, 2015.

2015 Private Wealth Outlook, Deloitte Center for Financial Services, 2015.

Environmental, Social and Governance (ESG) Landscape, J. P. Morgan Asset Management, September 2015.

安格斯·帕特里夏（Patricia Angus），《家族治理：慈善型家族入门读本》，《探讨家族赠与的若干关键问题》，第6卷，第4期（2005）.

Family Business in Transition: Data and Analysis, Family Business Institute, 2016.

Family Office – Special Report, Bloomberg, June 2014.

Impact Investing – Charting the Course, World Economic Forum.

Philanthropic Lives: The Unique Experiences of Eight UK Philanthropists, J. P. Morgan Private Bank.

Angelo RoBles, Effective Family Office, Best Practices & Beyond, (2017).

World Wealth Report 2019, Capgemini.

Asia Family Enterprise Study, J. P. Morgan Private Bank, 2015.

J. P. Morgan Family Office Survey 2012.

Philanthropic Lives, J. P. Morgan Private Bank, 2015.

Strategies to Maximize Your Philanthropic Capital: A Guide to Program Related Investments, Mission Investors Exchange in conjunction with the Thomson Reuters Foundation and Linklaters LLP, April 2012.

罗伊·威廉姆斯（Roy Williams）和维克·普雷瑟（Vic Presser），《培养接班人：家族财富与价值观成功过渡的五个步骤》，（加利福尼亚州旧金山：Robert D. Reed Publishers, 2003年）.

Succession planning: principles and practice, J. P. Morgan Private Bank, 2015.

The Future of Long-Term Investing, World Economic Forum in collaboration with Oliver Wyman, 2011.

Amit, R. and Liechtenstein, H., Benchmarking the Single Family Office: Identifying the Performance Drivers, 2012, Wharton Global Family Alliance, 2012.

Amit, R. and Perl, R., 2012 Family Governance Report: Sources and Outcomes of Family Conflict, Wharton Global Family Alliance, July 2012.

约瑟夫·H. 阿斯特拉彻（Joseph H. Astrachan）与玛丽萨·凯莉·沙恩克（Melissa Carey Shanker），《家族企业对美国经济的贡献：详细解读》，《家族企业评论》第16期（2003年）：211-219页.

Bill and Melinda Gates Foundation, www. gatesfoundation. org.

Hoque, F. and Voorhes, M, Unleashing the Potential of US Foundation Endowments, US SIF Foundation, 2014.

Brende, B. and Quigley, J., A Primer on Governance of the Family Enterprise, World Economic Forum, June 2013.

FAMILY OFFICE EXCHANGE, FOX GUIDE TO THE PROFESSIONAL FAMILY OFFICE 4 (2014).

Pamela J. Black, The Rise of the Multi-Family Office, FINANCIAL PLANNING (Apr. 27, 2010).

Investment Advisers Act of 1940.

Investment Company Act of 1940.

Dodd-Frank Wall Street Reform and Consumer Protection Act of 2010.

SEC v. Capital Gains Research Bureau, 375 U. S. 180 (1963).

Ernst & Ernst v. Hochfelder, 425 U. S. 185 (1976).

N. Y. Stock Exch. Rule 2020 (2009).

SEC Family Office Rules, Securities and Exchange Commission, 22 June 2011, http: //www. sec. gov/rules/final/2011/ia-3220. pdf.

Staff Response to Questions About the Family Office Rule, U. S. Securities and Exchange Commission (April 27, 2012).

INVESTMENT ADVISER REGULATION (Clifford E. Kirsch ed. , 3d ed. 2011).

Financial Planners: Report of Staff of United States Securities and Exchange Commission to the House Committee on Energy and Commerce's Subcommittee on Telecommunications and Finance (1988), reprinted in Financial Planners and Investment Advisors, Hearing Before the Subcommittee on Consumer Affairs of the Senate Committee on Banking, Housing and Urban Affairs, 100th Cong. , 2d Sess. , 78 (1988).

Arthur B. Laby, Reforming the Regulation of Broker-Dealers and Investment Advisors, 65 B US. L AW (2010).

George Stalk & Henry Foley, Avoid the Traps That Can Destroy Family Businesses, HARV. BUS. REV. , Jan. -Feb. 2012.

Dodd Frank Reforms And The Family Office by Katie Barker, 28 October, 2010, CampdenFB, http: //www. campdenfb. com/article/dodd-frank-reformsand-family-office.

Damiam Paletta & Aaron Lucchetti, Law Remakes U. S. Financial Landscape—Senate Passes Overhaul That Will Touch Most Americans; Bankers Gird for Fight Over Fine Print, W ALL S T. J. , July 16, 2010.

Reporting by Investment Advisers to Private Funds and Certain Commodity Pool Operators and Commodity Trading Advisors on Form PF, 76 Fed. Reg. 8068, 8068 – 70 & n. 16, 8079 (Feb. 11, 2011) (to be codified at 17 C. F. R. pt. 275).

SEC, STUDY ON E NHANCING I NVESTMENT A DVISER EXAMINATIONS , supra note 24, at 29 – 30 (2011), available at http: //www. sec. gov/news/studies/2011/914studyfinal. pdf.

Michael Finke & Thomas P. Langdon, The Impact of the Broker-Dealer Fiduciary Standard on Financial Advice, 25 J. F IN. P LAN. , 2012.

Kathleen Casey & Troy Paredes, Comm'rs, Sec. & Exch. Comm'n, Statement by SEC Commissioners: Statement Regarding Study on Investment Advisers And Broker-Dealers (Jan. 21, 2011).

Michael Ray Harris, Breaking the Grip of the Administrative Triad: Agency Policy Making Under A Necessity-Based Doctrine, 86 T UL. L. R EV. (2011).

Mercer Bullard, Caremark's Irrelevance, 10 B ERKELEY B US. L. J. 15 (2013).

Arthur B. Laby, Fiduciary Obligations of Broker-Dealers and Investment Advisers, 55 V ILL. L. R EV. (2010).

Fiduciary Duty: Return to First Principles, Remarks of Lori Richards, Director of the SEC's Office of Compliance Inspections and Examinations, at the Eighth Annual Investment Adviser Compliance Summit in Washington, D. C. (February 27, 2006).

Stone ex rel. AmSouth Bancorporation v. Ritter, 911 A. 2d 362 (Del. 2006).

In the Matter of The Dreyfus Corporation and Michael L. Schonberg, Advisers Act Release No. 1870 (May 10, 2000).

Patrick V. Morris, et al. v. Wachovia Securities, Inc., 277 F. Supp. 2d 622 (E. D. Va. 2003).

Burton Rothberg and Steven Lilien, "Mutual Funds and Proxy Voting: New Evidence on Corporate Governance," Journal of Business & Technology Law (Vol. 1, No. 1 2006).

Heitman Capital Management, LLC, SEC No-Action Letter (pub. available Feb. 12, 2007).

Blasius Industries, Inc. v. Atlas Corp., 564 A. 2d 651 (Del. Ch. 1988).